Peter Fiedler

Verhaltenstherapie mon amour

herausgegeben von Wulf Bertram

Peter Fiedler

Verhaltenstherapie mon amour

Mythos – Fiktion – Wirklichkeit

Die „Nachfragen zur Person des Autors"
wurden von Priv.-Doz. Dr. phil.
Philipp Hammelstein durchgeführt.

Schattauer

Prof. Dr. Peter Fiedler
Psychologisches Institut der Universität Heidelberg
Hauptstraße 47–51
69117 Heidelberg

Bibliografische Information der Deutschen Nationalbibliothek
Die Deutsche Nationalbibliothek verzeichnet diese Publikation in der Deutschen Nationalbibliografie; detaillierte bibliografische Daten sind im Internet über http://dnb.d-nb.de abrufbar.

Besonderer Hinweis:
In diesem Buch sind eingetragene Warenzeichen (geschützte Warennamen) nicht besonders kenntlich gemacht. Es kann also aus dem Fehlen eines entsprechenden Hinweises nicht geschlossen werden, dass es sich um einen freien Warennamen handelt.
Das Werk mit allen seinen Teilen ist urheberrechtlich geschützt. Jede Verwertung außerhalb der Bestimmungen des Urheberrechtsgesetzes ist ohne schriftliche Zustimmung des Verlages unzulässig und strafbar. Kein Teil des Werkes darf in irgendeiner Form ohne schriftliche Genehmigung des Verlages reproduziert werden.

© 2010 by Schattauer GmbH, Hölderlinstraße 3, 70174 Stuttgart, Germany
E-Mail: info@schattauer.de
Internet: http://www.schattauer.de
Printed in Germany

Lektorat: Ruth Becker M.A.
Umschlagabbildung: nach einer Idee von Prof. Peter Fiedler
Satz: am-productions GmbH, Wiesloch
Druck und Einband: AZ Druck und Datentechnik GmbH, Kempten/Allgäu

ISBN 978-3-7945-2752-6

Inhalt

Alfred Adler, Sigmund Freud und Dr. Köster
Am Ende gab es doch nur ein Kleines Latinum 1

Vorausgehende Geschichten
Ewiges Hin und Her zwischen Organmedizin und
Psychologie 16

Zeittafel 1
Klinische Psychologie im deutschsprachigen Raum:
die ersten 100 Jahre 31

Befragung zur Person, die erste
Meine Liebe zur Psychologie und Verhaltenstherapie 39

Der Beginn der Geschichte
Historische Wurzeln im Stammbaum der Verhaltens-
therapie 51

Die Verhaltenstherapie wird offiziell
Geschichten einer ziemlich langen Geschichte 99

Zeittafel 2
Psychotherapie in Deutschland: die 1960er und
1970er Jahre 118

Befragung zur Person, die zweite
Meine Zeit als Student und ihre Nachwirkung bis heute . . 124

Lehrjahre in Münster
Die Wende zur bio-psycho-sozialen Verhaltenstherapie . . 142

Erstes Fallbeispiel
Kirchenphobie 160

Technik oder Beziehung:
Was wirkt eigentlich in der Psychotherapie? 171

Zeittafel 3
Auf dem Weg zum Psychotherapeutengesetz:
die 1980er und 1990er Jahre 193

Befragung zur Person, die dritte
Über die Lust, Bücher zu schreiben 200

Ein Herz für Gruppen
Die heimlichen Wirkungen zieloffener Konzepte 209

Zweites Fallbeispiel
Dienstag, 16 Uhr 30 227

Zurück in die Zukunft
Biographie-Arbeit in der Verhaltenstherapie 235

Befragung zur Person, die vierte
Let's talk about sex! 254

Beratung und Supervision von Patienten
Warum eigentlich nicht? 268

Drittes Fallbeispiel
Narzisstische Persönlichkeit – oder wie oder was? 285

Wirklich bereits ein Fortschritt?
Über Nutzen und Grenzen der Neurobiologie
für die Psychotherapie 303

Befragung zur Person, die fünfte
Rückblick und Ausblick auf die eigene Forschung 331

Achtsamkeit, Fürsorge, Akzeptanz
Eine neue Welle der Verhaltenstherapie kommt
ins Rollen 341

Selbstfürsorge
Kochen als Ausgleich und Hobby 361

Existenzielle Verhaltenstherapie
Perspektiven für die Auflösung therapeutischer Krisen .. 372

Viertes Fallbeispiel
Königin der Nacht 402

Befragung zur Person, die sechste
Über gelegentlichen Frust an der Forschung 418

Quo vadis Verhaltenstherapie?
Mythen, Gegenwart und die Zukunft psychologischer
Therapie 431

Literatur 466

Alfred Adler, Sigmund Freud und Dr. Köster

Am Ende gab es doch nur ein Kleines Latinum

> Schließlich will man Bücher schreiben,
> die niemand außer einem selbst schreiben könnte.
> *Salman Rushdie*

Oberstudienrat Dr. Hellmuth Köster, Jahrgang 1900, lehrt Altgriechisch und Latein am altehrwürdigen Domgymnasium in Verden an der Aller.

Köster ist Frühaufsteher. Anstatt gelangweilt im Lehrerzimmer auf den Unterrichtsbeginn zu warten, hat er es sich zur Gewohnheit gemacht, undisziplinierte Schüler mit Frühaufstehen zu bestrafen, um mit ihnen zwischen sieben und acht Uhr ausgiebig zu plaudern. Ich gehöre regelmäßig dazu. Man muss zwar als Strafe für Ungehörigkeiten im Unterricht jedes Mal einen kurzen lateinischen Text auswendig gelernt vortragen, wichtiger jedoch sind ihm die gleichermaßen unterhaltsamen wie intellektuell anregenden Gespräche mit uns Jugendlichen hernach.

Dr. Köster und die Zeiten zwischen sieben und acht Uhr

Jeden Morgen plaudert Köster mit einer mehr oder weniger großen Gruppe fröhlicher Spätpubertärer. Allem Anschein nach hat es der Herr Oberstudienrat im Unterricht täglich mit aufmüpfigen Schülern zu tun. Dem jedoch ist nicht so. Sein Lateinunterricht ist gleichermaßen interessant wie spannend, disziplinierte Mitarbeit für uns Ehrensache. Um nun morgens nicht allein auf dem Flur stehen zu müssen, definiert Köster täglich neu, was als „Störung des Unterrichts" mit Auswendiglernen zu ahnden ist. Wir halten ihm sehr zugute, dass er seine Frühaufsteherstrafe ziemlich gerecht auf alle verteilt. Offensichtlich führt er Buch, um keinen zu benachteiligen.

„Sieh da! Der Paul Geiger schaut wieder mal träumend aus dem Fenster. Ist doch klar, was das für Sie heißt, Paul, oder? Morgen früh sehe ich Sie kurz nach sieben. Und bitte: Mit dem Absatz auswendig gelernt, durch den wir uns gerade bewegen!"

Mit Paul Geiger bin ich gemeint. Wir schreiben das Jahr 1964. Ein Jahr vor Kösters Pensionierung. Ich befinde mich seinerzeit in der Unterprima. 18 Jahre jung. Übernächstes Jahr vielleicht Abitur.

Als wir fünf Jahre zuvor in der Quarta nach dem Englischen mit Latein als zweiter Fremdsprache begannen, lernten wir Köster das erste Mal näher kennen. Es geschah in einer der großen Pausen. Dr. Köster und sein Kollege Dr. Suling hatten Pausenaufsicht. Während sich bereits damals viele von uns zwecks Diskussion um Köster scharten, umkreise Dr. Suling unseren Pulk in gewisser Distanz, aber mit neidvollen Blicken. In dieser Situation – ich kann mich noch an viele Details gut erinnern – nahm sich Dr. Köster die Freiheit, meinen Vornamen von „Peter" in „Paul" und meinen Nachnamen von „Fiedler" in „Geiger" zu verwandeln.

Mit lauter Stimme, die auch für Dr. Suling vernehmbar gewesen sein musste, fragte er mich plötzlich, aber bestimmt, ob ich mit der Namensänderung einverstanden sei. „Paul Geiger" käme ihm leichter über die Lippen. Außerdem erinnere ihn das nicht dauernd an meinen Vater, der im Kreistag sitzend einer Partei angehöre, die er selbst nie wählen würde.

Ich dachte kurz nach. Das war mir zwar alles höchst peinlich, aber genau besehen konnte es nur von Vorteil sein, seinen Vorschlag zu akzeptieren. Ich stimmte also zu. Etwas unerwartet hatte ich damals zugleich meinen Spitznamen in der Schule weg. Seither benutzten ihn nicht nur die Klassenkameraden, sondern auch noch viele andere, die ihn irgendwie spitz bekommen hatten. „Paul" oder „Paul Geiger" wurde ich noch bis weit in das Studium hinein angesprochen oder gerufen. Und bei einigen weiß ich bis heute nicht, woher sie meinen Spitznamen kannten.

Ausnahmen am Domgymnasium machten nur die übrigen Lehrer, die – obwohl sie um die Namensänderung ebenfalls wussten – höflich bei Peter Fiedler blieben. Sicherlich auch wegen meines Vaters, der zu jener Zeit als Sozialdemokrat im Kreistag und als Bürgermeister meines Heimatdorfes hohes Ansehen genoss. Offensichtlich nicht so bei Dr. Köster.

Nur einmal träumend aus dem Fenster geschaut
Zurück in die Unterprima des Jahres 1964. Nur mal kurz träumend aus dem Fenster geschaut, bedeutet wieder einmal, auswendig lernen und am nächsten Tag früher aufstehen! Und das alles nur, damit sich der Frühaufsteher Köster bis zum Unterrichtsbeginn nicht langweilt.

Als ich am darauf folgenden Morgen kurz nach sieben Uhr in der Schule eintreffe, steht Köster allein auf dem Flur. Das ist ungewöhnlich. Ich als Einziger heute morgen? Mir schwant nichts Gutes.

Trotzdem gehe ich ungebremst auf ihn zu, begrüße ihn mit: „Hallo, Dottore!" – was er gern akzeptiert. Im Gegenzug schilt er uns liebevoll gern als „Lausbuben". Ich beginne sofort zu rezitieren:

„Iusta praecor, quae me nuper praedata puella est ..."

„Paul, wollen Sie mich auf den Arm nehmen", unterbricht er mich grimmig, „den Ovid hatten wir letzte Woche, nicht gestern!"

Ich bin in der Tat nicht vorbereitet, weil ich auf mehr Publikum gehofft hatte. Wenn das morgendliche Strafbataillon groß genug ist, kann Köster die intellektuell angehauchten Diskussionen mit uns kaum abwarten. Er unterbricht dann jedes Mal das Herleiern lateinischer Texte ohne genaue Kontrolle. Aber heute bin ich allein. Und ich habe den Text von gestern in der Tat nicht auswendig gelernt. Das fällt unter diesen Umständen natürlich auf. Trotzdem fahre ich unbeirrt mit Ovid aus der letzten Woche fort. Mir bleibt ja nichts anders übrig.

„... a nimium volui tantum patiatur amari ..."

„Paul, hören Sie mit dem Quatsch auf! Ich muss mit Ihnen reden."

„Ja?", frage ich, unsicher werdend.

Strafpredigt
Es entsteht eine längere Pause, bis er fortfährt.

„Was wollen Sie eigentlich einmal werden?"

„Psychologe", antworte ich spontan.

„Wie kommen'S denn auf diese Idee?"

Ich zögere einen Moment. Da keiner meiner Klassenkameraden in Sichtweite ist und Köster als absolut verschwiegen gilt, antworte ich: „Das weiß ich so ziemlich genau seit einem Jahr. Da habe ich mir antiquarisch zwei Bücher gekauft, die mich immer noch sehr beschäftigen. Eines ist von Alfred Adler und das andere von Sigmund Freud."

„Sauber!", kommt es zurück – völlig unerwartet, aber anerkennend. „Die beiden kenne ich noch aus meinem Studium. Über Adler und Freud sollten wir gleich reden. Deshalb bringen wir schnell mal die Pflichtübung hinter uns. Hör zu!"

Holla, aufpassen!, denke ich. Völlig unerwartet ist er zum alt vertrauten „Du" früherer Jahre übergegangen. Sein Blick und Ton werden strenger.

„Also: Im kommenden Frühjahr endet die zwölfte Klasse. Und gleichzeitig endet auch der Latein-Unterricht im mathematisch-naturwissenschaftlichen Zweig unserer ehrwürdigen Schule, dem Du angehörst. Diesem Zeitpunkt sehe ich, was Dich angeht, mit großer Sorge entgegen. Denn Du bist momentan der Einzige in der Klasse, der über ein Schulden-Konto in meiner Notenbank verfügt. Ich hoffe, Du weißt, was das bedeutet? Im Moment heißt das: Kein Großes, sondern nur ein Kleines Latinum! Und wohlgemerkt: als Einziger in Deiner Klasse! Alle anderen werden, wie ich das einschätze, spielend das Große Latinum schaffen."

Ich schweige betroffen. Nur ein Kleines Latinum bedeutet offenkundig: Latein nicht mehr ausreichend. Ich wusste bis dahin gar nicht, dass es auch so etwas wie ein Kleines Latinum gibt.

„Nun ja ...", versuche ich deshalb meine Sprache wieder zu finden, „Kleines Latinum ist doch auch etwas, oder?"

„Paul, werd' ja nicht frech! Wenn ich richtig informiert bin, glänzt Du in fast allen anderen Fächern mit Einser- und Zweier-Noten. Nur nicht in Latein. Schämst Du Dich nicht?"

Sein Sprechen scheint ganz allmählich in einen rhythmischen Sing-Sang überzugehen.

„Wenn Du so weiter machst, wird in Deinem Abiturzeugnis vom alt-ehr-würdigen Domgymnasium in Verden-an-der-Aller neben der alt-ehr-würdigen Sprache Latein ein Mangelhaft stehen. Nicht auszudenken: Die zu erwartende große Diskrepanz zu allen anderen Deiner guten bis sehr guten Noten: Das fällt auf! Ist Dir überhaupt klar, was das weiter bedeutet?"

Im Moment schweigst Du lieber, denke ich mir. Sein Sprechen erinnert jetzt stark an Ovid: Rhythmus Daktylus – wenngleich die Inhalte seiner Rede nicht an die Amores von Ovid denken lassen.

Köster will seine Strafpredigt schnell hinter sich bringen. Seine Rede geht sogleich in rhythmischer Fahrt weiter.

„Psychologe in den Niederungen der Praxis, heißt das, Paul! Keine Promotion mehr möglich! Kein Doktor der Philosophie, so wie ich einen habe! Auch Psychologen promovieren zum Doktor der Philosophie! Weißt Du das überhaupt? Ein Doktor der Philosophie kann man nur werden, wenn man als Voraussetzung ein Großes Latinum besitzt. Und merk' Dir jetzt, was ich Dir sage! Kein Doktor in Philosophie, das heißt: Keine Leitungsfunktion! Ein Leben lang ohne Aufstiegsmöglichkeit! Immer die gleiche Gehaltsgruppe! Paul Geiger, Du bist gerade dabei, Dir Deine Zukunft zu versauen. Und das, obwohl Du, so wie ich Dich einschätze, genug auf dem Kasten hast."

Er scheint sich wirklich ernsthaft Sorgen um meine Zukunft zu machen, denke ich. Doktor der Philosophie? Psychologe in Leitungsfunktionen? An so etwas hatte ich bisher nicht zu denken gewagt. Ich wollte erst einmal nur das Abitur und sonst gar nichts.

„Dass Du das Zeug zum Lernen hast, kann man Dir nicht absprechen", fährt er fort, „deshalb tippe ich, was Deine Lateinkenntnisse angeht, eher auf Faulheit! Du liest offenkundig zu viele Dinge nebenher, die im Unterricht nicht gebraucht werden. Apropos: Adler und Freud! Beide Herren waren übrigens keine Psychologen, sondern Ärzte."

Kurze Pause. Dann hebt er erneut zu einer Ermahnung an.

„Mein lieber Herr Geiger, vielleicht sollten Sie sich optional die Medizin-Perspektive als den deutlich besseren Weg gegenüber der Psychologie-Perspektive offen halten. Dabei aber sollten Sie erst recht bedenken, was für einen Arztberuf gilt: Kein guter Mediziner ohne grundlegende Lateinkenntnis! Schreiben Sie sich meine Kritik von heut' Morgen bitte hinter die Ohren! Kurz vor Ostern steht die Latein-Prüfung an. Bis dahin haben Sie noch ein dreiviertel Jahr Zeit. Ich hoffe, Sie haben mich jetzt richtig verstanden?"

„Jupps!", antworte ich schnippisch. Er ist wieder zum „Sie" übergewechselt, die Strafpredigt ist offensichtlich vorbei. Außerdem scheint er mich zu mögen, und das, obwohl mein Vater in einer für ihn nicht akzeptierbaren Partei sitzt.

Alfred Adler und Sigmund Freud
„Nun denn! Bis zum Unterrichtsbeginn ist noch Zeit. Lassen Sie uns ein wenig über Adler und Freud plaudern!"

Er ist neugierig, denke ich, jetzt wieder besser gestimmt.

„Welche Bücher der beiden haben'S denn antiquarisch erstanden?"

„Von Alfred Adler das Buch ‚Über den nervösen Charakter' von 1912 und von Sigmund Freud die ‚Drei Abhandlungen zur Sexualtheorie', weiß nicht genau von wann, stammt aber etwa aus der gleichen Zeit."

Er bemerkt natürlich, dass ich, als ich das mit der „Sexualtheorie" zugebe, leicht erröte, geht aber großzügig darüber hinweg. Ich bin sehr erstaunt, als er sagt:

„Beide Bücher kenne ich auch. Als ich Student war, wurde viel über beide Personen und ihre Arbeiten diskutiert. Die haben sich, obwohl sie längere Zeit Freunde waren, zunehmend weniger gut verstanden."

„Sigmund Freud ist schwerer zu lesen", wende ich ein.

„Wenn ich Ihnen einen Rat zu den beiden geben darf, hören Sie mir bitte gut zu! Zwar ist nicht alles, was schwer zu lesen ist, deshalb auch intelligent und richtig. Siggi Freuds Denken und Schreiben hingegen waren super."

Jetzt liegt plötzlich etwas Väterliches in der Luft. Das mit Alfred Adler und Sigmund Freud jedenfalls scheint ihm zu gefallen. Und weshalb er den Kosevornamen „Siggi" vor Freud benutzt, erklärt er mir dann.

„Siggi Freud hat 1928 den Goethe-Preis bekommen. Und das aus gutem Grund. Von ihm können Sie, Paul, ausgezeichnetes Deutsch lernen. Aber im Deutschen sind Sie ja sowieso schon auf dem Weg zu einem Einser, wenn ich richtig informiert bin."

Das wusste ich zwar nicht. Aber es tut mir gut. Auch der Hinweis auf die exzellente Sprache von Sigmund leuchtet mir unmittelbar ein. Denn so wie Freud seine Sexualtheorien niedergeschrieben hat – das war und blieb unnachahmlich. Da kann man nur neidisch werden. Man braucht, glaubte ich bereits damals zu wissen, nur einen Absatz von etwa zehn Zeilen zu lesen, und man ist sich sofort sicher: Der stammt von Sigmund Freud! Und übrigens: „Siggi" gelegentlich als Kosenamen vor „Freud" zu benutzen, das habe ich mir seither auch angewöhnt.

„Andererseits: Was halten Sie von Alfred Adler?", nimmt Köster den Diskurs wieder auf. „Ich habe damals, während meines Studiums in den Zwanzigern, so einiges von ihm gelesen. Und wenn es zu meiner Studienzeit das Fach, das Sie beruflich anstreben, gegeben hätte, hätte ich vielleicht auch Psychologie studiert. Medizin kam für mich nicht infrage, obwohl meine Eltern dies gern so gesehen hätten. Ich war aber penetrant dickköpfig und habe mich dann auf die alten Sprachen versteift, weil ich in diesen Fächern meine einzigen Einser hatte. Aber zurück zu Alfred Adler. Was halten Sie von seinen Ansichten?"

Jetzt bin ich wieder am Zug. Ich darf mich nicht mehr enthalten.

„Ich glaube, wie Alfred Adler und im Unterschied zu Freud, inzwischen eher daran, dass die Probleme und psychischen Irritationen der Menschen mehr aus ihrer sozialen Gewordenheit erwachsen als aus ihrem Unbewussten und aus ihrem Umgang mit der Sexualität."

„Hmm-hmm", Köster lächelt und nickt zustimmend. Deshalb fahre ich fort.

„War doch schade, dass Sigmund Freud die Ideen von Alfred Adler als miterklärende Alternative nicht hat gelten lassen, oder?"

„Im Gegenteil, Paul, im Gegenteil! Das war sehr klug so von Siggi Freud", geht Köster sofort dazwischen. „Adler wurde seinerzeit aus der Psychoanalytischen Gesellschaft verstoßen, falls Sie das noch nicht wissen. Jedoch, nur wegen dieses Rauswurfs konnte Adler seine individualpsychologische Sozialtheorie angemessen entwickeln. Deshalb bedenken Sie bitte, auch für Ihre Zukunft: Ohne konkurrierende Ideen gibt es in der Welt keinen Fortschritt. Freud konnte seinerzeit nur profitieren, weil es um ihn herum Konkurrenten gab. Dass Siggi mit seiner Sexualtheorie berühmter als Adler wurde, lag vor allem nur daran, dass die Sexualität seinerzeit noch sehr tabuisiert wurde. Deshalb erregte seine Sexualtheorie großes Aufsehen. Aus heutiger Sicht hätte wohl Adler mehr Zustimmung erfahren müssen. Freud wäre wegen seiner Präzision im Denken gegenwärtig zwar auch noch ein bedeutender Mediziner und Psychologe, aber eben nur einer unter vielen. Damals jedoch, zu Beginn der Psychotherapiebewegung, war das anders."

„Wenn ich die Zwischentöne in Ihrer Rede richtig deute, Dottore, scheint Ihnen Alfred Adler auch zu imponieren", kann ich mich, jetzt mutiger werdend, nicht mehr enthalten. Und um meinen zunehmenden Mut zu unterstreichen, gebe ich Adler flugs und frech auch einen Kosevornamen.

„Vieles von dem, was Alfredo sich ausgedacht hat, könnte glatt auch von meinem Vater stammen. Jedenfalls betrachtet mein alter Herr die Machtbesessenheit vieler Politiker mit großer Sorge, ganz ähnlich wie Adler. Er schimpft besonders gern über die Machtbesessenheit jener Leute, deren Aktivitäten mehr auf die Durchsetzung von Partikularinteressen ausgerichtet sind, als dass bei ihnen etwa das Gemeinschaftswohl im Vordergrund steht."

Wieder lächelt er zustimmend. Deshalb lasse ich keine Pause zu und rede sofort weiter.

„Wenn ich es recht erinnere, dann lehnen Sie doch die Partei meines Vaters ab. Das war doch der Grund dafür, dass Sie mich seit vielen Jahren nicht mehr Peter Fiedler, sondern Paul Geiger nennen, oder? Wie geht denn das nun mit Ihrer offensichtlichen Sympathie für Adler zusammen?"

„Wie Sie bemerkt haben, Paul, halte ich große Stücke auf Sie. Deshalb gehe ich davon aus, dass Sie das Folgende für sich behalten."

Er sieht mich eindringlich an, und deshalb nicke ich ihm zu.

„Unser Lehrerkollegium, dass wissen Sie ja wohl, denkt und handelt schwarz wie die Nacht. Die meisten sind CDU-Mitglieder. Kollege Böhnel sitzt im Stadtrat und ist im Kreistag sogar Konkurrent Ihres Herrn Vater. Und was rät uns jetzt der Sozialist Alfredo Adler, wie Sie richtig bemerkt haben? Wir sollen der Gemeinschaft zuarbeiten! Ich wollte seinerzeit mit der öffentlich vollzogenen Neuinszenierung Ihres Namens mehr Freiräume bekommen, um dem Gemeinschaftssinn in unserer Schule besser zuarbeiten zu können. Und das hat tatsächlich geklappt. Das Domgymnasium ist eine echte Gerüchteküche. Meine Namensschöpfung ‚Paul Geiger' und deren Hintergründe haben erwartungsgemäß schnell die öffentliche Runde gemacht – auch angesichts der Bekanntheit Ihres Vaters. Seither habe ich tatsächlich größere Freiheiten, gegen die häufig strikt verbohrten Positionen der Kollegen Stellung zu beziehen. Glauben Sie mir das? Und ich hoffe sehr, dass Sie mit dem, was ich jetzt gesagt habe, nicht gleich ein neues Gerücht über mich in Umlauf bringen."

Soviel Vertrauen in meine Person hatte ich nun doch nicht von ihm erwartet. Verlegen drücke ich mich um die vielleicht erwartete Zustimmung und antworte, um meine Sicherheit wieder zu erlangen, etwas provokativ:

„Das ist mir in unseren morgendlichen Diskussionen zwischen sieben und acht sowieso schon aufgefallen, dass Sie mehr linke als rechte Positionen vertreten."

„Stimmt. Und wie in den Jahren zuvor werde ich auch demnächst der Partei Ihres Herrn Vater wieder meine Stimme geben – jener Partei also, der Willi Brandt und der Hamburger Helmut Schmidt gerade neuen Schwung zu geben versuchen", verrät er mir jetzt. „Kränkt Sie der Name Paul Geiger?"

„Nein", antworte ich, „ich hab' mich bereits dran gewöhnt."

Altes Schlitzohr, ein verkappter Sozi, denke ich noch. Das ihm jetzt auch noch ins Gesicht zu sagen, das verkneife ich mir dann doch. Manche Gespräche jedoch, wie das hier gerade Nachgezeichnete, bleiben einem ein Leben lang in Erinnerung.

Eine Lebensleitlinie

So ganz konnte ich Kösters Rede, damals 18 Jahre jung, noch nicht mit Alfred Adler [1] in Übereinstimmung bringen, aber mich deucht, das gelingt mir heute zunehmend besser, nachdem ich noch viele weitere Schriften von und über Adler gelesen habe.

Alfred Adler war zu Beginn des vorigen Jahrhunderts in der größer werdenden psychoanalytischen Gemeinde um Freud zunehmend in Verruf geraten, als Ernest Jones – der Treueste im Umkreis von Freud und dessen späterer Biograph – das Gerücht verbreitete, dass die meisten Anhänger Adlers, wie dieser selbst, eifrige Sozialisten seien. Deshalb sei verständlich, behauptete Jones, weshalb sich Adler mehr auf die soziologische Seite des Bewusstseins konzentrierte als auf das von Freud unterstellte verdrängte Unbewusste.

Genau damit vertrat Adler inhaltlich in der Tat eine andere Position als Freud. Niemals war er sein Schüler, wie einige dies behaupteten. Immer war er ein eigener Denker und strikter Vertreter eigener Positionen, wie er überhaupt keinen Grund sah, sich dem Freudschen Diktat unterzuordnen. Das war schließlich der Grund, ihn 1911 aus der Psychoanalyse-Gemeinde endgültig auszuschließen.

Fehlendes Gemeinschaftsgefühl als Ursprung der Neurose
Im Unterschied zu Freud war Adler der Ansicht, dass die in der Sexualtheorie vertretene infantile Sexualität der ersten Lebensjahre keine Neurosen verursachende Rolle spiele. Der Ödipuskomplex beleuchte nur die Auseinandersetzung der kindlichen Selbstbehauptung mit der elterlichen Autorität, und zwar in einem in die Irre führenden Sexualgleichnis [90]. Sowohl der Normale als auch der Neurotiker litten vielmehr unter einem erdrückenden Gefühl der Minderwertigkeit, das biologische und pädagogische, vor allem aber soziale und kulturelle Gründe haben könne. Auf der anderen Seite könne die subkulturelle oder kollektive Mobilisierung persönlicher Energien aber auch in eine dem Gemeinschaftsgefühl abträgliche zwischenmenschliche Abgrenzung, in Konkurrenz und Machtstreben einmünden.

Der Mensch stecke also immer in Konflikten, deren langfristige Folge und vermeintliche Lösung eine charakterliche Vereinseitigung in Richtung entweder zunehmender Minderwertigkeitsgefühle oder auswuchernder Geltungsbedürfnisse sein könnten. Nur in glücklichen Fällen würden in der frühkindlichen Entwicklung sozial bezogene Kompensationsbestrebungen eingeleitet, und zwar in Richtung auf ein allseits bedeutsames Gemeinschaftsgefühl. Nur dieses führe zur wirklichen Beruhigung und Sicherung, da sie eine soziale Einfügung des Individuums ermöglichen. Aber genau das bedeutete für Adler in keiner Stelle seiner Schriften etwa Anpassung an gegebene Verhältnisse – ganz im Gegenteil: nämlich aktives Engagement für soziale Belange, die der Gemeinschaft zuträglich sind.

Vielleicht war es ja das, was Dottore Köster damals meinte.

Für Adler jedenfalls war die Neurose kein Konflikt zwischen Bewusstsein und Unbewusstem. Er verstand sie nur als Reaktionsweise eines verängstigten Ichs, das angesichts sozialer Aufgaben, für das es durch die Erziehung nicht genügend vorbereitet war, die Flucht ergreift und in einem Schockzustand zu verharren sucht. Die Neurose war für Adler in erster Linie Sicherung des eigenen Selbst! Dies war eine Denkfigur, der ich bei meiner Lektüre von Sullivan viele Jahre später erneut begegnen sollte [243].

Als Adler diese Gedanken auf einem der ersten Psychoanalyse-Kongresse vortrug, entstand eine heftige Diskussion. Ein Freud-Schüler beantragte spontan den Ausschluss Adlers aus der Vereinigung. Dieser erfolgte dann tatsächlich. Aus Solidarität traten acht Anhänger Adlers, meist Sozialisten, mit ihm gleichzeitig aus. Adler gründete darauf hin eine eigene „Gesellschaft für freie Analyse", aus der heraus er später seine Individualpsychologie entwickelte. Daraufhin durfte auf Freuds Geheiß niemand mehr aus seinem Kreis die Adlerschen Zusammenkünfte auch nur besuchen. Eine Ausnahme war Lou Andreas-Salomé, die Freud gern als Informantin in Adlers Reihen akzeptierte. Andererseits schrieb sie später aber auch, dass ihr vieles, was die Entwicklung von Menschen anging, im Zwiegespräch mit Adler klarer geworden sei.

Adlers Persönlichkeitstheorie war von Anfang an eine Sozialtheorie. In der neurotischen Lebensstilentwicklung verliert die betroffene Person ein Gefühl für die sinnhafte Fortentwicklung der zwar konstitutionell beschränkten, für sie ursprünglich dennoch gegebenen Möglichkeiten einer unbeschwerten persönlichen Entfaltung. Sie verliert diese Möglichkeiten durch die zunehmende Orientierung des eigenen Charakters an einen Vergleich mit den Eigenarten anderer Menschen. Schließlich gehen den Betroffenen im Minderwertigkeitsgefühl oder in Machtgelüsten mehr und mehr die sozial akzeptierbare zwischenmenschliche Bezugnahme und ein Gemeinschaftsgefühl verloren.

Sozialgesellschaftliche Perspektiven
Genau die auf psychische Gesundheit hinzielende Perspektive eines sozialpolitischen und sozialwissenschaftlichen Denkens und Handelns sollte eine meiner eigenen Lebensleitlinien werden. Diese wurde mir vermittelt einerseits – was die politische Haltung angeht – durch meine Eltern, die beide im hohen Alter für ihr lebenslanges soziales Engagement das Bundesverdienstkreuz bekommen sollten. Andererseits – was die sozialpädagogische Sicht auf die Sachverhalte unserer Welt angeht – habe ich vieles von Dr. Köster gelernt, vor allem in unseren Diskussionen morgens kurz vor Unterrichtsbeginn. Ich bin zwar nicht der Individualpsychologie treu geblieben, aber sie hat mich deutlich beeinflusst.

Apropos: In meinem Abiturzeugnis findet sich folgender Hinweis: „Dieses Zeugnis schließt das Kleine Latinum mit ein". Darauf bin ich sehr stolz, denn ich bin der Einzige meiner Klasse mit einem solchen Hinweis im Abschlusszertifikat des Domgymnasiums geblieben. Bei meinen Mitschülern steht das „Große Latinum".

Dr. Köster jedenfalls blieb, was die Beurteilung meiner Leistungen in seinem Fach betraf, bis zum Ende unseres Latein-Unterrichts in der Unterprima gleichermaßen transparent wie konsequent ehrlich. Als ich dennoch im Alter von 30 Jahren einen Doktortitel der Philosophie bekam, hätte ich ihm gern die Urkunde gezeigt, denn mir reichte dazu das Kleine Latinum. Mit den vorbei fließenden Zeiten ändern sich auch die Ansprüche und Voraussetzungen. Leider war Hellmuth Köster zu diesem Zeitpunkt bereits verstorben.

Vorausgehende Geschichten

Ewiges Hin und Her zwischen Organmedizin und Psychologie

> Die Tür zur Vergangenheit
> ist ohne Knarren nicht zu öffnen.
> *Alberto Moravia*

Sucht man nach den historischen Wurzeln und Vorläufern der Verhaltenstherapie, wird man am ehesten fündig, wenn man sich zunächst – wohl fast beliebig – eine psychische Störung auswählt und sich dann auf eine Zeitreise zurück mit folgender Frage begibt: Welche Versuche wurden seitens der Wissenschaft über die letzten, eventuell mehreren Jahrhunderte unternommen, genau jene psychische Störung erfolgreich zu behandeln? Genau diese Frage stand immer im Mittelpunkt, wenn ich mich in den vergangenen Jahrzehnten aufmachte, meine Bücher über psychische Störungen zu schreiben. Immer begegnete ich dabei einem typischen Grundmuster, das die Vorgeschichte hin zur Verhaltenstherapie durchzieht.

Als erstes wird man in unterschiedlichen Epochen bei den heute als „psychisch bedingt" angesehenen Störungen mit Erklärungsversuchen und Behandlungskonzepten der Organmedizin konfrontiert, die dem jeweiligen Zeitgeist und damit dem damaligen Stand der medizinischen Forschung entsprachen. Zumeist waren fortschrittliche Mediziner ernsthaft bemüht, den organischen Ursachen psychischer Störungen auf die Schliche zu kommen, um diese angemessen somatisch behandeln zu können. Fast immer wurden Anfangserfolge berichtet, bis es jeweils über kurz oder lang zu Krisen kam, in denen sich die empfohlenen Behandlungskonzepte als nicht hinreichend tragfähig erwiesen.

Genau in diesen Krisen des Scheiterns organmedizinischer Behandlung psychischer Störungen traten nun Personen in Erscheinung, die psychologische Erklärungen anboten und psychologische Behandlungskonzepte als Alternativen empfahlen. Auch wenn sich das Fach „Psychologie" erst um die Wende zum letzten Jahrhundert hin etablierte, gab es in der Vorzeit immer wieder auch Ärzte sowie Philosophen, Soziologen, Theologen und Schriftsteller, die psychologische Erklärungen bemühten. Anderseits hatten sowohl die frühen organmedizinischen als auch die frühen psychologischen Ansätze wiederum bereits ihre eigene Vorgeschichte, so dass es eigentlich unmöglich ist, die Ursprünge irgendwo in der Vorzeit zu verorten. Und da es bereits in uralten Zeiten Behandlungsansätze gab, die sich immer noch in den psychologisch oder psychodynamisch begründeten Therapieansätzen der Gegenwart wiederfinden, gilt dies auch für die Verhaltenstherapie.

Um dieses Hin und Her zwischen Organmedizin und den psychologischen Alternativen als Mosaiksteine der Geschichte einmal zu illustrieren, wurde mit dem Stottern ein Störungsbereich als Beispiel ausgesucht – dies nicht nur, weil ich dieser Sprechstörung eine eigene Monographie gewidmet habe [72; 81], sondern weil wir auf dieser Reise zurück den Assozianisten begegnen werden, die als Urväter verhaltenstherapeutischen Denkens angesehen werden.

Zum Beispiel Stottern:
organmedizinisch zu behandelndes Problem der Zunge?

Viele Jahrhunderte lang hatten Mediziner wiederholt vermutet, dass das Stottern auf einem Versagen der Zunge beruhe. Diese Ansicht findet sich bereits bei Hippokrates (460–377 v. Chr.) und wurde von dem römischen Arzt Galenus (129–

199 n. Chr.) aufgegriffen. Sein Kollege Celsus, der zur Zeit Christi lebte, hielt die Zunge Stotternder ebenfalls für „zu schwächlich". Die Ansicht, in Problemen der Zunge die Ursache des Stotterns zu vermuten, hielt sich bis zu Beginn der Neuzeit, angereichert durch vielfältige Annahmen, worauf denn die Schwäche der Zunge beruhen könne.

Bereits 1583 veröffentlichte Hieronymus Mercurialis ein Behandlungsprogramm für Stotternde, das eine sorgfältige Differenzialdiagnostik voraussetzte. Er empfahl operative Eingriffe bei chronischer Muskelverspannung, Gebisskorrekturen bei Dentalproblemen der Stotternden; eine zu trockene Zunge als Ursache sollte mit Flüssigkeitszufuhr, eine zu feuchte Zunge mit einer Austrocknungstherapie behandelt werden. Noch etliches mehr findet sich in einer seiner Schriften, die in Auszügen 1977 im *Journal of Communication Disorders* wiederabgedruckt wurde.

Ähnliche Ansichten finden sich dann erneut in den Schriften des Philosophen und Staatsmannes Sir Francis Bacon (1561–1626), der als Begründer des wissenschaftlichen Empirismus gilt und der sich gern zu medizinischen Fragen äußerte. In seiner posthum erschienen Schrift *Sylva Sylvarum* empfahl Bacon den Stotternden, die Zunge zur Förderung ihrer Beweglichkeit täglich mit zwei Gläschen Wein geschmeidig zu halten [11].

Irgendwann im 18. Jahrhundert nahm ganz allgemein die Bereitschaft zu, den realen oder vermeintlichen organischen Beschwerden von Patienten mit operativen Eingriffen zu begegnen. Wichtige und Mut machende Impulse dazu gingen von einem der berühmtesten Pathologen jener Zeit aus: Giovanni Battista Morgagni (1682–1771) erarbeitete eine topographische Klassifikation, die er auf eine *Post-mortem*-Beurteilung der für Krankheitsursachen in Frage kommenden Organe gründete. 1761, bereits achtzigjährig, veröffentlichte er sein Hauptwerk, die fünf Bücher *De sedibus et causis morborum per anatomen indagatis* (Über den Sitz und die Ursachen der Krankheiten, aufgespürt durch die Anatomie). Nach der Untersuchung verstorbener Stotternder beschrieb er darin spektakuläre Normabweichungen im hinteren Zungenbereich und stellte sie in einen Kausalzusammenhang mit der Sprechstörung.

1841: das Jahr der Operateure

Das Jahr 1841 stellt in der Medizingeschichte ein besonderes Jahr dar, weil sich mutige Chirurgen zunehmend anschickten, organische Störungen mit operativen Eingriffen zu behandeln. Narkose gab es noch nicht, sie wurde erst 1846 eingeführt. Deshalb hatte der Chirurg wegen der starken Schmerzen der Patienten möglichst schnell zu arbeiten. Aber auch noch in anderer Hinsicht kam es damals – und dies insbesondere im Jahr 1841 – zu einem regelrechten Wettlauf mit der Zeit, nämlich zu einem Wettrennen der Mediziner gegeneinander. Jeder mutige Chirurg ging sofort nach einer neuartigen Operation mit einem vermeintlich erfolgreichen Operationsergebnis an die Öffentlichkeit, um sich als Erstplatzierter im Buch der Medizingeschichte einen Eintrag zu sichern.

1841 war im Verlauf der Weltgeschichte übrigens ganz allgemein ein interessantes Jahr, weshalb wir zur besseren Einordnung der Geschehnisse einen kurzen Abstecher machen. Der Belgier Adolphe Sax erfindet das Saxophon. Die Firma Borsig liefert die erste Lokomotive aus und das Eisenbahnnetz soll noch in diesem Jahr die 500-Kilometer-Marke überschreiten. Schopenhauer veröffentlicht sein Werk über „Die beiden Grundprobleme der Ethik" und Ludwig Feuerbach seines über „Das Wesen des Christentums". Von Christian Friedrich Schönbein wird das Ozon entdeckt. James F. Cooper schreibt den „Lederstrumpf" und Edgar Allen Poe an seiner Kriminalgeschichte „Der Mord in der Rue Morgue". Gioacchino

Rossini komponiert „Stabat Mater" und Robert Schumann seine 1. Symphonie (Frühlingssymphonie) in B-Dur. In Deutschland entstehen die ersten Arbeiterbildungsvereine und in Berlin öffnet der Zoologische Garten seine Tore. Thomas Cook arrangiert erstmals verbilligte Gesellschaftsreisen, Karl Baedeker schreibt in dieser Zeit an seinem ersten „Handbuch für Reisende" (durch Deutschland und Österreich) und die Polka ist auf dem Durchbruch zum Gesellschaftstanz.

Genau in diesem Jahr 1841 erreichte die Zahl der Publikationen über innovative und gelungene Operationen ihren absoluten Höhepunkt. Eine dieser Neuerungen betraf die Behandlung des Stotterns. In der Annahme, Stottern hänge mit ungewöhnlichen Abweichungen der Zunge und von Muskeln im Kehlkopfbereich zusammen, empfahl der deutsche Chirurg Johann Friedrich Dieffenbach zu dessen Abhilfe operative Korrekturen. Dieffenbach, der sich bereits zuvor mit der operativen Behandlung des Schielens einen Namen gemacht hatte, schlug drei Vorgehensweisen vor. Zwei Methoden beruhten auf einer transversalen Muskeldurchtrennung der Zungenwurzel, bei der dritten Methode wurden keilförmige Stücke aus der Zungenwurzel entfernt. Am 7. Januar 1841 führte er die erste Glossotomie durch, gegen Ende des Monats hatte er bereits 19 Stotternde auf die eine oder andere Art operiert. Über Dieffenbachs chirurgische Premiere wurde am 1. Februar 1841 im französischen *Journal des Debats* berichtet.

Tumult in der Akademie der Wissenschaften
Ein paar Tage später durchtrennte der in Paris tätige Chirurg Ch. Phillips bei zwei Stotternden den (unter der Zunge befindlichen) Musculus genioglossus, weil er glaubte, dass die Zunge Stotternder mehr Raum benötigte. Am 8. Februar informierte er die französische Akademie der Wissenschaften über seine Operation. Etwa eine Woche später durchtrennten die beiden

französischen Chirurgen Velpau und Amussat den Genioglossus bei Stotternden, die Schwierigkeiten gehabt hätten, ihre Zunge zu heben. Unmittelbar nachdem Velpau am 16. Februar 1841 vor der Akademie der Wissenschaften über seine Operation berichtet hatte, bestieg Amussat das Rednerpult und behauptete, er habe bereits sehr lange vor Dieffenbach und Velpau eine operative Behandlung des Stotterns vorbereitet. Ein gewisser Dr. Gerdy griff in den Disput ein und erklärte den Streit für sinnlos, da nach seiner Ansicht Stottern „nie und nimmer" operativ zu behandeln sei.

Beim nächsten Treffen der Wissenschaftsakademie eine Woche später widersprach Amussat seinem Kollegen Gerdy, indem er zwei Stotternde vorführte, die er kurz zuvor operiert hatte und die offensichtlich recht fließend sprachen. Velpau und ein gewisser Dubois protestierten, da die Stotternden vor der Tagung nicht angemessen untersucht werden konnten. Gerdy warf Amussat wissenschaftliche Unredlichkeit vor: Dazu verlas er wütend Ausschnitte aus einer Tageszeitung, in der Amussat als Person vorgestellt wurde, die Stotternde endgültig von ihrem Sprechfehler zu heilen vermöge. Der daraufhin einsetzende Streit führte offensichtlich zu tumultartigen Auseinandersetzungen. Als sich die Streithähne schließlich sogar mit Büchern bewarfen, wurde die Sitzung abgebrochen. Über den hochpeinlichen Tumult und seine Hintergründe wurde in den Monaten danach ausführlich in den *Archives Generales de Medicine* sowie in den *Annales de la Chirurgie Française et Etrangère* berichtet und diskutiert [168].

Immer neue Erstlingswerke

Einige Wochen später informierte Amussat die Akademie darüber, dass er bei weiteren sieben Stotternden eine Genioglossus-Operation durchgeführt habe. Und über Velpau ist zu erfahren, dass er einem Stotternden die Zunge verkürzt habe, die nach seiner Meinung zu lang gewesen sei. In nur wenigen Monaten erreichten die Zungenkorrekturen zur Behandlung des Stotterns in ganz Europa eine große Beliebtheit. Weit über 200 Personen müssen damals in Frankreich, England, Deutschland und auch den USA unter die Messer gekommen sein.

Ebenfalls 1841 trat der englische Chirurg James Yaersley für eine operative Entfernung von Zäpfchen und Mandeln bei Stotternden ein. Nach seiner Meinung beruhte das Stottern auf einer Verengung der Luftwege, deren operative Weiterung deshalb unbedingt anzuraten wäre. In einer Mitteilung gab er als Termin für seine erste Operation den 5. Dezember 1840 an, also einen Monat vor (!) Dieffenbachs Premiere. Yearsleys Anspruch, die erste Operation bei Stotternden durchgeführt zu haben, wurde ihm kurz darauf vom Kollegen James Braid aus Manchester streitig gemacht. James Braid – der übrigens auch 1841 die Bezeichnung „Hypnose" für die künstlich induzierte Trance einführte und schon deshalb weltweite Bekanntheit erlangte – legte in einem Brief an die *London Medical Gazette* (April 1841) dar, schon drei Monate vor Yearsley Stotternde operiert zu haben. Auch Braid war der Ansicht, dass Stottern auf einer Atemwegsstriktur beruhe und deshalb als Therapie einer operativen Weiterung des Rachenraumes bedürfe.

Die Krise der Operateure
Wie aus heutiger Sicht zu erwarten war, stellte sich bald heraus, dass die operativen Eingriffe zu keinen dauerhaften Veränderungen des Stotterns führten. Dass sich in der Folge der, für die Patienten sicherlich mehrere Wochen Schmerzen verursachenden Operationen sehr wohl kurzzeitige Besserungen einstellen konnten und auch einstellten, lässt sich gut mit inzwischen bekannten Eigenarten des Stotterns erklären: Die frisch operierten Patienten mussten vermutlich zunächst sehr langsam und kontrolliert sprechen, und dieses „prolongierte

Sprechen" gilt heute als eine der gebräuchlichsten verhaltenstherapeutischen Sprechtechniken, die unmittelbar zu deutlicher Fehlerreduktion führen kann.

Die Berichterstattung aus dem Jahre 1841 bliebe jedoch unvollständig ohne den Hinweis, dass es auch das Jahr der ersten Behandlungsversuche des Stotterns mit Elektrostimulation war. Im englischsprachigen Chirurgenjournal *Lancet* wird im Mai 1841 über ein Verfahren berichtet, das sich – laut Berichterstattung – in besonders origineller Weise von den zahlreich publizierten Operationen abhebe. Zu jener Zeit war bei den Medizinern neben der Erprobung von Operationsverfahren das Experimentieren mit Elektrizität groß in Mode gekommen. Bei dem beschriebenen Verfahren zur Behandlung des Stotterns wurde eine (Haut-)Elektrode im Steißbeinbereich befestigt und eine Nadelelektrode bis in die Knochenstruktur von Bein oder Arm eingeführt.

Im bereits damals führenden Mediziner-Journal *Lancet* ist dazu in der Mai-Ausgabe des Jahres 1841 Folgendes nachzulesen: „Wollte der Patient sprechen, so musste er mit dem Batteriekabel das Ende der aus dem Knochen herausragenden Nadelelektrode berühren, woraufhin der galvanische Strom unmittelbar durch die Wirbelsäule aufwärts zu fließen begann, dann weiter durch den Rachen. Es spannte sich das Velum palativum wie ein Segel und die Uvula stand durchströmt wie ein Fähnchen, woraufhin sich der Sprechfluss perfekt regulierte. Die eminenten Mitglieder des Berufsstandes, denen die erste Operation dieser Art vorgeführt wurde, waren vom durchschlagenden Erfolg der Demonstration elektrisiert (sic!)" [zit. nach 251].

Nun hat es, verschiedenen Berichten zufolge, kaum bis zur Jahreswende 1841/42 gedauert, bis der Enthusiasmus über Glossotomie, Uvulectomie und Tonsillectomie verflogen war. Dies lag nicht nur daran, dass die Erfolge nicht lange vorhielten. Proteste kamen auch von den Ärztekollegen, welche einige der Stotternden nachbehandeln mussten. Denn zahlreiche der Operationen hatten fatale, zu jener Zeit schwer kontrollierbare Blutungen zur Folge. Obwohl genaue Zahlen nicht vorliegen, ist dokumentiert, dass mindestens zwei Stotternde den „heroischen" Einsatz der Operateure mit ihrem Leben bezahlten.

Zum Beispiel Stottern: psychologisches Problem falscher Sprechgewohnheiten?

In dieser Zeit der Romantik kam es, was das Stottern angeht, zu einer zunehmenden Propagierung pädagogischer (heute würde man sagen: psychoedukativer) Behandlungsansätze. Das galt jedoch nicht nur für das Stottern, sondern ganz allgemein für die Erziehung von Kindern und Jugendlichen. Die Autoren, die diese zumeist psychologisch inspirierten Therapieansätze zur Behandlung des Stotterns empfahlen, griffen dabei häufig auf Erklärungsansätze und Behandlungsüberlegungen zurück, die von Philosophen und frühen Psychologen des 18. Jahrhunderts stammten. Diese Vordenker wurden und werden gern als „Assozianisten" bezeichnet.

Die bereits früh diskutierte und schnell Bekanntheit erlangende Assoziationspsychologie gilt mit ihren Theorien – wie wir später sehen werden – als die wichtigste Vorläuferin der Verhaltenstherapie. Ihre Vertreter wurden Assozianisten genannt, weil sie vom klassischen Konzept der Assoziation (bei Platon und Aristoteles) ausgehend, mentale Prozesse aus Verknüpfungen von Bewusstseinsinhalten etwa über Nähe, Ähnlichkeiten oder Kontiguität zu erklären versuchten. Drei von ihnen hatten sich schon mehr als 100 Jahre vor 1841 auch mit Störungen des Sprechens und der Sprache befasst [81]. Und sie wurden jetzt, nach dem Operationsdebakel bei Stotternden, wiederentdeckt –

und zwar ebenfalls beginnend im Jahre 1841 [37]. Doch zunächst ein kurzer Blick zurück auf die Urväter.

Großväter der Verhaltenstherapie: die Assozianisten

David Hartley (1705–1757) gilt als der eigentliche Begründer der späteren Assoziationspsychologie. Er vermutete, dass Sensationen (interne Gefühle, die durch externe Ereignisse ausgelöst würden) mit einfachen Hirnzuständen (Vibrationen) und Ideen (interne Gefühle, die keine Sensationen sind) verknüpft seien. Auf diese Annahme aufbauend erklärte er auch das Stottern und zwar, dass es sich aus Angst, Ärger oder einem Verletzungsgefühl heraus entwickle: Diese emotionale „Konfusion" störe die für ein angemessenes Sprechen notwendige Übertragung von (zentralnervösen) Vibrationen über neuronale Bahnen zu den (peripheren) Artikulationsorganen. Bei Übertragungsstörungen wiederhole dann ein Kind Laute und Silben (eben stotternd) so lange, bis es erfolgreich sei. Diese Idee hat übrigens bis in die Gegenwart überlebt und findet sich in der Verhaltenstherapie im Modell der Selbstüberforderung von Sprechkapazitäten wieder [240].

Moses Mendelssohn (1729–1786) vermutete, dass dem Stottern folgender Assoziationsdefekt zugrunde liege: Wenn zwei Ideen unterschiedlichen Inhalts (A und B) kausal zusammenhängen, würden sie sich solange (gemeinsam) fortentwickeln, bis sie in einer einzigen, beide in sich aufnehmenden Idee ganzheitlich aufgingen und der Unterschied zwischen A und B Null würde. Wie bei anderen Assozianisten spielten auch bei Mendelssohn innerhalb dieses Prozesses begleitende Affekte eine große Rolle. Sollten nun Emotion und Leidenschaft einen geordnet verlaufenden Assoziationsablauf stören, so käme es im Falle eines Sprechversuches zum Stottern, weil eine Ideenverknüpfung dann nicht synchronisierbar sei. Eine ähnliche Vermutung findet sich noch bei verhaltenstherapeutischen Autoren bis in die 1970er Jahre, indem diese einen innerpsychischen Dauerkonflikt zwischen „stotternd sprechen" oder „lieber schweigen" als für das Stottern ursächlich vermuteten [232; 233].

Erasmus Darwin (1731–1802), der Großvater von Charles Darwin, war in seinem Denken stark von Hartley beeinflusst. Er empfahl, dass ein Stotternder bei fehlerhafter Aussprache eines Wortes zur kontinuierlichen Wiederholung dieses Wortes anzuhalten sei. Worte, die er schlecht aussprechen könne, hätte ein Stotternder acht bis zehn Mal mit kräftiger und lauter Stimme auszusprechen. Als eine weitere Sprechhilfe empfahl er, schwierige Worte mit einem Hauchlaut oder einem „sanften P" anzustimmen. Die Verfahren würden jedoch nur erfolgreich sein, wenn sie der Stotternde bei den schwierigsten Worten über Wochen, wenn nicht gar Monate hinweg einübe. Darwin begründete dieses Vorgehen folgendermaßen: Die mit den schwierigen Worten assoziierten Ideen seien mit (Versagens-)Ängsten verknüpft, so dass es zu einer Irritation der Bewegungskoordination der Artikulationsmuskulatur komme. Der Stotterer versuche nun, diese Irritation willentlich zu beheben, woraufhin es zum Stotterblock und zu verschiedenen Mimikstörungen komme.

Selbst diese Ideen und Behandlungsempfehlungen sollten später verschiedentlich in der Verhaltenstherapie aufgegriffen werden. Und für das kontinuierliche Wiederholen gestotterter Worte wurde von Knight Dunlap später die Bezeichnung „negative Praxis" in die frühe Verhaltenstherapie eingeführt [40].

Die Wiederentdeckung der frühen Assozianisten
Nach den Misserfolgen der Chirurgie im Jahr 1841 vollzog sich in der Folgezeit ein bemerkenswerter Wandel im therapeutischen Vorgehen, der auf die stärkere Berücksichtigung psychologischer Faktoren bei Stottern zurückzuführen ist. Be-

reits in den Ansätzen der Assozianisten wurden zentralnervöse Irritationen eher als die Folge erklärbarer Affektlagen und nicht als deren Ursache angesehen. Mit dem Aufkommen psychologisch motivierter Behandlungskonzepte hielten deshalb die Forscher eine Art „moralischer Erziehung" der Stotternden für indiziert. Dies entspricht natürlich auch dem Zeitgeist der Romantik in seiner Gegenreaktion gegen die „amoralischen Tendenzen" der Aufklärung. Die „moralische Erziehung" in der Behandlung des Stotterns war ausgerichtet auf die Herstellung einer Balance zwischen Wollen und Fühlen: Wenn Gefühle und Leidenschaften das flüssige Sprechen erschweren, so müssten sie durch entsprechende Gegenmaßnahmen gedämpft werden.

Der Beginn der Sprechübungsbehandlung
Viele Sprechbehandlungsverfahren, die auch heute noch in der Verhaltenstherapie angewandt werden, wurden in der zweiten Hälfte des 19. Jahrhunderts erstmals als Kontrapunkt zu somatischen Behandlungsversuchen erwähnt. Dies gilt beispielsweise für das Rhythmussprechen, dass 200 Jahre später – in den 1970er Jahren – in den Mittelpunkt der Therapieforschung bei Stottern rücken sollte. Rhythmisiertes Sprechen kann einen Stotternden zu fehlerfreier Aussprache führen. Es wird, wie viele andere Sprechtechniken, Demosthenes (384–322 v. Chr.) zugeschrieben, der – selbst Stotternder und zugleich berühmter Redner seiner Zeit – bei seinen Sprechübungen in den Bergen oder am Strand im Schrittrhythmus oder im Gleichklang mit dem Wellenrauschen geübt haben soll.

Demosthenes hatte sich zudem noch ein unterirdisches Kabinett eingerichtet, in das er sich regelmäßig für zwei, drei Monate zurückzog, um mit der Rhythmusmethode fehlerfreies Sprechen zu trainieren. Um seine Übungen nicht vorschnell abzubrechen, soll er sich jeweils zu Beginn einer

Trainingsphase die Hälfte seines Haarschopfes abgeschnitten haben, der erst nachwachsen musste, bevor er sich erneut an die Öffentlichkeit wagte. Durch solchermaßen „Selbstbehandlung" soll sich seine Stimme von einer unsicheren und scheinbar unkontrollierbaren in eine kraftvolle und melodisch klingende verwandelt haben.

Für andere Autoren gilt jedoch der französische Arzt Columbat als der Vater des Verfahrens. Er schlug vor, dass Stotternde bei jeder Silbe rhythmisch mit dem Fuß wippen oder bei jeder zweiten, dritten oder vierten Silbe Daumen und Zeigefinger rhythmisch aufeinander pressen sollten. Für seine Erfindung, die ein Metronom nachahmte, zu deren selbst gewählten Taktvorgaben der Stotternde fehlerfrei sprechen konnte, wurde er bereits 1842 – also ein Jahr nach dem Desaster der Zungenoperateure – von der Französischen Akademie der Wissenschaften mit einem Preis ausgezeichnet. Vielleicht war dies zugleich als Wiedergutmachung für die Fehlschläge mit der operativen Korrektur stotternder Zungen gedacht. Die Methode jedenfalls wurde daraufhin schnell bekannt und gilt noch heute als eines der Standardverfahren in der Verhaltenstherapie des Stotterns. Bereits um 1910 bezeichneten etwa 30 bis 40 Prozent der Stottertherapeuten das Rhythmussprechen als das wichtigste ihrer Verfahren [81].

Das metrische Sprechen passte gut in die auf Disziplin und Moral abgestellten Erziehungskonzepte in der zweiten Hälfte des vorletzten Jahrhunderts. Die Sprecherziehung der Kinder galt als wichtige Erziehungsaufgabe. Ebenfalls schon 1841 hatte nämlich der amerikanische Professor für Rhetorik und Sprecherziehung Andrew Comstock – mit kritischen Verweisen auf den Unsinn operativer Eingriffe im Mundbereich der Stotternden – beschrieben, wie sich mittels systematischer Sprechübungen das Stottern erfolgreich beeinflussen ließ. Bei seinen Übungen ging es darum, eine gute Balance zwischen Wollen und Fühlen herzustellen.

Seine Überlegungen entsprachen den Ansätzen der Assozianisten, wonach zentralnervöse Irritationen, die sprachlich im Stottern sichtbar wurden, eher als Folge erklärbarer Affektlagen aufzufassen seien. Sie wurden in der Fachwelt jetzt erneut aufgegriffen und diskutiert [149]. Wenn Gefühle und Leidenschaften das flüssige Sprechen erschweren, so hätten sich Behandlungsmaßnahmen auf eine „Disziplinierung der Erregbarkeit des Gemüts" auszurichten. Der gestörte Sprech- und Artikulationsmechanismus war dem „Kommando des Willens" zu unterstellen. Stottern galt zeitweilig als undiszipliniert und mittels strenger Erziehung korrigierbar. Stotternde Kinder sollten konsequent kontrolliert und zum korrekten Sprechen angewiesen werden. Wesentlicher Wirkmechanismus beim rhythmischen Sprechen ist aus heutiger Sicht das prolongiert langsame Sprechen, mit dem die Übungen zum Taktsprechen üblicherweise beginnen.

Kleiner Trick mit Kieselsteinen
Übrigens sei noch nachgetragen, dass das beim Stottern erfolgreich eingesetzte „prolongiert langsame Sprechen" nicht erst bei den operierten Stotternden im Jahr 1841 erstmals beobachtet worden war. Es handelt sich dabei auch nicht um eine Erfindung der späteren Verhaltenstherapeuten, wie dies gern behauptet wird. Diesen hilfreichen Mechanismus nämlich hatte ebenfalls bereits Demosthenes vor mehr als 2000 Jahren entdeckt. Demosthenes war als Redner unter anderem deshalb berühmt geworden, weil er sich öffentlich immer wieder über viele Missstände seiner Zeit erregte, und zwar lautstark und heftig. Kam er dabei zu sehr in Rage, wurde er wegen seiner Wut auch beim Sprechen schneller, kam aus dem eingeübten Sprechrhythmus – und begann zu stottern.

Um nun seine Sprechgeschwindigkeit zu reduzieren, hatte er es sich zeitweilig zur Gewohnheit gemacht, beim Sprechen kleine Kieselsteine in den Mund zu nehmen. Daraufhin sprach er, auch wenn er seinen Ärger nur schwer bremsen konnte, bedächtig und langsam, weil er nämlich aufpassen musste, dass die Steine nicht plötzlich seinen Zuhörern um die Ohren flogen, oder auch, dass die Kiesel ihm bei der Rede nicht zwischen die Zähne gerieten. In diesem kleinen Selbsthilfetrick liegt begründet, weshalb das Mitteilungsblatt der deutschen Bundesvereinigung Stotter-Selbsthilfe den Namen „Der Kieselstein" bekommen hat.

Zeittafel 1[1]

Klinische Psychologie im deutschsprachigen Raum: die ersten 100 Jahre

1852 Wilhelm Wundt beginnt ein Medizin-Studium an der Universität Heidelberg. Als Helmholtz-Schüler entwickelt er zunehmendes Interesse an den Zusammenhängen physiologischer und psychologischer Prozesse und erarbeitet erste Perspektiven für das Fach „Physiologische Psychologie", das er – inzwischen Hochschullehrer – seit Beginn der 1860er Jahre in Forschung und Lehre vertritt.

1862 Wundt richtet ein erstes psycho-physiologisches Labor in der Hauptstraße 47 in Heidelberg ein – genau an jenem Ort, an dem auch heute noch das Psychologische Institut der Universität ansässig ist. Mit seinem Weggang aus Heidelberg 1874 nach Leipzig schließt das Forschungslabor zeitweilig.

Leipzig und Heidelberg

1879 Das Forschungslabor wird als Psychologisches Labor in Leipzig wiedereröffnet. Spätestens zu dieser Zeit entwickelt Wundt die Grundlagen für eine nomothetisch ausgerichtete experimentelle Psychologie.

---

1 Die Zeittafeln in diesem Buch wurden unter teilweiser Nutzung einer Dokumentation im Psychotherapeutenjournal erstellt [153].

1890 Hippolyte Bernheim, der jahrelang hysterische Patienten mit Hypnose behandelt hatte, entdeckt, dass bei vielen Betroffenen gleichartige Heilungseffekte auch im Wachzustand erzielt werden können, wenn mit ihnen gefühlsorientierte Gespräche geführt werden. Die „sprechende Behandlung" als „Technik" wird erfunden, und Bernheims Schule von Nancy versucht, das therapeutische Gespräch mit der offiziellen Bezeichnung „Psychothérapie" bekannt zu machen [22]. Dieser Begriff findet daraufhin innerhalb weniger Jahre weltweite Verbreitung.

1891 Emil Kraepelin wird Direktor der Großherzoglich Badischen Universitäts-Nervenklinik in Heidelberg. Von Anfang an ist er vom experimentalpsychologischen Forschungsansatz Wilhelm Wundts begeistert. Beide wird fürderhin über viele Jahrzehnte hinweg eine enge Brieffreundschaft verbinden. Der inzwischen veröffentlichte Briefwechsel zwischen den beiden Gründungsvätern klinisch-psychologischen Denkens gibt aufschlussreiche Einblicke in den mühevollen Selbstfindungsprozess der Psychologie wie der Psychiatrie [241].

1893 Kraepelin richtet in Heidelberg erneut ein experimentell-psychologisches Labor ein, diesmal in der Voßstraße 4, also dort, wo bis heute die Psychiatrische Universitätsklinik zu finden ist. Seit 1896 gibt Kraepelin die Buchreihe „Psychologische Arbeiten" im Engelmann-Verlag, Leipzig, heraus. Zeitgleich begibt er sich auf einen längeren Weg, über mehrere Auflagen seines Psychiatrielehrbuches hinweg die Grundlagen für die psychiatrische Klassifikation psychischer Störungen zu begründen – eine Systematik, die sich nach wie vor in wesentlichen Aspekten in den gegenwärtigen Klassifikationssystematiken psychischer Störungen widerspiegelt.

1895 Sigmund Freud entwickelt zusammen mit Josef Breuer in den „Studien über Hysterie" erste Ansätze für eine psychoanalytisch orientierte Neurosenlehre.

1896 Lightner Witmer, der bei Wundt in Leipzig promoviert, etabliert in Philadelphia, USA, die erste „Psychologische Klinik" und behandelt dort körperlich und geistig behinderte Kinder. Auf seine Wortschöpfung geht die spätere Bezeichnung „Klinische Psychologie" als Anwendungsfach der Psychologie zurück.

1903 Gründung der „Deutschen Gesellschaft für Experimentelle Psychologie", die 1904 in „Deutsche Gesellschaft für Psychologie" umbenannt wird und seitdem die Interessen der an den Universitäten in Lehre und Forschung tätigen Psychologen vertritt.

1911 Nach theoretischen Kontroversen mit Freud über die vermeintliche Einseitigkeit seiner Triebtheorie wird Alfred Adler aus der Psychoanalytischen Vereinigung ausgeschlossen und entwickelt seither mit der „Individualpsychologie" einen sozialpsychologisch begründeten Verstehens- und Behandlungsansatz psychischer Störungen.

1913 Erstmals wird im Rahmen eines Habilitationsverfahrens an einer deutschen Universität in Heidelberg die Venia legendi für das Fach „Medizinische Psychologie" an den Psychiater Hans Walter Gruhle vergeben, der 1921 Mitherausgeber der Zeitschrift „Psychologische Forschung" wird.

1913 Nur wenige Jahre nach Alfred Adler wird Carl Gustav Jung aus der Psychoanalytischen Vereinigung ausgeschlossen. Auch er wandte sich von der Trieblehre Freuds ab und entwickelt eine eigene Persönlichkeitstheorie auf philosophisch-religiöser Grundlage, die unter der Bezeichnung „Analytische Psychologie" ebenfalls weltweite Verbreitung finden sollte.

1917 Emil Kraepelin gründet in München die „Deutsche Forschungsanstalt für Psychiatrie", die 1924 unter der Trägerschaft der „Kaiser-Wilhelm-Gesellschaft" weitergeführt und seit 1954 als „Max-Planck-Institut für Psychiatrie" tätig ist. Die Forschungseinrichtung ist von Beginn an ein Ort der interdisziplinären Kooperation von Psychiatern und Klinischen Psychologen.

1919 Alfred Adler eröffnet die weltweit erste Erziehungsberatungsstelle in Wien, die ein Arbeitskonzept auf psychoanalytischer und individualpsychologischer Grundlage vertritt.

1920 Gründung der ersten psychoanalytischen Poliklinik unter Leitung von Karl Abraham, Max Eitington und Ernst Simmel in Berlin mit einer angegliederten Lehreinrichtung. Bis zum Machtantritt der Nazis 1933 weltweit bedeutsamstes psychoanalytisches Behandlungs- und Ausbildungszentrum.

1922 Der Psychiater Karl Jaspers etabliert mit einem Ruf auf den neu eingerichteten Lehrstuhl endgültig die „Psychologie" an der Universität Heidelberg als eigenständiges Fachgebiet. Bereits 1913 hatte er sich zur Verwunderung seiner Psychiater-Kollegen mit seiner Schrift „Allgemeine Psychopathologie" nicht für das Fach Psychiatrie, sondern an der philosophischen Fakultät für das Fach Psychologie habilitiert. Seither setzte sich Jaspers in Lehre und Forschung – neben der allerorten in der Nachfolge von Wundt erstarkenden experimental-psychologischen Forschung – entschieden für den Erhalt und die Fortentwicklung phänomenologischer Ansätze ein.

1926 Nach Vorbildern in Österreich und anderen Ländern kommt es zur formalen Gründung der ersten „Deutschen Psychoanalytischen Gesellschaft" (DPG). Die heute noch gültigen Ausbildungs- und Zulassungsrichtlinien für Psychoanalytiker werden kodifiziert.

1926 Freud wendet sich in „Zur Frage der Laienanalyse" gegen die Vereinnahmung der Psychoanalyse durch Ärzte und deren alleinige Behandlungsberechtigung. Im Interesse innovativer Weiterentwicklungen dürfe die Psychoanalyse nicht von ihrer Verankerung in psychologischen und sozialwissenschaftlichen Grundlagendisziplinen abgeschnitten werden.

Das Dritte Reich

1936 Auf Druck der Nazis tritt die DPG aus der Internationalen Psychoanalytischen Vereinigung aus; wenig später erfolgt ihre Auflösung. In den Folgejahren verlässt eine große Zahl Psychoanalytiker wie auch akademischer Hochschullehrer Deutschland und immigriert in die USA.

1936 Überführung des Berliner psychoanalytischen Instituts in das „Deutsche Institut für psychologische Forschung und Psychotherapie" unter Leitung von Harald Schultz-Hencke. Dass Schultz-Hencke in seinen theoretischen Arbeiten gegenüber der psychoanalytischen Triebtheorie eine kritische Stellung einnahm, ist ihm vielfach und fälschlicherweise als wissenschaftlicher Opportunismus gegenüber dem Nazi-Regime vorgeworfen worden. Sicherlich war der Zwang, Freudianische Begrifflichkeiten bei damaliger Publikationstätigkeit tunlichst zu vermeiden, objektiv gegeben. Dass in dieser Zeit einige deutsche Psychoanalytiker versuchten, die erlangten Stellungen und Positionen auf ihre Art abzusichern, ist vielfach zu Unrecht kritisiert worden. Denn die Kritiker vergaßen und vergessen gelegentlich, dass es Freud selber war, der diese Haltung nicht nur toleriert, sondern den Betroffenen sogar zu ihr geraten hatte.

1941 Einführung der Diplom-Prüfungsordnung für das Fach Psychologie. Der wissenschaftlich qualifizierte Diplom-Psychologe ist damit als akademischer Beruf etabliert.

Neuanfang

1946 Gründung des Berufsverbands Deutscher Psychologen. Von Beginn an ist die Mehrzahl der Mitglieder in klinischen Anwendungsfeldern tätig.

1947 Gründung des Berliner Instituts für Psychotherapie als Nachfolger des seit Kriegsende geschlossenen Deutschen Instituts für psychologische Forschung und Psychotherapie. Wiedereinrichtung der Deutschen Psychoanalytischen Gesellschaft (DPG).

1949 Gründung der Deutschen Gesellschaft für Psychoanalyse, Psychotherapie, Psychosomatik und Tiefenpsychologie (DGPT) mit dem Ziel, unabhängig vom Grundberuf und den jeweiligen tiefenpsychologischen Orientierungen ein gemeinsames berufspolitisches und wissenschaftliches Forum zu schaffen. Zentrale Dachorganisation für psychoanalytische Ausbildungsinstitute und berufspolitische Interessenvertretung der psychoanalytischen Fachgesellschaften.

1950 Abspaltung von Mitgliedern der DPG und Gründung der Deutschen Psychoanalytischen Vereinigung (DPV) mit dem Ziel, die Psychoanalyse Freudscher Prägung in Deutschland zu revitalisieren und dadurch die Anerkennung der Internationalen Psychoanalytischen Vereinigung zu erlangen.

1952 Die Bezeichnung „Behavior Therapy" bzw. „Verhaltenstherapie" wird vom Psychologen Hans Eysenck in England und dem bei Josef Wolpe in Südafrika arbeitenden Psychologen Arnold Lazarus als Oberbegriff für klinisch-psychologische Methoden der Behandlung psychischer Störungen eingeführt. Die Methoden werden auf lernpsychologischer Grundlage entwickelt und grenzen sich damit von den vorrangig einsichtsorientierten Psychotherapieverfahren ab. Seit

Mitte der 1950er Jahre werden in den USA auf den amerikanischen Experimentalpsychologen Skinner zurückgehende operante Behandlungsverfahren zur Aktivierung von psychiatrischen Langzeitpatienten eingesetzt.

1953 Gründung der Vereinigung der Analytischen Kinder- und Jugendlichen-Psychotherapeuten (VAKJP) als Fachgesellschaft und berufliche Interessenvertretung. Mitglieder können Ärzte, Diplom-Psychologen oder Pädagogen unterschiedlicher Herkunft (Lehrer, Sozialpädagogen, Diplom-Pädagogen) werden.

1958 Einführung der Zusatzbezeichnung „Psychotherapie" für Ärzte im Rahmen der ärztlichen Weiterbildungsordnung.

1960 Gründung der Deutschen Gesellschaft für Analytische Psychotherapie (DGAP), die sich als Fachgesellschaft der auf C. G. Jung zurückgehenden analytischen Psychologie versteht.

1961 Der Bundesgerichtshof erkennt das Vorhandensein psychischer Störungen zivilrechtlich als Haftungsausschlussgrund an.

1963 Änderung des Arzt-Ersatzkassenvertrags: Nicht-Ärzte werden als Vertragsbehandler für die Mitglieder der Ersatzkassen ausgeschlossen. Psychoanalytisch qualifizierte Diplom-Psychologen können nicht mehr zu Lasten der Ersatzkassen abrechnen.

Befragung zur Person, die erste

Meine Liebe zur Psychologie und Verhaltenstherapie

> Reisen wir.
> Aber wohin,
> frage ich.
> Heimwärts.
> Aber wo ist das,
> frage ich.
> Innen,
> sagt die Stimme.
> *Doris Mühringer*

Die in diesem Buch enthaltenen Befragungen zur Person des Autors wurden von Philipp Hammelstein, Privatdozent, Dipl.-Psych., Dr. phil., Autor wissenschaftlicher Werke und Psychotherapeut in eigener Praxis, mit Peter Fiedler durchgeführt.

Philipp Hammelstein: *Lieber Peter, warum hast Du eigentlich nicht Medizin studiert, wie Dir das von Deinem Lateinlehrer Dr. Köster nahe gelegt wurde?*

Peter Fiedler: Vermutlich, weil ich ursprünglich Dr. Köster geglaubt habe, dass es wegen der vielen medizinischen Fachausdrücke eine Voraussetzung für das Medizinstudium sei, über gute Lateinkenntnisse zu verfügen. Und die konnte ich nun mal nicht vorweisen. Aus heutiger Sicht ist das natürlich Unsinn. Andererseits war mir aber auch das Auswendiglernen von Vokabeln ein Gräuel; und im Medizinstudium hätte ich dann wieder Tausende von Fachausdrücken präsent haben, etwa alle Bezeichnungen für Knochen und Muskeln auswendig büffeln müssen, um allfällige Klausuren zu bestehen. Das wollte ich nicht.

Das war doch sicherlich nicht der einzige Grund, die Psychologie als Studienfach zu wählen, oder?
Natürlich nicht. Vielmehr war ich von der Idee fasziniert, mich mit den psychologischen Ursachen hinter den Krankheiten der Menschen zu befassen, so wie ich dieses psychologisierende Nachdenken bei Siggi Freud und Alfred Adler kennen gelernt hatte. Als Adler und Freud mit ihrem Studium begannen, gab es die Psychologie als universitäres Fach noch gar nicht. Vielleicht hätten sich beide in den 1960er Jahren, als ich mein Abitur machte, auch für ein Studium der Psychologie entschieden.

Sprichst Du jetzt mit Absicht von „Ursachen hinter Krankheiten"? Du meinst doch sicherlich Psychische Störungen, oder?
Nein. Der Begriff Krankheit ist von mir bewusst gewählt worden. Das habe ich bereits vor mehr als zwei Jahrzehnten bei meiner Lektüre einiger Arbeiten von Viktor von Weizsäcker gelernt, der übrigens an meiner Universität in Heidelberg die neurologische Abteilung an der Krehl-Klinik geleitet hat. Weizsäckers Ziel war die Einführung des Subjekts in die Medizin, die intensive Beschäftigung mit dem Menschen hinter der Symptomatik. Ungefähr seit dieser Zeit, als ich ein erstes Mal etwas von Viktor von Weizsäcker gelesen habe, bin ich übrigens auch Supervisor in Psychosomatischen Kliniken und habe dort vieles von dem bestätigt gefunden, was er über die psychologischen Hintergründe von Krankheiten niedergeschrieben hat. Nach Weizsäckers Auffassung wäre es sowieso Unsinn, die organisch somatogenen Krankheiten künstlich von psychogenen Störungen trennen zu wollen, jedenfalls was die Möglichkeit angeht, ihre psychologischen Hintergründe, Ursachen oder Mitursachen angemessen zu begreifen – wobei hier jetzt nicht bestritten wird, dass daneben auch die Pole der rein somatogenen Erkrankungen und psychogenen Störungen existieren.

Krankheit, psychische Störung und seelische Gesundheit

Es geht Dir also um die Ausleuchtung der psychologischen Hintergründe. Wie meinst Du das?
Ob Krankheit oder Psychische Störung oder auch körperliche oder seelische Gesundheit eines Menschen – alles ist immer im geschichtlichen Leben des Menschen und damit zugleich in seinen familiären, sozialen und gesellschaftlichen Zusammenhängen zu verorten. In einer Psychosomatischen Klinik sind Menschen zunächst immer wieder erstaunt, wenn wir ihre etwa nach einem Bandscheibenvorfall chronifizierten Rückenschmerzen mit ihrer Lebensgeschichte in einen Zusammenhang stellen. Dabei hatte ihnen der Hausarzt noch gesagt: „Ach, da haben Sie sich mal wieder verhoben, nicht wahr?" – dann jedoch erfolglos versucht, die Schmerzen mit einer Spritze zu behandeln. Wenn wir dann mit dem Patienten zusammen die Vergangenheit – beginnend mit dem Bandscheibenvorfall als Anlass der somatoformen Schmerzstörung – genauer unter die Lupe zu nehmen, dann hat vielfach bereits das vermeintlich zufällige „Verheben am Koffer" eine psychologisch interessante Vorgeschichte. Und so ganz ohne eigenen Anteil bleibt auch eine Genesung vom Verheben nicht aus.

Wie ist das zu verstehen?
Häufig lassen sich Therapieresistenz, Rückfallneigung und Chronifizierung einer – eventuell initial sogar somatogenen – Störung mit einer vorhergehenden, begleitenden oder nachfolgenden Fehlbelastung in einen Zusammenhang stellen. Wenn Patienten zu uns in die Klinik kommen, gibt es einige, die sofort ihr mitgebrachtes Büro auspacken, unmittelbar an ihrem Notebook mit der beruflichen Arbeit fortfahren und dauernd Telefonate nach draußen führen. Da sie in der Klinik zumeist von einer Therapiemaßnahme in die andere geschickt

werden, kommen einige – nur weil sie den beruflichen Draht nach draußen nicht aufrechterhalten können – dermaßen unter Stress, dass die Zusammenhänge zwischen Berufsüberlastung und Symptomatik direkt sichtbar werden. Aber das ist nicht immer der Fall, so dass wir zwangsläufig einen Umweg über die Biographie machen müssen, um die psychologischen Hintergründe klar zu bekommen.

Ist die Suche nach den psychologischen Ursachen in der Biographie von Patienten nicht etwas ungewöhnlich für jemanden, der sich als Verhaltenstherapeut versteht?
Offensichtlich gilt das nicht für alle Verhaltenstherapeuten, wie Du bemerkst. Andererseits – das kann man zugestehen – wird eine solche Sicht der Dinge von einigen meiner Verhaltenstherapiekollegen in der Tat nicht unbedingt immer als notwendig betrachtet. Sollte sie aber! Denn bereits an dieser Stelle, nämlich in der Vorgeschichte der ursprünglichen Symptomatik, beginnt die therapeutische Kunst einer heilsamen psychologischen Erklärungssuche. Diese läuft zumeist darauf hinaus, dass Patienten erkennen können, wie und warum sie selbst am Verlauf ihrer Beschwerden beteiligt waren – egal, ob die Störung eher körperlich oder psychogen anmutet. Und wegen der Mitverantwortung der Patienten an der Symptomentwicklung ergibt sich für die Betroffenen vielleicht die Erkenntnis, dass sie vermutlich einige Dinge in ihrem Leben grundlegend ändern müssen, wollen sie ihre Symptomatik erfolgreich bewältigen oder zukünftig einen Rückfall vermeiden – auch wenn diese Erkenntnis nicht immer leicht zu akzeptieren oder zu verkraften ist.

Diese hier jetzt versteckte Kritik betrifft also nicht nur die Ärzte, die vorrangig bemüht sind, die Beschwerden ihrer Patienten mit kurz greifenden therapeutischen Mitteln im Hier und Jetzt zu beseitigen. Sie betrifft auch die Verhaltenstherapeuten?
Diese hier durchscheinende Kritik betrifft auch viele Verhaltenstherapeuten, und zwar, wenn diese vorrangig darum bemüht sind, psychische Störungen technologisch zu behandeln, etwa im Sinne eines zu verordnenden Rezepts: Zur Beseitigung einer Phobie nehme man Exposition. Auch die aktuell hoch gehandelte neurobiologische Forschung verführt viel zu schnell dazu, die Erkrankung oder Psychische Störung eines Menschen nur mit aktuellen Augen zu sehen und diese dann auch noch einseitig nach innen zu verlagern. Dabei werden die lebensgeschichtlichen Hintergründe und sozialen Kontexte viel zu leichtfertig aus den Augen verloren. Vielen Therapeuten und Therapieforschern fehlt schlicht der Mut oder das Vermögen sich über den engen Horizont ihrer Schule und der Leitlinienpsychotherapie hinauszulehnen. Das Entstehen, der Verlauf und die Bewältigung von Krankheit oder Störung sind nicht nur rein körperlich oder rein psychisch, und auch nicht nur sozial-kontextuell zu betrachten. Sie sind immer auch lebensgeschichtlich zu rekonstruieren.

Redest Du jetzt einer ganzheitlichen Betrachtung des Menschen das Wort?
Nein, mitnichten, weil das nämlich gar nicht möglich ist. Niemals wird wohl jemand überhaupt in der Lage sein, etwas „ganzheitlich" zu erfassen. Gleichermaßen unmöglich erscheint es mir, im Patienten etwa den „ganzen Menschen" erfassen zu wollen. In einer Psychotherapie wird es immer nur darum gehen und notwendig sein, nach einer Brille zu suchen, die das jeweils Einzigartige einer mehr oder weniger komplexen Symptomatik in ihrer jeweiligen Besonderheit sichtbar werden lässt.

Die Geschichte der Symptomatik und das Problem der Verallgemeinerung

Sprichst Du jetzt absichtlich von der Symptomatik und nicht von einem Störungsbild?
Ja. Das Klassifikationsgebäude psychischer Störungen kann den Blick auf das Bedeutsame im Einzelfall vernebeln. Für mich sind Störungsbezeichnungen nur eher grobe Orientierungen auf der Suche nach wesentlichen Gemeinsamkeiten. In der konkreten Situation mit einem einzelnen Patienten tritt uns die Symptomatik jedoch in ihrer jeweiligen Einzigartigkeit entgegen. Depression ist nicht gleich Depression. Und keine Somatoforme Störung gleicht im Detail einer anderen. Diagnosen liefern hilfreiche Ordnungsmuster der Wirklichkeit, die als grobe Leitlinien für die Entwicklung von Behandlungskonzepten durchaus ihren Sinn abgeben. In der Behandlung eines Patienten ist jedoch nicht nur die Diagnose maßgeblich für die Ableitung therapeutischer Maßnahmen, sondern immer auch die konkrete Gestalt und die Geschichte einer für den Einzelfall zutreffenden und damit einzigartigen Symptomatik.

Diese Aussagen wiederum könnten jetzt von einem Psychotherapeuten stammen, der eher psychoanalytisch oder humanistisch orientiert denkt und handelt, und wären nicht so von einem Verhaltenstherapeuten zu erwarten, oder?
Das stimmt nicht. Auch Verhaltenstherapeuten beschäftigen sich in ihren Problemanalysen ausgiebig mit der konkreten Symptomatik und mit den Bedingungen, die für Entwicklung und Aufrechterhaltung im jeweiligen Einzelfall verantwortlich zeichnen. Allerdings orientieren sich manche dieser Analysen zu eng an Vorstellungen und Erkenntnissen, die als verhaltenstherapeutische Sicht der Dinge gelehrt wird, gerade so, als gäbe es alternative Erklärungen nicht. Ähnliches gilt übrigens

auch für Psychoanalytiker, die sich gelegentlich zu eng an Modellen zur Ätiologie und Psychodynamik ihrer Therapieschule ausrichten. Sowohl Psychoanalytikern als auch Verhaltenstherapeuten kann es dann passieren, dass sie mit ihrer jeweiligen Sicht auf psychische Störungen der jeweiligen Symptomatik nicht ganz oder auch gar nicht gerecht werden. Maßgeblich für die therapeutische Arbeit sollten der Patient und die Einzigartigkeit seiner Symptomatik bleiben.

Ist das jetzt nicht ein Plädoyer für eine phänomenologisch orientierte Psychopathologie, von der Verhaltenstherapeuten immer behaupten, sie mithilfe ihres Ansatzes der empirischen Begründung und Behandlung psychischer Störungen überwunden zu haben?

Kann sein. Jedenfalls sollte man beide Perspektiven nicht vorschnell gegeneinander ausspielen. Dies gilt es insbesondere in der konkreten Arbeit mit der jeweils einzigartigen Symptomatik eines Patienten gut im Auge zu behalten: Um die Symptome einer Krankheit oder Störung verstehen zu wollen, kommt es auf die jeweilige Kunstfertigkeit einer angemessenen Erklärung an. Bei diesem in der Tat hermeneutischen Prozess handelt es sich um eine kreative Leistung, die der Therapeut nur in enger Zusammenarbeit mit dem Patienten erfolgreich hinbekommen kann.

In einem neulich gehaltenen Seminar wusste ein Großteil der Studierenden nicht einmal, dass es qualitativ-hermeneutische Methoden in der Psychologie gibt. Genau diese beschreibst Du ja jetzt als notwendig für den psychotherapeutischen Prozess. Bist Du nicht auch der Ansicht, dass es eigentlich beunruhigend ist, dass die hermeneutische Methodik in der Methodenlehre im Psychologiestudium kaum mehr vermittelt wird?

Das ist leider in der Tat sehr zu bedauern. Glücklicherweise gibt es immer wieder Personen, die trotzdem an der hermeneutisch-phänomenlogischen Arbeit mit Patienten festhalten. Diese Tradition wird insbesondere an meiner Universität hier in Heidelberg gepflegt, wo es an der Psychiatrischen Klinik eine Sektion für phänomenologische Psychopathologie und Psychotherapie gibt. Erst vor kurzem ist vom Leiter dieser Sektion, Thomas Fuchs, erneut ein exzellentes Buch über „Das Gehirn – ein Beziehungsorgan" erschienen, das man Psychotherapeuten unterschiedlichster Couleur wärmstens als Lektüre empfehlen kann [92].

Wieso eigentlich diese kritische Zurückhaltung gegenüber den theoretisch oder empirisch begründeten Ätiologiemodellen und Behandlungskonzepten der Therapieschulen?
Das ist überhaupt nicht kritisch gegen die vorliegenden Erkenntnisse in den Therapieschulen gerichtet. Die Erkenntnisse der Therapieschulen sollten einem Therapeuten immer eine hilfreiche Leitorientierung sein und bleiben. Andererseits hat mich meine Arbeit mit Patienten gelehrt, dass die Erklärungen, die uns Patienten über ihre Symptomatik liefern, gelegentlich hilfreicher sind als jene, die sich in schlau geschriebenen Lehrbüchern der Klinischen Psychologie, Verhaltenstherapie, Psychoanalyse oder Psychiatrie nachlesen lassen. Erst mit einer hinreichend angemessenen Erklärung, über die sich Patient und Therapeut einig werden können, lassen sich Wege aus Krankheit und Psychischer Störung heraus auch gemeinsam entwerfen. Wir sollten uns häufiger gegenseitig ermutigen, unseren Horizont zu erweitern.

Das ist interessant, dass Du jetzt von Therapieschulen im Plural redest. Sollten Verhaltenstherapeuten, Psychoanalytiker oder Vertreter anderer Therapierichtungen beieinander in die Lehre gehen?
Damit kommen wir zum eigentlichen Kern der hier durchscheinenden kritischen Position. Ich kritisiere jede Art von Ausschließlichkeit, mit der die jeweilige Sicht einer Therapieschule auf Krankheiten oder Störungen oder Gesundheit vertreten wird, teilweise auch noch in strikter Ablehnung von Sichtweisen alternativer Behandlungsansätze. Besonders kritisch wird es, wenn diese enge Sicht der Dinge dann auch noch dem Patienten und seiner Symptomatik in dieser Ausschließlichkeit übergestülpt wird. Irgendwie muss doch in jeder dieser Sichtweisen ein wichtiges Stück Wahrheit verborgen liegen, sonst gäbe es sie als Alternativen gar nicht. Da gäbe es in der Tat vielfältig Interessantes voneinander zu lernen.

Und um diese Lücke zu füllen, lautet Deine Empfehlung jetzt, den Patienten und seine Symptomatik ausdrücklicher in den Mittelpunkt zu rücken?
Nein, nicht als Lückenbüßer. Der Patient ist und bleibt sowieso immer Mittelpunkt und Arbeitgeber im Dienstleistungsunternehmen Psychotherapie, und zwar egal, über wie viele Kenntnisse der jeweilige Therapeut verfügt. Ich wollte nur eine Warnung loswerden. Denn leider verliert sich in der Konkurrenz der Therapieschulen gegeneinander häufig der Blick auf die eigentliche Quelle, aus der es zu schöpfen gilt: Und das ist der Patient. Nicht nur die Theorien oder Ideologien der Therapieschulen und deren mehr oder weniger vorgefertigte Behandlungskonzepte sind allein maßgeblich für unser Handeln, sondern vorrangig der Patient und die Einzigartigkeit der Symptomatik, die uns seine Geschichte zu erzählen vermag. Wir sollten uns von der Symptomatik eines Patienten und den

Geschichten, die er dazu erzählen kann, des Öfteren einmal richtig überraschen lassen, als zu versuchen, sie im Sinne des Lehrbuchwissens in vorgefertigte Schubladen zu stecken. Von solchen hochinteressanten Überraschungsmomenten zeugen vermutlich auch die Fallbeispiele, die ich in dieses Buch eingestreut habe.

Der Beginn der Psychotherapie

War das einer der Gründe, weshalb Du uns – etwas augenzwinkernd – im vorausgehenden Kapitel mit den Vorgeschichten das ewige Hin und Her der Konkurrenz zwischen Organmedizin und Psychologie am Beispiel des Stotterns vor Augen geführt hast?
Ja. Es ist sowieso ein spannendes Unterfangen, in Geschichtsbüchern nach den Vorläufern psychotherapeutischen Handelns zu forschen. Man könnte meinen, dass man aus der Geschichte wenigstens hätte lernen können, Fehler nicht zu wiederholen. Das ist leider nur teilweise so. Häufig nur wegen nicht hinreichender Geschichtskenntnis wiederholt sich Geschichte, und das bringt uns aus diesem Grund auch nicht viel weiter. Viele Dinge, die uns heute in den psychotherapeutischen Schulen als neueste Erkenntnisse verkauft werden, gab es auch früher schon einmal. Manchmal war es früher sogar besser als heute. Das kann man zum Beispiel in Erfahrung bringen, wenn man sich einmal mit den inzwischen mehr als einhundert Jahre alten Werken von Pierre Janet beschäftigt. Bei ihm finden sich nicht nur viele Behandlungsvorschläge, die später von Verhaltenstherapeuten vermeintlich neu erfunden wurden, sondern bei ihm gibt es auch noch vieles anderes zu entdecken [67].

Wann und wo in der Vorgeschichte kann man denn nun den Beginn wissenschaftlicher Psychotherapie verorten? Ist dies das Jahr 1891, als Bernheim den Begriff „Psychotherapie" offiziell einführte?
Nein, psychotherapeutische Überlegungen und Vorgehensweisen gibt es seit Menschengedenken. Dennoch würde ich so etwas wie einen inoffiziellen Beginn mehr als 100 Jahre vor Bernheim ansetzen. Im Jahr 1783 gründete der Dorfschullehrer und Universitätsphilosoph Carl Philipp Moritz die wohl erste Psychologie-Psychotherapie-Zeitschrift, die es je gab. Er gab dem Periodikum die Bezeichnung „Erfahrungsseelenkunde" und brachte es als „Lesebuch für Gelehrte und Ungelehrte" heraus. In dieser Zeitschrift kam jeder zu Wort, der etwas Kluges über den Seelenzustand der Menschen jener Zeit und über deren seelische Sorgen zu Papier bringen konnte. Breiten Raum nahmen Fragen ein, wie seelische Störungen besser zu verstehen und wie sie zu behandeln seien – vor allem aber auch, wie diese durch Betroffene selbst geheilt werden könnten. Bis zum Jahr 1792 erschien dieses Periodikum immerhin zehn ganze Jahre lang. Und an der Einlieferung von hoch interessanten Texten waren auch zahlreiche Betroffene beteiligt. Die „Erfahrungsseelenkunde" ist übrigens immer noch im Buchhandel erhältlich; vor einigen Jahren wurde sie vom Buchhandelverlag „Zweitausendeins" in ihren zehn Jahresbänden neu aufgelegt.

Eine entsprechende Zeitschrift, in der die therapeutisch Tätigen Kluges über klinisch relevante Prozesse schreiben können, zum Beispiel als Fallvignetten, fehlt heute. Geht damit den in der Forschung Tätigen nicht ein unermesslich reicher Erfahrungsschatz derjenigen verloren, die die Theorien im praktischen Alltag erproben müssen?

Nicht nur für die Forscher, sondern auch für unsere praktisch arbeitenden Kolleginnen und Kollegen könnte eine solche Zeitschrift hochgradig interessant sein. Andererseits hege ich so meine Zweifel, ob sich die Forscher für ein solches Organ interessieren würden. Vielen käme ein solches Journal vermutlich viel zu unwissenschaftlich daher. Dabei sollten sich die Forscher endlich einmal befleißigen, den in den vermeintlichen Niederungen der Praxis hart arbeitenden Psychotherapeuten ernsthaft über die Schulter zu schauen. Da gäbe es ebenfalls interessante Entdeckungen zu machen.

Der Beginn der Geschichte

Historische Wurzeln im Stammbaum der Verhaltenstherapie

> Jede Familie hat ihre eigenen Geschichten.
> Es gibt zwar die großen Erzählungen von
> Historie und Religion, in denen wir alle leben.
> Die kleinen Geschichten sind vielleicht
> von größerer Bedeutung, auch für das Ganze.
> *Salman Rushdie*

Wie keine andere Form der Psychotherapie ist die Verhaltenstherapie in ihrem Ursprung ein originär psychologisches Behandlungsverfahren. Aus heutiger Perspektive gehört ihre Entwicklung sicher zu den weitreichenden Exkursionen, die in der Klinischen Psychologie als Anwendungsfach der Psychologie durchlaufen wurden. Einen kenntnisreichen Überblick über viele dieser Entwicklungslinien verdanken wir Angela Schorr, wenngleich ihre Ausarbeitung zur Frühgeschichte der Verhaltenstherapie vor allem den Entwicklungen in den USA gewidmet ist [222]. Dennoch wird nachfolgend häufig auf dieses Buch Bezug genommen. Andererseits: Der Stammbaum der Verhaltenstherapie hat weitere Wurzeln, die ebenfalls in den Mittelpunkt rücken.

Die klinisch-psychologisch begründete Verhaltenstherapie wurde von Anbeginn an als Anwendung von Ergebnissen der psychologischen Grundlagenforschung definiert. Dabei tauchen in ihrer Vorgeschichte wiederholt bestimmte Motive auf, die im Kontext der Klinischen Psychologie die Entwicklung der Verhaltenstherapie maßgeblich beeinflusst haben. Gemeinsam ist diesen Motiven das folgende Credo: Fasst man die Beeinflussung psychischer Störungen als einen Prozess gezielter Veränderung von erworbenen, fehlentwickelten oder chronifiziert wirkenden Gedanken, Gefühlen und/oder Gewohnheiten auf, dann ist es nahe liegend, auf psychologische Erklärungen zurückzugreifen, insbesondere auf jene der Allgemeinen, Lern- und Sozialpsychologie. Und: Kann man auf diese Weise die Entwicklung einer psychischen Störung als Lernprozess aufklären, dann scheinen mit Blick auf die zukünftige Entwicklung der Störung gleich- oder auch andersartig bekannte Lernprinzipien in der Lage, den Prozess der Störungsentwicklung zu unterbrechen und diesen möglicherweise sogar umzukehren.

Landläufig wird argumentiert, dass sich die Psychologie als Fach aus der Philosophie heraus entwickelte, aus ersterer entsprang dann die Klinische Psychologie und aus dieser heraus die Verhaltenstherapie. Rückblickend muss jedoch festgestellt werden, dass einer der wesentlichen Ursprünge der psychologisch begründeten Verhaltenstherapie nicht in der Philosophie, sondern in den Laboratorien der Medizin zu verorten ist – insbesondere der Psychiatrie [222]. Richtiger noch waren es – im wahrsten Sinne des Wortes – die „Grenzgänger" zwischen Psychiatrie und Psychologie, die für die Klinische Psychologie und für die psychologisch begründete Psychotherapie erste Grundsteine legen sollten. Dies gilt im Rückblick auf die letzten zwei Jahrhunderte wohl gleichermaßen für Deutschland und Amerika wie schließlich auch für Russland und Frankreich, was – soweit dies Frankreich betrifft – von den Historikern der Verhaltenstherapie (vermutlich wegen der Sprachbarriere) gelegentlich übersehen wird.

Deutschland:
Wilhelm Wundt, Emil Kraepelin und Karl Jaspers

Wir wählen hier als erstes Beispiel die Frühgeschichte der Psychologie in Heidelberg, wie sie sich bis zur endgültigen Gründung eines Psychologischen Institutes im Jahre 1922 in den Annalen der Ruprecht-Karls-Universität finden lässt [151]. Heidelberg auch deshalb zunächst, weil ich an dieser Universität die längste Zeit meiner wissenschaftlichen Laufbahn verbracht habe. Üblicherweise wird der Beginn der Psychologie als Wissenschaft auf die Eröffnung des ersten Psychologischen Instituts in Leipzig 1879 durch Wilhelm Wundt (1832–1920) datiert. Geflissentlich übersehen wird, dass es mit Wundt eine bedeutsame „vorinstitutionelle" Psychologie in Heidelberg gab. Wundt hat, sieht man von seiner Zeit als Schüler ab, studierend, forschend und lehrend von 1852 bis 1874 immerhin 22 Jahre in Heidelberg verbracht und genau hier die ersten Grundlagen seiner experimentellen Psychologie begründet.

Wilhelm Wundt in Heidelberg. Als Physiologe, der sich zum Psychologen entwickelte, war Wundt beeindruckt von der experimentellen Methodik, wie er sie in den ersten und zum Teil noch bescheidenen Forschungslaboratorien jener Jahre, etwa bei Robert Bunsen und Herrmann Helmholtz in Heidelberg, zwischendurch bei Johannes Müller und Emil Du Bois-Reymond in Berlin kennen und beherrschen gelernt hatte. Helmholtz hatte in der Heidelberger Hauptstraße – dort, wo heute das Psychologische Institut ansässig ist – ein Physiologisches Institut eingerichtet. Diese Labore nutzte der Helmholtz-Assistent Wundt jedoch nur kurze Zeit, weil er immer weniger von den theoriearmen physiologischen Praktika seines Lehrmeisters überzeugt war. Ihm schwebte schon früh eine psychologisch-theoretische Erklärung physiologischer Prozesse vor. Kurzerhand richtete er sich in seiner eigenen Wohnung ein kleines, programmatisch als „psycho-physiologisch" bezeichnetes Labor ein.

Es ist das aus der Physiologie übernommene Konzept einer naturwissenschaftlichen Psychologie, die des Experiments als Methode und des Labors als Forschungsstätte, die Wundt in Heidelberg in Vorlesungen ab 1862 vertrat („Psychologie vom naturwissenschaftlichen Standpunkt"; und ab 1872 „Physiologische Psychologie"). Noch bevor er Heidelberg verließ, erschienen die beiden ersten Bände seines Hauptwerks „Grundzüge der Physiologischen Psychologie", eines Werkes, das bis 1923 sieben Auflagen erlebte und das erste Standardwerk und Lehrbuch der experimentellen Psychologie werden sollte [259]. Leider verschwanden mit Wundts Wegberufung (zunächst nach Zürich, dann nach Leipzig) auch die ersten protoinstitutionellen Laboratorien für experimentalpsychologische Forschung aus Heidelberg. Ab 1874 entstand – abgesehen von vereinzelten eher philosophisch ausgerichteten Psychologieseminaren – eine 15 Jahre währende „experimental-psychologische" Lücke.

Intermezzo in Leipzig. In dieser Zeit ging ein junger Psychiater regelmäßig zu Wundt in dessen Leipziger Institut in die Lehre, und zwischen beiden sollte sich eine lebenslange wissenschaftliche Freundschaft entwickeln. 1890 wurde dieser Psychiater auf die frei gewordene Stelle des Direktors der Großherzoglich Badischen Universitäts-Irrenklinik nach Heidelberg berufen, und von hier aus sollte er die Psychiatrie revolutionieren: Emil Kraepelin (1856–1926).

Kraepelin war Irrenarzt geworden, weil dies die einzige Möglichkeit schien, psychologisches Arbeiten mit einem ernährenden Beruf zu verbinden. Nachdem er bereits 1877 während seines Medizinstudiums Wilhelm Wundt kennen gelernt und dessen „Psychologische Besprechungen" besucht hatte, schrieb er ihm im Januar 1881 von München aus einen Brief mit der Bitte, in seinem Psychologischen Institut arbeiten zu dürfen. Den Wunsch, im Hauptfach für sein ganzes Leben Psychologe werden zu können, versagte sich Kraepelin allerdings, weil er davon ausging, dass ihm nur die Psychiatrie Existenzmöglichkeit geben könne. Dass sich die Psychologie von Leipzig ausgehend weltweit als eigene Wissenschaftsdisziplin etablieren würde, war zu jener Zeit noch nicht vorauszusehen.

Um mit Wundt zusammenzuarbeiten, siedelte er, als er dort eine Assistentenstelle in der Universitätspsychiatrie angeboten bekam, nach Leipzig über, wo er sich im Fach Psychiatrie habilitierte. Bereits im Sommersemester 1867 bot Kraepelin dort an Psychiatrie interessierten Medizinstudenten „Ausgewählte Capitel aus der experimentellen Psychologie" an. Ein Semester später richtete er nach Wundts Vorbild „Psychologische Besprechungen" ein, wodurch er Studierende gewann, die ihn in seinen eigenen psychologischen Forschungsarbeiten mit Blick auf die Habilitation unterstützen konnten.

Emil Kraepelin in Heidelberg. Bereits im zweiten Semester nach seiner Berufung zum Direktor der Heidelberger Universitätspsychiatrie 1891 kündigte er auch an seiner neuen Wirkungsstätte zusätzlich zur dreistündigen Psychiatrie-Vorlesung eine weitere regelmäßige Vorlesung über „Physiologische Psychologie" an, sowie „Anleitung zu wissenschaftlichem Arbeiten im Laboratorium der Klinik". Bis 1894 baute er an der Klinik in der Voßstraße 4, dort wo auch heute noch die Psychiatrische Universitätsklinik angesiedelt ist, ein zunehmend besser ausgestattetes psychologisches Laboratorium aus. Noch Ende 1894 wurde das erste Heft der „Psychologischen Arbeiten" herausgegeben, in dem künftig die Ergebnisse der psychologischen Schule Kraepelins der wissenschaftlichen Öffentlichkeit vorgestellt werden sollten. Im Vorwort des ersten Bandes schreibt Kraepelin als allerersten Satz:

„Schon seit einer längeren Reihe von Jahren habe ich mir die Aufgabe gestellt, die Methoden und Ergebnisse der psychologischen Forschung für diejenigen Wissensgebiete nutzbar zu machen, welche meinem Gesichtskreise am nächsten liegen, vor Allem für die Psychiatrie."

Im Labor wurden Forschungsarbeiten zu psychologischen Leistungen bei psychischen Störungen durchgeführt. Im Zentrum standen vergleichende Untersuchungen über psychische Eigenarten in Norm und Pathologie, über Beziehungen zwischen Schlaf und geistigen Tätigkeiten, über die Auswirkungen psychischer Gestörtheit auf das Arbeitsverhalten. Das wichtigste Ergebnis aller dieser Untersuchungen, von denen – wie Kraepelin bedauernd feststellte – „freilich auch so manche unvollendet blieben, war die Gewinnung eines tieferen Einblicks in das Zustandekommen der Arbeitskurve, die Zergliederung der Einflüsse, deren Zusammenwirken in jedem Augenblick der Arbeit die Höhe der Leistung bestimmte" [151].

Das Labor wurde schnell weithin bekannt, nicht zuletzt, weil inzwischen auch die ersten Auflagen von Kraepelins Psychiatrie-Lehrbuch weltweit Aufsehen erregt hatten [155]: So sollte es nicht an Mitarbeitern im psychologischen Laboratorium fehlen. Aus den Vereinigten Staaten, Schweden, Norwegen, Italien, England, der Schweiz, Russland und natürlich aus Deutschland reisten sie herbei, um bei Kraepelin Experimente durchzuführen. Noch bevor Kraepelin 1903 einem Ruf auf die Direktorenstelle der Psychiatrischen Universitätsklinik in München Folge leistete und Heidelberg verließ, veröffentlichte er die Früchte der Forschungsarbeiten des Heidelberger Labors 1902 in dem als Festschrift für seinen Freund und

Lehrer Wundt herausgegebenen 19. Band der „Philosophischen Studien".

Das Fach Psychologie auf dem Weg in die Universitäten

Wilhelm Wundt und seine Kollegen sahen die Psychologie als neue Disziplin der Naturforschung an, die aus der Zusammenfügung von (Experimental-)Physik, (experimenteller) Physiologie (damals Teilgebiete der Medizin und/oder der Zoologie) und (Angewandter) Mathematik unter Beibehaltung des naturwissenschaftlichen Ansatzes und durch Anwendung derer methodischen Prinzipien zwecks Erforschung psychologischer Phänomene geboren worden war.

Dieser Ansatz war revolutionär und wohl auch ersehnt, so dass Wissenschaftler aus aller Welt begeistert sowohl nach Heidelberg als auch nach Leipzig pilgerten, um bei Kraepelin und Wundt zu studieren. Leipzig wurde zum Mekka der neuen Naturwissenschaft Psychologie. In der Hochzeit hatte Wundt allein fast 40 (!) wissenschaftliche Assistentenstellen. In diesen frühen Jahren entwickelten sich – auch in Kooperation mit der ebenfalls expandierenden Psychiatrie – die psychologischen Disziplinen der Psychophysik und der Psychologischen Diagnostik. Auch erste Überlegungen zum Transfer der Ergebnisse in psychiatrische Behandlungskonzepte wurden diskutiert. Von alledem konnten die Mediziner profitieren, weil sich die empirischen Psychologen mit ihren Interviewtechniken, Fragebogenentwicklungen und standardisierten Beobachtungsverfahren alsbald als Experten einer angewandten Mathematik und Statistik profilierten.

Missverständnisse entstanden und entstehen immer wieder, teilweise begleitet von heftigen Kontroversen, weil Wundt seinerzeit Professor für Psychologie an einer Philosophischen Fakultät war, mithin als Philosophie-Professor firmierte. Dies lag darin begründet, dass es damals nur die Fakultäten für

Medizin, Jurisprudenz, Theologie und Philosophie gab. Dem Vorbild in Leipzig folgend wurden bis weit in das 20. Jahrhundert hinein nach und nach Psychologische Institute an allen Universitäten eingerichtet. Und zwar – ebenfalls orientiert am Leipziger Modell – an Philosophischen Fakultäten, häufig zum Ärger der Philosophen, weil ihnen mangels finanzieller Voraussetzungen schlicht Stellen zugunsten der neuen Psychologie-Ordinariate gestrichen wurden. Wegen dieser formalen und auch inhaltlichen Assoziation zur Philosophie jedoch kämpften, ja kämpfen vielerorts auch heute noch die Psychologen, aus dem Ruch der Buchwissenschaften herauszukommen und endlich als naturwissenschaftliche Disziplin anerkannt zu werden.

Deutsche Charakterkunde. Doch die Geschichte hin zur Klinischen Psychologie muss differenziert weiter geschrieben werden. Denn es gab um die Jahrhundertwende zunehmend Kontroversen auch in den eigenen Reihen um die weitere inhaltliche und methodische Ausrichtung des Faches. Viele Fachvertreter verorteten die Ursprünge und Wurzeln der Psychologie in der Tat weiter in der Philosophie; und sie befürchteten durch die experimental-psychologische Ausrichtung eine Verengung der Möglichkeiten, wenn nicht gar eine Fehlentwicklung. Diese Meinungen fanden sich zu jener Zeit vorrangig in der ebenfalls aufblühenden Persönlichkeitspsychologie. Wiederum entstand aber in den Folgejahren über viele Jahrzehnte hinweg eine fruchtbare Zusammenarbeit klinisch interessierter Psychologen mit Psychiatern, da man sich in der interdisziplinären Allianz einig war, Ursachen psychischer Störungen in Persönlichkeit und Persönlichkeitsentwicklung von Patienten nachweisen zu können [68].

Auch diese, später unter der Bezeichnung „Deutsche Charakterkunde" firmierende Interessensgemeinschaft expandierte schnell. Der jetzt (alternativ zur Experimentalpsychologie) propagierte hermeneutisch-verstehende Zugang zur Persönlichkeit hatte eine – von Immanuel Kant (1724 – 1804) ausgehende – lange Tradition in der Philosophie und wurde nicht nur in der zunehmend bekannter werdenden Psychoanalyse, sondern auch in der Psychiatrie und in der Psychologie vertreten (mit unterschiedlichen theoretischen Zugängen, teils auch als Alternative zur Psychoanalyse). Übergreifend galt dabei die besondere Befähigung und Unvoreingenommenheit des Forschers dem Forschungsobjekt gegenüber als Vorbedingung für eine Erkenntnisfindung.

Für diese Herangehensweise war es zunächst (noch) üblich, dass Belege für charakterologische Systematiken der Alltagserfahrung, der Selbstbeobachtung, Gesprächen, Charakterschilderungen in Biographien oder der schöngeistigen Literatur entnommen wurden. Die Deutsche Charakterkunde fand – wie Wundts Experimentalpsychologie – schnell und weit über Deutschland hinaus ihre engagierten Befürworter. In diese Zeit hinein wurde das Psychologische Institut der Universität Heidelberg geboren.

Psychologie zwischen Medizin und Philosophie
Auch an der Universität Heidelberg, die ja von 1980 an meine Alma mater werden sollte, war man Anfang des letzten Jahrhunderts an der Philosophischen Fakultät einem zunehmenden Druck ausgesetzt, endlich die Einrichtung eines Psychologie-Lehrstuhls ins Auge zu fassen. Eine Forderung dieser Art wurde wesentlich durch öffentlichkeitswirksame Aktionen des Ausschusses der Studierenden vorangetrieben. Andererseits sah man sich auch hier mit der Gefahr konfrontiert, dafür eine der bisherigen Philosophie-Professuren opfern zu müssen.

Der Fakultätsvorstand versuchte zu verzögern, zumindest jedoch einen Kompromiss anzusteuern: Die Besetzung philosophischer Lehrstühle mit experimentell arbeitenden Psychologen habe – so heißt es in den damaligen Veröffentlichungen der Fakultät – „zu in jüngster Zeit auch die Öffentlichkeit beschäftigenden Missständen" geführt, denen man unter „Wahrung des Besitzstandes der Philosophie" entgegenwirken müsse [151]. Denn die Psychologie stehe immer noch in so engen Beziehungen zur Philosophie, dass eine gründliche philosophische Vorbildung für ihren Betrieb in ganz besonderer Weise erforderlich sei. Entsprechend wurde – sollte ein Psychologie-Lehrstuhl unverzichtbar sein – für die Stellenbesetzung „ein mit der Psychologie bewanderter, jedoch *vollgültiger* Philosoph" gefordert – so begründet in Schreiben an den Senat der Universität und an das zuständige Ministerium. Nach dieser kämpferisch vorgetragenen Festlegung sollte es noch weitere zehn Jahre bis zur Einrichtung eines Psychologie-Ordinariats dauern.

Karl Jaspers in Heidelberg. Seit Januar 1908 war Karl Jaspers (1883–1969) an der Heidelberger Psychiatrischen Universitätsklinik tätig. Er hatte zunächst Jura, dann in Berlin, Göttingen und Heidelberg Medizin studiert, wo er nach seinem Examen die eine Hälfte des praktischen Jahres an der Psychiatrischen Klinik, die andere an der Neurologischen Abteilung der Inneren Klinik verbrachte. 1909 lernte Jaspers den Soziologen Max Weber (1864–1920) kennen. Der Einfluss Webers auf die wissenschaftlichen Arbeiten Jaspers sollte besondere Bedeutung erlangen. Weber hatte im Übrigen gerade an einer längeren „Spezialuntersuchung" zur „Psychotechnik der Industriellen Arbeit" gearbeitet, für die er sich durch die Arbeiten Kraepelins und seiner Schüler inspirieren ließ [151].

Als Jaspers 1913 seine „Allgemeine Psychopathologie" veröffentlichte, wurde ihm empfohlen, sich damit zu habilitieren [131]. Zur Überraschung seiner Medizinerkollegen fasste er den Entschluss, sich mit dieser philosophisch-phänomenologischen Schrift an der Philosophischen Fakultät zu habilitieren, und zwar für das Fach Psychologie. Eine ungewöhnliche Konstellation: Ein Psychiater strebt mit einer medizinischen Schrift an der Philosophischen Fakultät die Venia legendi für das Fach Psychologie an. Seine Entscheidung fiel unter anderem nach Gesprächen mit Max Weber, der ihn zu diesem Schritt ermunterte, weil Weber in Jaspers einen guten Kompromisskandidaten in der Diskussion um die Einrichtung einer Psychologie-Professur erahnte.

Nach heftigen Diskussionen in der Fakultät und unter Fürsprache von Weber wurde das Verfahren letztlich prozediert. Am 29. November 1913 hielt Jaspers eine psycho-philosophische Probevorlesung: „Verstehen und Erklären in der Psychologie", in der er sich kritisch mit der einseitigen Ausrichtung der Experimentalpsychologie auseinandersetzte. Nach anschließendem Kolloquium wurde er „für das Fach der Psychologie für fähig erklärt" – und nach der öffentlichen Antrittsvorlesung über „Die Grenzen der Psychologie" erhielt Jaspers die Venia legendi für Psychologie und wurde Privatdozent an der Philosophischen Fakultät.

Im Sommer 1914 kündigte er eine Vorlesung über „Psychologie der Charaktere und Begabungen" an, im darauf folgenden Semester eine über „Allgemeine Psychologie". Am 17. November 1916 wurde ihm der Titel eines außerordentlichen Professors verliehen und gleichzeitig ab dem laufendem Wintersemester ein Lehrauftrag zu einer zweistündigen Vorlesung in jedem Semester aus dem Gebiete der Psychologie übertragen. Im Sommersemester 1920 las Jaspers zwar noch „Experimentelle Psychologie", dennoch verschob sich sein

Interesse zunehmend in den Bereich philosophischer Fragen. Bereits im Wintersemester zuvor war dies in seiner „Geschichte der Psychologie (Zur Einführung in die Grundbegriffe und Methoden psychologischen Denkens)" mit einer stärkeren Einforderung philosophisch-hermeneutischer Forschungsansätze deutlich geworden sowie in der Ankündigung „Psychologische Übungen (über Hegels Phänomenologie des Geistes)".

Lehrstuhl für Psychologie. Als 1922 einer der Philosophie-Lehrstühle durch Wegberufung frei wurde, bewarb sich Karl Jaspers. Er erschien der Fakultät zur Vertretung der Psychologie vorzüglich qualifiziert, zumal inzwischen sein größeres Werk „Psychologie der Weltanschauungen" erschienen war. Dies war dem Titel nach zwar ebenfalls psychologisch, in Wahrheit jedoch behandelte es zentrale philosophische Probleme. Infolge dieser Verbindung psychologisch-philosophischer Leistungen erschien er für den Lehrstuhl wünschenswerter als andere Gelehrte.

Mit seiner Berufung im Jahr 1922 kam es also zur offiziellen Gründung des Heidelberger Psychologischen Instituts. Nur Jaspers selbst – das mag vielleicht zunächst erstaunen, nicht mehr aber, wenn man seine damals bereits veröffentlichten Schriften anschaut – wandte sich fürderhin kaum mehr genuin psychologischen, sondern vorrangig philosophischen Fragen zu. In der Konsequenz zeigte er im Sommer 1923 den letzten psychologischen Titel im Vorlesungsverzeichnis an. Danach war die Psychologie längere Zeit aus dem Vorlesungsverzeichnis der Philosophischen Fakultät wieder verschwunden. Jaspers selbst firmierte seither selbstbewusst und ausschließlich als Professor für Philosophie.

Psychologische Lehrveranstaltungen finden sich in den Folgejahren jedoch kontinuierlich in den Ankündigungen der

Psychiatrischen Universitätsklinik, wesentlich verantwortet durch den Psychiater Hans Walter Gruhle (1880–1958). Immerhin gab es im Vorlesungsverzeichnis der Philosophischen Fakultät Querverweise zum Lehrangebot der Psychiatrie. Gruhle war von der Medizinischen Fakultät 1913 als erstem Psychiater eine Venia legendi für eine ebenfalls neuartige Fächerkombination, nämlich für „Psychiatrie und medizinische Psychologie" erteilt worden. Er betreute seit Kraepelins Weggang das experimental-psychologische Forschungslabor der Klinik. Schnell wurden seine Arbeiten in der Psychologie bekannt und 1921 wurde er Mitherausgeber des Periodikums „Psychologische Forschung". Ebenfalls ab 1921 lehrte er regelmäßig „Experimentelle Psychopathologie", „Psychologie des Denkens und der Intelligenz", „Psychologie der Reifejahre" und bot „Arbeiten im psychologischen Laboratorium" an.

Erst nachdem 1926 Willy Hellpach (1877–1955) in Heidelberg eine Honorarprofessur für Psychologie übertragen wurde, tauchten Psychologie-Veranstaltungen auch wieder im Vorlesungsverzeichnis der Philosophischen Fakultät auf. Hellpach, ursprünglich ebenfalls Psychiater, gehörte noch zum Kreis der Kraepelin-Schüler. Ihm war bereits 1906 von der Philosophischen Fakultät Heidelberg die Lehrbefugnis für das Fach Psychologie erteilt worden, er vertrat das Fach bis zu seiner Zeit als Badischer Staatspräsident (1924–1925) jedoch nicht in Heidelberg, sondern an der Technischen Hochschule Karlsruhe. Mit Ende seiner politischen Kariere wechselte er nach Heidelberg, wo er bis nach dem Ende des Zweiten Weltkrieges wesentlich für die Aufrechterhaltung des Lehr- und Forschungsbetriebs des Heidelberger Instituts verantwortlich bleiben sollte.

Wie den Annalen der Universität zu entnehmen ist, befanden sich Studierende mit einem Interesse an Psychologie lange Zeit (bis zur deutschlandweiten Einführung eines Psychologie-Diploms 1941) in einer eigenwilligen Situation. Es gab nach Jaspers' inhaltlicher Hinwendung zur Philosophie keine ordentliche Psychologie-Professur mehr, sondern mit Willy Hellpach nur eine Honorar-Professur. Man konnte Psychologie an zwei Fakultäten studieren, an der Medizinischen bei den Psychiatern und an der Philosophischen Fakultät bei Hellpach und seinen Assistenten. Sehr wohl konnte man recht bald in beiden Fakultäten mit psychologischen Studien promovieren – die meisten klinisch-psychologischen Inhalts.

Frankreich: Hippolyte Bernheim, Jean-Martin Charcot und Pierre Janet

Vielleicht lassen sich die wichtigsten Wurzeln der modernen Psychotherapie in Frankreich aufspüren, und wenn dem so ist, dürfte dies gleichermaßen für die Verhaltenstherapie wie für die Psychoanalyse gelten. Im Zentrum der Interessen der Psychiatrie stand im 19. Jahrhundert dort wie auch andernorts in Europa die Erforschung der Hysterie [69]. In den ersten Jahrzehnten war allerorten eine neue Behandlungstechnik in Mode gekommen, mit der man Patienten in eine „künstliche Trance" versetzte, um sie mittels hilfreicher Instruktionen von ihrem Leiden zu befreien. Im Jahr 1843 führte der schottische Chirurg James Braid für dieses Verfahren den Begriff „Hypnose" ein, der rasch weltweite Verbreitung fand. Und noch heute gilt die Hypnose als wichtiges Verfahren der Verhaltenstherapeuten, dies vor allem in der Behandlung traumabedingter Amnesien und anderer dissoziativer Bewusstseinstörungen.

Von der Hypnose zur Psychotherapie
Hippolyte Bernheim. Es war dann vor allem Hippolyte Bernheim (1837–1919), der als leitender Arzt an der Psychiatrischen Klinik von Nancy das neue Behandlungsverfahren

Ende der 1870er Jahre einführte und die Hypnosebehandlung bei den unterschiedlichsten psychischen Störungen systematisch erprobte. Die Hypnose erwies sich als hochinteressantes Experimentierfeld, nicht nur um hysterische Symptome zu simulieren. Vielmehr wurde schnell bekannt, dass sich somatoforme Symptome im Körper mittels hypnotischer Instruktion „verschieben" ließen. Und wiederum nicht nur das: Viele Symptome schienen gar die Instruktion zu „befolgen", nach der Hypnose zu verschwinden. In den Publikationen aus der „Schule von Nancy" wurde über vielfältige Behandlungserfolge berichtet – dies vor allem bei Hysterie-Phänomenen (somatoforme Störungen, Amnesien, Anästhesien und Halluzinationen), bei denen die Ärzte der damaligen Zeit nur selten Erfolge erzielten.

Von Nancy ausgehend wurde erstmals auch der Meinung vieler Psychiater widersprochen, dass die meisten psychischen Störungen genetischen Ursprungs seien. Vielmehr wurden ihre Ursprünge in lebensgeschichtlich bedeutsamen Traumata und extremen Belastungen vermutet und auf diese Weise „psychologisch" erklärt. Im Zuge seiner Forschung machte Bernheim übrigens auch die Beobachtung, dass Hypnose nicht in jedem Fall notwendig war, um Patienten von ihrem Leiden zu heilen. In einigen Fällen reichte es aus, mit ihnen längere Zeit einfühlend und verständnisvoll über ihre Schwierigkeiten zu sprechen. Diese „neue Technik" bezeichnete Bernheim 1891 in der Überschrift einer Publikation als „Psychotherapie" und führte damit einen Begriff ein, der innerhalb und außerhalb der Psychiatrie ebenfalls schnell weltweite Verbreitung finden sollte [22].

Leider geriet die Hypnose seinerzeit zunehmend in Verruf. Denn nachdem das technische Vorgehen weithin bekannt wurde, dauerte es nur wenige Jahre und die Hypnose war „bühnenreif". Von überall her und überall hin zogen Hypnotiseure durch die Lande, um mit bereitwilligen Medien vor einem staunenden Publikum die allerverrücktesten „hysterischen" Dinge zu veranstalten. Dieser Publikumsspaß veranlasste die „offizielle" Medizin, die Hypnose mit einem Bannstrahl zu belegen und höchstrichterlich verbieten zu lassen. Einer der entschiedenen Gegner des Verfahrens war der Pariser Internist und Neurologe Jean-Martin Charcot (1825–1893), Leiter der durch ihn berühmt gewordenen Klinik Salpêtrière. Außerdem waren ihm die Spekulationen über psychologische Ursachen psychischer Störungen ein Dorn im Auge, hatte er doch lange Zeit seines Lebens versucht, mit einer eigenen Theorie die neurologische Verursachung der Hysterie zu begründen.

Jean-Martin Charcot. Die Hysterie, wie Charcot sie ursprünglich sah, war eine ererbte funktionelle Krankheit des Nervensystems – mit auf Lebzeiten unauslöschlichen „neurologischen Stigmata" (wie z.B. Empfindungslosigkeiten, Gesichtsfeldausfällen oder Kopfschmerzen). Er führte den Begriff „Grande Hystérie" für multiple und komplexe somatoform-dissoziative Störungen ein. Für diese waren den ganzen Körper erfassende Krampfanfälle prototypisch. Immer wieder gelang es ihm, in der Familiengeschichte Betroffener neuropathologische Auffälligkeiten bzw. hysterische Stigmata nachzuweisen. Er war – zunächst jedenfalls – der Auffassung, dass die Hysterie dauerhaft blieb bzw. sich möglicherweise sogar progredient verschlechtere. Dies entsprach der so genannten Degenerationshypothese seelischer Erkrankungen, die damals von Frankreich ausgehend weite Verbreitung gefunden hatte.

Zeitweilig wurden wegen dieser Sicht heftige Kontroversen zwischen der französischen Schule von Nancy um Bernheim und der Schule von Charcot an der Salpêtrière ausgetragen. Bernheim kam aufgrund seiner Beobachtungen inzwischen zu dem Schluss, dass Suggestibilität und Hypnotisierbarkeit normale Persönlichkeitsmerkmale seien, während Charcot sie als pathologisch einstufte. Erst nach Jahren einer erbittert geführten Auseinandersetzung wurde Bernheims Position zunehmend anerkannt. So löste es denn auch einige Verblüffung unter Fachkollegen aus, als Charcot sich ebenfalls anschickte, die offiziell immer noch verbotene Hypnose als Behandlungsmethode an der Salpêtrière einzuführen.

Charcot hatte von psychophysiologischen Labors und von der Zusammenarbeit Kraepelins mit Wundt Kenntnis erhalten – und war fasziniert. Zunehmend hielt auch er es für notwendig, eine Brücke zwischen Neurologie und Psychologie zu schlagen. 1885 gründete er mit Théodule Ribot und Paul Janet, dem Vater von Pierre Janet, die „Société de Psychologie Physiologique". Nachdem er zahlreiche Patienten untersucht hatte, erschien es aber auch ihm zunehmend plausibel, dass sich hysterische Symptome aus hochgradig ängstigenden und traumatisierenden Erfahrungen heraus entwickeln konnten, häufig wenn diese Erfahrungen die Betroffenen in schockähnliche Trancezustände versetzten. Und mit der den Trancezuständen entsprechenden Hypnose waren die „Stigmata" plötzlich psychologisch behandelbar.

Zunehmend ließen sich bei Patienten eindeutige Hinweise auf eine psychogene Verursachung finden, die Charcot jetzt ausführlich in seinen Vorlesungen darstellte. Einige Patienten hatten ihre hysterischen Symptome offensichtlich erst in der Folge von Unfällen und seelischen Schocks entwickelt – und dies, obwohl keine eindeutig hereditären Hinweise aufzuspüren waren. Diese „neue" Art Hysterie bezeichnete Charcot daraufhin als „traumatische Neurose" bzw. „Hystero-Neurose" und stellte sie neben die heriditär verursachte *Grande Hystérie*.

Spätestens als Sigmund Freud 1885 für mehrere Monate an der Salpêtrière hospitierte, sah auch Charcot in der traumabedingten Hysterie-Neurose ein interessantes Analogon zum Hypnotismus. Zu dieser Zeit waren diesbezügliche Überlegungen so weit gediehen, dass er die hysterischen Folgen traumatischer Erfahrungen in „autosuggestiven" Nachwirkungen eines Schockerlebens vermutete. Sigmund Freud war damals dermaßen begeistert, dass er die inzwischen publizierten „neuen Vorlesungen über Hysterie" sowie eine Reihe weiterer Publikationen Charcots unverzüglich ins Deutsche übersetzte [34].

Nur wenige Jahre später, 1889, lud die „Société de Psychologie Physiologique" unter Federführung u.a. von Charcot, Ribot und Paul Janet zum ersten Internationalen Kongress für Psychologie nach Paris ein. Charcot selbst versuchte auf diesem Kongress, die Psychologen davon zu überzeugen, sich nicht nur mit „Variationen der Normalität" zu beschäftigen, sondern einen weiteren Zugang zum Menschen von deren „Abweichungen", von den psychischen Störungen her zu suchen. Die Notwendigkeit, dazu die Forschungsmethodologie zu ändern, formulierte er so:

„Man muss eine andere Psychologie schaffen, eine Psychologie, die durch von uns erarbeitete Ergebnisse der Pathologie unterstützt wird. Wir sind dabei, sie unter Mitwirkung der Psychologen zu schaffen, die fortan nicht nur die bisher allein geübte Introspektion berücksichtigen sollten. Der Psychologe schloss sich früher in sein Arbeitszimmer ein und stellte Betrachtungen über sein Inneres an, er war sein eigenes Beobachtungsobjekt. Diese Methode kann zwar gut sein, sie ist aber völlig unzureichend. Um diese Introspektion zu kontrollieren, müssen wir den Spiegel umkehren, indem wir die Neuropathologie zu Rate ziehen" [zit. nach 67].

In den letzten Jahren seines Lebens verlegte sich Charcot dezidiert auf die Untersuchung traumatischer Neurosen. Und er versuchte in der Hypnosebehandlung, mit einer tranceinduzierten „Neuinszenierung" der Hysteriesymptomatik zugleich ihre Abreaktion und Heilung anzustreben. Wesentlich angeregt und unterstützt wurde er in den letzten Lebensjahren von Pierre Janet (1859–1947). Charcot hatte nämlich den unter seiner Betreuung promovierten Psychologen Pierre Janet zwischenzeitlich verpflichtet, auch in seiner Klinik ein experimental-psychologisches Labor nach den Vorbildern in Heidelberg und Leipzig einzurichten und zu betreiben.

Pierre Janet: Wegbereiter der Traumaforschung
Pierre Janet begegnete vielen Überlegungen seines Meisters noch mit Skepsis und verhaltender Wertschätzung. Obwohl inzwischen von den in der Hysterie sichtbaren Auswirkungen von Traumata und Extrembelastungen überzeugt, hielt Charcot in anderen Fällen an der Hypothese der genetischen Verursachung, das heißt, an der Idee zweier verschiedener Hysterieformen fest. Für Janet bot der Tod Charcots im Jahr 1893 schließlich eine konfliktfreie Möglichkeit, die neurogenetische Theorie der „Grande Hystérie" seines Lehrers endlich zu verlassen. Nur kurze Zeit später bereits beschritt er mit einer eigenen, erstmals vorrangig psychologischen Perspektive völlig neue Wege. So war es denn Pierre Janet, der im Übergang zum 20. Jahrhundert vor allem die *dissoziativen Phänomene* des Identitätsverlustes und des spontan aussetzenden Erinnerungsvermögens untersuchte und diese wie wohl kein anderer auf vielen hundert Seiten detailliert beschrieb und klassifizierte.

Janet löste sich damit auch von der Idee der „neurologischen Stigmata" seines Lehrers und ersetzte sie unmittelbar nach Charcots Tod durch die Hypothese so genannter „psychischer Stigmata". Für ihn waren alle dissoziativen Episoden („hysterische Zerstreutheiten") mit dem Phänomen des Somnambulismus verbunden. Der Somnambulismus (als hypnoider oder tranceähnlicher Zustand gemeint) war für ihn das charakteristische Symptom der Hysterie. Und der künstlich induzierte Somnambulismus in der Hypnose erschien ihm zugleich als Königsweg einer Heilung. Unter „Dissoziation" (oder „Zerstreutheit") verstand Janet den Verlust bewusster Kontrolle über ein mehr oder weniger großes Muster von Verhaltensweisen oder Erinnerungen. Als Auslöser vermutete er traumatische, psychisch sehr belastende Lebenssituationen, die ihre dissoziierende Wirkung vor allem bei Personen mit erblicher Belastung entfalten konnten [69].

Unterbewusste Traumawirkungen. Janet vertrat jetzt auch eine spezifische Ansicht über Entstehung und Wirkung des Unbewussten. Nach seiner Auffassung gab es kein *a priori* existentes Unbewusstes, wie dies seinerzeit von Freud in seinen psychoanalytischen Ausarbeitungen vertreten wurde. Das einer Person nicht Bewusste bildete sich erst aus, wenn es in der Folge traumatischer Erfahrungen zu Dissoziationen kam, die das Unerträgliche des Erlebten auszublenden versuchten und dieses in ein sich erst dadurch entwickelndes Unterbewusstes verschoben. Janet spricht deshalb im Unterschied zu Freud nicht von „unbewusst", sondern von „unterbewusst". Von diesem, bei jedem Menschen mehr oder weniger vorhandenen Unterbewussten her entfalteten die nicht mehr im Bewusstsein integrierten Prozesse ihre hysterischen Eigenarten.

Als Auslöser hysterisch-hypnoider Wirkungen sah Janet traumatische und psychisch extrem belastende Lebenssituationen an. Obwohl die dissozierten Gedankenkomplexe nicht willentlich erinnert werden können, behalten sie eine das Denken, Fühlen und Handeln beeinflussende Wirkung, die sich insbesondere in den Somatisierungs- und Depersonalisierungssymptomen der Hysterie zeige. Aus diesem Grund war die Hysterie für Janet eine Erkrankung des Ich-Bewusstseins und damit eine Desintegration der personalen Synthese.

Glücklicherweise wurden einige zentrale Werke von Janet ins Englische übersetzt und von amerikanischen Verlagen publiziert. Seine Überlegungen wurden von den amerikanischen Trauma-Forschern aufgegriffen, weshalb sich die hier kurz skizzierte Denkfigur Janets in vielen nachfolgenden Theorien wieder findet, die den empirischen Untersuchungen zur autoregulativen Aufmerksamkeitsprozessierung traumatischer Erfahrung zugrunde gelegt werden. Und sie haben insbesondere in der Verhaltenstherapie zu wichtigen Fortschritten in der Entwicklung von Konzepten zur Behandlung der posttraumatischen Belastungsstörungen geführt.

Ganz im Sinne von Pierre Janet wird heute ein dem Menschen innewohnender Selbstregulationsmechanismus unterstellt, der extrem unangenehme Belastungserfahrungen zeitweilig dissoziiert, die dann jedoch später nach und nach autoregulativ oder auch forciert durch therapeutische Unterstützung (z.B. Hypnose) der Selbsterfahrung wieder zugänglich werden. Das Erinnerungsvermögen stellt sich autoregulativ wieder ein, wenn die Integrationsleistung des Bewusstseins erneut zunimmt.

Janet war ganz zweifelsohne ein unglaublich kreativer Forscher und Therapeut. Über die Trauma-Störungen hinaus finden die von ihm entwickelten und gut begründeten Behandlungsansätze für Depressionen und Zwangsstörungen heute erneut das Interesse der Forscher. Die Bedeutung Janets für die Gegenwart und wohl auch für die Zukunft der Verhaltenstherapie ist außerhalb Frankreichs wohl nur wegen sprachlicher Barrieren bisher nicht angemessen gewürdigt worden. Dies gilt insbesondere für Deutschland, wo zu Lebzeiten Janets nur ein einziges Werk ins Deutsche übersetzt worden war [130]. Gegenwärtig werden seine Arbeiten erneut aufgearbeitet. In Deutschland und Frankreich wurden eigens zu diesem Zweck Pierre-Janet-Gesellschaften gegründet, erste Symposien mit international renommierten Fachvertretern veranstaltet, und aktuell werden weitere wichtige Werke Janets ins Deutsche übertragen [67].

Russland: Ivan Petrovich Pavlov und Vladimir Bechterew

Ausgangsbasis vieler Naturwissenschaftler und Philosophen, die sich im auslaufenden 19. Jahrhundert um ihre Disziplinen bemühten, war der populärer werdende Materialismus. Der philosophische Materialismus erblickte in der Seele eine Funktion der Materie, da Erstere an Letztere gebunden ist. Dies war ein Standpunkt, der es den Medizinern zunächst in der Physiologie und dieser folgend in der Psychiatrie möglich machte, auch die Grenze zur Psychologie zu überschreiten [222].

Die Untersuchung assoziativen Lernens im Experiment

Setzt man voraus, dass psychische und physische Phänomene derselben materiellen Realität angehören, so müssten sich einige der medizinischen Konzepte und Methoden auch auf psychische Auffälligkeiten anwenden lassen. Beflügelt von diesem Gedanken entstanden am objektivierbaren Verhalten orientierte Erklärungs- und Behandlungsansätze psychischer Störungen – diese recht früh bereits im zaristischen Russland.

Ivan Petrovich Pavlov. Seit den 1890er Jahren beschäftigte sich der Physiologe Ivan Petrovich Pavlov (1849–1936) an der militärmedizinischen Akademie in St. Petersburg mit der Funktionsweise des Kreislauf- und des Verdauungssystems (für seine Studien zu Letzterem wurde er 1904 mit dem Nobelpreis ausgezeichnet). Dabei führte er als Erster die Dauerbeobachtung als „chronisches Experiment" ein. Der Reflexbegriff für die unwillkürliche Reaktion auf eintreffende Reize hatte in Russland schon vor ihm eine lange Tradition und wurde als Leistung des Zentralen Nervensystems angesehen. Pavlov jedoch fiel auf, dass physiologische Reaktionen nicht nur angeboren sind, sondern auch erworben werden können. Dafür sind gewisse Bedingungen erforderlich, so dass er den Reflexbegriff in einen „unbedingten" (nicht an zusätzliche Bedingungen geknüpften, ergo angeborenen) und einen „bedingten" (gelernten) Reflex aufteilte [195].

Üblicherweise löst nämlich ein spezifischer Auslösereiz wie zum Beispiel leckeres Fleisch beim Versuchstier Hund einen unbedingten (angeborenen) Reflex (Speichelfluss) aus. Geht diesem Reiz jedoch in einem gewissen Zeitfenster ein für die Nahrungsaufnahme eigentlich indifferenter Reiz voraus, so erwirbt das Individuum in einer Lernphase durch wiederholte Kombinationen beider Reize eine neue Fähigkeit: nämlich auf einen unspezifischen Reiz (CS, conditioned stimulus; so bezeichnet bei den späteren Behavioristen) immer wieder spezifisch zu reagieren, was ursprünglich nur durch den spezifischen Reiz (UCS, unconditioned stimulus) möglich war. Diese unwillkürliche Reaktion also nannte Pavlov den bedingten Reflex (CR, conditioned reaction).

Pavlov war ein unermüdlich arbeitender Experimentator und für seine große Präzision bekannt. Innerhalb weniger Jahre war ihm der Nachweis gelungen, dass eine Vielzahl Stimuli aus den unterschiedlichsten Sinnesgebieten und sogar in Ereignisketten geeignet sind, konditionierte Reaktionen auszulösen. Pavlov schlussfolgerte, dass es sich nicht um eine Eigenart des Verdauungssystems handeln konnte, womit ihm der Sprung in die Neurophysiologie gelang. Schnell wurde klar, dass auch interne Reize zum Auslöser werden können: Die Imagination des Bildes einer Zitrone kann ausreichen, beim Menschen Speichelfluss einsetzen zu lassen. Auch das Ergebnis eines (bedingten) Reflexes kann zum Auslösereiz für einen weiteren (bedingten) Reflex werden.

Mehr noch: Selbst das Wort „Zitrone" kann Speichelfluss auslösen. Worte können somit ontogenetisch als Ketten bedingter Reflexe angesehen werden und sich auch gegenseitig aktivieren. Sprache bildet dadurch ein zweites Signalsystem (in Abgrenzung zu den Sinneswahrnehmungen als erstem Signalsystem, das allen Lebewesen mit zentralem Nervensystem gemeinsam ist).

Nicht nur das. Pavlov machte auch folgende Entdeckung: Wenn der konditionierende Stimulus nach der Lernphase wiederholt alleine, also ohne unbedingten Reiz als Bekräftigung dargeboten wird, hört er schließlich auf, die konditionierte Speichelsekretion auszulösen. Der konditionierte Reflex unterliegt der Extinktion oder Löschung, er kann also auch wieder verlernt werden. Dieses Prinzip sollte Jahre später in der Verhaltenstherapie zum zentralen Wirkmechanismus der Expositionsverfahren in der Behandlung konditionierter Ängste und Phobien werden.

Dennoch war es so, dass Pavlov – obwohl zu Lebzeiten aufgrund des Nobelpreises bereits eine Legende – von seinen Fachkollegen im Bereich der Physiologie nur wenig Anerkennung zuteil wurde. Denn seinem späteren Ziel, der Erforschung neuropsychologischer Prozesse im Gehirn, konnte er mangels hinreichender Apparaturen nur noch spekulativ näher kommen. Beispielsweise prägte er schon damals das Bild, man müsse sich die Erregungsprozesse im Gehirn als über den Kortex wandernde leuchtende Herde vorstellen. Angesichts der heute gegebenen Möglichkeiten mit bildgebenden Verfahren wissen wir, dass er sich auf dem richtigen Weg befunden hat.

Anerkennung fanden die Arbeiten Pavlovs vielmehr durch Psychologen, die unmittelbar nach Bekanntwerden seiner Theorien in Deutschland und in den USA damit begannen, diese physiologische Perspektive und das Experimentieren mit Tieren für die psychologische Forschung „zweckzuentfremden". Pavlov hatte nämlich mit seiner konsequenten und detaillierten Beschreibung objektivierbarer Fakten gezeigt, welches Potenzial an wissenschaftlichen Erkenntnismöglichkeiten allein in der sorgsamen Beobachtung von Verhalten und intendierten Reaktionen lag.

Dabei war er auf empirische Weise auf den Mechanismus eines grundlegenden Prinzips gestoßen, dass Philosophen und frühe Psychologen bereits seit mehr als zweihundert Jahren unter der Überschrift „Assoziation" diskutierten – und von deren Ursprüngen mit Blick auf das Stottern im Kapitel mit den Vorgeschichten bereits die Rede war. Mit dem Konzept der konditionierten Reaktion lag nun erstmals eine empirisch gesicherte Operationalisierung des Assoziationsbegriffs vor, waren assoziative Prozesse der objektiven Beobachtung und experimentellen Untersuchung zugänglich gemacht worden.

Experimentelle Neurosen

Wegweisend wurden Untersuchungen einiger Mitarbeiter im Pavlovschen Labor zu einem Phänomen, das die Bezeichnung „experimentelle Neurose" bekommen sollte. Eine weithin bekannt gewordene Möglichkeit zu deren Herstellung ergab sich in Untersuchungen, die Natalja Šenger-Krestovnikova Ende der 1910er Jahre durchführte. Versuchstiere wurden zunächst auf die Speichelsekretion bei Darbietung eines Kreises (CR) konditioniert. Bei Darbietung einer eindeutigen Ellipse war die konditionierte Speichelreaktion nicht beobachtbar. Bei der sich anschließenden experimentellen Variation wurden einem Hund nach und nach Zeichnungen präsentiert, auf denen die

Ellipse stufenweise einem Kreis angenähert wurde – zwischendrin immer wieder auch die Kreiszeichnung, auf die das Tier zunächst, wie gelernt, mit Speichelfluss reagierte.

Je mehr nun jedoch beim Übergang von der Ellipse zum Kreis dem Tier die Fähigkeit zur Unterscheidung beider Reize (weder eindeutig Kreis noch eindeutig Ellipse) durch Ambivalenzkonflikt verloren ging, desto unruhiger wurde der Hund, bellte laut, urinierte gar und versuchte aus der Versuchsanordnung auszubrechen. Selbst bei eindeutiger Kreisdarbietung blieb jetzt die Speichelsekretion aus. Auch ein erneuter Konditionierungsversuch (Gleichzeitigkeitsdarbietung von Futter und eindeutigem Kreis) konnte die jetzt vorhandenen heftigen emotionalen Reaktionen nicht abbauen. Einige der Versuchstiere etwa verhielten sich sowohl auf uneindeutige als auch auf eindeutige Kreise durchgängig „aktiviert-neurotisch" mit Bellen, Beißen und aggressiv getönten Fluchtreaktionen. Andere Versuchstiere verfielen in „passiv-apathische" Zustände, die – weil sie jaulten und gelegentlich spontan urinierten – an eine hochgradige Verängstigung denken ließen.

Vladimir Michailovič Bechterew. Im Jahr 1893 hatte Vladimir Michailovič Bechterew (1857–1927) den Lehrstuhl für Psychiatrie an der militärmedizinischen Akademie in St. Petersburg übernommen. Er war – nach Studienaufenthalten bei Dubois-Raimond, Wundt, Meinert und Charcot – von der Erklärung hysterischer Neurosen als suggestive Phänomene und deren Behandlung mittels Hypnose fasziniert. Gleichermaßen war er vom streng empirischen Forschungsansatz seines Kollegen Pavlov begeistert.

So hatte er selbst damit begonnen, Neurosen, Hysterie, hypnotische und suggestive Zustände anhand objektivierbarer Körperreaktionen, wie zum Beispiel der Atmung und der Pupillenreaktion, zu beschreiben und diese sogar – unter

Nutzung einer weiteren neuen Technologie – fotografisch festzuhalten. Zeitgleich hatte er von weiteren psychophysiologischen Forschungen Wilhelm Wundts und Emil Kraepelins Kenntnis erhalten und arbeitete nun selbst an Überlegungen, aus der Psychologie eine für praktische Fragestellungen zugänglichere Wissenschaft zu machen. Wie Wundt und Kraepelin richtete er ein psychophysiologisches Labor ein, das über die Jahre hinweg vom so bezeichneten „Psychoneurologischen Institut" zur ersten großen Privatuniversität des zaristischen Russlands anwachsen sollte [222].

Bechterew analysierte die Hysterie und andere Neurosen konsequent vom Standpunkt der Reflex-Theorie Pavlovs aus [14]. Seine für die spätere Verhaltenstherapie wichtigste Entdeckung lag in der Überlegung, dass die konditionierten Symptome zum Verschwinden gebracht werden können, wenn man die Patienten wiederholt mit den neutralen, zwar Ängste und andere Symptome auslösenden, ansonsten jedoch nicht bedrohlichen Situationen konfrontierte. Motivierbar schienen die Patienten, wenn man ihnen den Mechanismus des zugrunde liegenden Entstehungsmechanismus erklärte. Zusätzlich galt es nur mehr, den Willen der Patienten zu stärken, sich mit den die Phobie provozierenden, ansonsten jedoch eher harmlosen Reizen ernsthaft auseinanderzusetzen. Zu diesem Zweck verwendete er häufig die imaginative Vorstellung aversiver Reize in sensu – ganz offenkundig ein Vorläufer der späteren Systematischen Desensibilisierung.

Gerade diese frühen Formen der heute als Expositionstherapie bekannten Verhaltenstherapie-Methoden kamen in seinem Psychoneurologischen Institut nicht nur in der Behandlung hysterischer (heute würden wir sagen: dissoziativer) Auffälligkeiten wie Taubheit, Blindheit, Anästhesien und Lähmungen zur Anwendung, sondern auch für den Komplex der Phobien und Zwänge, weiter in der Erklärung und Behandlung von Errötungsfurcht, Furcht vor sexuellem Verkehr, Agoraphobien und einigen anderen in Fallschilderungen dokumentierten Störungen.

Von Russland aus in die Welt
Insgesamt jedoch war Bechterew grundsätzlich offen für die unterschiedlichsten therapeutischen Behandlungsformen, darunter weiterhin die Hypnose oder damals gängigen sedierenden Maßnahmen wie Bäder, Duschen und eine beruhigende Medikation. Bechterew kann also ganz fraglos auch als einer der ersten „integrativ" arbeitenden Therapeuten gelten. Diese Offenheit gegenüber Alternativen bestand seinerseits in den Jahren, nachdem sie weltweit bekannter wurde, auch gegenüber der Psychoanalyse. Nur warnte Bechterew gelegentlich vor ihrer unüberlegten Anwendung, da das „Herumwühlen in der Seele des Patienten" in der Praxis so manches Mal nicht zur Besserung, sondern zu einer Verschlechterung des Gesundheitszustandes geführt habe.

Pavlov versuchte zeitlebens, die Hintergründe für seine klassischen Konditionierungsexperimente hirnphysiologisch zu erklären. Andererseits faszinierten ihn auch die praktischen Umsetzungsversuche seines Kollegen Bechterew. Mit dessen Unterstützung hatten seine Mitarbeiter Krasnogorski und Ivanow-Smolenski Anfang des letzten Jahrhunderts damit begonnen, Konditionierungsexperimente mit psychotischen Patienten durchzuführen, die ihnen von Bechterew überwiesen wurden. Für Pavlov lag die Ursache der oben beschriebenen experimentell erzeugten Neurosen in der Unfähigkeit des Gehirns begründet, rasch genug von dem einen Wahrnehmungsprozess auf den anderen umzuschalten. Der „neurotisierende Konflikt" zwischen beiden Prozessen würde letztlich durch die Dominanz eines Prozesses „aufgelöst", was beim Tier entweder zu extremer Agitation (Dominanz eines exzitatorischen Prozesses) oder zu Apathie (Dominanz eines inhibitorischen Prozesses) führte.

Zwar waren die beobachteten Phänomene häufig nur temporär, konnten nach Pavlovs Auffassung jedoch auch chronifizieren. Und – angeregt durch Diskussionen mit Bechterew – gelangte er zunehmend zu der Auffassung, dass die von ihm und seinen Mitarbeitern beobachteten Reaktionen auch für gestörtes menschliches Verhalten von Bedeutung waren. So unternahm er zunehmend häufiger Ausflüge in Überlegungen, welche reflexphysiologischen Ursachen bei schweren psychiatrischen Symptomen wie Apathie, Bewegungsstereotypien, Ängsten und stuporösen Verfassungen zu vermuten seien.

Zahlreiche Publikationen in deutscher, französischer und englischer Sprache machten Pavlovs und Bechterews Versuche und Erkenntnisse nicht so sehr unter den Physiologen seiner Zeit, sondern vor allem unter Psychiatern und bei der zunehmenden Zahl experimentell arbeitender Psychologen bekannt. Dabei wurden die Konzepte der konditionierten Reflexe und die Versuchsanordnungen zur Erzeugung experimenteller Neurosen aufgegriffen.

Insbesondere in US-amerikanischen Forschungslabors der Psychologen und in psychiatrischen Kliniken (zeitgleich zunehmend auch in anderen Bereichen der Medizin) galt sehr schnell das Tier als „einzigartiges Versuchsobjekt", mit dem es möglich wurde, grundlegende biologische Verhaltensmuster zu beobachten, die bei den Menschen bereits durch ethisch-moralische Standards und soziale Traditionen überformt sein mussten. Auch die Analogie neurotischer Störungen beim Menschen zu den im Tierexperiment künstlich erzeugten experimentellen Neurosen schien sehr plausibel, ja sogar faszinierend, versprach deren neurobiologische Grundlegung den Experimentalpsychologen doch eine festere empirische Basis als das Konfliktmodell, das in jener Zeit in der weltweit populärer werdenden, jedoch hermeneutisch arbeitenden Psychoanalyse propagiert wurde.

Amerika: Adolf Meyer und John B. Watson

Rückblickend kann man feststellen, dass es insbesondere den Psychologen in den USA ungemein früh gelang, sich die klinische Arbeit mit Patienten als einen wichtigen Anwendungsbereich der Psychologie zu erschließen. Wohl mitentscheidend dafür war, dass bereits 1897 an der Universität von Pennsylvania von Lightner Witmer (1867–1956) die erste „Psychologische Klinik" gegründet wurde, in der die Entwicklung von Behandlungskonzepten für Kinder mit Schulproblemen im Mittelpunkt stand. Witmer hatte bei Wilhelm Wundt in Leipzig studiert und war nach seiner Promotion in Leipzig in die Vereinigten Staaten zurückgekehrt. Witmer führte den Begriff „Klinische Psychologie" ein. Und als elf Jahre später unter ihm als Mitherausgeber sogar eine Fachzeitschrift namens *The Psychological Clinic* das Licht dieser Welt erblickte, wurde sein Modell schnell weithin bekannt. Dass die Entwicklung der Klinischen Psychologie mit ihren Behandlungsansätzen rasch Anerkennung fand, hing wohl auch damit zusammen, dass sich die pädagogischen Psychologen damals in der Behandlung von schulschwierigen Kindern ein Arbeitsfeld erschlossen hatten, dessen Legitimität öffentlich bereits außer Frage stand.

Weil die Klinischen Psychologen sich vorrangig mit Problemen von Kindern und Jugendlichen befassten, sahen auch die Mediziner, die in den zeitgleich expandierenden psychiatrischen Kliniken arbeiteten, in der Klinischen Psychologie keine ernsthafte Konkurrenz. Die Psychologen anderer Universitäten folgten nach und nach dem Vorbild von

Pennsylvania, und 1914 existierten immerhin neunzehn solcher (Child-Guidance-) Kliniken an US-amerikanischen Colleges und Universitäten. Im Zuge dieser psychologischen Klinikbewegung wurden Psychologen zunehmend auch an psychiatrischen Kliniken in der Behandlung von erwachsenen Patienten tätig [222].

Als jedoch ihre Zahl sichtbar zunahm und sie 1917 mit der „American Association of Clinical Psychologist" (AACP) eine eigene Fachgesellschaft gründeten, wurde unter Medizinern zunehmender Unmut laut. Die Gründung unabhängiger psychologischer Kliniken, in denen man ohne ärztliche Supervision arbeitete, war insbesondere den Psychiatern zunehmend ein Dorn im Auge. Um die Wende zu den 1920er Jahren wurden durch die inzwischen ebenfalls gegründete „New York Psychiatrical Society" (eine der führenden in den USA) wiederholt höchst kritische Stellungnahmen gegen die Aktivitäten der „sogenannten klinischen Psychologen" in Fachjournalen veröffentlicht.

Doch der Reihe nach.

Wissenschaftlich kontrollierte Praxis und eine soziale Psychiatrie

Denn zunächst kam es auch in den USA wie in Deutschland, Frankreich und Russland zu fruchtbaren Kooperationen zwischen Psychiatrie und Psychologie. Für die Verhaltenstherapie grundlegend erwies sich dabei die frühe Zusammenarbeit zwischen dem Psychiater Adolf Meyer (1866–1950) und dem Psychologen John B. Watson (1878–1958), die beide an der Johns Hopkins University in Baltimore lehrten und die wegen ihrer öffentlichkeitswirksamen Auftritte und Stellungnahmen schnell Bekanntheit erlangten.

John B. Watson. Das Bild, das in den Lehrbüchern vom „Begründer des Behaviorismus" Watson zu finden ist, zeichnet ihn zumeist als radikalen Behavioristen, der – angeregt durch die Experimentalpsychologie Pavlovs – ein tierexperimentelles Forschungskonzept schlicht auf den Menschen übertrug. Wer sich jedoch in seine Schriften vertieft, dem eröffnet sich zumeist ein etwas anderes Bild [222]. Natürlich markiert die von Pavlov und seinen Kollegen inspirierte tierexperimentelle Forschung den Beginn seiner Forschertätigkeit, die er 1908 an der Johns Hopkins Universität begann. Immerhin gründete er bereits drei Jahre später gemeinsam mit Kollegen das „Journal of Animal Behavior". Andererseits war Watson auch von der Notwendigkeit überzeugt, den Studierenden seines Faches einen realitätsbezogenen, das heißt wissenschaftlich begründeten wie zugleich praxisorientierten Einstieg in die Psychologie zu ermöglichen.

„Wissenschaftlich" hieß für Watson empirische Forschung im Labor (vor allem mit Tieren) und „praxisorientiert" mit Relevanz für die klinische Anwendung (am Menschen). Wenn diese, vom Experimentallabor ausgehende Erkenntnissuche später dann mit Menschen nicht gelänge, würde es auch nicht zu einer für Menschen hilfreichen und sozialen Anwendung der Psychologie in der Praxis kommen. In genau diesem Plädoyer Watsons für eine zugleich wissenschaftlich kontrollierte Praxis liegt denn auch der Schlüssel zum wirklichen Verständnis der Wurzeln des Behaviorismus und der historischen Entwicklung der Verhaltenstherapie.

Adolf Meyer. Schon recht bald nach Beginn seiner Tätigkeit in Baltimore lernte Watson den aus der Schweiz emigrierten Adolf Meyer kennen, der bereits damals als *der* führende Psychiater in Amerika galt. Bekannt geworden war Meyer vor allem durch sein öffentliches Engagement um eine Reform des Klinikwesens und für sein Eintreten für eine menschenwürdige Versorgung psychisch Kranker. Auch was die Erklärung und Behandlung psychischer Störungen anging, vertrat er eine deutlich von der damaligen psychiatrischen Lehrmeinung abweichende Position. Er schloss zwar organische Ursachen psychiatrischer Erkrankungen wie z.B. Genetik, falsche Ernährung und komorbide körperliche Erkrankungen nicht grundsätzlich aus, vermutete die wichtigeren Faktoren jedoch in der sozialen Umwelt, in familiären Verhältnissen und in traumatischen Erfahrungen. Diese Sicht wurde zur Grundlage seines Engagements für eine soziale Psychiatrie [222].

Bereits 1908, als Watson in Baltimore begann, forderte Meyer seine Studenten dazu auf, die am Patienten erhobenen Daten sorgfältig nach Situation, Reaktion und abschließender Anpassung zu gliedern. Er favorisierte beschreibende Konstrukte wie „Gewohnheiten" (habits) oder „Gewohnheitskonflikte", „Reaktionen" oder „Reaktionstypen". In einer ganzen Reihe von Publikationen setzt er sich außerordentlich kritisch mit dem auf psychopathologischen Kriterien aufbauenden Krankheitskonzept seiner Psychiaterkollegen auseinander und fordert dazu auf, die jeweilige psychische Störung als Teil einer Anpassungsreaktion auf eine bestimmte Situation zu betrachten. Wenn man also möchte, könnte man ihn problemlos als Vater einer bis heute üblichen Vorgehensweise ansehen, mit der Verhaltenstherapeuten in aller Welt die psychischen Störungen in ihren Problem- und Verhaltensanalysen pragmatisch zu erklären versuchen. Ähnliches gilt auch für das von ihm vorgeschlagene therapeutische Vorgehen.

Psychische Störung als therapeutisch beeinflussbares Experiment der Natur

In Meyers Augen war der Patient ein „Experiment der Natur", und er war fest davon überzeugt, dass man durch die Analyse gestörten Verhaltens als Reaktion auf eine bestimmte Situation der fundamentalen Formel gestörten Verhaltens sehr nahe kommen konnte. War der Schlüssel zur Erklärung gefunden, konnte es mit seiner Hilfe gelingen, den Prozess der Gewohnheitsbildung zu unterbrechen, wenn nicht gar umzukehren. Und so mag es nicht weiter verwundern, dass auch seine Therapieempfehlungen das noch heute übliche allgemeine Grundkonzept der Verhaltenstherapie vorwegnehmen. Psychotherapie, wie sie Adolf Meyer verstand, war „Erziehung" (*education*) und „Neuerziehung" (*re-education*), und heute würden wir viele seiner Empfehlungen (aus originär verhaltenstherapeutischer Sicht) als „Psychoedukation" bezeichnen. Im Mittelpunkt der Arbeit mit Patienten stand zweierlei: einerseits das aufklärende therapeutische Gespräch und andererseits die Einübung neuer Gewohnheiten.

Statt wie die Psychoanalytiker nach unbewussten Motiven auch weit zurückliegend in der Vergangenheit zu suchen, betonte Meyer die aktuelle Situation und die Symptome des Patienten. Das Gespräch zwischen Therapeut und Patient war durch Kooperation gekennzeichnet, wobei dem psychoedukativen Therapeuten im Vergleich zum Psychoanalytiker eine deutlich aktivere Rolle zukam. Einzelne Probleme wurden in den Therapiesitzungen gemeinsam besprochen und analysiert und neue rationalere Sichtweisen vorgeschlagen. Die übenden Anteile der Behandlung zielten auf die Etablierung alternativer Handlungen zu den bisherigen symptomatischen Gewohnheiten. Die Psychotherapie galt erst dann als abgeschlossen, wenn alternatives Handeln aufgebaut war. Ziel der Behandlung war es, den Patienten zu einer objektiveren Einschätzung seiner Beschwerden zu führen, ihn im Umgang mit den psychischen Störungen selbstsicherer zu machen und ihn zugleich zu befähigen, sich auf seine Umwelt hin neu anzupassen.

Die Begründung des Behaviorismus

Als Meyer von der fruchtbaren Zusammenarbeit zwischen Psychiatern und Psychologen in Deutschland (Wundt und Kraepelin) und Frankreich (Charcot und Janet) erfuhr, versuchte er den Tierpsychologen Watson für die psychiatrische Forschung zu interessieren. Watson war 1911 schließlich bereit, sich an einem Modellprojekt zur psychologischen Ausbildung von Medizinstudenten zu beteiligen, von dem Meyer sich positive Rückwirkungen auf die Psychiatrie versprach. Während der Lernpsychologe noch intensiv mit Untersuchungen im Tierlabor beschäftigt war, sah er sich durch seine Zusage mit der Frage konfrontiert, welche Erkenntnisse denn nun aus der psychologischen Forschung in die klinische Praxis übertragen werden könnten, und vor allem auch: wie?

Die Zusammenarbeit zwischen Meyer und Watson fällt in eine Zeit, als nach der Amerikareise von Sigmund Freud, C. G. Jung und Sándor Ferenczi die Psychoanalyse gerade dabei war, ihren damaligen Siegeszug um die Welt nun endlich auch in Amerika fortzusetzen. Meyer und Watson waren dem neuen psychotherapeutischen Ansatz zwar ambivalent, dennoch in den ersten Jahren eher wohlwollend gegenüber eingestellt. Da sich die Psychoanalyse erst noch bewähren musste, respektierten sie zunächst die Faszination, die von der Psychoanalyse auf die Psychiatrie und Psychologie ausstrahlte. Andererseits waren beide von ihrem eigenen Ansatz als einer eigenständigen Alternative für Forschung und Praxis überzeugt. Und in diesem – ihrem Ansatz – standen nicht das Bewusstsein bzw. das Unbewusste im Vordergrund, sondern die von Kontexten abhängigen Reaktionen (bei Meyer) bzw. die mit Situationen variierenden Verhaltensweisen (bei Watson).

Nachdem Adolf Meyer bereits seit 1910 in mehreren Publikationen für seine Sichtweise in der Psychiatrie geworben hatte [185], veröffentlichte Watson 1913 seinen berühmten, den Behaviorismus in der Psychologie begründenden Aufsatz „Psychology as the behaviorist views it" [255]. In diesem kritisierte er die introspektiv-hermeneutische Forschungsarbeit vieler seiner Kollegen – und damit zugleich auch den tiefenhermeneutisch forschenden Behandlungsansatz der Psychoanalytiker. Für ihn galt in der wissenschaftlichen Untersuchung nur mehr das als verwertbar, was sich objektiv beobachten ließ. Sogenannte subjektive Daten, durch Befragung oder Selbstbeobachtung gewonnen, erklärte Watson zur Tabuzone. Seine „Psychologie, wie der Behaviorist sie sieht", sei ein wahrhaft objektiver, experimenteller Zweig der Naturwissenschaften. Und als theoretisches Ziel diese Paradigmas formulierte er „die Vorhersage und Kontrolle von Verhalten" [ausführlich: 256].

Wissenschaft und Praxis: quo vadis?
Ohne es vielleicht vorausgeahnt zu haben, stellte Watson sich mit seiner radikalen Position zugleich gegen das Forschungs- und Therapieverständnis von Adolf Meyer. Denn Meyers psychoedukativer Behandlungsansatz, in dem dieser sogar die spätere Selbstmanagement-Therapie der Verhaltenstherapie vorwegnahm, setzte einen mitarbeitenden und mitdenkenden Patienten voraus. Und in der psychischen Gestörtheit von Patienten spielten für die Symptombildung innerpsychisch sowohl biologische als auch emotionale und kognitive Prozesse eine erhebliche Rolle. Urplötzlich musste sich ein weithin bekannter Psychiater, dessen Verdienst es war, eine psychologische Theoriebildung und Behandlungskonzeption in der amerikanischen Psychiatrie erst populär gemacht zu haben, von einem Psychologen sagen lassen, dass es keine psychischen Störungen durch innerpsychische Prozesse und damit auch keine psychischen Krankheiten mehr gäbe, sondern nur das „objektiv beobachtbare Verhalten".

Zwangsläufig kam es zum ernsthaften Konflikt zwischen Meyer und Watson, der teilweise spannungsgeladen auch mit einer öffentlichen Abwertung der jeweiligen Gegenpositionen ausgetragen wurde [222]. Trotz aller Spannungen versuchte Meyer, die Verbindungen zu Watson nicht aufzugeben. Als die Psychologen 1916 wegen einer schlechten Finanzlage der Universität ihr Gebäude räumen mussten, bot er Watson neue Räume in seiner ebenfalls mit der Universität assoziierten Philipps Psychiatric Clinic an, damit dieser seine experimentalpsychologischen Studien fortführen konnte. Der Konflikt zwischen beiden Kontrahenten jedoch sollte sich zunehmend zu einem Dauerkonflikt ausweiten, der wohl erst in den 1970er Jahren mit der „Kognitiven Wende" in der späteren Verhaltenstherapie ihren ersten vorläufigen Abschluss gefunden hat.

Auf der einen Seite stand die objektivistische Perspektive der „radikalen Behavioristen", die sich mit ihren Lerntheorien vornehmlich um eine Aufklärung der Zusammenhänge zwischen beobachtbarem Verhalten und den zeitnahen Reizkonstellationen bemühten. Die dabei aufgefundene Regelhaftigkeit wurde als hinreichend erklärend betrachtet und schnell zu „Gesetzmäßigkeiten des Lernens" hochstilisiert. Auf der anderen Seite standen jene Personen, denen die Black-Box-Mentalität der Behavioristen immer ein Dorn im Auge war und es auch blieb, weil sie Ursachen und Hintergründe psychischer Störungen eher in innerpsychischen biologischen, emotionalen und kognitiven Prozesse vermuteten. Adolf Meyer selbst versuchte sich spätestens seit Anfang der 1920er Jahre mit dem Schlagwort „Psychobiologie" deutlich vom Behaviorismus zu distanzieren und für seine aus der Praxis heraus kommende Perspektive zu werben, mit der er die Psychologie und Biologie des Menschen zu integrieren versuchte.

So groß die Aufmerksamkeit auch war, die Watson nach Veröffentlichung seines Behavioristischen Manifestes zuteil wurde, so schnell war diese für längere Zeit wieder verflogen. Jedenfalls lässt sich rückblickend nicht nur ein zunehmendes Desinteresse am Behaviorismus in der Psychologie ausmachen, sondern viele Fachkollegen gingen – wie Adolf Meyer – zu Watsons strenger Positionierung mit kritischen Stellungnahmen auf Distanz. Hinzu kam, dass Watsons Universitätskarriere Anfang der 1920er Jahre wegen eines Skandals im Zusammenhang mit seiner Ehescheidung und einem Forschungsprojekt über Sexualität jäh beendet wurde. Unterstützt wurde dieser Prozess durch die zunehmende Popularität der Psychoanalyse, die sich für viele Jahre zur wohl wesentlichen psychologischen Perspektive des modernen Amerika entwickelte. Schon gar nicht wurde der Behaviorismus damals in den übrigen Ländern der Welt ernsthaft zur Kenntnis genommen.

Dass der Behaviorismus dennoch nicht gänzlich verschwinden sollte, ja sich sogar still und leise in Richtung Verhaltenstherapie fortentwickelte, lag vor allem an Watsons Schülern, die den Behaviorismus ebenfalls an ihre Studenten weiterzugeben versuchten. Gemeinsam war diesen Personen wohl die hoffnungsvolle Ahnung, dass sich in der Folge des behavioristischen Manifestes die Atmosphäre in der Psychologie zu verändern schien. Immerhin hatte Watson damit begonnen, einige Mysterien, Mythen und Schwierigkeiten aus dem Weg zu räumen, die das Erbe der Philosophie waren und von denen sich die älteren Psychologen offenkundig nicht so leicht frei machen konnten oder wollten [222].

Streit um ein Monopol: Psychoanalytische Medizin versus Psychologische Klinik
Unverhofft befanden sich auch die klinischen Psychologen, die viele Jahre lang mit ihren in den USA erfolgreich etablierten eigenen Kliniken arbeiteten, in einer um sich greifenden

neuen Ausgrenzungssituation. Die Psychoanalyse als psychotherapeutisches Verfahren hatte vor allem unter Medizinern ihre Anhänger gefunden. Und diese begannen 1923 damit, in der neu gegründeten *American Psychoanalytic Association* ihre Ausbildung neu zu ordnen – und dann auch noch alle Nichtmediziner aus ihren Reihen auszuschließen! Innerhalb kurzer Zeit und für viele Jahre wurde die Psychotherapie zum exklusiven Tätigkeitsfeld einer einzigen Berufsgruppe erklärt, nämlich der Mediziner. Zugleich wurde vor jeglicher „Laienanalyse" gewarnt und öffentlich eine Gleichsetzung von Psychotherapie mit Psychoanalyse vertreten. Eine professionelle Psychotherapie *lege artis* konnten Patienten offenkundig nur dann erwarten, wenn sie sich von einem Mediziner behandeln ließen, der sich zuvor selbst dem mühevollen Prozess der Lehranalyse unterzogen hatte.

Vielleicht liegt auch in dieser Entwicklung begründet, dass der Behaviorismus an den psychologischen Instituten erneut Zustimmung und Befürworter fand. Und aus heutiger Sicht ist es nicht verwunderlich, dass sich die klinischen Psychologen mit ihren Kliniken (bei denen es sich zumeist um Child-Guidance-Kliniken handelte), auf die entwicklungspsychologische Erforschung von Störungen des Kindes- und Jugendalters konzentrierten. Bis Ende der 1940er Jahre jedenfalls sollten die wichtigsten Grundsteine der Verhaltenstherapie im Bereich kindlicher Verhaltensstörungen gelegt werden. Zugleich war dies ein Arbeitsfeld, mit dem man medienwirksam an die Öffentlichkeit gehen konnte, ohne unmittelbar den Zorn der vorrangig für die Behandlung erwachsener Patienten ausgebildeten medizinischen Psychoanalytiker auf sich zu ziehen.

Von der Lerntheorie zur Lerntherapie für Kinder

Die lernpsychologisch begründete Behandlungsforschung jedenfalls gewann in den 1930er Jahren allmählich an Fahrt. Erneut angestoßen wurde sie unter anderem durch einen Besuch von I. P. Pavlov, als dieser in seiner Eigenschaft als Präsident des Internationalen Kongresses für Physiologie 1929 nach Boston kam. Zum Kreis der Bewunderer, die Pavlov bei jedem Auftritt begeistert umringten, gehörten eine Reihe junger Psychologen, die bereits auf den Spuren des Behaviorismus unterwegs waren. Unter ihnen war auch ein junger Wissenschaftler, der in der späteren Verhaltenstherapie zu einer der wichtigsten Leitfiguren werden sollte: Fred Skinner (1904–1990).

Burrhus Frederik Skinner. Getreu behavioristischer Vorgaben sah Skinner die Hauptaufgabe der empirischen Psychologie darin, in genauen Analysen Beziehungen zwischen Umweltereignissen und Verhaltensweisen zu entschlüsseln. Bei dem von ihm – auch im Unterschied zum sogenannten „Klassischen Konditionieren" der Schule um Pavlov – später so bezeichneten „Operanten Konditionieren" lernen Menschen und Tiere bestimmte Verhaltensweisen, weil sie von ihrer Umwelt dafür Verstärkung erhalten [236]. Diese Form der Konditionierung wurde zuerst von dem Lernpsychologen Edward L. Thorndike (1874–1949) erforscht. Aufgrund seiner Arbeiten hatte dieser das *Gesetz der Wirkung* postuliert: Reaktionen, die zu befriedigenden Konsequenzen führen, werden verstärkt und mit größerer Wahrscheinlichkeit wiederholt, während Reaktionen, die unbefriedigende Folgen haben, geschwächt und mit geringerer Wahrscheinlichkeit wiederholt werden.

Skinner formulierte Thorndikes Gesetz der Wirkung alsbald in *Verstärkungsprinzip* um und erhob es zum wichtigsten

Mechanismus für die Erklärung und Steuerung menschlichen Verhaltens. In seiner Fortentwicklung unterschied Skinner zwei Arten von Verstärkung. Mit positiver Verstärkung ist eine Bekräftigung von Verhaltensweisen durch das Auftreten eines angenehmen Ereignisses gemeint. Gleichermaßen kann jedoch auch eine so genannte negative Verstärkung die Auftrittswahrscheinlichkeit einer Reaktion erhöhen. Sie bewirkt dies jedoch durch die Beendigung eines unangenehmen Reizes (z.B. durch Flucht oder Vermeidung ängstigender Situationen, wie bei Phobiepatienten).

Durch die Übertragung seiner tierexperimentellen Arbeiten mit Tauben auf das komplexe menschliche Verhalten kam Skinner zu dem Schluss, dass die Freiheit der Wahl ein Mythos sei; jegliches Verhalten werde durch positive oder negative Verstärkung seitens der sozialen Umwelt determiniert. Skinners später publizierter Roman „Futurum Zwei" beschreibt eine ideale Gesellschaft, die auf den von ihm untersuchten Verstärkungsprinzipien beruht [235]. Durch dieses Buch wurden die „Skinnerianer" unter den klinischen Psychologen, die später maßgeblichen Einfluss auf die Etablierung der Verhaltenstherapie hatten, in ihrem Forschungsdrang von einer ebenfalls utopisch anmutenden Hoffnung verstärkt: Eine Psychologie, die ihrem Anspruch gerecht werden wolle, menschliches Verhalten befriedigend zu erklären, müsse ihr Forschungsinteresse auf objektivierbare Reize und Reaktionen sowie auf die Auswirkungen von Verstärkung beschränken.

Psychologen, die sich dieser strikten Sicht ihrer Mentoren Watson und Skinner anschlossen, leugneten keineswegs die Existenz innerer psychischer Zustände. Sie postulierten lediglich, dass die Untersuchung derartiger Mediatoren bei der Entwicklung einer Wissenschaft des menschlichen Verhaltens überflüssig sei. Mit den theoretischen Prinzipien des Klassischen und Operanten Konditionierens im Gepäck begannen die behavioristischen Psychologen in den USA der 1920er bis 1940er Jahren mit der Entwicklung von Interventionsverfahren, die sich insbesondere für Störungen im Kindes- und Jugendalter eigneten. Aus ihren Bemühungen um die Entwicklung lerntheoretisch begründeter Verfahren sollen nachfolgend einige Highlights angesprochen werden, die zugleich für die eigentlichen Beginn der Verhaltenstherapie in den 1950er Jahren von wegweisender Bedeutung werden sollten.

Ängste und Phobien
Bereits in den frühen 1920er Jahren nahm Mary Cover Jones (1897–1987) unter Supervision von Watson umfangreiche Untersuchungen zum Abbau von Ängsten bei Kindern vor. Als die wichtigsten Behandlungsformen galten Strategien, die mit den Prinzipien des klassischen Konditionierens der Schule von Pavlov und Bechterew gut in Übereinstimmung zu bringen waren: die Konfrontation bzw. Exposition mit dem gefürchteten Objekt, die Löschung des Verhaltens mit zur Angst inkompatiblen Reizen (Süßigkeiten), aber auch die Wirkung des Modell-Lernens: die Imitation angstfreier Verhaltensweisen der Therapeuten.

Alsbald wurde der Methodenkatalog erweitert und in Therapien erprobt, wobei sich die Exposition mit dem gefürchteten Objekt und die soziale Nachahmung angstfreien Verhaltens als die wirksamsten Vorgehensweisen erwiesen. Diese Methoden bewährten sich in der Behandlung der unterschiedlichsten kindlichen Ängste (insbesondere in der Behandlung von Tierphobien) und die Studien von Mary Cover Jones und ihrem Mann Harold sollten in der späteren Verhaltenstherapie grundlegend auch für die Entwicklung von Behandlungsmöglichkeiten bei Phobien im Erwachsenenalter werden.

Die Behandlung der Enuresis
Die meisten überlieferten Möglichkeiten zur Behandlung des überdauernden Bettnässens im Kindesalter hatten sich als nicht tragfähig erwiesen. Auch das Zuwarten, dass das Kind dem Problem entwachse, stellte sich in vielen Fällen als Trugschluss heraus. Deshalb erlangte die Erfindung des Klingelkissens durch Orval Hobart Mowrer (1907–1982), der auch späterhin immer wieder durch theoretische Arbeiten und empirische Studien die Entwicklung der Verhaltenstherapie befördern sollte, schnell weltweite Beachtung und Bekanntheit. Das einnässende Kind wird durch ein Klingelzeichen aus einer unter ihm liegenden elektrischen Matratze geweckt und es erlernt recht bald, rechtzeitig die Toilette aufzusuchen. Immerhin erwies und erweist sich dieses Vorgehen bis heute bei mehr als Dreiviertel der behandelten Kinder als erfolgreich.

Howard selbst hatte die Wirkung mit dem Prinzip der klassischen Konditionierung erklärt: Ein unkonditionierter Reiz (USC = Klingel) weckt das Kind auf (= UCR). Die Klingel wird verbunden mit dem Gefühl der vollen Blase, das schließlich zum konditionierten, gelernten Weckreiz wird und das rechtzeitige Aufwachen ermöglicht. Es gibt andere Erklärungen, die vielleicht ebenfalls stimmig sind, zum Beispiel, dass das Klingelzeichen auch die Eltern weckt; und weil das Kind dies vermeiden möchte, stehe es rechtzeitig auf. Wie dem auch sei: Bis heute jedenfalls hat sich noch kein anderes Verfahren als gleichartig erfolgreich erwiesen wie das heute gelegentlich als Klangkissen bezeichnete Signalsystem, das mit Klingelzeichen deutlich macht, dass es wieder einmal zu spät ist …

Stottern
Eine Reihe junger Psychologen beschäftigte sich seit den 1930er Jahren mit der lerntheoretisch begründeten Behandlung des Stotterns, von dem bereits in unseren Vor-Geschich-

ten die Rede war. Einer der bekanntesten war Knight Dunlap (1875–1949), der das Prinzip der so genannten Negativen Praxis als Therapiemethode entwickelte und diese bei unterschiedlichen Verhaltenstörungen (neben dem Stottern auch bei Tics und später bei Zwangsstörungen) zum Einsatz brachte und ihre Wirkung erforschte [40].

In der Anwendung der Negativen Praxis bei Stottern soll der Patient einen produzierten Sprechfehler genau und mehrmals willkürlich wiederholen. Die exakte Imitation (Mimikry) umfasst alle mit dem Fehler assoziierten Merkmale des Sprechens. Der entscheidende Unterschied zu den bis dahin bekannten Behandlungsverfahren bestand darin, dass diesmal nicht die Vermeidung von Fehlern geübt wurde. Im Gegenteil: Die aufgetretenen Fehler werden beübt, nicht das fehlerfreie Sprechen. Theoretisch begründet wurde dieses Vorgehen mit dem Konzept der „konditionierten Hemmung" von Clark L. Hull, der sich mit seiner Lerntheorie in der Allgemeinen und Entwicklungspsychologie einen Namen gemacht hatte. Danach entsteht im Verlauf der Übung eine zunehmend stärker werdende zentralnervös gesteuerte reaktive Hemmung gegen das ausgeführte Verhalten, wodurch sich das Stottern schließlich selbst hemmt.

Das Vorgehen erwies sich als effektiv, wenn es nur konsequent genug eingesetzt wurde. Wegen seiner strikten Forderung nach disziplinierter Anwendung jedoch hat es wieder an Bedeutung verloren. Andererseits hat es zahlreiche spätere Entwicklungen inspiriert. Unter Stotternden selbst gilt zum Beispiel das so genannte „Willentliche Stottern" als eine der Selbsthilfe-Strategien, auch wenn dessen paradoxe Wirkung sich heute anders als mit Hulls Annahme einer reziproken Hemmung erklärt. Stottern variiert in seiner Stärke nämlich in Abhängigkeit von den gefürchteten Situationen. Stottert der Patient willentlich in der Öffentlichkeit, dürfte seine Angst vor dem Stottern bereits vermindert sein. Dass also bei willentlichem Stottern die Sprechflüssigkeit zunimmt, dürfte auch mit dem Absinken der Ängstlichkeit beim öffentlichen Sprechen zusammenhängen. Eine exakte Mimikry von Sprechfehlern jedenfalls ist beim willentlichen Stottern nicht erforderlich, möchte der Stotternde freier sprechen. Einer der Ursprünge des heute verbreiteten willentlichen Stotterns jedoch geht auf Dunlaps „Negative Praxis" zurück.

Theoriedilemma Modell-Lernen

Je weiter die Forschungsarbeiten zur Entwicklung von Therapieoptionen bei Kindern voranschritten, desto mehr ergab sich ein theoretisches Problem. Dieses hing mit der durch Mary Cover Jones berichteten Entdeckung der Wirkung des Modell-Lernens zusammen. Kinder mit einer Phobie vor Hunden, die ein Modell beim furchtlosen Umgang mit einem Hund beobachteten, zeigten sich zunehmend bereit, auf einen Hund zuzugehen und ihn anzufassen.

Zur gleichen Zeit wurde aus Interviews mit Eltern und Kindern zunehmend klarer, dass sich Verhaltensstörungen selbst (wie zum Beispiel aggressives Verhalten) durch die Wirkungen ungünstiger Modelle erklären lassen – besser vielleicht sogar, als durch Klassisches oder Operantes Konditionieren. Offenkundig war bei der Entwicklung einer Hundephobie nicht immer ein Hundebiss in der Anamnese zu finden, auch kein unkonditionierter Schreck, den ein Hund durch plötzliches Auftauchen und Bellen beim Kind auslöste. Vielmehr berichteten Elternteile, dass sie selbst unter einer Hundephobie litten und dass ihre Angst vor Hunden wie von selbst auf die Kinder übergegangen sei. Und für aggressives Verhalten von Kindern ließen sich auch nicht immer Verstärker als mögliche Ursache ausmachen – nahe liegender war die Vermutung, dass Kinder beim Erwerb aggressiven Verhalten ihren ebenfalls aggressiven Eltern oder anderen aggressiven Personen lediglich zugeschaut hatten.

Eine Person beobachtet eine andere bei einer bestimmten Haltung und verändert zunehmend das eigene Verhalten in die gleiche Richtung. Diese Beobachtung verlangte nach einer anderen als der „klassischen" oder „operanten" Erklärung. Einige Lerntheoretiker der 1930er und 1940er Jahre sahen sich entsprechend genötigt, auf vermittelnde, intrapsychische Mediatoren unterschiedlichster Art zu schließen, um offenes nachgeahmtes Verhalten zu erklären. Zunehmend wurde gefordert, dass es unter bestimmten Bedingungen sowohl legitim als auch unumgänglich sei, über das behavioristische Diktum „objektivierbarer Daten" hinauszugehen und nach alternativen Erklärungen zu suchen – also auch in der behavioristischen „Black Box".

Verhaltenstherapie ante portas

Aus den Anfängen der lerntheoretischen Fundierung des universitären Faches Klinische Psychologie sollte sich über die Jahre hinweg die Verhaltenstherapie zu einem an Kontur zunehmenden Psychotherapieverfahren entwickeln. Was die Forscher und Praktiker, die an den frühen Unternehmungen dieser Art beteiligt waren, mit den Vertretern der zeitgleich expandierenden Psychoanalyse gemeinsam hatten, war die Ansicht, dass das Handeln eines Menschen weitgehend von seinen Lebenserfahrungen bestimmt wird. Die psychologischen Dimensionen jedoch, für die sich die ersten Lerntherapeuten interessierten, unterschieden sich deutlich von denen der Psychodynamiker.

Die Lerntheoretiker konzentrierten sich auf spezifisches Verhalten als Reaktion auf Umweltreize und auf die Gesetzmäßigkeiten des Lernprozesses, durch den sich reaktive Verhaltensweisen verändern. Nach behavioristischer Ansicht sind Menschen die Summe ihrer gelernten Reaktionsmöglichkeiten, sowohl des äußeren als auch – beginnend mit den Diskussionen um das Modell-Lernens – des inneren Verhaltens.

Ein Großteil des gelernten Verhaltens ist konstruktiv und adaptiv. Es hilft den Menschen, alltägliche Aufgaben zu erfüllen und ein glückliches produktives Leben zu führen. In gleicher Weise jedoch sind dem lerntheoretischen Modell zufolge auch von der Norm abweichende und unerwünschte Verhaltensweisen nach denselben Prinzipien erworben wie angepasstes Verhalten. Die Behavioristen lehnten also den Gedanken einer medizinischen Erkrankung ab, von dem die biologisch und psychoanalytisch orientierten Theoretiker in der Psychiatrie jener Zeit ausgingen.

Es sollten nach dem Zweiten Weltkrieg nur wenige Jahre vergehen, bis sich der Begriff „Verhaltenstherapie" für die von Klinischen Psychologen entwickelten Behandlungsverfahren rasch und weltweit durchsetzen konnte. Der vielleicht auffälligste Grund für die Attraktivität des lerntheoretischen Modells ist die Tatsache, dass behavioristische Theorien und Therapien im Experiment überprüft werden konnten, was in der Psychoanalyse nicht so leicht möglich ist – nicht zuletzt auch, weil eine Objektivierung ihrer Therapietätigkeit von den Psychodynamikern lange Zeit als völlig indiskutabel abgelehnt wurde.

Bis zur Etablierung der Verhaltenstherapie als Psychotherapieverfahren war den psychologischen Forschern immerhin mehrfach der Nachweis gelungen, dass sich mittels Lerntherapien eine ganze Reihe psychischer Störungen bereits im Kindesalter (Ängste, Phobien, Schulleistungsstörungen, Aggressivität, Enuresis, Stottern usw.) erfolgreich behandeln lassen. Nicht nur das. Inzwischen lagen aus einigen Laborstudien nicht nur tierexperimentelle Belege dafür vor, dass sich mit den Prinzipien der Konditionierung eine Reihe von klinisch relevanten Symptomen erzeugen lassen, was dafür spricht, dass psychische Störungen in der Tat auf der Grundlage der postulierten Lerngesetzmäßigkeiten entstehen können.

Die Verhaltenstherapie wird offiziell

Geschichten einer ziemlich langen Geschichte

> Wenn man es eine Geschichte nennen kann.
> Sie hat keinen rechten Anfang oder Schluss,
> und in der Mitte ist auch sehr wenig.
> *Dylan Thomas*

In der Mitte des letzten Jahrhunderts gab es in den USA die Klinische Psychologie als anerkanntes Ausbildungsfach bereits an annähernd einem Dutzend, teilweise berühmter Universitäten wie Stanford, Columbia oder Harvard. Besonderen Auftrieb erhielt diese Bewegung, als sich nach dem Zweiten Weltkrieg viele Soldaten mit traumatischen Störungen in den Kliniken befanden, es jedoch nicht hinreichende Behandlungsmöglichkeiten gab. Plötzlich waren in den Behandlungsteams der psychiatrischen Kliniken praktisch arbeitende klinische Psychologen gefragt. Entsprechend wurden verstärkt lerntheoretische Behandlungsprogramme gefördert, die dann in den 1950er Jahren deutlich expandierten. Insgesamt waren die Konzepte aber noch nicht einheitlich, so dass es von den Lerntherapeuten mit Begeisterung aufgenommen wurde, als plötzlich eine übergreifende Bezeichnung auftauchte, die es ermöglichte, die unterschiedlichen Verfahren unter einem einheitlichen Dach zusammenzufassen.

Als der Begriff „Behaviour Therapy" Ende der 1950er Jahre etwa zeitgleich von Arnold Lazarus in Südafrika und von Hans-Jürgen Eysenck in England in Publikationen verwendet wurde, fand er unglaublich schnell weltweit Anerkennung. Für die bisherigen 50 Jahre einer weit verzweigten, dennoch kontinuierlichen Entwicklung lerntherapeutischer Behandlungskonzepte war jetzt nicht nur eine übergreifende Bezeichnung gefunden worden, sondern zugleich erblickte eine neue Psychotherapieschule das Licht der Welt. Doch zunächst wieder erst einmal der Reihe nach ...

Das Boulder-Modell in der Klinischen Psychologie

Bereits zuvor hatten die klinischen Psychologen an den US-amerikanischen Universitäten damit begonnen, die praktische Ausbildung zu vereinheitlichen. Das besondere Merkmal der Ausbildungsprogramme, die nach dem Zweiten Weltkrieg in aller Eile erstellt wurden, war das „Scientist-Practioner"-Modell [13]. Es folgte einer schon vor dem Krieg diskutierten Vorstellung, die an einigen Universitäten bereits in die Realität umgesetzt worden war. Diejenigen, die eine klinische Ausbildung durchlaufen hatten, erlangten mit ihrem Abschluss den Titel „Research Fellow", was bedeutete, dass sie einerseits bereits ein einjähriges Praxisjahr unter Supervison hinter sich gebracht hatten, und, dass mit der Supervison auch eine Forschungstätigkeit verbunden war.

Dieses Modell wurde in der Nachkriegszeit erneut diskutiert und firmiert seitdem unter der Bezeichnung „Boulder-Modell". Benannt wurde es nach dem Ort Boulder, an dessen University of Colorado 1949 eine Kommission aus Vertretern der Universitäten, der American Psychology Association und der US-Public-Health-Dienste allgemeinverbindliche Richtlinien für die Graduiertenausbildung in Klinischer Psychologie formulierten. Seither ist es das Ziel in den USA, die klinischen Psychologen gleichzeitig als Wissenschaftler und Praktiker zu qualifizieren (Abschluss der klinisch-psychologischen Praxisausbildung bei zeitgleicher Promotion). Die Studenten zeigten sich von diesem neuen Ausbildungsprogramm, dem „earn while learn", unmittelbar begeistert. 1955 vergaben die amerikanischen Universitäten bereits fast ein Zehntel aller Doktorgrade an Psychologen, in der Mehrzahl an klinische Psychologen.

Behaviorismus im Gegenwind

Mit Einführung des Boulder-Modells galt es jetzt ernsthafter als je zuvor, die Klinische Psychologie mit Inhalten zu füllen, die den Erfordernissen der klinischen Praxis entsprachen. Als ein Hindernis galt der nach wie vor bestehende Omnipotenzanspruch der psychoanalytischen Psychiater, die bis weit in die 1960er Jahre nur Mediziner in ihren Reihen duldeten und keine Psychologen als ernst zu nehmende Psychotherapeuten neben sich akzeptierten. Auch fand inzwischen eine weitere psychotherapeutische Bewegung – die später den Namen „Gesprächspsychotherapie" bekommen sollte – zunehmend begeisterte Anhänger.

Klientenzentrierte Gesprächpsychotherapie
Carl Rogers (1902–1987) hatte mit seiner Klientenzentrierten Psychotherapie eine direkte Auseinandersetzung mit den Psychoanalytikern vermeiden können, weil er seinen Behandlungsansatz Anfang der 1940er Jahre unter der Bezeichnung „Non-directive Counceling" (also vorrangig als Beratungsansatz) bekannt gemacht hatte [208]. Sein Vorgehen beeindruckte viele, Praktiker wie Akademiker gleichermaßen – einerseits, weil es sich um einen Behandlungsansatz handelte, der dem legitimen Besitzstand der Psychologie zugerechnet werden konnte, andererseits, weil Rogers von Anfang an bemüht war, seine Therapien mittels Tonaufnahmen zu dokumentieren und wissenschaftlich zu bearbeiten.

Als jetzt der Einfluss der Behavioristen unter den klinischen Psychologen mit ihren Verfahren der Angstbehandlung, des operanten Konditionierens und des Modell-Lernens an Einfluss in psychiatrischen Kliniken und anderen therapeutischen Einrichtungen zunahm, wurde erstmals Kritik an ihrem therapeutischen Eklektizismus lauter. Selbst in den klinisch-psychologischen Lehrbüchern beanspruchte noch bis Ende der 1940er Jahre die populäre Psychoanalyse den größten Raum für sich. Die bisher von den Lerntheoretikern entwickelten Verfahren wurden entsprechend nur unter der Rubrik „psychotherapeutische Hilfsmittel" abgehandelt.

Viele Autoren, wie D. Ewen Cameron in seiner 1950 publizierten „General Psychotherapy" [30], gingen wegen ihrer durch Carl Rogers inspirierten klientenzentrierten Psychotherapie auf kritische Distanz zum Behaviorismus. Sie scheuten sich nicht, die Verfahren der Lerntherapeuten als nur begrenzt einsetzbar, ja sogar als potenziell gefährlich zu brandmarken. Das Eintreten für eine klientenzentrierte (zunächst auch als „non directive" bezeichnete) Therapie eröffnete auch die Möglichkeit, die pragmatischen Techniken der behavioristischen Newcomer als „direktive Psychotherapie" abzuwerten.

Auf diesen kritischen Zug sprangen jetzt auch viele Psychoanalytiker auf: Aus psychodynamischer Sicht waren die am Verhalten ansetzenden Verfahren bloße Symptomkuren, welche die Gefahr einer Symptomverschiebung implizierten. Nicht nur das. Sie seien vor allem wegen des Gebots notwendiger Fürsorge und Verantwortung gegenüber dem Patienten nicht nur als unzulässig manipulativ abzulehnen, sondern sie seien zeitlich viel zu kurz angesetzt. Eine Heilung von Neurosen sei eben nur in Langzeittherapien erreichbar, in denen Übertragungsneurosen mit Hilfe eines Psychoanalytikers erfolgreich durchlebt werden könnten. Letztere Anmerkung wurde zunehmend kritisch auch in Abgrenzung zur beliebter werdenden Kurzzeit-Gesprächspsychotherapie von Carl Rogers in die Diskussion eingebracht.

Erste Visionäre der Integration
Die lerntheoretischen Psychologen bekamen plötzlich Gegenwind und versuchten – die Segelschiffe als Vorbild – zunächst mit dem Wind über Lee beizusteuern. Angesichts der Akzeptanz der Psychoanalyse als Psychotherapieverfahren unter Wissenschaftlern wie Praktikern und angesichts der zunehmenden Attraktivität der Klientenzentrierten Gesprächspsychotherapie vermied man zunächst die direkte Konfrontation, suchte vielmehr nach Möglichkeiten, die unterschiedlichen Ansätze metatheoretisch zu integrieren. Bereits 1948 hatte O. Hobart Mowrer Wege dazu angedeutet, indem er die wichtigsten Fortschritte im Verständnis der Persönlichkeit und der Psychotherapie aus der wechselseitigen Modifikation und Verschmelzung von Lerntheorie und Psychoanalyse ableitete.

Als John Dollard und Neale Miller nur zwei Jahre später ihr wohl bekanntestes Buch „Personality and Psychotherapy" veröffentlichten, schien sich aus der zunächst als Fiktion diskutierten Perspektive eine mögliche Wirklichkeit für die Zukunft anzudeuten [39]. Ihr Versuch, die „erklärende Brillanz Freuds, den klinischen Realismus der Psychoanalyse und die systematische Basis einer Verhaltenstheorie" miteinander zu verbinden, wurde in der akademischen und Klinischen Psychologie begeistert aufgenommen und stürmisch gefeiert.

Keine Resonanz in der Psychoanalyse
Man hatte nicht mit dem konsequenten Festhalten der Psychoanalytiker an Freuds klassischen Grundlagen und deren strikter Verteidigung gerechnet. Von Seiten der Psychoanalyse jedenfalls folgte eine totale Verweigerung, sich mit den Bemühungen um Integration auseinanderzusetzen – eine Ignoranz, die in der Psychoanalyse Freudscher Prägung bis in die Gegenwart hinein zu beobachten ist.

Bei genauem Hinsehen wäre nichts anderes zu erwarten gewesen. Denn erst wenige Jahre zuvor hatten die Psychoanalytiker auch in den USA die europäische Tradition der radikalen Ausgrenzung Andersdenkender fortgesetzt, selbst wenn diese zunächst den eigenen Reihen angehörten – unter ihnen Erik Erikson, Karen Horney, Erich Fromm und Harry S. Sullivan. Wie schon im Wien der 1920er und 1930er Jahre mit Alfred Adler, Carl Gustav Jung und Wilhelm Reich sowie nach dem Zweiten Weltkrieg in Deutschland mit Harald Schultz-Hencke geschehen, handelte es sich bei den jetzt auch in Amerika Ausgegrenzten um Personen, die kulturellen und sozialen Faktoren eine andere Bedeutung beimaßen als Sigmund Freud. Sie erfuhren Kritik und Ausschluss immer dann, wenn sie von Freud vertretene Grundpfeiler der Erklärung psychischer Störungen nicht mehr als verbindlich betrachten konnten und wollten: den Sexualtrieb, das Unbewusste und die frühe Phasenkonzeption der Ich-Entwicklung [68].

Sullivan, Horney, Erikson und Fromm betonten zwar weiterhin ihre Herkunft und Nähe zur Psychoanalyse; und sie selbst wie ihre Nachfolger bezeichnen sich natürlich auch als „Psychoanalytiker". Andererseits traten und treten sie seit den 1950er Jahren in deutlicher Konkurrenz zur klassischen Triebpsychologie auf. Zeitweilig firmierten sie progressiv auch unter den Bezeichnungen „Neoanalytiker" oder „Neo-Freudianer", seit den 1970er Jahren auch unter dem Label „Interpersonelle Psychotherapie".

Psychoanalytiker gegen jedwede Integration. Deshalb kann es rückblickend angesichts des ritualisierten Ausgrenzungsgebarens der Psychoanalyse nur als farbenblinde, wenn nicht illusorische Fiktion angesehen werden, dass die klinischen Psychologen Ende der 1940er die ersten Versuche starteten, der Psychoanalyse eine lerntheoretische Grundlage zu geben.

Die Hoffnung, etwa über die viel diskutierte Publikation von Dollard und Miller mit den Psychoanalytikern in einen Integrationsdiskurs eintreten zu können, blieb ohne Resonanz. Vielmehr wurden sämtliche Integrationsperspektiven nur unter Psychologen diskutiert. Innerhalb der Psychoanalyse wurden sie nicht zur Kenntnis genommen, vielleicht nur von oben herab belächelt. Im Hintergrund schwelte vielleicht die Angst, dass sich hinter Integrationsbemühungen die Gefahr der Vereinnahmung bei Verlust der beruflichen Identität verbergen könnte. Honorarüberlegungen dürften auch eine Rolle gespielt haben. Genaues weiß man nicht, weil es eben keine offiziellen Stellungnahmen seitens der Psychoanalyse gibt.

Ähnliches gilt übrigens für zahlreiche Integrationsversuche, die seither immer mal wieder von metatheoretisch interessierten Autoren vorgelegt wurden und werden – wie beispielsweise der Vorschlag für eine Einordnung beider Ansätze in eine übergreifende Alternativtheorie von Kraiker [156] oder die Wegsuche zu einer gemeinsamen Sprache in der Psychotherapie durch Miller, Duncan und Hubble [186]. Immer wurden und werden sie nur außerhalb der Psychoanalyse rezipiert und diskutiert; jeweils „kein Kommentar" seitens derer Vertreter – und dies gilt auch für jene Fälle, in denen die Integrationsperspektiven von einem Psychoanalytiker vorgelegt wurden, wie zum Beispiel das Plädoyer für eine Integration von Paul Wachtel [254].

Man kann die ausgrenzende Ignoranz der Psychoanalytiker gegenüber Alternativen aber auch positiv wenden: In der Rückschau liegt wohl einer der wichtigsten Meilensteine im Bereich der Fortentwicklung psychotherapeutischer Verfahren darin begründet, dass sich aus einer kritischen Auseinandersetzung mit der Psychoanalyse Freuds verschiedenste Alternativen, ja zum Teil gegensätzliche Ansichten zur Entstehung und Behandlung psychischer Störungen herausgebildet haben.

Von der Defensive in die Offensive

Als auch noch der allseits beliebte Harry Sullivan mit knapper Mehrheit aus der Psychoanalytischen Vereinigung ausgeschlossen wurde, kehrten zunehmend mehr Psychoanalytiker ihrer Psychoanalyse den Rücken, weil sie mit ihren innovativen Ansichten bei den orthodoxen Freudianern kein Gehör mehr fanden. Viele begannen, ihre Ansichten nach außerhalb zu vertreten – und zahlreiche der pointiert argumentierenden Psychoanalyse-Kritiker fanden regen Zuspruch und weithin Bekanntheit.

Viele dieser innovationsfreudigen Außenseiter orientierten sich an einer bereits 1946 erschienene Publikation von Franz Alexander und Thomas French [2]. Beide waren überzeugte Psychoanalytiker, setzten sich jedoch nach dem Zweiten Weltkrieg wohl als erste kritisch mit zahlreichen „Dogmen" auseinander, die der Psychoanalysepraxis als Langzeittherapie zugrunde lagen. Zunächst behaupteten sie, dass die Notwendigkeit der zu durchlaufenden Übertragungsneurose von der Mehrheit pragmatischer Psychiater sowieso bereits aufgegeben worden sei. Man solle sich in der Behandlung zwar auch für die Vergangenheit als Quelle stereotyper Verhaltensmuster interessieren, so schrieben sie damals, aber das primäre Behandlungsziel sei es, den Patienten bei der Lösung gegenwärtiger Probleme zu helfen. Mit dieser Zielsetzung jedoch sei das Behandlungskonzept deutlich in Richtung eines Lernprozesses zu verändern. Beispielsweise forderten sie, dass ein Therapeut auch auf die Zeit zwischen den Sitzungen Einfluss nehmen solle. Gerade darin, dass die Beeinflussung der täglichen Aktivitäten psychoanalytisch als unakzeptabel galten, weil sie die übertragungsneurotische Entwicklung unterbräche, lag ihrer Meinung nach der entscheidende Fehler des psychoanalytischen Konzeptes. Sie forderten, in der

Psychoanalyse endlich die Entwicklung kurzzeitiger Behandlungskonzepte voranzutreiben.

Andrew Salter

Dieser Vorgabe folgend begannen eine Reihe weiterer Psychoanalytiker, sich mit Konzepten für pragmatische Kurzzeittherapien an die Öffentlichkeit zu wagen. Einigen war es letztlich sogar egal, sich mit ihrer Kritik am klassisch psychoanalytischen Vorgehen plötzlich außerhalb ihrer Berufsgruppe wieder zu finden und als „nicht ernst zu nehmende Exoten" abqualifiziert zu werden. Einer dieser „Sonderlinge" war Andrew Salter (1914–1996) mit seinem in bestem journalistischen Stil geschriebenen Buch „Conditioned Reflex Therapy" aus dem Jahr 1952 [215]. Da in seinem pragmatischen Ansatz zahlreiche psychoanalytische Auffassungen von der Entwicklung neurotischer Störungen eine wichtige Rolle spielten, handelte er sich, weil ihn Mowrer einmal so bezeichnet hatte, rasch den Spitznamen „Outfreud Freud" ein.

Aufgabe des Therapeuten – so Salter – sei es, die gehemmte Persönlichkeit des Patienten aktiv und direktiv umzugestalten. Zu diesem Zweck hatte er sechs therapeutische Techniken entwickelt, die in den einzelnen Sitzungen besprochen und in der Realität eingeübt werden sollten: (1) Den „Feeling-Talk", d.h. der Patient wurde aufgefordert, sich im Ausdrücken spontan empfundener Emotionen zu üben, wobei Salter darauf Wert legte, dass er lernte, die „emotionale Wahrheit" zu sagen. (2) Der „Facial-Talk": Hierbei geht es darum, Gesichtsausdruck und wahres Gefühl wieder miteinander in Übereinstimmung zu bringen. (3) Der Patient sollte lernen, anderen offen zu widersprechen, wenn er sich im Recht befände. (4) Das Wort „Ich" sollte so häufig wie möglich verwendet werden. (5) Wird der Patient gelobt, so soll er selbst auch zustimmend reagieren. (6) Der Patient sollte versuchen zu improvisieren, stärker in der Gegenwart zu leben und spontan zu handeln.

Salter stellte seine Verhaltenstechniken an 50 Fällen aus seiner Praxis dar. Ausdrücklich an Vorüberlegungen von Alexander und French anknüpfend richtete sich sein Vorgehen fast ausschließlich auf eine Veränderung gegenwärtigen Verhaltens. Rückblickend kann Salter als einer der ersten Verhaltenstherapeuten gelten, der die Bedeutung des Handelns, des aktiven Umsetzens neu gewonnener Erkenntnisse für den Patienten in den Mittelpunkt rückte, so wie dies später zum zentralen Vorgehen im Training sozialer Kompetenzen ausgeweitet werden sollte.

Albert Ellis
Auch Albert Ellis (1913–2007) gehört zu den frühen revisionistischen Mitgliedern der psychoanalytischen Bewegung. Schon 1950 hatte er in einem Aufsatz die „endlich notwendige" wissenschaftliche Grundlegung des psychoanalytischen Vorgehens mit Blick auf die Trias „Faktenorientierung", „Verifikationsorientierung" und „Forschungsorientierung" gefordert. Angesichts der damaligen Attraktivität der Psychoanalyse brauchte seine Kritik, das Freudsche Verfahren der „Unwissenschaftlichkeit" zu bezichtigen, etwa fünf Jahre, bis sie endlich von einem Wissenschaftsjournal zur Veröffentlichung akzeptiert wurde. Als seine Arbeit endlich publiziert wurde, hatte sich Ellis bereits ausdrücklich von der Psychoanalyse abgewendet und befand sich mitten in dem Prozess, seine später in die Verhaltenstherapie integrierte „Rational-emotive Therapie" (RET) zu entwickeln [41].

Das Konzept der RET – das nach mehreren Zeitschriftenartikeln erstmals 1962 in Buchform publiziert wurde – leitete sich von der Hypothese ab, dass sich die bedeutsamen menschlichen Emotionen und Handlungen einschließlich neurotischer Gefühle und neurotischen Verhaltens von grundlegenden (kognitiven) Annahmen, Überzeugungen oder Philosophien ableiten, die das Individuum bewusst oder unbewusst vertritt. Diese „irrationalen Gedanken", die das Denken und Handeln des Neurotikers bestimmen, sollten in der Behandlung mittels rationaler Diskurse aufgearbeitet und durch sorgsame Hausaufgaben-Vereinbarungen zur Realitätsprüfung ergänzt werden.

Obwohl Ellis – wohl um den Erhalt der Eigenständigkeit seines Ansatzes besorgt – bis in die 1970er Jahre eine Integration seines Ansatzes in die Verhaltenstherapie abgelehnt hatte, wurde seitens der Verhaltenstherapeuten nicht allzu sehr auf diesen Wunsch geachtet. Wobei Ellis sich – angesichts der damit verbundenen Anerkennung – in den späteren Jahren auch nicht mehr allzu sehr gegen diese Vereinnahmung auflehnte. Er akzeptierte sie spätestens wohl im Jahr 2002, als er gemeinsam mit Aaron T. Beck für seine Leistungen im Bereich der Verhaltenstherapie (!) von der American Psychological Association für sein Lebenswerk ausgezeichnet wurde.

Hans-Jürgen Eysenck
Ende der 1940er Jahre war Aubrey Lewis zum Direktor des berühmten Institute of Psychiatry am Londoner Maudsley Hospital berufen worden. Wie zahlreiche Direktoren universitärer Psychiatrie-Kliniken dies seit Beginn des Jahrhunderts vorgelebt hatten, war auch er ein Verfechter des Wertes der psychologischen Forschung für die Psychiatrie. Im Jahr 1950 berief er Hans-Jürgen Eysenck (1916–1997), der sich wegen seiner Persönlichkeitsforschungen bereits einen Namen gemacht hatte, zum Leiter der psychologischen Abteilung. Eysenck kam in dieser Zeit aus den Vereinigten Staaten und hatte dort die strikte Ablehnung jeder von außen und innen vorgetragenen Kritik an der Psychoanalyse durch deren Wort-

führer hautnah mitbekommen. Wie er mir später einmal persönlich mitteilte, war dies einer seiner Gründe, öffentlich Position zu beziehen. Ihn ärgerte auch die zögerliche Haltung der amerikanischen Psychologen, nach der es offenkundig gerechtfertigt schien, einen unzureichenden Ansatz strikt mit der Reinheit der Lehre vertreten zu müssen, nur weil es an substanziellen Alternativen mangelte.

Es war dann ein zunächst unauffälliger, nur wenige Seiten umfassender Artikel, mit dem Eysenck 1952 gegen die Psychoanalyse auf Konfrontationskurs ging. Mit diesem Aufsatz über die Wirksamkeit der Psychotherapie („The Effects of Psychotherapy") legte er eine Re-Analyse von 19 Effektivitätsuntersuchungen vor [43]. Eysenck gab in dieser Arbeit zwar zu, dass es sich möglicherweise um ein methodisch angreifbares Vorgehen handelte, welches bestenfalls Hinweise auf mögliche Sachverhalte geben konnte. Dennoch hinterließ diese Publikation in der Gemeinschaft der Psychoanalytiker ein tiefes Erschrecken.

Fasste man nämlich die Ergebnisse der Recherche von Eysenck zusammen, so waren aus den psychoanalytischen Therapien 44% der Patienten als „verbessert" entlassen worden, aus eklektischen Ansätzen von Ärzten und Psychologen 64% und in einer unbehandelten, an Kliniken nur „verwalteten" Gruppe galten insgesamt 72% der Patienten als gebessert. Eysenck schlussfolgerte dergestalt, dass der starke Glaube vieler Psychotherapeuten an die vermeintlich hohe Effektivität ihres beruflichen Tuns einer empirischen Grundlage entbehre.

Diese Arbeit wurde von den Psychoanalytikern seinerzeit mit viel Bitterkeit und heftiger Ablehnung aufgenommen – teilweise sicherlich zu Recht, zumal in der Öffentlichkeit der Eindruck entstehen konnte, dass Psychotherapie eher Schlechtes als Gutes bewirken würde. Und spätere Re-Analysen der Daten von Eysenck sollten in der Tat den Schluss zulassen, dass seine harsche Kritik auf eher tönernen Füßen stand. Damals jedoch reagierten die Wortführer der Psychoanalytischen Vereinigung nach außen hin wie gehabt mit Ignoranz, so dass jahrelang keinerlei offizielle Reaktion formuliert wurde.

Nur kurze Zeit später ging Eysenck mit der noch gegebenen Dominanz der geisteswissenschaftlich-hermeneutischen Tradition in Psychologie und Psychiatrie ins Gericht. Und er schloss dabei erneut die so genannte tiefenhermeneutische Forschung der Psychoanalyse mit ein. Diese Kritik sollte zugleich einen grundlegenden Wandel von der damals so bezeichneten Charakterkunde in Richtung auf eine empirisch ausgerichtete Persönlichkeitsforschung einleiten. Diese Veränderung geschah in der Psychologie zunächst sicherlich radikaler als in der Psychiatrie.

Der Wechsel zur empirisch-experimentellen Persönlichkeitsforschung vollzog sich endgültig (für einige Zeitgenossen in recht markanter Erinnerung) nach einer heftigen Auseinandersetzung zwischen dem wohl bekanntesten Charakterkundler seiner Zeit Albert Wellek und Hans-Jürgen Eysenck auf dem 14. Internationalen Kongress für Psychologie in Montreal 1954, wo Eysenck die Charaktertheorien in der Psychologie und Psychoanalyse als „Ausschmückungen persönlicher Erfahrung mit höchstens Hypothesen generierendem Charakter" abqualifizierte und für die weitere Ausarbeitung der Persönlichkeitspsychologie fürderhin Experimente und deren Repräsentativität, Reproduzierbarkeit und Vergleichbarkeit forderte.

Eysenck war und blieb übrigens zeitlebens ein diskussionsfreudiger Kritiker von Entwicklungen und Ansichten innerhalb der Psychologie und Psychiatrie, wenn diese außerhalb des Bemühens um empirische Absicherung zu dogmatisch vertreten wurden. Wenn man sich in diesen Diskursen jedoch ernsthaft auf ihn einließ, bekam man es immer mit einer

Person zu tun, die sorgsam zuhörte und auch konträr vertretenen Ansichten mit Offenheit und Respekt begegnete. Das konnte ich selbst einige Male erleben, zuletzt kurz vor Eysencks Tod, als ich im Jahr 1996 mit ihm in Winterthur anlässlich der Eröffnung eines nach ihm benannten Psychotherapiezentrums vor Publikum in eine Auseinandersetzung über die Zukunft der Verhaltenstherapie geraten war.

Auch ich liebe das direkte und klare Vertreten eigener Ansichten. Diese kontroverse Diskussion mit Eysenck jedoch ist mir nach wie vor als etwas Besonderes in Erinnerung, weil sie durchgängig mit wechselseitigem Respekt und Wertschätzung gegenüber unterschiedlichen Auffassungen inhaltlich substanziell vorangebracht wurde – nicht zuletzt auch, weil sie offenkundig hochgradig spannend fast eine Stunde andauerte und den ganzen Veranstaltungsplan durcheinander brachte. Doch zurück in die 1950er Jahre, als die Verhaltenstherapie sich endgültig zum eigenständigen Psychotherapieansatz mauserte …

Von Südafrika aus in die Welt

Nach den bis hier geschilderten langen und verzweigten Entwicklungen hat es wohl fast einhundert Jahre gedauert, bis sich die lernpsychologischen Behandlungsansätze unter einem gemeinsamen Dach zusammen finden sollten. Oder waren es zweihundert Jahre? Oder sogar viele hundert Jahre? Wenn wir die Behandlungsansätze bei der Sprechstörung Stottern als Beispiel nehmen, reicht die Entwicklung psychologischer Interventionen zu den Selbstbehandlungsversuchen von Demosthenes bis in das alte Griechenland zurück – Behandlungsansätze, die fast genau so auch heute noch in der Verhaltenstherapie zur Anwendung kommen. Bei einer ganzen Reihe anderer psychischer Störungen ließen sich sicherlich ähnliche Spuren historisch sehr weit zurückverfolgen. Denn vieles von dem, was in der Vergangenheit bereits möglich war, liegt immer auch im bereitwilligen Auge des Betrachters, wenn dieser nur genau genug hinschaut.

So wäre es denn sicherlich ein allzu verengter Blick, wenn man die Wurzeln der Verhaltenstherapie und ihrer Gründungsväter etwa vorrangig in Europa oder in den USA verorten würde. Diejenigen jedenfalls, die heute als die Gründungspersönlichkeiten der Verhaltenstherapie gelten könnten, weil sie den lerntherapeutischen Verfahrensweisen einen übergreifenden Namen gaben, begannen ihre Karriere in Südafrika.

Joseph Wolpe

Wiederum war es ein Mediziner, der sich die Zukunft der Psychiatrie nur in enger Kooperation mit der Klinischen Psychologie vorstellen wollte: Joseph Wolpe (1915–1997) hatte an der Universität Witwatersrand in Johannesburg 1938 sein Medizinstudium beendet und versuchte nach dem Zweiten Weltkrieg mit tierexperimentellen Untersuchungen zu promovieren, denen er Pavlovs Konditionierungsparadigma zugrunde gelegt hatte. Leider wurde seine Dissertation nicht der Psychiatrie, sondern als der Physiologie zugehörig bewertet. Eine Bewerbung als Psychiater wurde ihm dadurch verwehrt und so blieb ihm zunächst nichts anderes übrig als sich als praktizierender Allgemeinarzt in Kapstadt niederzulassen.

Das jedoch hielt ihn nicht davon ab, einen lange gehegten Traum zu realisieren: die aus den Tierexperimenten nahe liegenden Konsequenzen für eine Angstbehandlung auf den Menschen zu übertragen. Ihm war zunächst im Tierversuch, später auch in der Behandlung phobischer Menschen aufgefallen, dass sich Ängste günstig beeinflussen ließen, wenn man die Betreffenden zeitgleich zur Angst alternative Handlungen ausführen ließ. Dieses so genannte Prinzip der reziproken

Hemmung war ihm bereits in der Lerntheorie von Clark L. Hull als mögliche Behandlungsperspektive aufgefallen.

Auch kannte er bereits den pragmatischen Therapieansatz von Andrew Salter und ließ sich von den Möglichkeiten der direktiv-positiven Einflussnahme auf die Selbstsicherheit und soziale Kompetenz von selbstunsicheren Patienten begeistern. Auch in diesem Ansatz spielte die reziproke Hemmung sozialer Ängste durch die therapeutische Anleitung hin zu Alternativhandlungen eine zentrale Rolle. Eher zufällig hatte Wolpe das von Edmund Jacobson 1938 veröffentlichte Buch „Progressive Relaxation" [128] gelesen, in dem ein Entspannungsverfahren beschrieben wurde, das zur Angsthemmung ideal geeignet schien. Bereits 1954 veröffentlichte er seinen Aufsatz „Reziproke Hemmung als zentrale Basis psychotherapeutischer Effekte", mit dem er schnell weltweite Aufmerksamkeit auf sich zog. Die reziproke Hemmung sollte die Grundlage für das jetzt von ihm entwickelte und später zeitweilig berühmteste Verhaltenstherapieverfahren werden: die Systematische Desensibilisierung [258].

Stanley Rachman und Arnold Lazarus

Zwischenzeitlich hatte sich Wolpe erfolgreich um einen Lehrauftrag an der Universität Witwatersrand beworben. Dort kam er mit einer Reihe von Psychologen in Kontakt, die sich für seine Ideen und Arbeiten begeistern ließen. Mit zweien von ihnen, Stanley Rachman und Arnold Lazarus, sollte er den endgültigen Grundstein für das Behandlungsgebäude „Verhaltenstherapie" legen. Seit 1957 publizierten Wolpe, Rachman und Lazarus gemeinsam wie getrennt zahlreiche Aufsätze, in denen die Systematische Desensibilisierung mehrfach beschrieben und die Erfolge in der Behandlung phobischer Patienten fortlaufend dokumentiert wurden.

Zu dritt propagierten sie mit der Systematischen Desensibilisierung ein Verfahren zum schrittweisen Abbau neurotischer Ängste. Mittels progressiver Relaxation wird beim Patienten ein entspannter und damit Angst hemmender Zustand aufgebaut. In diesem Zustand wird er zunächst imaginativ mit schwache Angst erzeugenden Reizen konfrontiert. Diese Darbietung wird so lange wiederholt, bis der Reiz seine Angst erregende Wirkung vollständig verliert. Danach werden schrittweise stärkere Reize eingeführt und gleichartig behandelt.

Verhaltenstherapie mon amour

In zwei Publikationen von Arnold Lazarus aus dem Jahr 1958, in denen er unter anderem über seine Untersuchungen zur reziproken Wirkung des Rollenspiels/Psychodramas bei Sozialängsten berichtete, verwendete der Autor erstmals die Bezeichnungen „Verhaltenstherapie" und „Verhaltenstherapeut" [164]. Er hatte zwar gehofft, aber wohl selbst nicht vorausgeahnt, dass er damit eine Bezeichnung in die Welt setzte, die schon wenige Monate später weltweit die Runde machen sollte. Einer der ersten, der den Begriff Verhaltenstherapie unmittelbar in eigene Arbeiten übernahm, war Hans-Jürgen Eysenck. Denn wie Lazarus war auch Eysenck der Meinung, dass die Abgrenzung von der inzwischen mit der Psychoanalyse eng assoziierten Auffassung von Psychotherapie auch nach außen hin deutlicher vertreten werden sollte. Bereits zwei Jahre später benutzte er den Begriff Verhaltenstherapie im Titel seines Herausgeberwerkes „Behavior Therapy and the Neuroses", das damit zum ersten Lehrbuch der Verhaltenstherapeuten wurde [44].

Joseph Wolpe war ursprünglich gegen die Schaffung eines solchen Schlagwortes; der Begriff „Psychotherapie" schien ihm hinreichend. Und so erschien auch sein Buch über die Wirkungen und Anwendungsfelder der Systematischen Desensibilisierung, das 1958 auf Anregung von Albert Bandura von der Stanford University Press in den USA publiziert wurde, noch unter dem Titel „Psychotherapy by Reciprocal Inhibition" [258]. Es avancierte schnell zu einem der wichtigsten Einführungswerke in die jetzt schnell expandierende Verhaltenstherapie, wurden doch bereits konkrete drei Bereiche beschrieben, die reziprok hemmend wirken könnten: sexuelle Reaktionen, selbstsicheres Verhalten und Entspannungsreaktionen.

Auch auf die jetzt einsetzende Expansion des psychologischen Behandlungsverfahrens sollten Wolpes südafrikanische Mitbegründer der Verhaltenstherapie entscheidenden Einfluss behalten, als sie nur wenige Jahre später ihre Arbeit in England und in den USA fortsetzten: Stanley Rachman wirkte ab den 1960er Jahren im Maudsley Hospital in London in enger Zusammenarbeit mit Eysenck, wo er zeitlebens mehrere hundert Forschungsarbeiten zur Ätiologie und Behandlung von Phobien und Zwangsstörungen durchführen sollte. Arnold Lazarus erhielt in den 1960er Jahren zunächst eine Assistenzprofessur an der Stanford University und wurde ab 1966 Leiter des verhaltenstherapeutischen Institutes in Sausalito, Kalifornien, von wo aus er wichtige Impulse für die allgemeine Konzeption der Verhaltenstherapie als umfassenden Psychotherapieansatz zu geben versuchte.

Vor allem Lazarus setzte sich früh an die Spitze jener Verhaltenstherapeuten, die sich aus einer zu engen Bindung an den Behaviorismus befreien wollten. Nach seiner Meinung sollte eine effektive Psychotherapie *alle empirisch bewährten Techniken* unabhängig von ihrer Herkunft ins Auge fassen und gezielt zur Anwendung bringen – eine Ansicht, die auch in meiner Anfang der 1970er Jahre beginnenden Laufbahn als

Verhaltenstherapeut erheblichen Einfluss gewinnen und behalten sollte. Lazarus bezeichnete sein Vorgehen als „Multimodale Verhaltenstherapie" [166; 167]. Über diesen Ansatz, der gelegentlich etwas abschätzig als „technischer Eklektizismus" herabgewürdigt wurde, kam es zu Differenzen und schließlich zum Bruch mit Wolpe.

Und was wurde aus dem Arzt Joseph Wolpe? Nachdem seine Forschungsarbeiten und Bücher weltweite Aufmerksamkeit erlangt hatten, wanderte er ebenfalls Mitte der 1960er Jahre in die USA aus, nachdem ihm von der Temple University in Philadelphia das Angebot erreichte, dort eine eigene verhaltenstherapeutisch orientierte Abteilung aufzubauen. Hier arbeitete er anfänglich bis zum gerade angedeuteten Zwist noch mit Arnold Lazarus zusammen. 1982 ließ Wolpe sich von der Temple University emeritieren, nahm aber schließlich einen Ruf der Pepperdine University in Los Angeles an, wo er bis zu seinem Tod tätig blieb.

Zeittafel 2

Psychotherapie in Deutschland:
die 1960er und 1970er Jahre

1963 Gründung der Sektion Klinische Psychologie im Berufsverband Deutscher Psychologen (BDP) mit dem Ziel einer besseren beruflichen Interessenvertretung der heilberuflich tätigen Diplom-Psychologen.

1964 Der Bundesgerichtshof erkennt psychische Störungen als behandlungsbedürftige Krankheiten im Sinne der Reichsversicherungsordnung an.

1965 Die in den Katamnese-Studien von Annemarie Dührssen zusammengetragenen Hinweise für die Wirksamkeit psychoanalytischer Behandlungen bereiten den Weg für erste kassenrechtliche Regelungen der psychotherapeutischen Versorgung.

Erste Psychotherapierichtlinien

1967 Vereinbarung von Psychotherapie-Richtlinien zwischen der Kassenärztlichen Bundesvereinigung und den Krankenkassen. Für analytisch orientierte Psychotherapie und tiefenpsychologisch fundierte Psychotherapie werden beim Vorliegen akuter neurotischer Störungen Gesetzliche Krankenkassen leistungspflichtig. Behandlungsberechtigt sind nur psychotherapeutisch qualifizierte Ärzte. Einführung eines aufwendigen Antragsverfahrens. Externe Gutachter überprüfen auf der Grundlage eines ausführlichen Therapieberichts des ärztlichen Therapeuten, ob die Leistungspflicht der Krankenkasse befürwortet werden kann.

1968 Gründung der Gesellschaft zur Förderung der Verhaltenstherapie (GVT) durch am Max-Planck-Institut für Psychiatrie und am Psychologischen Institut der Universität München tätige klinische Psychologen. Die GVT versteht sich als Fachgesellschaft mit dem Ziel der klinisch-psychologischen Erforschung und Weiterentwicklung psychotherapeutischer Methoden auf empirischer Grundlage.

1969 Rudolf Cohen erhält den Ruf auf einen Lehrstuhl für Klinische Psychologie an der Universität Konstanz und baut dort in wenigen Jahren in der Psychiatrischen Klinik auf der Reichenau eine stationäre Verhaltenstherapie auf und aus.

1970 Gründung der Gesellschaft für wissenschaftliche Gesprächspsychotherapie (GwG) mit dem Ziel, den in den 1940er Jahren von Carl Rogers in den USA entwickelten klientenzentrierten, später personzentriert genannten Psychotherapieansatz in Deutschland zu verbreiten. Die theoretischen Kernannahmen der Gesprächspsychotherapie sind in der Humanistischen Psychologie und in der Phänomenologie verankert.

1970 Gründung der Deutschen Gesellschaft für Individualpsychologie (DGIP). Die Fachgesellschaft versteht sich als Interessenvertretung von ärztlichen und psychologischen Psychotherapeuten, die sich den von Alfred Adler auf sozialpsychologischer Basis entwickelten Psychotherapie- und Beratungskonzepten verpflichtet fühlen. Als eine der wichtigsten Fortentwicklungen gilt die sog. Logotherapie des Wiener Arztes Viktor Frankl.

Schon bald nach Einführung der ersten Psychotherapierichtlinien wird deutlich: Die psychotherapeutische Versorgung lässt sich durch Ärzte allein nicht annähernd sicherstellen. Die Deutsche Gesellschaft für Psychotherapie, Psychosomatik und Tiefenpsychologie (DGPT) setzt sich dafür ein, psychoanalytisch qualifizierte Diplom-Psychologen auch an der Versorgung zu beteiligen. Zur Sicherstellung der Versorgung wird deshalb das sog. „Delegationsverfahren" eingeführt, nach dem Diplom-Psychologen als Heilhilfspersonen der Ärzte bei Bedarf herangezogen werden können. Rechtlich und fachlich bedeutet dies die Subordination der Psychologischen Psychotherapeuten unter die Gesamtverantwortung des Arztes trotz vergleichbarer Qualifikation. Auch wirtschaftlich bleiben die Psychotherapeuten von den Ärzten abhängig, weil den Patienten kein Erstzugangsrecht zu einem Psychotherapeuten ihrer Wahl zusteht.

Psychologie im Wandel

1971 Gründung des Deutschen Berufsverbandes für Verhaltenstherapie (DBV) mit dem Ziel der Vereinheitlichung der Ausbildung von Diplom-Psychologen zu zertifizierten Verhaltenstherapeuten. Bereits die ersten Kurse des neu entwickelten Curriculums werden vom Arbeitsamt finanziell gefördert. Der DBV-Vorstand nimmt unmittelbar Verhandlungen mit der Bundesärztekammer, Ministerien und Krankenkassen zwecks Gleichstellung mit den analytischen und tiefenpsychologischen Psychotherapieverfahren auf.

1973 Änderung der Rahmenprüfungsordnung für den Diplom-Studiengang Psychologie. Der Ausbau der Universitäten Anfang der 1970er Jahre führt an fast allen Psychologischen Instituten zur Einführung von Schwerpunktsetzungen in unterschiedlichen Anwendungsfächern, fast überall verbunden mit der Einrichtung von Lehrstühlen und Abteilungen für Klinische Psychologie.

1974 Aus einem Bericht der WHO über die Rolle der Psychologen im Gesundheitswesen geht die zunehmende Bedeutung dieser Berufsgruppe bei der Prävention, Therapie und Rehabilitation psychischer Störungen und psychischer Komponenten von körperlichen Erkrankungen hervor.

1975 Der deutsche Bundestag verabschiedet die Psychiatrie-Enquete, die eine umfassende Bestandsaufnahme der ambulanten und stationären Versorgung in Deutschland enthält. Gefordert werden u.a. die rechtliche Gleichstellung der psychisch Kranken mit körperlich erkrankten Menschen, ein Ausbau der gemeindenahen Versorgung und eine Anerkennung der heilberuflichen Kompetenzen von Klinischen Psychologen durch ein Berufsgesetz.

1976 Neufassung der Psychotherapie-Richtlinien: Chronifizierte neurotische Störungen werden in den Indikationskatalog aufgenommen. Unter Berücksichtigung des 1974 in Kraft getretenen Gesetzes über die Angleichung der Leistungen zur Rehabilitation im Rahmen der Gesetzlichen Krankenversicherungen (GKV) wird die psychotherapeutische Behandlung von Behinderten zur Besserung ihres Zustandes und zur Wiedereingliederung in Arbeit, Beruf und Gesellschaft ebenfalls in den Indikationskatalog aufgenommen.

Verhaltenstherapie in Aktion

1976 Der Deutsche Berufsverband für Verhaltenstherapie (DBV) und die Gesellschaft zur Förderung der Verhaltenstherapie (GVT) schließen sich zur Deutschen Gesellschaft für Verhaltenstherapie (DGVT) zusammen. Die neue Interessenvertretung wendet sich strikt gegen Ausbildungseinrichtungen in privater Trägerschaft und fordert anstelle der universitären Diplom-Prüfung ein Staatsexamen in Klinischer Psychologie, das zur Ausübung der psychologisch fundierten Heilkunde (psychologischen Psychotherapie) berechtigen soll.

1978 Die Bundesregierung legt einen Referentenentwurf für ein Psychotherapeutengesetz vor, das jedoch noch keine krankenversicherungsrechtliche Integration der Psychologischen Psychotherapeuten enthält.

In diesem Referentenentwurf ist die Ausbildung und Berufsausübung Psychologischer Psychotherapeuten auf die analytisch orientierte Psychotherapie, auf die tiefenpsychologisch fundierte Psychotherapie, auf die Gesprächspsychotherapie und auf die Verhaltenstherapie beschränkt. Aufgrund der Uneinigkeit der Psychotherapieverbände, Widerständen aus Reihen der Ärzteschaft gegen die geplante berufsrechtliche Gleichstellung und Bedenken der Krankenkassen gegenüber unkontrollierbaren Kostensteigerungen für die GKV wird der

Referentenentwurf zurückgezogen. Aus heutiger Sicht darf vermutet werden, dass es bereits zu dieser Zeit ein Psychotherapeutengesetz hätte geben können, wenn sich die Therapieverbände einheitlich für ein solches Gesetz eingesetzt hätten.

1978   Im Zuge dieser Auseinandersetzung kommt es zur Gründung der Arbeitsgemeinschaft der Psychotherapeutischen Fachverbände (AGPF) als Zusammenschluss von Verbänden der Gestalttherapie, der systemischen Familientherapie, Körperpsychotherapie, Psychodrama, Transaktionsanalyse, Tanz- und Bewegungstherapie mit dem Ziel der Anerkennung und rechtlichen Absicherung ihrer der Humanistischen Psychologie nahe stehenden Verfahren.

1979   Bestätigung des Ärztemonopols durch das Bundessozialgericht: Das Gericht verneint die Leistungspflicht der gesetzlichen Krankenkassen für eine psychotherapeutische Behandlung durch einen Diplom-Psychologen.

Der damalige Streit der Therapieverbände drehte sich vor allem um die Frage, welche der nicht im Entwurf vorgesehenen weiteren Psychotherapieverfahren zugelassen werden sollten. Statt sich zu einigen und an einem gemeinsamen Strang zu ziehen, hatten die etablierten Verfahren zur Auflösung der Schulenstreitereien auf die Mithilfe der Politiker gesetzt – welch ein Trugschluss. Angesichts der Uneinigkeiten im Lager der Psychotherapeuten zogen diese schlicht den Referentenentwurf wieder zurück. So sollten jetzt annähernd zwei Jahrzehnte bis zur endgültigen Einführung eines Psychotherapeutengesetzes ins Land gehen.

Befragung zur Person, die zweite

Meine Zeit als Student und ihre Nachwirkung bis heute

> Einer der Hauptnachteile mancher Bücher
> ist die zu große Entfernung
> zwischen Titelblatt und Rückseite.
> *Robert Lembke*

Philipp Hammelstein: *Peter, mit meinen nächsten Fragen, möchte ich gern auf Deine Studienzeit zu sprechen kommen. Du bist doch ein 1968er-Student, oder?*
Peter Fiedler: Mein Psychologie-Studium in Münster begann im Jahr 1969. Ich bin also kein waschechter 1968er – obwohl die leichte Zeitverzögerung in der Rückschau nicht viel ausmacht. Jedenfalls begann mein Studium mitten in der Zeit noch fortwährender Studentenunruhen. Öffentlich war von einer Bildungskatastrophe und von einer Überfüllung der Universitäten die Rede. Das gesamte Hochschulwesen befand sich im Umbruch. Allerorten wurden neue Lehrstühle eingerichtet, in den zehn Folgejahren auch die meisten für Klinische Psychologie, die es heute noch gibt.

Auch heute noch wird viel über die 1968er geredet. Wie hast Du diese Zeit der Studentenbewegung in Erinnerung?
Als Erstsemester-Studierende wurden wir mit einer Universität konfrontiert, in der nichts Althergebrachtes mehr heilig schien. Die klassischen Vorlesungen der „sowieso" als „konservativ" geltenden Professoren versprachen keinen hinreichenden Lerngewinn. Themenoffene Diskussions- und Lernseminare galten als *up to date*. „Moderne Lehre" konnte

man daran erkennen, dass einige der als „fortschrittlich" und „basisdemokratisch" geltenden Professoren und Assistenten den Studierenden eine Mitsprache über die inhaltliche Ausgestaltung der Seminare einräumten, wenn sie uns nicht sogar die fast vollständige Selbstbestimmung über die Inhalte ihrer Veranstaltungen überließen.

Wie studieren: fortschrittlich oder konservativ?

Das klingt ja nahezu nach einer regelrechten Selbstverwaltung des Curriculums durch Studenten. War das wirklich so?
Nun, sagen wir mal: Es ist, wie so häufig, die halbe Wahrheit. Denn immerhin galt es auch Folgendes zu bedenken: Später im Studium, im Rahmen der mündlichen Prüfungen zum Vor- und Hauptdiplom, würden uns genau jene Professoren „Noten gebend" gegenüber sitzen, die weiterhin klassische Vorlesungen vom Katheder herab anboten. Den meisten meiner Kommilitonen schien das keine großen Sorgen zu bereiten. Mir schon. Deshalb entschied ich mich, beiden Formaten der Lehre meine Aufwartung zu machen. Rückblickend bin ich der Meinung, richtig gehandelt zu haben.

Und warum?
Was die inhaltliche Seite des Psychologiestudiums anging, habe ich den meisten Gewinn aus klassischen Vorlesungen gezogen. Unvergessen ist mir Wilhelm Witte mit exzellent ausgearbeiteten Vorträgen über die Geschichte der Psychologie. Ebenso lebendig in meiner Erinnerung geblieben ist mir Wolfgang Metzger mit seiner Begeisterungsfähigkeit für die Gestaltpsychologie. Ich bin immer noch voller Respekt und Bewunderung für beide. Denn zu keiner Zeit brachte der eine oder andere etwa seinen Unmut darüber zum Ausdruck, wenn in ihren Vorlesungen zunächst nur zwanzig bis dreißig und

dann – im Semester abnehmend – schließlich nur noch fünf bis zehn Zuhörer vor ihnen saßen. Eher im Gegenteil: Je weniger Studierende sich einfanden, umso höher die Qualität der Vorträge – mir jedenfalls kam es so vor.

Und wie sahen die fortschrittlichen Lehrveranstaltungen aus?
Die so genannten fortschrittlichen Seminare waren immer gut besucht. Fünfzig bis sechzig Studierende auf engstem Raum waren keine Seltenheit. Mit der Möglichkeit, auf Inhalte und Lehr-/Lernformen aktiv und heftig diskutierend Einfluss zu nehmen, wuchs unsere soziale Kompetenz. Das ist der Lerngewinn, den ich aus diesen Veranstaltungen vorrangig erinnere. Je weiter wir im Studium mit Blick auf die spätere Berufspraxis und die möglichen Anwendungsbereiche der Psychologie voranschritten, umso mutiger wurden wir, Kritik offen vorzutragen und Veränderungen einzufordern.

Und inhaltlich? Das hörte sich gerade so an, als sei der basisdemokratisch organisierte Lerngewinn aus heutiger Sicht eher als bescheiden zu bezeichnen?
Nein, überhaupt nicht. Mich begeisterten vor allem Seminare, in denen die Psychologie in den historischen und politischen Kontext eingebunden wurde. Das hat mich bis heute sehr geprägt. So erinnere ich mich noch gut an stundenlange Diskussionen über innovative Perspektiven der in Mode gekommenen „Kritischen Psychologie", die aus dem fernen Berlin von der Freien Universität aus der Denk- und Kaderschmiede um Klaus Holzkamp herum nach Münster herüber wehten [124]. Oftmals reichten die Tage für die Erweiterung unserer „sinnlichen Erkenntnis" nicht aus. Dann ging es bei Altbierbowle in den Biergärten am Wall, der Münsters Innenstadt umrundet, bis tief in die Nacht weiter.

Und welcher Gewinn – bitte schön – ist für Dich persönlich dabei herausgekommen?
Immerhin ist Holzkamps Werk „Wissenschaft als Handlung" [123] mit dafür verantwortlich, dass ich bereits einige Jahre später mit Georg Hörmann zusammen zwei Herausgeberwerke über „Therapeutische Sozialarbeit" und „Aktionsforschung in Psychologie und Pädagogik" publiziert habe [76; 77]. Das sei hier kurz eingefügt, weil ich Georg Hörmann sehr viel verdanke. Es waren beginnend mit dem Studium viele Diskussionen und danach eine Reihe gemeinsamer Publikationen, die mir eine zunehmende Sicherheit auch im Umgang mit wissenschaftstheoretischen Fragen der Klinischen Psychologie vermittelt haben. Auch nachdem Georg Ende der 1980er Jahre einem Ruf auf den Lehrstuhl für Allgemeine Pädagogik an die Universität Bamberg Folge leistete, sind wir uns freundschaftlich verbunden geblieben.

Zurück zum Studium: Stimmt es eigentlich, dass damals in Unterrichtsräumen noch geraucht werden durfte?
Ja, das stimmt! Bei allem diskursiven Engagement, das wir in jener Zeit an den Tag legten, rauchten uns die Köpfe, und zwar im wahrsten Sinne des Wortes. Damals gab es noch kein Rauchverbot in öffentlichen Gebäuden, schon gar nicht, wenn in Seminarräumen basisdemokratisch um die besten Lehrinhalte gerungen wurde. Wenn damals eine „Raucherpause" eingefordert wurde, beinhaltete dies einen Wunsch an die Raucher, eine gewisse Zeit auf das Rauchen zu verzichten. Ein solcher Wunsch wurde jedoch zumeist von der Mehrheit abgelehnt. In von Rauch geschwängerten Seminarräumen jedenfalls gestaltete sich ein Großteil meines Studiums bis zum Vordiplom. Und es war eine Zeit, in der die Meinungsbildung durch fortschrittlich-sozialistisch denkende Kommilitonen zeitweilig stärker auf unsere Psychologiesozialisation Einfluss

nahm als die Leitlinien, die sich aus offiziellen Lehr- und Studienplänen hätten ableiten lassen.

Heute gilt die Statistik-Ausbildung meist als das Nadelöhr des Studiums. War dies bereits damals der Fall?
Diese Hürden im Studium gab es auch damals bereits. An den Statistikveranstaltungen jedenfalls kamen selbst wir nicht vorbei. Denn ohne diese hart zu erarbeitenden Leistungsscheine gab es keine Zulassung zum Vordiplom.

Und die klinisch-psychologische Ausbildung begann dann erst nach dem Vordiplom?
Das stimmt nicht ganz. Wir sahen im Grundstudium die Psychologie-Praxis in der uns vermittelten „Wissenschaft Psychologie" nicht hinreichend repräsentiert. Die meisten Lehrenden galten – wie es uns die älteren Kommilitonen Glauben machen wollten – allgemein als Praxisnieten, nicht hinreichend mit den Widrigkeiten der Praxis vertraut, als Sozialisationsagenten also weniger tauglich. Insofern kam es uns entgegen, dass wir die Inhalte der Seminare bestimmen konnten. Beispielsweise bastelten wir an einem Parallelprogramm zu den offiziellen Ankündigungen, luden bereits im zweiten Semester praktisch arbeitende Psychologen als Referenten ein oder wandelten Theorieseminare in Veranstaltungen um, in denen die Selbsterfahrung in klinisch orientierter Gesprächsführung im Mittelpunkt stand.

Praxisorientierte Klinische Psychologie und Psychotherapie

Und wie ging es dann weiter?
Alles änderte sich schlagartig mit Eintritt in das Hauptstudium, in dem ich – endlich – meine Wanderung in Richtung Klinischer Psychologie aufnehmen konnte. Unvermittelt wurden die bis dahin von den kritischen Psychologen postulierten Vorurteile der vermeintlichen Praxisferne des Psychologie-Studiums grundlegend Lügen gestraft. Jedenfalls galt das für Münster. Denn wir Studierenden wurden von den Lehrenden in der Klinischen Psychologie unmittelbar – und zwar im wahrsten Sinne der Worte – mit den harten Anforderungen einer klinisch-psychologischen Praxis konfrontiert.

Wie ist das zu verstehen?
Nur zum Beispiel das Seminar „Klinische Praxis in der Erziehungsberatung", angekündigt von Lilly Kemmler und Burgi Wessel – so hieß Burgi damals noch, später Burgi Schulte: Um überhaupt an dieser Praxis-Veranstaltung teilnehmen zu dürfen, mussten wir bereits vorab, quasi als Eintrittsentgelt, eine vollständige Problemanalyse nebst Behandlungsplan abliefern. Dazu musste man sich als erstes im vorausgehenden Semester eine mehr als zwanzig Seiten umfassende Fallbeschreibung abholen. Und mit Hilfe von Kemmlers Buch „Die Anamnese in der Erziehungsberatung" [143] – das wollte also auch noch gelesen werden – galt es dann, für diesen Fall systematisch Behandlungsziele und konkrete Behandlungsmaßnahmen zu entwickeln. Und diese sollten zudem ausführlich begründet sein. Erst wer diese Prüfung erfolgreich bestand, durfte überhaupt am Praxis-Seminar teilnehmen. Das war – glaube ich mich zu erinnern – eine meiner härtesten Prüfungen während des Studiums, und von dem damaligen Lerngewinn profitiere ich bis heute.

Die Klinische Psychologie war zu Deiner Zeit gerade im Aufbau begriffen. Wie sah das damals aus der Sicht der Studierenden aus?

So praxisorientiert wie die Veranstaltungen von Lilly Kemmler waren, so gestalteten sich auch die ihrer Assistenten. Dietmar Schulte, Jochen Windheuser und Margarete Reiss bastelten gerade an einem Curriculum für Verhaltenstherapie, Hanko Bommert entwickelte eines mit dem Schwerpunkt Gesprächspsychotherapie. Dieter Vaitl baute derweil mit interessierten Studenten sein erstes psychophysiologisches Labor auf und aus. Die Praxisausbildung, wie sie in Münster dann etabliert wurde, sollte ja alsbald bundesweit Schule machen. Neben inhaltlichen Seminaren zu psychischen Störungen und deren Behandlung bildeten für jeden Studenten das Klinische Praktikum und das Klinische Fallseminar das Herzstück des Hauptstudiums: das Erlernen psychotherapeutischer Kompetenz in der unmittelbaren Selbsterfahrung mit sich selbst, mit ständigem Rollenwechsel, einmal als Probepatient, einmal als übender Therapeut.

Und so wurde ich Verhaltenstherapeut

Später bot sich dann die Möglichkeit, an echten Psychotherapien teilzunehmen, etwa mittels Beobachtung durch die Einwegspiegelscheibe: Eine der faszinierendsten Formen studentischen Praxislernens. Das direkt beobachtende Miterleben von verhaltens- oder gesprächstherapeutischen Behandlungen mit psychisch ernsthaft gestörten Menschen – Psychotherapien, die von unseren Lehrenden oder von Psychologen und Psychotherapeuten der dem Institut angegliederten Psychologischen Beratungsstelle durchgeführt wurden.

Ursprünglich wolltest Du ja wohl eine tiefenpsychologisch fundierte Psychotherapie-Ausbildung anstreben. Wie kam es dazu, dass Du die verhaltenstherapeutische Richtung eingeschlagen hast?

In meinem ersten Studiensemester jedenfalls gab es noch Ankündigungen zu tiefenpsychologischen Themen. Ich erinnere noch die Aushänge der Seminarfolge zur projektiven „Rohrschach-Diagnostik 1" bis „Rohrschach-Diagnostik 4". Als ich dann zwei Jahre später in das Hauptstudium eintrat, waren keine Ankündigungen mit tiefenpsychologisch orientierten Seminarthemen mehr zu finden. In Münster war Lilly Kemmler auf einen der ersten deutschen Lehrstühle für Klinische Psychologie berufen worden. Ihr war die Ausrichtung der Praxisausbildung an empirisch begründeten Psychotherapieverfahren wichtig. Und als ausdrücklich forschungsorientiert galten damals nur die Verhaltenstherapie und die Gesprächspsychotherapie. Also musste auch ich mich entscheiden: VT oder GT? Psychoanalyse wurde erst einmal auf die Zeit nach dem Studium verschoben …

Ich entschied mich für die Verhaltenstherapie. Das hing in nahe liegender Weise auch damit zusammen, dass ich von Dietmar Schulte die Stelle einer studentischen Hilfskraft angeboten bekam, nachdem er mich als diskussionsfreudigen Teilnehmer in einer seiner Verhaltenstherapie-Veranstaltungen kennen gelernt hatte. Zudem hatte mein Kommilitone Rolf Meermann ein gutes Wort für mich eingelegt. Rolf war seinerzeit ebenfalls Hilfskraft bei Schulte und führte für Dietmars Doktorarbeit, die von Wolfgang Metzger betreut wurde, gestaltpsychologische Experimente im Institutskeller durch. Daran nahm ich als Versuchsperson teil. Bereits bei diesem Zusammentreffen versuchte Rolf Meermann, mich für die Verhaltenstherapie zu begeistern.

Das war doch in der Zeit, als in Münster von einer Autorengruppe an einer deutschsprachigen „Einführung in die Grundlagen der Verhaltenstherapie" gearbeitet wurde, einer der ersten dieser Art, und zur Autorengruppe gehörte ja neben Dietmar Schulte auch Rolf Meermann, oder?

Ja, das erzählte mir Rolf auch gleich stolz unter vorgehaltener Hand, dass er zusammen mit Dietmar an dem ersten deutschsprachigen Lehrbuch der Verhaltenstherapie arbeite – was nicht ganz stimmte, denn bereits 1969 waren die „Grundlagen und Methoden der Verhaltenstherapie" von Lilian Blöschl erschienen [24]. Das Buch der Autorengruppe Dietmar Schulte, Friedhelm Eller, Rolf Meermann und Jochen Windheuser war natürlich aktueller und sollte – etwas unter Zeitdruck – im Eigenverlag noch vor dem Münsteraner Verhaltenstherapie-Kongress 1972 erscheinen [229]. Es wurde dann tatsächlich ein echter Renner und trotz Selbstverlag ein Standard im deutschsprachigen Raum. Noch im Jahr 1978 sollte eine sechste Auflage in den Druck gehen.

Mit Rolf Meermann führte ich übrigens bereits kurze Zeit, nachdem wir uns angefreundet hatten, meine ersten Verhaltenstherapien unter Supervision von Dietmar Schulte durch. Später trennten sich unsere Wege für längere Zeit, nachdem er – Rolf – auf sein Psychologie-Studium noch das der Medizin aufgesattelt hatte. Wir trafen uns erst wieder, als er – mehr als ein Jahrzehnt später – zum leitenden Arzt einer Psychosomatischen Klinik berufen worden war und als Autor und Herausgeber weiterer Verhaltenstherapie-Bücher weithin Bekanntheit erlangt hatte.

Während Deines Hauptstudiums gab es aber doch auch bereits genug Lesestoff, um sich gründlich in die Verhaltenstherapie einzuarbeiten. Welches waren denn die Hauptwerke, mit denen Du Dich zu dieser Zeit beschäftigt hast?

Ja, es gab in der Tat genug Material zum Lesen und Lernen – dicke Bücher zum Teil, für die ich mein spärliches Taschengeld und so manche Nacht, um zu lesen, geopfert habe. Bereits in den ausgehenden 1950er Jahren hatten Skinner und seine Schüler die klinischen Anwendungsmöglichkeiten der operanten Verfahren beschrieben, die spätestens 1953 mit Skinners Buch „Science and Human Behavior" zum festen Bestandteil der frühen Verhaltenstherapie werden sollten [236]. Als „Wissenschaft und menschliches Verhalten" auf deutsch erschien, habe ich es mir sofort gekauft. Verpflichtend mussten wir während des Studiums bei Dietmar Schulte das Buch „Analyse des Verhaltens" von Holland und Skinner [122] durcharbeiten, das als programmiertes Lernprogramm aufgebaut war und das Irmela Florin aus dem Amerikanischen übersetzt hatte. 1960 hatte Eysenck das Buch „Behaviour Therapy and the Neuroses" mit Beiträgen von Autoren aus den USA, England, Südafrika und der Tschechoslowakei herausgegeben; dieses Buch kam auch in meine Bibliothek [44]. Noch zu Studienzeiten habe ich dann meine erste Fachzeitschrift abonniert, das von Eysenck 1963 begründete Journal „Behaviour Research and Therapy".

Was gab es noch bereits zu Studienzeiten? Das 1965 erschienene Lehrbuch von Eysenck und Rachman „The Causes and Cures of Neurosis" war als exzellente Einführung in die Verhaltenstherapie unter dem Titel „Neurosen – Ursachen und Heilmethoden" bereits ins Deutsche übersetzt worden und für mich unverzichtbar [45]. Und 1969 machte – wie bereits erwähnt – Lilian Blöschl, damals noch am Psychologischen Institut der Universität Düsseldorf tätig, mit ihrem Buch „Grundlagen und Methoden der Verhaltenstherapie" erstmals auf sich aufmerksam – das erste deutschsprachige Praxisbuch der Verhaltenstherapie, das bis 1979 in fünf Auflagen erscheinen sollte [24]. Irgendwann kam dann auch noch der von

Brengelmann und Tunner herausgegebene Sammelband „Behaviour Therapie – Verhaltenstherapie" auf den Markt, nochmals 400 Seiten, die studiert werden mussten [25]. Aber das erschien, glaube ich, erst nach Abschluss des Studiums.

Wenn Du zu Deinem Studium befragt wirst, dann spielt in Deinen Berichten immer auch noch eine weitere Gruppe von Mitstudierenden eine wichtige Rolle, der Du ja auch angehörtest und die Du gern als „fast unzertrennlich" bezeichnest. Was war das für ein Club?

Wir waren das gesamte Hauptstudium zusammen und haben uns gemeinsam auf die Diplomprüfungen vorbereitet. Wenn ich mich recht erinnere, beginnt die Zeit der fast Unzertrennlichen, als ich kurz nach meinem Vordiplom eher zufällig Hans Stauß und Frido Mann kennen lerne. Hans Stauß hatte bereits Evangelische Theologie in Tübingen studiert und anschließend mit dem Psychologie-Studium in Münster begonnen. Alles, was er tat und bis heute tut, strahlt irgendwie Ruhe und Gelassenheit aus, und alles was er sagt, ist immer bedenkenswert.

Frido Mann war der Lieblingsenkel von Thomas Mann und Vorbild des Knaben Echo in dessen Roman „Doktor Faustus". Ein kreativer, aber auch sehr unruhiger Geist. Kein Wunder, könnte man meinen, mit dieser literarischen Last im Rücken. So führte ihn sein Weg vom Studium der Musik zunächst zum Studium der Evangelischen Theologie, dann konvertierte er zum Katholizismus und hängte noch das Studium der Katholischen Theologie an, bevor er sich damals auch noch entschloss, ein Studium der Psychologie zu absolvieren. Zu jener Zeit war er bereits Assistent bei Karl Rahner, einem der einflussreichsten Theologen des letzten Jahrhunderts. Heute übrigens ist Frido erfolgreicher Romancier wie zahlreiche andere aus der Mann-Familie.

Über Religion, Gott und die Welt

Hans Stauß und Frido Mann habe ich irgendwann nach einer Vorlesung getroffen und beide – ohne ihre Vorgeschichte genau zu kennen – in ein Gespräch über Glaubensfragen verwickelt, konkret: über meine Haltung zur Kirche, zu Gott und die Welt. Wie es dazu kam, weiß ich nicht mehr. Jedenfalls haben wir heftig diskutiert, und ich glaube heute, sie konnten – beide damals bereits vollgültige Theologen – über meine aus ihrer Sicht sicherlich eher naiven Ansichten innerlich nur schmunzeln. Diese Schurken haben sich aber nichts anmerken lassen. Und seither waren und sind wir Freunde.

Und wer gehörte noch dazu?
Dann sind nach und nach noch drei weitere Personen zu unserer Arbeitsgruppe dazu gestoßen. Zunächst gibt es da Dietrich Roos. Der hatte auch bereits Theologie und daneben noch Germanistik studiert, fand die berufliche Perspektive als Studienrat nicht ganz hinreichend und hatte dann wie Hans und Frido ebenfalls noch Psychologie angehängt. Wenn wir uns bei ihm trafen, zogen sich unsere Diskussionen immer mit einem oder mehreren Schnäpschen zum Schluss fröhlich und gemütlich in die Länge, deshalb trafen wir uns meistens bei ihm. Kurze Zeit darauf kam dann Ferdinand von Lehmden dazu, ein sehr hintergründig denkender Typ, der Schulpsychologe werden wollte. Beide, Dietrich wie Ferdi waren ebenfalls diskussionsfreudige und begeisterte Psychologie-Studenten. Vergessen darf ich schließlich die einzige Frau in unserer Runde nicht: Regina Krause, die bei der Olympiade in Mexico im Turmspringen der Wasserratten nur um Haaresbreite eine Medaille verpasst hatte. Sie stand immer unter Spannung, hatte dauernd und überall Termine, war kontinuierlich auf dem Sprung, kam zu unseren Treffen als Letzte und

ging stets als Erste und versetzte unserer Arbeit den notwendigen sportlichen Drive – einmaliger Totalschaden mit ihrem Sportwagen inklusive.

Drei vollgültige Theologen dabei. Wurde häufig über Religion und Glaubensfragen diskutiert?
Trotz der Notwendigkeit, sich inhaltlich auf die Diplomprüfung vorzubereiten, wurde darüber auch häufiger gesprochen. Logisch, bei drei Theologen im Kreis. Wenn das geschah, dann diskutierten wir zumeist mit Blick auf die Klinische Psychologie und Psychotherapie, etwa wie das Verhältnis von Religion und psychischer Gesundheit zu bewerten sei oder welche Bedeutung der Religion in der psychotherapeutischen Arbeit mit Patienten eingeräumt werden müsse. Das Thema wurde also keinesfalls ausgespart, und unsere Diskussionen über Religion, Gott und die Welt sind mir nach wie vor in eindrücklicher Erinnerung. Es war schon erstaunlich, wie sehr wir sechs uns trotz unterschiedlicher Religionszugehörigkeit in Grundsatzfragen einig waren, wohl ein Grund mit dafür, dass wir fast unzertrennlich waren.

Nachwirkungen bis heute

Insbesondere eine Diskussion ist mir unvergessen, die wir auf einer stundenlangen Wanderung an der holländischen Westküste miteinander geführt haben. Diese hatte zugleich entscheidenden Anteil daran, wie sich bis heute meine Einstellung zu Glaubensfragen fast unverändert erhalten hat.

Magst Du das erläutern?
Ausgangspunkt war und ist die Ambivalenz, die das Thema Religion mit Blick auf psychische Störungen und psychische Gesundheit auszulösen vermag. Der Religionskritiker

Sigmund Freud betrachtete Religion als universelle Zwangsneurose; sie spende zwar Trost, sei jedoch gleichzeitig eine unreife Form der Realitätsbewältigung [91]. Freud gab der religiösen Doktrin deshalb auch keine lange Überlebensdauer, weil sie sich nicht gegen Erfahrung und Vernunft durchsetzen werde. In letzterer Hinsicht hat er sich vermutlich getäuscht. Die Ansicht jedoch, dass übertriebene Religiosität ein Risiko für die Entwicklung psychischer Störungen impliziert, findet sich auch bei Kognitiven Verhaltenstherapeuten, zum Beispiel bei Albert Ellis, dem Begründer der Rational Emotiven Therapie [42]: Für diesen war Religiosität eine Form des irrationalen Denkens, das für ihn sowieso als Kernsymptom jeglicher Art psychischer Gestörtheit galt. So die Ansichten einiger Religionskritiker.

Auf der anderen Seite befinden sich so prominente Vertreter wie Alfred Adler und Carl Gustav Jung, die durchgängig den Nutzen der Religiosität für seelische Gesundheit betonten [1; 135]. Für beide galt religiöser Glaube als bedeutsamer emotional stabilisierender Faktor bei der Bewältigung von psychischen Problemen und als tragende Kraft seelischen Wohlbefindens.

Ich vermute mal, dass sich in allen diesen Aussagen einerseits Erfahrungen mit einzelnen Patienten widerspiegeln. Zugleich sind diese Ansichten jedoch nicht frei von der weltanschaulichen Voreingenommenheit ihrer Vertreter.

Wie sollte es auch anders sein. Deshalb nochmals: Wie stehst Du dazu?
Zunächst einmal bin ich der festen Überzeugung, dass es für einen Psychotherapeuten zwingend notwendig ist, sich Patienten gegenüber, die Glaubensfragen oder Probleme mit dem eigenen Glauben in eine Psychotherapie einbringen, nicht zu verschließen. Und dann bin ich der Meinung, dass alle vier der

gerade zitierten Prominenten gleichermaßen Recht wie auch Unrecht haben. Insbesondere wenn man über die Bedeutung von Religion für psychische Störungen oder seelische Gesundheit nachdenkt, gilt es zwingend, Allgemeinplätze zu vermeiden und die individuelle Gewordenheit eines jeweils zur Diskussion stehenden Menschen genau im Auge zu behalten. In dem einen Fall kann Religiosität von Schaden sein, in einem anderen Fall von wertvollem Nutzen. Das jedenfalls lässt sich inzwischen aus zahlreichen Studien und zu diesen Studien vorliegenden Metaanalysen ableiten [223].

Kannst Du das an einigen Beispielen verdeutlichen?
Dann fange ich einmal mit den positiven Aspekten an: In gesundheitspsychologischen Untersuchungen findet sich wiederholt, dass religiöser Glaube mit höherer Lebenszufriedenheit, größerem Wohlbefinden und mit Selbstwert steigernden moralischen Überzeugungen einhergeht. Zugleich kommen bei religiösen Menschen depressive Störungen seltener vor, als sie im Durchschnitt zu erwarten wären, verbunden mit einer geringeren Suizidrate und seltenerem Drogen- und Alkoholmissbrauch – und dies insbesondere im hohen Alter. Religion scheint vielen Menschen die Möglichkeit der inneren Sicherheit und Kontrolle in einer ansonsten unüberschaubaren Welt zu bieten.

In den Studien zu Zusammenhängen zwischen seelischer Gesundheit und Religion findet sich übrigens Alfred Adler mit seiner Sozialtheorie psychischer Störungen sehr gut bestätigt, von der bereits im ersten Kapitel die Rede war: Religiöse Glaubensüberzeugungen können dazu verhelfen, überhöhte und häufig gesundheitsschädigende Wertigkeiten von Schönheit, Macht und Erfolg zu relativieren und alternative, gesundheitszuträgliche Wertvorstellungen wie Altruismus, soziales Engagement und andere innere Werte an deren Stelle zu setzen. Schließlich zeigt sich auch, dass es religiös Gläubigen besser gelingt, persönliche Verluste, körperliches Leiden oder schuldhaftes Versagen zu akzeptieren oder zu bewältigen. Dies wohl Dank der Möglichkeit einer überhöhten Sicht auf das Leben, welche alltägliche Dinge zu relativieren vermag.

Und die Negativseiten der Religiosität? Ich selbst erlebe Negativseiten immer wieder in meiner therapeutischen Arbeit mit schwulen Männern, die nicht nur in streng religiösen Familien erhebliche Probleme bekommen, sondern auch in ihren religiösen Gemeinschaften ausgegrenzt werden.

Hier finden in Studien, die ausdrücklich nach Negativaspekten fragen, bei bestimmten Personengruppen in der Tat die Ansichten von Freud und Ellis ihre Bestätigung. Zum Beispiel kann die aufgetragene Anteilnahme, die Mitgliedern innerhalb religiöser Gemeinschaften oder Sekten zuweilen entgegengebracht wird, zu einer extremen Belastung werden, wenn sie als soziale Kontrolle und als Druckmittel zur Erzwingung einer linientreuen Konformität erlebt wird. Und in der Tat finden sich psychische Störungen wie soziale Ängste oder Depressionen immer wieder bei homosexuellen Menschen, wenn ihre sexuelle Orientierung in ihrer Familie oder Glaubensgemeinschaft als Sünde abgelehnt und sanktioniert wird. Nicht nur bei schwulen Männern, sondern auch bei lesbischen Frauen, insbesondere bei jungen Frauen und Männern, wenn sie in der Zeit des Coming out harsche Ablehnung erfahren. In dieser Zeit liegt die Suizidrate bei Homosexuellen – trotz zunehmender gesellschaftlicher Akzeptanz – immer noch etwa doppelt so hoch, wie sich dies bei Gleichaltrigen mit heterosexueller Orientierung beobachten lässt [63].

Schließlich kann die kognitive Struktur, die Religion geben kann, aber auch zur kognitiven Rigidität ausarten, die Alternativen nicht zulässt. Und in solchen Fällen kann ein zu starres

Festhalten an irrationalen Überzeugungen ebenfalls die Entstehung depressiver, zwanghafter oder phobischer Störungen begünstigen.

Und woran sollten sich Therapeuten innerhalb dieser Ambivalenzen und Widersprüche orientieren, wenn sie es mit Glaubensfragen und Glaubensproblemen ihrer Patienten zu tun bekommen?
Entscheidend für das psychische Befinden ist weniger die Tatsache, dass sich ein Mensch als religiös bezeichnet, als vielmehr die Qualität der jeweiligen Religiosität. Sprich: Im Mittelpunkt steht der einzelne Patient und die individuelle Geschichte seiner jeweiligen Symptomatik. Jedenfalls lassen sich Probleme, die mit Religiosität zusammenhängen, nicht schlicht mittels Therapietechniken und schon gar nicht mittels Medikamenten behandeln. Religiöse Probleme sind vor allem Ausdruck und Wirkvariablen im Gewirr zwischenmenschlicher und gesellschaftlicher Beziehungen. In einer Therapie, die Glaubensfragen thematisiert, geht es weiter um Fragen der persönlichen Sinnfindung und Sinnstiftung. Und da religiöse Probleme von der gesamten Lebensgeschichte des Einzelnen nicht zu trennen sind, sind sie immer auch als Teil zwischenmenschlicher Prozesse zu verstehen, in die sich der Einzelne verstrickt findet.

Geht diese Perspektive nicht über die Möglichkeiten der Verhaltenstherapie hinaus? Wäre es nicht besser, diese Fragen einem Pfarrer zu überlassen?
Um Gottes Willen, nein! Insbesondere dann nicht, wenn die Probleme mit ungünstigen und lebensfeindlichen Vorstellungen der Glaubensgemeinschaft zusammenhängen, denen der Patient angehört. Leider ist es in der Tat so, dass sich Psychotherapieforscher mit Fragen und Problemen religiöser Art nur

sehr am Rande auseinandergesetzt haben. Nach wie vor hängt alles sehr vom einzelnen Therapeuten ab. Solange Forschungsarbeiten dazu ausstehen, werden die Persönlichkeit des Therapeuten, seine psychologischen Orientierungen und die persönlichen Weltanschauungen auch über religiöse Fragen entscheidenden Anteil an vielen Einzelprozessen der Therapie behalten – und damit darauf, wie der Patient sich seiner selbst und seiner Probleme bewusst wird, sie in Besitz nimmt und sie eventuell überwinden kann.

Lehrjahre in Münster

Die Wende zur bio-psycho-sozialen Verhaltenstherapie

> Geschichte fängt vorne an, es sei denn,
> man befindet sich mittendrin.

Bereits während meines Studiums entschied ich mich für die Verhaltenstherapie. Das hing in nahe liegender Weise auch damit zusammen, dass ich von Dietmar Schulte die Stelle einer studentischen Hilfskraft angeboten bekam. Schulte benötigte im Herbst 1971 Unterstützung für die Vorbereitung eines Kongresses für Verhaltenstherapie, der von den damals noch getrennten Vereinen „Gesellschaft zur Förderung der Verhaltenstherapie" (GVT) und dem „Deutschen Berufsverband der Verhaltenstherapeuten" (DBV) gemeinsam 1972 in Münster durchgeführt werden sollte.

Klinische Psychologie und Verhaltenstherapie in Deutschland

Wie war es zur Zeit meines klinisch-psychologischen Hauptstudiums mit der Klinischen Psychologie und Verhaltenstherapie in Deutschland bestellt? An dieser Stelle scheint mir ein Exkurs über die allgemeine Entwicklung angebracht. Denn sie verlief aus nachvollziehbaren Gründen hierzulande anders als etwa in den USA. Durch den verlorenen Krieg und seine personellen, ökonomischen und soziokulturellen Folgen standen zunächst existenziellere Fragen im Vordergrund als die Entwicklung der Psychologie. Zudem war die Psychologie durch die Abwanderung einer ganzen Wissenschaftlergeneration während der Naziherrschaft erheblich geschwächt [13].

Klinische Psychologie. Obwohl der Begriff der Klinischen Psychologie in den USA seit Beginn des 20. Jahrhunderts eingeführt war, findet er sich im deutschsprachigen Raum erst um die Mitte des Jahrhunderts. Willi Hellpach, der schon vor, dann während des Zweiten Weltkriegs sowie auch noch wenige Jahre danach an der Universität Heidelberg auch die Klinische Psychologie vertrat, hatte zwar kurz nach dem Krieg im Jahr 1946 ein Buch mit dem Titel „Klinische Psychologie" verfasst [118]. Es fand jedoch keine allzu große Beachtung, zumal er den Begriff sehr auf eine Klinische Psychologie somatischer Erkrankungen einschränkte, nämlich auf das seelische Verhalten bei körperlichen Erkrankungen.

An den Universitäten, in denen in der Psychologie eine klinische Ausrichtung allmählich aufgebaut wurde, lassen sich grob drei Entwicklungsphasen ausmachen. Bis Mitte der 1960er Jahre beschäftigten sich die klinischen Psychologen vorwiegend mit einer Psychodiagnostik, die sich an psychoanalytischen Ansätzen orientierte. Zeitlich überlappend gesellte sich mit der Psychologischen Beratung ein expandierender, auch klinisch ausgerichteter Anwendungsbereich hinzu, zumal allerorten von kommunalen Trägern und karitativen Organisationen Beratungsstellen für Kinder, Jugendliche, Paare und Familien eingerichtet wurden. Nach diesem vorrangig diagnostisch-beraterisch ausgerichteten Stadium rückten ganz allmählich in den 1960er Jahren psychotherapeutische Ansätze in den Mittelpunkt des Interesses. Die jetzt publizierten Lehrbücher befassten sich neben der Psychoanalyse zunehmend mit der Gesprächspsychotherapie (die Annemarie und Reinhard Tausch an der Universität Hamburg als Anwendungsschwerpunkt in die Klinische Psychologie integrierten

[245]) und eben auch mit der Verhaltenstherapie, die an anderen Universitäten von den Klinikern bevorzugt wurde.

Verhaltenstherapie. Spätestens mit Gründung der „Gesellschaft zur Förderung der Verhaltenstherapie" 1968 war mit dem ersten GVT-Vorstand Johannes Brengelmann, Peter Gottwald, Jarg Bergold, Eibe-Rudolf Rey und Wolfgang Tunner vieles in Deutschland in Bewegung gekommen. Im Zentrum verhaltenstherapeutischer Initiativen standen die Mitarbeiter einerseits an der Psychologischen Abteilung des Max-Planck-Instituts für Psychiatrie in München seit 1964 (um Johannes Brengelmann), andererseits jene an den beiden neuen Lehrstühlen für Klinische Psychologie seit 1966 in München (um Albert Görres) und seit 1968 in Münster (um Lilly Kemmler).

Wesentlich befördert wurde diese Entwicklung durch Hans-Jürgen Eysenck, der 1966 auf dem 25. Kongress der Deutschen Gesellschaft für Psychologie über „Neue Wege in der Psychotherapie" die Psychologen hierzulande mit der weltweit boomenden Verhaltenstherapiebewegung bekannt machte. An den Psychologischen Instituten der Universitäten in München und Münster wurden in den Folgejahren neben Victor Meyer, Stanley Rachman und Ivar Loovas zahlreiche weitere ausländische Referenten eingeladen, die sich in der Verhaltenstherapie bereits einen Namen gemacht hatten und die jetzt ihr Wissen in Fortbildungskursen an die Verhaltenstherapiebegründer in Deutschland weitervermittelten.

Neben Münster und München gehörte auch Bochum dazu, wo Heinz Heckhausen zusammen mit Oskar Graefe an der neu gegründeten Ruhr-Universität ab 1964 das Psychologische Institut aufbaute. Beide hatten bereits konkrete Pläne, auch dort die Klinische Psychologie zu etablieren. Der erste Lehrstuhlinhaber in Bochum sollte später Dietmar Schulte werden. Eine psychologische Beratungsstelle jedoch gab es am Institut der Ruhr-Universität bereits von Anbeginn an. Eva Jaeggi und Ingeborg Jöhrens waren dort als klinische Psychologinnen tätig. Schon im Jahr 1968 war Frederick Kanfer mit einem Fullbright-Stipendium auf Einladung von Heckhausen auf Besuchsreise in Deutschland und verbrachte mehrere Wochen in Bochum, München und Münster. Und Rudolf Cohen wechselte nach kurzem Aufenthalt in München an die Universität Konstanz und baute in der dortigen Psychiatrie seit 1969 zusammen mit Irmela Florin, Susanne Davies-Osterkamp, Anselm Grusche und Helmut Sell die erste stationäre Verhaltenstherapie auf.

Der Kongress 1972 in Münster

Doch zunächst zurück in das Jahr 1971, in dem ich selbst langsam auf meine Diplomprüfungen zusteuerte. Wie viele meiner an der Verhaltenstherapie interessierten Kommilitonen wurde ich bereits kurze Zeit nach meinem Vordiplom Mitglied der „Gesellschaft zur Förderung der Verhaltenstherapie" (GVT). Der studentische Mitgliedsbeitrag betrug damals 5 DM im Jahr und dafür bekam man vierteljährlich die GVT-Mitteilungen frei ins Haus. Ende 1971 trat ich jene Stelle einer studentischen Hilfskraft zur Kongressvorbereitung bei Dietmar Schulte an.

Der Job bestand darin, die eingehenden Kongressgebühren zu verwalten und als Kontaktperson für Kongressteilnehmer und Referenten im Vorfeld des Kongresses und während der Tagung zu Verfügung zu stehen. Auf diese Weise lernte ich (als darob stolzer Student, kann man sich denken) zunächst brieflich und telefonisch, später während des Kongresses als Ansprechpartner und Organisator im Hintergrund interessante Leute persönlich kennen, von denen in Schultes Lehrveranstaltungen bereits häufiger die Rede gewesen war. Ausgehend von diesen ersten Kontakten sollten sich insbesondere zu Eva Jaeggi, Jarg Bergold, Irmela Florin, Wolfgang Tunner und Eibe-Rudolf Rey langjährige Freundschaften entwickeln.

Der studentische Kongress-Workshop. Wegen meines Jobs durfte ich im Vorfeld des Kongresses an Gesprächen der Planungsgruppe zur inhaltlichen Gestaltung der Tagung teilnehmen. Ich war völlig aus dem Häuschen, als die Kollegen meinen Vorschlag akzeptierten, auf dem Kongress ein Symposium eigens für Studenten über „Die gesellschaftliche Organisierung psychischen Leidens" anzubieten. Mir schwebte ein Diskussionsforum vor, in dem sozial relevante Aspekte des zukünftigen Arbeitsfeldes der klinischen Psychologen diskutiert werden sollten. Und ich habe es dankbar registriert, dass Heiner Keupp und Manfred Zaumseil dieses Thema Jahre später – 1978 – zum Titel eines von ihnen herausgegebenen Suhrkamp-Taschenbuches gemacht haben [147].

Diese Veranstaltung wurde ein Highlight des Kongresses. Ich kann mich noch gut daran erinnern, wie annähernd einhundert Teilnehmer in einem etwas zu klein geplanten Seminarraum zusammenhockten. Mit besonderem Stolz erfüllte es mich, dass nicht nur Studenten, sondern offenkundig auch viele „alte Hasen" aus der Praxis und Wissenschaft bis hin zu einigen Professoren an unserem Studenten-Workshop teilnahmen. Von den bereits etablierten Teilnehmern ließen sich die Studierenden wegen ihrer besonders langen Haare und Bärte leicht unterscheiden. Aber mittendrin gab es nur eine einzige Person, die trotz sommerlicher Hitze besonders adrett, nämlich zusätzlich zu einem auffällig weißen Hemd mit „Schlips und Kragen" bekleidet war. Und diese Person konnte mit ihren Ideen und Anregungen die zumeist jüngeren Zuhörer allesamt immer wieder in ihren Bann zu ziehen. Auf diese Weise lernte ich Peter Gottwald kennen.

Die psychosoziale Wende in der Verhaltenstherapie

Vielleicht war es ja auch diese Veranstaltung, die einen Umbruch in der GVT mit vorbereitete. Wie dies bereits in den USA sichtbar wurde, so deutete sich auch hierzulande in den Diskussionen der Verhaltenstherapeuten eine inhaltliche Kurswende an: nämlich weg von der klassischen und strikt behavioralen Sicht in der Verhaltenstherapie hin zur grundlegenderen Beschäftigung mit psychosozialen Fragen und Problemen in der Praxis. Die immer wieder hoch gelobte „Kognitive Wende" war in Deutschland wie auch andernorts nur eine von in Wirklichkeit zwei Wendeseiten. Viel treffender sollte man rückblickend nämlich nicht von einer „kognitiven Wende", sondern von einer „psychosozialen Wende" in der Verhaltenstherapie sprechen. Sie jedenfalls war maßgeblich bestimmend für das, was in den Folgejahren innerhalb der GVT passierte. Und was den Studenten-Workshop auf dem 1972er Kongress über das Psychosoziale im psychotherapeutischen Handeln angeht, so vermute ich, dass er die nachfolgenden Entwicklungen der Verhaltenstherapie in Deutschland entscheidend mitbestimmt hat.

Krisenstimmung in der GVT. Nach dem Münsteraner Kongress erweiterte sich die Diskussion um die Notwendigkeit, mit einer Hinwendung zu den psychosozialen Ursachen psychischer Störungen und deren Behandlungsrelevanz endlich die enge Sicht der Behavioristen zu überwinden, zu einer immer heftiger werdenden öffentlichen Kontroverse. Daraufhin schlitterte die noch junge GVT in eine ihrer schwersten Krisen: Ein Teil der Vorstandsmitglieder um Johannes Brengelmann beharrte auf dem Standpunkt einer strikt behavioristischen Ausrichtung der Verhaltenstherapie, andere Vorstandsmitglieder wie Jarg Bergold und Peter Gottwald forderten mit Blick auf die Entwicklungen in den USA, auch hierzulande endlich die notwendige Kognitive Wende zur Kenntnis zu nehmen – nicht zuletzt, weil die Kognitive Wende inzwischen sämtliche Forschungsfelder der Psychologie erfasst hatte. Nicht nur das: Sie forderten endlich die stärkere Berücksichtigung von Veränderungsfaktoren, die eine Person in ihrem sozialen und sonstigen Bezugsrahmen beeinflussten. Diese erweiterten Handlungsoptionen wurden zunehmend unter dem Begriff der „Psychosozialen Intervention" zusammengefasst.

Kritik am Krankheitsmodell. Im Hintergrund der kontroversen Diskussionen in der GVT brodelte etwa zeitgleich die weltweit zunehmende Kritik am so genannten „medizinischen Modell" psychischer Störungen. Die wohl fundamentalste Klassifikationskritik wurde von Thomas Szasz bereits Anfang der 1960er Jahre vorgetragen, er sprach der Psychiatrie das Recht ab, als Teildisziplin der Medizin aufzutreten [244]. Diese so genannte „antipsychiatrische Position" wendete sich angesichts fehlender Hinweise auf anatomisch-organische Grundlagen und Ursachen gegen die Auffassung, psychische Störungen (Psychosen, Neurosen und Persönlichkeitsstörungen) als „Krankheiten" zu betrachten. Die daraufhin einsetzende weltweite Diskussion wurde von Heiner Keupp in seinem 1972 erschienenen Buch über den „Krankheitsmythos in der Psychopathologie" in Deutschland bekannt gemacht und hatte erheblichen Einfluss auf die seinerzeit innerhalb der GVT einsetzenden Kontroversen [145].

Eine weitere Kritik fokussierte die erheblichen negativen sozialen und psychologischen Folgen, die mit der diagnostischen Feststellung und psychiatrischen Behandlung psychischer Störungen verknüpft schienen. Es ging dabei um die unmenschlichen, teils freiheitsberaubenden Bedingungen, unter denen die Psychiatrie bis dahin Diagnostik und Behandlung in Ausübung sozialgesellschaftlicher Macht und Kontrolle als öffentliche Institution einsetzte, nicht selten missbrauchte. Höhepunkte waren die Analysen der sozialen Situation psychiatrischer Patienten durch Ervin Goffman Anfang der 1960er Jahre sowie David Rosenhans Dokumentation „Gesund in kranken Institutionen" Anfang der 1970er Jahre [99; 211]. Die von beiden Autoren angestoßene Diskussion um die Stigmatisierungswirkung psychiatrischer Diagnosen sollte bis in die Gegenwart hinein wenig an Bedeutung verlieren.

Die GVT sucht einen neuen Vorstand. Die Kontroversen in der Vorstandsetage der GVT führten zur Spaltung. Johannes Brengelmann trat aus und gründete die Bayerische Gesellschaft für Verhaltenstherapie (BGVT), die sich weiterhin einer streng behavioralen Grundorientierung der Verhaltenstherapie verschrieb. In der GVT musste „über Nacht" ein Notvorstand eingerichtet werden. Und nur wenige Monate später, Anfang 1973, wurde eine außerordentliche Mitgliederversammlung mit Vorstandswahlen erforderlich.

Inzwischen hatte ich mich erfolgreich auf die Stelle eines wissenschaftlichen Assistenten bei Lilly Kemmler beworben und war dem Kreis der lehrenden und forschenden Kliniker am Heidelberger Institut beigetreten. Auf der GVT-Mitgliederversammlung 1973 wurde Peter Gottwald offiziell zum Vorsitzenden und mit ihm Christoph Kraiker, Dieter Kleiber und Jarg Bergold in den neuen Vorstand gewählt – allesamt mit überzeugender Mehrheit. Als auch ich mich zur Wahl stellte, kam es unerwartet zu heftigen Diskussionen. Wie es dazu kam, will ebenfalls kurz erläutert sein.

Ein Berufsverband für Verhaltenstherapeuten ... Dietmar Schulte war zu jener Zeit, als ich meine Verhaltenstherapie-Laufbahn als sein neuer Kollege beginnen durfte, davon überzeugt, dass es nur einen Weg gab, die Verhaltenstherapie als berufliche Perspektive fest zu etablieren: Die Gründung eines Berufsverbandes für die Verhaltenstherapeuten. Mitglied sollte nur werden, wer eine gute Grundausbildung in Verhaltenstherapie nachweisen konnte. Also musste auch eine Aus- und Weiterbildungsordnung zum Verhaltenstherapeuten begründet werden. Im Oktober 1971 wurde der „Deutsche Berufsverband der Verhaltenstherapeuten" (DBV) von Gleichgesinnten aus der Taufe gehoben. Gleichzeitig wurde eine Berufsordnung verabschiedet und ein Weiterbildungscurriculum entwickelt.

Die ersten Ausbildungskurse des DBV wurden in Münster bereits ab 1972 für klinisch arbeitende bzw. interessierte Diplom-Psychologen angeboten. Dietmar Schulte bekam es doch tatsächlich hin, das Arbeitsamt für diese Weiterbildungsmaßnahme zu gewinnen: Den in den ersten Jahren teilnehmenden Psychologen wurden sowohl die Kursgebühren als auch die Reisekosten vom Arbeitsamt erstattet. Die DBV-Lehrenden kamen vor allem aus Münster und München. Auch ich gehörte zum Kreis der DBV-Kursveranstalter. Ich bot also im Rahmen einer honorierten Nebentätigkeit Fortbildungsseminare im Weiterbildungsprogramm des DBV an, vorrangig zur Problem- und Verhaltensanalyse und zur verhaltenstherapeutischen Gesprächsführung.

... oder gewerkschaftliche Orientierung? In dieser Zeit stand in der GVT jedoch eine völlig andere Weiterbildungsidee im Vordergrund als jene, die im DBV vertreten wurde: Einerseits strebten die gemeindepsychologisch und sozialpsychiatrisch orientierten Vordenker der GVT die gewerkschaftliche Organisierung der klinischen Psychologen an, zum Beispiel in der

„Gewerkschaft Öffentliche Dienste, Transport und Verkehr" (ÖTV) oder auch – was uns Lehrende an der Universität betraf – eine Zugehörigkeit zur „Gewerkschaft Erziehung und Wissenschaft" (GEW). Schon aus diesem Grund war den Protagonisten dieser Idee die Gründung eines Berufsverbandes, der zugleich mit der GVT konkurrierte, von Beginn an ein Dorn im Auge. Und was die Ausbildung in Verhaltenstherapie anging, so wollten die Befürworter einer gewerkschaftlich orientierten GVT die Verhaltenstherapie-Erkenntnisse kostenneutral an die klinischen Psychologen weitergeben, was hieß, dass die Lehrenden im Rahmen eines sozialistisch inspirierten Ausbildungsmodells gefälligst ohne Honorar arbeiten sollten.

Als ich mich jetzt auf dem GVT-Kongress 1973 für eine Vorstandstätigkeit zur Wahl stellte, entzündete sich eine heftige Debatte um die Frage, ob meine (bezahlte) Lehrtätigkeit beim Konkurrenzverein DBV mit dem auf Selbstorganisation aufbauenden Ausbildungsmodell in der GVT kompatibel sei. Da half es auch nichts, dass ich bereits zwei Kurse für GVT-Psychologen kostenlos durchgeführt hatte. Aufgrund meiner „Nähe" zu Dietmar Schulte und wegen meiner „bezahlten Lehrtätigkeit" für den Berufsverband wurde meine „gewerkschaftliche Grundorientierung" ausdrücklich in Frage gestellt.

Nun, die Meinung zur Frage der gewerkschaftlichen Ausrichtung der GVT war unter den Mitgliedern glücklicherweise gespalten. Einig war man sich jedoch darin, dass es langfristig galt, die Verhaltenstherapie insgesamt zu stärken. Und das bedeutete, die beiden konkurrierenden Verhaltenstherapievereine GVT und DBV unter ein gemeinsames Dach zusammenzuführen. Ich bekannte mich ausdrücklich zum Ziel der Wiedervereinigung von GVT und DBV und wurde nach längerer Debatte in den GVT-Vorstand gewählt – wenngleich nur mit hauchdünner Mehrheit.

Die DGVT erblickt das Licht der Welt. Eigentlich bin ich kein Berufspolitiker. Dennoch möchte ich die Zeit meiner annähernd dreijährigen Mitarbeit im Vorstand der GVT nicht missen. Es gab unglaublich viel zu tun. Auf den ständigen Reisen durch Deutschland zu den gemeinsamen Vorstandssitzungen von GVT und DBV lernte ich erstmals zwischendrin auch meine spätere Wirkungsstätte kennen, das Psychologische Institut an der Universität Heidelberg. Reiner Bastine war hier inzwischen (1972) auf den Lehrstuhl für Klinische Psychologie berufen worden und damit beschäftigt, eine universitäre Praxisausbildung mit Schwerpunkten in der Gesprächspsychotherapie und Verhaltenstherapie nach dem Münsteraner Vorbild zu etablieren.

Annähernd zwei Jahre waren nötig, bis Konzept und Struktur der neuen Fachgesellschaft von uns so gut festgezurrt waren, dass wir sie den Mitgliedern beider Vereine zur Verabschiedung vorlegen konnten. Als die „Deutsche Gesellschaft für Verhaltenstherapie" (DGVT) auf dem Kongress 1976 das Licht dieser Welt erblickte, konnte der neue Vorstand, dem ich selbst nicht mehr angehörte, stolz vermelden, dass es sich bei der DGVT mit ihren weit über 3000 Mitgliedern um den zur Zeit größten Therapieverband der Welt handelte.

Und was die psychosoziale Wende der Verhaltenstherapie angeht, so ist diese Perspektive zum grundlegenden Manifest der DGVT erhoben worden. Noch heute gibt es neben dem Verbandsorgan, das seither unter dem programmatischen Titel „Verhaltenstherapie und psychosoziale Praxis" erscheint, kaum eine Fachzeitschrift auf der Welt, in der die Bedeutung psychosozialer Faktoren für Entstehung, Aufrechterhaltung und Behandlung psychischer Störungen derart gründlich analysiert und bewertet wird. Nur kurze Zeit später wurden – dem Vorbild des DBV folgend – formale Kriterien für die Anerkennung als Verhaltenstherapeut festgelegt und ein Weiterbildungscurriculum verabschiedet.

Meine Vision von der Verhaltenstherapie

Was die Zeit meiner Vorstandstätigkeit betrifft, so haben unsere vielen Diskussionen über die gesundheitspolitischen Perspektiven der neuen DGVT dazu beigetragen, dass sich in mir eine Vorstellung von einer *Verhaltenstherapie der Zukunft* herauskristallisierte, die meine Interessen, meine Forschungsarbeiten und die Art der Lehre, in der ich mein klinisches Wissen an Lernende weitergebe, bis in die Gegenwart hinein nachhaltig beeinflussen sollten.

Nach wie vor Kontroversen. Natürlich wurde die damalige Brandmarkung der Unzulänglichkeiten des medizinischen Krankheitsmodells durch die radikale Einforderung einer psychosozialen Alternative vehement und hochgradig zugespitzt geführt. Die Auseinandersetzung wurde vor allem deshalb so verbittert geführt, weil in den Jahren nach 1968 neben den wissenschaftlich-inhaltlichen Argumenten auch tradierte Wissenschaftsauffassungen, die vermeintliche Eigenständigkeit der sozialwissenschaftlichen und medizinischen Disziplinen und eben auch konkrete berufspolitische Interessen auf dem Spiel standen. Diese Kontroversen sollten – in Deutschland jedenfalls – auch noch viele Jahre lang andauern. Und trotz Einführung des Psychotherapeutengesetzes um die Jahrtausendwende geht die Auseinandersetzung um die Vorherrschaft im Bereich der Psychotherapie, teils versteckt, teils offen geführt, zwischen Medizin und Psychologie oder auch zwischen Verhaltenstherapie, Psychoanalyse oder anderen Psychotherapieverfahren wie der Gesprächspsychotherapie bis in die Gegenwart weiter. Leider, kann man nur sagen, geht es doch nicht um das durch die Krankenkassen zu verteilende Honorar, sondern um die Patienten.

Die Kognitive Wende der Verhaltenstherapie
Dabei war es mir bereits damals ein bis heute unverändertes Anliegen, aus dem radikalen Vertreten vermeintlich wissenschaftlich begründeter, vorrangig jedoch berufspolitisch motivierter Positionierungen endlich auszubrechen. Vielmehr sollte nach einem Rahmen gesucht werden, in dem Beiträge der verschiedensten Disziplinen ihren Raum zur Entfaltung finden.

Nur in seiner ursprünglichen Form, also in den ersten 20 Jahren ihrer „offiziellen Geschichte", wurde Verhaltenstherapie speziell als Anwendung experimentell begründeter Lernprinzipien verstanden. Unter dieser Einschränkung habe auch ich noch meine Grundausbildung bei Dietmar Schulte absolviert. Und so legt denn auch Schultes „Schema für Diagnose und Therapieplanung in der Verhaltenstherapie" aus dem Jahr 1974, an dem sich die gesamte erste Generation der Verhaltenstherapeuten in Deutschland orientierte, von dieser konzeptuellen Verengung noch beredtes Zeugnis ab [225; 226]. Aber bereits in diesem Leitfaden zur Therapieplanung waren zahlreiche Veränderungen zu erkennen, die sich Anfang der 1970er mit der heute so bezeichneten Kognitiven Wende anbahnten.

Die Kognitive Wende, die mit dem Buch „Kognitive Verhaltenstherapie" von Michael Mahoney (ebenfalls bereits 1974 erschienen) ihren ersten Höhepunkt erreichte, konnte sich auch deshalb durchsetzen, weil diese Wende in jenen Jahren nicht nur die Verhaltenstherapie, sondern die gesamte Psychologie erfasst hatte [179]. Bereits am Diagnostik-Buch von Dietmar Schulte waren Autoren wie Fred Kanfer und Marvin Goldfried beteiligt, die in den Folgejahren maßgeblich dafür verantwortlich zeichneten, dass in die Verhaltenstherapie zunehmend kognitiv begründete Behandlungsmethoden wie „Selbstkontrolle" und „Selbstmanagement" eingeführt wurden [140]. Anfang der 1980er Jahre habe ich selbst mit anderen zusammen den Versuch unternommen, die Substanz dieser Veränderungen in den 1970er Jahren in meinem Buch „Psychotherapieziel Selbstbehandlung" zusammenzufassen und fortzuentwickeln [50].

Das bio-psycho-soziale Rahmenmodell der Klinischen Psychologie

Andererseits nahmen zur gleichen Zeit die Diskussionen zu, es nicht nur bei einer Kognitiven Wende zu belassen. Für mich war dies – wie angedeutet – bereits mit meinem aktiven Eintritt in die GVT mehr oder weniger beschlossene Sache. Diese Perspektivenweiterung hat ebenfalls in den 1970er Jahren eine etwas sperrig klingende, wenngleich ebenfalls wegweisende Bezeichnung bekommen: das so genannte *bio-psycho-soziale Störungs- und Behandlungs-Modell*. Eine erste grundlegende Ausarbeitung dazu findet sich spätestens Anfang der 1980er Jahre im Lehrbuch „Klinische Psychologie" von Reiner Bastine, welches – von einem einzelnen Autor geschrieben – ohne Frage als das erste wirkliche klinisch-psychologische Lehrbuch aus einem Guss angesehen werden kann [13].

Innerhalb des biopsychosozialen Konzeptes sollen biologische, psychologische und soziale Bedingungen immer als gleichrangig einbezogen werden. Je nach vorliegenden Erkenntnissen über Entstehungs- und Veränderungsfaktoren bei bestimmten psychischen Problemen sollten dann unterschiedliche Gewichtungen gesetzt werden. Die biologischen, psychischen und sozialen Bedingungen werden als unterschiedliche Systemklassen aufgefasst, deren Prozesse miteinander in Wechselwirkung stehen, die sich also fortlaufend gegenseitig beeinflussen.

Dieses Paradigma im Auge fasste ich den Entschluss, es bei der Verhaltenstherapie als meinem Therapieansatz zu belassen und die früher beabsichtigte Ausbildung in psychoanalytischer Therapie endgültig ad acta zu legen – unter anderem deshalb, weil es sich bei der Psychoanalyse (jedenfalls damals, vielfach heute noch) um einen einseitig auf psychologische Prozesse fokussierenden Therapieansatz handelte.

Erkenntnis als Voraussetzung und Ziel
Außerdem beschlich mich zunehmend ein Befremden angesichts der sowohl in der Psychoanalyse als auch in der Gesprächspsychotherapie dominierenden und konzeptuellen Ansicht, dass in jeder Therapie der Weg zur Veränderung völlig unabhängig von einer Diagnose bzw. vom Störungswissen nur mit und durch den Patienten neu gefunden oder erfunden werden müsse. Mir schwebte, wie vielen Verhaltenstherapeuten bereits Anfang der 1970er Jahre ein dem völlig zuwider laufendes Psychotherapieverständnis vor: Wissenschaftliche Erkenntnis über psychisches Funktionieren und über psychische Störungen sollten nicht nur als das Ziel, sondern auch als *Voraussetzung* für therapeutisches Handeln und für therapeutische Flexibilität betrachtet werden.

Genau diesem Anspruch folgend setzt mein Verständnis von Verhaltenstherapie Erklärungs- und Behandlungsakzente, die gelegentlich weit über die Zweierbeziehung als Ort der Theoriebildung und Behandlung hinausreichen können. Eine dieser Perspektiven besteht in einer ausdrücklichen Beachtung und Gewichtung *sozialpsychologisch-gesellschaftlicher Determinanten* psychischer Störungen. Das Spektrum reicht von den unmittelbaren Bedingungen der Kommunikation und Interaktion (Familie, Partnerschaft) über allgemeine sozialpsychologische und soziale Faktoren (wie z.B. Einstellungen, Haltungen, Etikettierungsprozesse) bis hin zu subkulturellen, gemeindepsychologischen, soziologischen und ökopsychologischen Bedingungen. Gleichzeitig findet sich eine strikte Beachtung *biologischer Determinanten* psychischer Störungen, die heute in der (inzwischen so bezeichneten) *Verhaltensmedizin* zusätzlich zu den psychischen Störungen (Angst, Depression, Schizophrenie usw.) eine Auseinandersetzung auch mit den psychologischen Aspekten und Folgen bei *körperlichen Erkrankungen* (Krebs, Aids, Rheuma, Hauterkrankungen etc.) in Gang gesetzt hat.

Verhaltenstherapie ohne Grenzen?
Für meine Sicht der Verhaltenstherapie war es von Beginn an bedeutsam und notwendig, das Wissen, welches aus der Anwendung empirisch gesicherter Theorien und Methoden *der gesamten Psychologie und ihrer Nachbarwissenschaften* (z.B. Biologie, Physiologie, Soziologie, Ethnologie oder auch Theologie) resultiert, systematisch zur Erklärung, Therapie, Prävention und Rehabilitation psychischer Störungen und körperlicher Erkrankungen einzusetzen (Abb. 1). Und ich sollte Recht behalten.

Das für mich bedeutsame Vorgehen und Handeln in der Verhaltenstherapie stellt die Herleitung therapeutischer Ziele, Strategien und Methoden ausdrücklich in einen *theoretischen Begründungszusammenhang*. Bezug und Rahmen für therapeutische Maßnahmen ist das breite Spektrum des vorhandenen Grundlagenwissens. Ganz ähnlich sieht dann auch die Therapieplanung in jeder einzelnen Verhaltenstherapie aus: Nach Diagnosestellung und Phänomenanalyse werden in der konkreten Abstimmung mit dem Patienten weitere, induktiv, phänomenologisch oder hermeneutisch zu generierende methodische Konkretisierungen notwendig. Diese betreffen gleichermaßen die Auswahl relevanter Behandlungsmethoden (Komponenten) wie auch Aspekte der Therapeut-Patient-

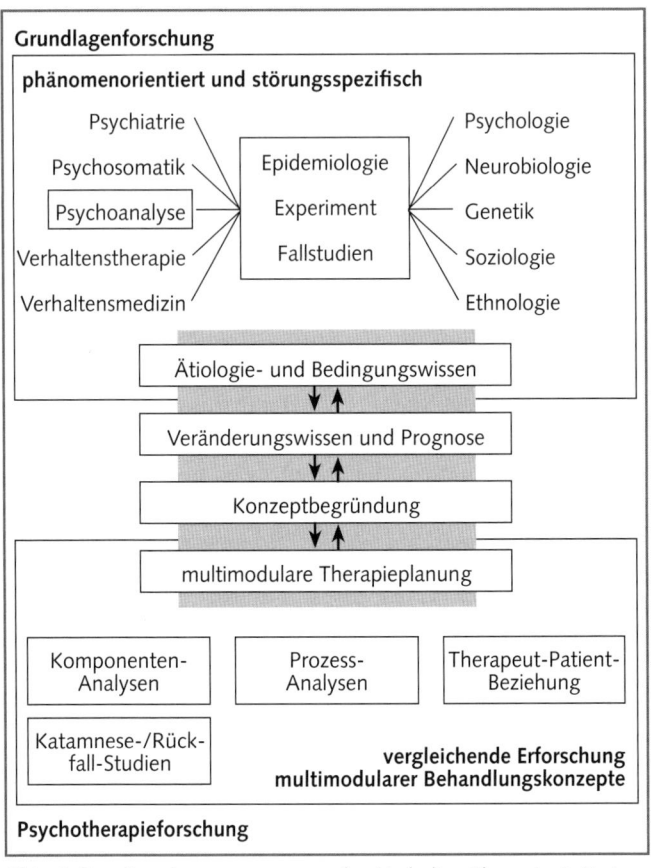

```
┌─────────────────────────────────────────────────────────┐
│ Grundlagenforschung                                      │
│ ┌─────────────────────────────────────────────────────┐ │
│ │ phänomenorientiert und störungsspezifisch           │ │
│ │                                                      │ │
│ │   Psychiatrie  \              / Psychologie         │ │
│ │   Psychosomatik \ ┌──────────┐/ Neurobiologie       │ │
│ │   ┌───────────┐ \ │Epidemiologie                    │ │
│ │   │Psychoanalyse│   │Experiment │── Genetik          │ │
│ │   Verhaltenstherapie/│Fallstudien\ Soziologie       │ │
│ │   Verhaltensmedizin /└──────────┘\ Ethnologie       │ │
│ │                                                      │ │
│ │      ┌────────────────────────────────┐             │ │
│ │      │ Ätiologie- und Bedingungswissen│             │ │
│ │      └────────────────────────────────┘             │ │
│ │                    ↓ ↑                               │ │
│ │      ┌────────────────────────────────┐             │ │
│ │      │ Veränderungswissen und Prognose│             │ │
│ │      └────────────────────────────────┘             │ │
│ │                    ↓ ↑                               │ │
│ │      ┌────────────────────────────────┐             │ │
│ │      │      Konzeptbegründung          │             │ │
│ │      └────────────────────────────────┘             │ │
│ │                    ↓ ↑                               │ │
│ │      ┌────────────────────────────────┐             │ │
│ │      │   multimodulare Therapieplanung │             │ │
│ │      └────────────────────────────────┘             │ │
│ │                                                      │ │
│ │  Komponenten-    Prozess-      Therapeut-Patient-   │ │
│ │   Analysen       Analysen         Beziehung         │ │
│ │                                                      │ │
│ │  Katamnese-/Rück-                                   │ │
│ │    fall-Studien      vergleichende Erforschung      │ │
│ │                  multimodularer Behandlungskonzepte │ │
│ │                                                      │ │
│ │ Psychotherapieforschung                              │ │
│ └─────────────────────────────────────────────────────┘ │
└─────────────────────────────────────────────────────────┘
```

Abb. 1 Das Forschungsprogramm der Verhaltenstherapie (mit Ausnahme von Bezugnahmen zur Psychoanalyse).

Beziehung. Angesichts der bis in die Gegenwart hinein unakzeptabel hohen Rückfallzahlen gilt es schließlich, die Patienten genauestens mit den Rückfallrisiken ihrer psychischen Störung vertraut zu machen und konkrete Pläne für eine selbst gesteuerte Rückfallprophylaxe zu erarbeiten.

Wenn die Psychoanalyse in der Abbildung eingerahmt wurde, so betrifft das den aus meiner Sicht bedauerlichen Umstand, dass Psychotherapie nach wie vor nach Therapieschulen getrennt vermittelt wird. Und in Deutschland wurde diese Trennung auf unglückliche Weise auch noch im Psychotherapeutengesetz festgeschrieben. Und so ist es denn so, dass den Verhaltenstherapeuten in ihrer Ausbildung die in der Psychoanalyse vorhandenen Wissensschätze in ihrer wahren Substanz sträflich vorenthalten werden.

Das Gleiche gilt natürlich auch umgekehrt für die vorhandene Verhaltenstherapie-Blindheit vieler Psychoanalytiker. In diesem Umstand liegt eines der schwer erträglichen Hindernisse auf dem Weg zu einer echten schulübergreifenden Perspektive psychotherapeutischer Ansätze. Denn auf diese Weise werden Vorurteile und Mythen über die jeweils anderen Psychotherapieverfahren weitergeben, die bei genauem Hinsehen einer Grundlage entbehren. Auf diesen, jeden Fortschritt extrem behindernden Sachverhalt werde ich im Schlusskapitel dieses Buches nochmals ausführlich zu sprechen kommen.

Erstes Fallbeispiel

Kirchenphobie

> Ich brauche keine Bequemlichkeiten.
> Ich will Gott, ich will Poesie,
> ich will wirkliche Gefahren
> und Freiheit und Tugend.
> Ich will Sünde.
> *Aldous Huxley*

„Pfarrer mit Kirchenphobie!" hatte unsere Sekretärin auf dem Anmeldezettel vermerkt. „Dringend!!" war da weiter zu lesen. *Dringend* dick unterstrichen und mit zwei Ausrufezeichen, und: „Herr Fiedler, bitte, bitte, übernehmen Sie den Fall, Sie hatten doch erst kürzlich einen Pfarrer in Behandlung!"

Kirchenphobie? Wie bitte? Kirchenphobie hatte ich noch nie gehört. Dann auch noch bei einem Pfarrer. Oh-Gott-oh-Gott. Neugierig übernahm ich den als dringend angemeldeten Fall. Nachfolgend gebe ich dem Patienten den Vornamen Meinrat, der ihm bis zur Unkenntlichkeit nicht gehört.

Ein Priester verweigert die Beichte

Meinrat hatte vor nicht allzu ferner Zeit und nach seiner Weihe zum Priester eine kleine Gemeinde in der Nähe übernommen. Seit einigen Wochen jedoch weigerte er sich strikt, seine kleine Kirche zu betreten. Nicht nur die Kirchengemeinde war in Aufruhr geraten. Auch seine Kirchenoberen waren hochgradig besorgt. Er hatte eine extrem phobische Angst entwickelt – dergestalt, dass Gott nicht nur seine Kirche, sondern jedes Gotteshaus, in dessen Inneres er sich wage, unmittelbar über ihm zusammenstürzen lassen würde. Das war alles, was man bisher wusste. Da Meinrat seither die Beichte verweigerte, war ihm dringend empfohlen worden, psychotherapeutische Hilfe in Anspruch zu nehmen.

Pfarrer mit Kirchenphobie. Ungewöhnlich. Für die meisten Phobien gibt es nahe liegende Erklärungen, die bis weit in die Evolution des Menschen zurückreichen, wie etwa Ängste vor Schlangen, Spinnen oder Skorpionen. Andere Phobien lassen sich mit dem Pavlov-Modell der Klassischen Konditionierung erklären, wie beispielsweise eine Hundephobie, die durch den Biss eines Hundes in Gang gesetzt werden kann – oder eine Zahnarztphobie, die sich nach dem ersten Arztbesuch entwickelt, weil der Zahnarzt seinen Patienten nicht angemessen auf die Schmerzen beim Bohren vorbereitet hat oder weil der Zahnarzt beim Bohren etwa beiläufig nach der politischen Partei fragt, die der Patient gegenwärtig wählt.

Aber eine Kirchenphobie? Und dann auch noch bei jemandem, der sich ausdrücklich die Kirche als den kündigungssichersten Arbeitsplatz der Welt für sein restliches Leben ausgewählt hatte? Ich wollte es zunächst nicht glauben, wurde jedoch schnell eines Besseren belehrt.

Wir Verhaltenstherapeuten haben es uns bei Phobiepatienten zur Gewohnheit werden lassen, die Störungsdiagnostik nicht nur im therapeutischen Raum durchzuführen, sondern – wann immer das möglich ist – die tatsächlichen Ausmaße der Ängste in direkter Konfrontation mit den phobischen Reizen in der Realität zu überprüfen. Wir nennen das „Erhebung einer Basislinie", von der aus dann die eigentliche Angstbehandlung beginnen kann.

Zu jener Zeit, als ich Meinrat kennen lernte, galt die Systematische Desensibilisierung als Phobiebehandlungsverfahren der ersten Wahl. Dabei werden die ersten Übungen zur Angstbewältigung im Therapieraum fern der Realität durchgeführt. Der Patient liegt entspannt auf einer Liege und visualisiert die phobischen Objekte in allmählich ansteigender Bedrohlichkeit vor seinem inneren Auge, um sich auf diese Weise an sie zurückzugewöhnen – um zu habituieren, wie wir auch sagen. Als ich Meinrat kennen lernte, gab es aber auch bereits erste Erfahrungen mit der so genannten Exposition *in vivo*, bei der die Patienten in einem Habituationstraining ihre Ängste unmittelbar *real life*, also in direkter Konfrontation mit phobischen Objekten ganz allmählich bewältigen lernen. Einige meiner Kollegen experimentierten damals – Ende der 1970er Jahre – bereits mit der Methode der Reizüberflutung, bei der Patienten, die ihre Ängste selbst als verrückt und völlig unlogisch betrachten, sogleich in die Situation mit dem höchsten Angsterleben gebracht werden. Dort verbleiben sie mit therapeutischer Hilfe dann so lange, bis sie ihre Ängste überwunden haben. Es galt also, sich zu entscheiden. Deshalb zunächst: eine Basislinien-Erhebung.

Als ich Meinrat die Hand zur Begrüßung entgegenstrecke, stellt sich heraus, dass wir uns im gleichen Lebensalter befinden. Bereits in der ersten Therapiesitzung haben wir uns zur Erhebung der Basislinie den Dom als Phobieobjekt ausgewählt, das größte Kirchengebäude der Stadt. Glücklicherweise ist er in Zivilkleidung erschienen und fällt bei unserem Versuch, uns langsam dem Dom zu nähern, nicht auch noch als Priester auf. Schon als wir um die Ecke auf den Domplatz einbiegen, beginnt Meinrat am ganzen Körper zu zittern. Wir bleiben stehen. Als Angstwert auf einer Skala von 0 bis 100 gibt er 100 zu Protokoll. Er habituiert jedoch und beruhigt sich innerhalb weniger Minuten auf einen Angstwert um die 20, so dass wir weiter voranschreiten können.

Obwohl er ganz offenkundig nicht hyperventiliert (was bei angstvoller Panik nicht ungewöhnlich ist), bekommt Meinrat schon nach wenigen Metern in Richtung Dom panische Zustände. Seine Angstwerte steigen nach seinen eigenen Angaben zeitweilig sogar auf 160, obwohl die von mir vorgegebene Skala nach oben hin nicht offen ist und ganz im Unterschied zur Erdbebenskala keine Angstwerte über 100 zulässt.

Expositionstherapie und die Psychotherapeuten

Wenn Patienten mit phobischen Objekten konfrontiert werden, ist es nicht ungewöhnlich, dass sich die vom Patienten erlebten Ängste auf den Therapeuten übertragen. Das hatte ich bereits in zwei früheren Behandlungen von Patienten mit Höhenangst erlebt, mit denen ich bis in die Spitze der höchsten Kirche unserer Stadt hochgestiegen war.

Diesmal jedoch haben wir festen Boden unter den Füßen, und deshalb ist es schon erstaunlich, wie sich Meinrats Angst auf mich überträgt. Ich hätte eigentlich erwartet, inzwischen unbefangener mit einem Phobiepatienten arbeiten zu können. Doch angesichts der Angstreaktionen von Meinrat beginnen irritierenderweise auch meine Knie zu zittern. Zeitweilig helfen mir sogar meine Versuche, mich selbst mittels Selbstinstruktionen zu beruhigen, nicht weiter. Vielmehr drängen sich mir Fragen auf, die bei objektiver Betrachtung schlicht blanker Unsinn wären: Was wäre, wenn Gott nun wirklich eine Kirche über Meinrat zusammenstürzen ließe? Und: Was wäre, wenn gar der Dom ...? Wir sind inzwischen schon ziemlich dicht an das Ungetüm herangekommen.

„Unsinn!", spreche ich mir erneut Mut zu, „Sodom und Gomorrha liegen weit zurück! Reiß Dich zusammen! Du hast hier therapeutische Pflichten zu erfüllen!"

Glücklicherweise habituiert Meinrat immer wieder. Er wird jeweils ruhiger, wenn wir für ewig lang anmutende Minuten im Schatten der Bäume auf dem Domplatz innehalten und gemeinsam die Schönheit des Gotteshauses betrachten. Jedenfalls versuche ich, Meinrats Augenmerk immer mal wieder von seiner Angst weg zu lenken, indem ich ihn auf die kunsthistorisch bedeutsamen Seiten des Doms aufmerksam mache.

Das gelingt mir gelegentlich tatsächlich. Und weil sich Meinrat immer wieder auf einen Angstwert von 30 herunterbewegt, bekomme ich allmählich Mut, Gott herauszufordern und die diagnostische Basislinien-Erhebung gleich in eine ernsthafte Expositionsbehandlung umzufunktionieren. Wir sind ja auch bereits mitten drin – in so einem Mittelding zwischen Habituationstraining und Reizüberflutung. Aber um ehrlich zu sein: Ganz wohl ist mir nicht.

Als sich seine Angstwerte dann direkt vor dem großen Domtor auf der inzwischen nach oben hin offenen Angstskala von zunächst 150 erneut auf annähernd 40 herunterbewegen, fasse ich mir ein Herz. Ich nehme ihn bei der Hand und überrede ihn, den Dom zu betreten. Kaum sind wir durchs Portal, stürzt sich Meinrat laut schluchzend und betend auf die Knie.

Die Leute drum herum bleiben irritiert stehen. Mir ist jetzt alles höchst peinlich. Ich richte ihn auf, besser: ziehe ihn hoch. Da Gott den Dom – Gott sei Dank – stehen ließ, verschwinde ich mit ihm flugs und ohne viel Reden in der Tiefe der Kirche. Das ist nicht ganz *lege artis*, das sei hier zugestanden, denn wir hätten zwecks Habituation eigentlich erst einmal im Vorraum der Kirche ausharren müssen, bis die Angst sich vermindert.

Und Christus lächelt gütig vom Kreuz

In einem Seitenschiff setze ich mich mit dem immer noch weinenden Meinrat vor ein Kreuz, von dem Christus gütig auf uns hernieder blickt. Ich schaue etwas verwundert nach oben: Hat uns Jesus gerade eben etwa zugezwinkert?

Eine unendlich scheinende Zeit sitzen wir still nebeneinander. Irgendwann bricht Meinrat das Schweigen. Ich höre ihm jetzt nur noch zu, sage lange Zeit nichts. Höre mir jetzt die Geschichte an, die erzählt werden will, für die er die Beichte verweigert hat.

„Wissen Sie, ich bin in einem streng katholischen Elternhaus groß geworden. Überall lauerte im Hintergrund Gott mit Bart, der neben aller Güte zugleich alle Macht hat, Sünde und sündige Menschen zu strafen. Die einzige Möglichkeit, dem zu entgehen, waren das Beten und später, nach der Kommunion, das Beichten. Immer wenn ich etwas Sündiges begangen hatte, habe ich stundenlang Gott in Gebeten um Nachsicht angefleht. Sie können sich gar nicht vorstellen, wie häufig ich beim Beten und Beichten geweint und gelitten habe."

Wieder vergehen die Minuten ohne Worte. Wie viel Ruhe doch einkehren kann, wenn man nur schweigend zusammen sitzt. Irgendwann fährt Meinart fort:

„Als ich 17 war, fiel mir das Buch eines anglikanischen Pfarrers in die Hände, Robinson hieß er bezeichnenderweise. Das Buch hatte den Titel: ‚Gott ist anders'. In diesem Buch stand, dass es den mächtigen und strafenden Gott nicht gäbe. Vielmehr solle man Gott metaphorisch auslegen, so wie Christus in der Bergpredigt. Gott als Liebe, als Mitmenschlichkeit, als lebendige Fröhlichkeit, die aus einem selbst erwächst. Gott ist die Liebe. Das gefiel mir und ich folgte dem Rat, den Robinson den Lesern mit auf den Weg gegeben hatte: Ich kaufte mir eine neue Bibel und begann, das Neue Testament von vorn bis hinten durchzulesen. Und immer dort, wo „Gott" im Text auftauchte, strich ich ihn durch und schrieb „Liebe" darüber. Diese Einübung in ein neues Denken über Gott war für mich eine wunderbare Erfahrung. Es verdreht einem zwar etwas den Kopf, aber es funktioniert. Ich war begeistert."

Diesmal gibt es nur eine kurze Pause, bis er weiterspricht.

„In dieser Zeit reifte in mir der Entschluss, Pfarrer zu werden. Ich wollte – und das blieb seither meine feste Absicht – nicht nur das bei mir zuhause, sondern auch das in der Katholischen Kirche von der Kanzel herab gepredigte Bild des strafenden Gottes abändern. Ich wollte jenen anderen Gott, der die Liebe ist, predigen. Gott als Konstrukt, als Wandel von innen heraus, Gott eher als Orientierung für uns alle, nämlich Gutes zu tun und solidarisch dem Elend in der Welt entgegenzutreten."

Jetzt wiederum tritt eine längere Pause ein. Mir ist klar, dass er seine Geschichte noch nicht zu Ende erzählt hat.

„In der Zeit meines Theologiestudiums habe ich mich insbesondere für die Unterschiede der verschiedenen christlichen Glaubensgemeinschaften interessiert. In dieser Zeit fasste ich auch noch den Entschluss, in der Kirche dafür einzutreten, den Zölibat abzuschaffen. Der Zölibat wurde in unserer Kirche im Mittelalter von Männern als Kirchenfürsten eingeführt, die sich nicht scheuten, mit Gottes Wort aus dem Alten Testament im Mund, bei jeder vermeintlichen Abweichung vom Pfad der Tugend mit Gottes Strafe zu drohen oder sogar selbst hart zu strafen. Außerdem sah und sehe ich nicht ein, warum nicht auch Frauen zum Priesteramt zugelassen werden sollten, wie dies in der Evangelischen Kirche üblich geworden ist."

Meinrat ist beim Erzählen immer ruhiger geworden. Bei den letzten Sätzen strahlt er sogar Kraft und Stärke aus. Ich bin fasziniert – nur, mir wird immer schleierhafter, weshalb sich bei Meinrat eine Kirchenphobie entwickeln konnte.

Eine Beichte

„Jetzt habe ich die andere Seite Liebe kennen gelernt", unterbricht er irgendwann die wieder eingetretene Stille. „Ich habe mit einer Frau geschlafen und gesündigt. Denn um Priester zu werden, musste ich hoch und heilig geloben, zölibatär zu leben. Sie hat mich nicht verführt, wir wollten es beide, miteinander schlafen, was angesichts meines Gelöbnisses eine noch größere Sünde darstellt. Seither jedoch verfolgt mich erneut jener Gott mit Bart, der mich wieder in Angst und Schrecken versetzt. Und auch vor dem Domtor draußen glaubte ich noch, er würde mich bestrafen, und hatte riesige Angst davor, sein Haus zu betreten. Andererseits: Dank Ihrer Mithilfe hat er mich eintreten lassen …"

Meinrat schaut mich fragend an. Jetzt bin ich dran, merke ich. Ich schaue Hilfe suchend nach oben zum Kreuz. Wie würde Christus an meiner Stelle reagieren? Soll ich ihm, obwohl ich kein Priester bin, etwa die Absolution erteilen? Jetzt bin ich es, der aus Verlegenheit schweigt. Verhaltenstherapie *mon amour*, denke ich. Kirchenphobie. *Lege-artis*-Diagnose: Soziale Phobie. Expositionstherapie erfolgreich durchgeführt. Und jetzt?

„Gott ist die Liebe!" beginne ich, wohl nur, um überhaupt etwas zu sagen. „Das habe ich selbst auch immer so gesehen. Ich bin Protestant, müssen Sie wissen. Wir haben kein Zölibat." Das wiederum sage ich gerade so, als müsste ich mich entschuldigen.

Ich weiß nicht recht, ob ich der richtige Therapeut bin, geht es mir durch den Kopf. Erst allmählich wird mir klar: Ich brauche mich nicht zu sorgen. Meinrat ist inzwischen deutlich weiter als ich. Wie hilfreich und erleichternd doch das Beichten sein kann, denke ich, auch wenn es heute häufiger bei Psychotherapeuten als im Beichtstuhl passiert. Es ist dann auch Meinrat, der weiterredet:

„Vielleicht reicht es hin, zu beichten und zu bereuen?" Wieder schweigt er lange Minuten. „Komischerweise bereue ich nichts. Ich hatte nur plötzlich aus heiterem Himmel schreckliche Angst, dass mich Gott bestrafen könnte." Wieder

Schweigen. Da Meinrat ganz offensichtlich mit sich ringt, darf ich glücklicherweise weiter aktiv zuhören. „Vielleicht ist das, was ich getan habe, doch keine Sünde? Eine Grenzüberschreitung ... Oder, was meinen Sie?"

Nach diesen Sätzen springt mir endlich Christus zur Seite, denn mir fällt plötzlich mein eigenes Glaubensbekenntnis ein.

„In meinem Arbeitszimmer", beginne ich, „über meinem Schreibtisch, da hängt ein Satz von Aldous Huxley, der mir selbst zur Leitorientierung im Leben geworden ist. Er lautet: ‚Ich brauche keine Bequemlichkeiten. Ich will Gott, ich will Poesie, ich will wirkliche Gefahren und Freiheit und Tugend. Ich will Sünde.'"

Er sieht mich verblüfft an. Ich versuche also, mich zu erklären: „Was meinen Glauben angeht, bin ich sehr durch Dietrich Bonhoeffer beeinflusst. Auch bei ihm ist kontinuierlich zu lesen, dass Gott in der Liebe lebendig wird. Und der Satz von Huxley fasst den Kern seiner Lehre auf wundersame Weise knapp zusammen. Wir befinden uns immer mitten in der Welt und können deshalb Entscheidungen in persönlichen und historischen Situationen nicht ausweichen. Immer wenn Unsicherheit herrscht, ob es richtig oder falsch ist, was wir wollen, sollten wir es tun. Denn nicht nur Tun, sondern auch Unterlassen kann schuldig machen."

Zwischendrin merke ich, dass ich selbst bereits wieder auf den Pfaden der Sünde wandele, werfe ich doch gerade wieder einmal das hochheilige Prinzip der therapeutischen Abstinenz über Bord. Meinrat jedoch hört mir jetzt sehr aufmerksam zu, weshalb ich nicht mehr zurückrudern will, sondern mutig weitermache:

„Ich will Sünde, bekennt Huxley. Ich verstehe das so, dass wir erst im Handeln in Erfahrung bringen, ob Sündigen wirkliche Sünde bringt. Bonhoeffer nennt das Gotteserfahrung. Und für ihn galt das insbesondere für Prinzipien, die in der

Kirche als ewige Wahrheit verkündet werden. Denn was vermeintlich immer wahr ist, kann sich heute als unwahr erweisen. ‚Wenn Du also sündigen musst, dann sündige tapfer!' kann man dazu bereits bei Luther lesen. Auch er war mit Vielem nicht einverstanden, was zu seiner Zeit gepredigt wurde. Aber ich möchte Sie jetzt nicht zum evangelischen Glauben bekehren."

„Das ist interessant", antwortet er nach kurzer Pause, „denn nach dem, was Sie jetzt gerade gesagt haben, kann ich Ihnen auch noch verraten, was mich seit Wochen besonders erschreckt und meine Angst ebenfalls weiter beflügelt hat: Stände ich vor der Wahl, es wieder zu tun, bin ich mir fast sicher: Ich würde es wieder tun …"

Junge, Junge, denke ich heimlich, verliebt bist du auch noch. Wie und wo wird das enden?

Eine soziale Phobie und die Folgen

Drei Stunden waren wir jetzt unterwegs, was übrigens bei einer Expositionsbehandlung nicht ungewöhnlich ist. Jetzt aber war es an der Zeit, die mit Meinrats Beichte in eine Psychotherapie ausgeartete Diagnostiksitzung endlich zu beenden. Wir verabredeten uns in der darauf folgenden Woche.

Die phobischen Anteile der Kirchenphobie waren erfolgreich behandelt. Was jetzt deutlicher zutage trat, waren die existenziellen Ängste, die sich hinter der Kirchenphobie noch verbargen und die tief mit dem früheren Leben verwurzelt waren. Diese Erfahrung sollte ich in meinem Leben als Verhaltenstherapeut noch häufiger machen. Eine reine Symptombehandlung, wie sie in den Lehrbüchern der Verhaltenstherapie gern beschrieben wird, ist nur selten hinreichend. Symptome sind zumeist nur Hinweise auf viel grundlegendere Probleme, quasi Seismographen für viele ungelöste Konflikte in der individuellen Existenz und Lebensgeschichte. Davon darf man sich durch die Prinzipien der Verhaltenstherapie im Allgemeinen und durch die konkreten Behandlungsvorschriften im Besonderen nicht ablenken lassen.

Meinrat und ich benötigten nämlich noch zahlreiche Sitzungen, bis die Psychotherapie zu unserer Zufriedenheit abgeschlossen werden konnte. Woche für Woche gab es jetzt lange Gespräche über Gott und die Liebe, über den Teufel und die Sünde und über die Zukunft des Glaubens. Und im Hintergrund immer das ernsthafte Ringen bei der Suche nach Antworten auf die Frage, die Meinrat am meisten bewegte: Soll ich Pfarrer bleiben oder nicht? Es waren gleichermaßen ernste wie heitere Gespräche, die nicht nur Meinrat, sondern auch mir als sehr bereichende Selbsterfahrung in Erinnerung geblieben sind.

Völlig untherapeutisch ist der Schluss dieser Geschichte: Er blieb im Priesteramt. Und wir sind Freunde geworden.

Technik oder Beziehung:

Was wirkt eigentlich in der Psychotherapie?

> Es gibt ebenso wenig hundertprozentige Wahrheit
> wie hundertprozentigen Alkohol.
> *Sigmund Freud*

> Alle Menschen sind klug;
> die einen vorher, die anderen nachher.
> *Chinesisches Sprichwort*

Eigentlich lasse ich mich ja nicht so leicht aus der Ruhe bringen. Aber eine tief gehende Kränkung gab es dann doch, die mich viele Jahre nicht so recht hat zur Ruhe kommen lassen. Die Geschichte beginnt 1981 mit der Veröffentlichung meines Buches „Psychotherapieziel Selbstbehandlung: Grundlagen kooperativer Psychotherapie", in dem ich mit anderen zusammen für mehr Partnerschaft und Gemeinsamkeit in der Verhaltenstherapie-Beziehung zum Patienten plädiere [50]. Zugleich hatten wir – angesichts der doch recht bescheidenen Zahl von schnellen oder auch durchgreifenden Erfolgen in der klinischen Behandlung – unsere psychotherapeutisch arbeitenden Kolleginnen und Kollegen aufgefordert, ihren Patienten mit mehr Bescheidenheit, Ehrlichkeit und Transparenz zu begegnen.

Wir Verhaltenstherapeuten waren seinerzeit emsig bemüht, Patienten in Richtung Selbstbehandlung zu ermuntern und anzuleiten. Überall auf der Welt wurden Ansätze zur Stärkung von Selbstkontrolle und Selbstmanagement entwickelt und untersucht [zusammenfassend: 141]. Auch war es uns ein Anliegen, Expertise und Kompetenz der Patienten im Umgang mit ihren eigenen Defiziten zu stärken. Die *Psychoeduka-*

tion hatte sich bereits in der Schizophreniebehandlung als erfolgreich erwiesen, wurde inzwischen bei andern psychischen Störungen erprobt und ist heute anerkannter Standard. Unser Ziel war, das vorhandene Wissen über Ätiologie, Verlauf und (Selbst-)Behandlung psychischer Störungen direkt weiter- und wegzugeben an diejenigen, die es in erster Linie betrifft: nämlich die Patienten! Wir wollten erreichen, dass Betroffene freier, aktiver, selbstständiger, unabhängiger, selbstverantwortlicher, selbstbestimmter würden. Und im Hintergrund hofften wir, dass dies sogar auf eine Emanzipation vom Behandler hinauslaufen könnte. Und das funktionierte in vielen Fällen tatsächlich. Andererseits: Einigen unter unseren Lesern gefiel das nun gar nicht ...

Psychotherapieziel Selbstbehandlung am Pranger

Das Buch fand seinerzeit öffentliche Beachtung nicht nur bei den Verhaltenstherapeuten, sondern – für mich völlig unerwartet – auch bei Psychoanalytikern. Es wurde von diesen nicht etwa nur rezensiert, sondern das Buch wurde in einigen ausführlichen Zeitschriftenartikeln regelrecht in der Luft zerpflückt und verrissen. Mein Anliegen – mit so viel Liebe für ein Mehr an Kooperation und Transparenz in der Therapie verfasst – nahmen einige Psychoanalytiker als warnendes Beispiel für einen „Rückschritt hinter die Ich-Psychologie" (so stand es im Titel einer Arbeit von Pohlen und Wittmann [200]). Der Inhalt meines Buches – so die Autoren in der Zusammenfassung ihres Beitrags – sei ein guter „Beleg für die unreflektierte Machtausübung der technologisch orientierten kognitiven Verhaltenstherapeuten, die nun mehr ihre Machtfülle auch noch hinter Begriffen wie Kooperation und Transparenz zu verstecken versuchen" [200].

Meine „Machtfülle" verwunderte mich zunächst, war sie doch genau das, was wir ja weggeben wollten!

Harter Tobak für einen Verhaltenstherapeuten

Im Mittelpunkt der Kritik der Psychoanalytiker standen vor allem zwei Aspekte: Der für seinen erfrischend intellektuellen Diskussionsstil bekannte Psychoanalytiker Thomas Plänkers beispielsweise nahm damals die zentrale Technik des kognitiv-therapeutischen Diskurses aufs Korn, den so genannten *Sokratischen Dialog* in der Kognitiven Therapie. Als sei dieser steril und frei von Gefühlen und Empfindung der Gesprächspartner, warf Plänkers ihm vor, er stehe „unzweifelhaft" in der Gefahr, eben gerade die Gefühle und Empfindung von Patienten zu ignorieren, um Letztere dann mittels einer „sterilen Dialektik" blind an widrige Lebensbedingungen anzupassen [199]. „Blind" blieb mir schon damals unverständlich; womit sonst ein Patient bevorzugt umzugehen lernen solle, eigentlich auch. Plänkers vermutete Folgendes: „Die kognitive Methode isoliert geradewegs die Gedanken aus ihrem eigentlich untrennbaren Zusammenhang mit anderen Vorstellungskreisen und Gefühlen, schneidet sie sozusagen aus einem vielschichtig determinierten Verbindungssystem heraus und verleiht ihnen gerade dadurch ihren gegenständlichen Charakter, macht sie dadurch zu einem vom Patienten abgetrennten Objekt, an dem nun etwas untersucht und verändert werden soll."

Wir hatten nicht nur unser Anliegen, sondern wohl auch unser gestuftes Vorgehen nicht nachvollziehbar darstellen können. Denn der zweite, schon heftiger vorgetragene Kritikpunkt betraf die angeblich beziehungslose Selbstkontroll-Technologie der Kognitiven Verhaltenstherapie, die (da ja lehrmeisterhaft vermittelt) eine dependente Therapeutenbeziehung des Patienten begünstige. Davor wollten Pohlen und Wittmann die Patienten bewahren: Sie mutmaßten, dass insbesondere die Psychoedukation und Wissensvermittlung dem Therapeuten eine „heimliche Ausübung von Herrschaft" ermöglichten. Diese nun solle – laut dem Untertitel unseres Buches – mit einem modisch emanzipativen Kooperationsansinnen kaschiert werden [200]. Es finde kein Lernen mehr aus der Therapeut-Patient-Beziehung statt, wie dies in der Psychoanalyse so erfolgreich der Fall sei, war warnend zu lesen. Und weiter noch: Der abhängig machende Technizismus der Verhaltenstherapie behindere die Autonomie-Entwicklung des Patienten, bewirke also geradezu das Gegenteil dessen, was der Titel unseres Buches fälschlicherweise zu suggerieren versuche.

Natürlich ist Einsichtslernen die schönste, durchgreifendste und wichtigste Lernform. Und selbstverständlich liegt jedes Lernziel darin, den Lernenden auf das Niveau des Lehrenden wachsen zu lassen. Uns wurde dabei aber das pädagogische Niveau preußischer Unteroffiziere unterstellt sowie völlige Unkenntnis von neunzig Jahren psychodynamischer Untersuchungen. Sokrates wird sich wohl im Grabe umgedreht haben ...

Und dann platzte mir der Kragen
Als dann nur kurze Zeit später mit Eva Jaeggi und Peter Gottwald sogar zwei (bis dahin jedenfalls noch) Verhaltenstherapeuten in diese Kritik einstimmten [100; 129], lief das Fass über. Beide sprachen plötzlich ebenfalls von einer technikabhängigen, impliziten und damit versteckten Zielorientierung in der Verhaltenstherapie, die zwangsläufig ungünstige Nebenwirkungen entfalte und damit trotz der propagierten Therapieziele von Selbstmanagement und Selbstbehandlung der autonomen Entwicklung der Patienten im Wege stehe. Diese Kritik wurde von beiden, denen ich mich nach wie vor freundschaftlich verbunden fühle, zu einer Zeit formuliert, als

sie beide öffentlich ihren Abschied von der Verhaltenstherapie bekundeten.

Eva Jaeggi konvertierte damals von der Verhaltenstherapie zur Psychoanalyse und verfasste in den Folgejahren sehr lesenswerte hintergründige Schriften zu den Fußangeln und Fallen psychotherapeutischer Arbeit jedweder Schulorientierung. Peter Gottwald wurde Zen-Schüler und widmete sich der Bedeutung meditativer Techniken für die Psychotherapie und darüber hinaus [101] – wie weitsichtig von ihm, kann man heute sagen, denn inzwischen gehören meditative Techniken als Achtsamkeitsübungen auch zur Kognitiven Verhaltenstherapie. Damals jedoch wurde Gottwalds Plädoyer für die Zen-Meditation von den meisten Verhaltenstherapeuten eher belächelt – bis Marsha Linehan auf die heilsame Wirkung Zen-meditativer Technik in der Borderline-Behandlung aufmerksam machte und wohl als erste das Achtsamkeitstraining in die Kognitive Therapie integrierte.

Die harsche Kritik der Psychoanalytiker löste, wie man sich vorstellen kann, Kränkung und Ärger bei mir aus. Sie machte mich zunächst sprachlos, so dass ich mich mit einer öffentlichen Stellungnahme zurückhielt. Denn es hätte ja sein können, dass die psychoanalytischen Kollegen Recht hatten: In meinen Augen war Kritik dieser Art – auch wenn sie etwas heftig vorgebracht wurde – solange berechtigt, wie vorurteilsfreie vergleichende Untersuchungen zur inhärenten, möglicherweise ungünstigen Zielorientierung in der Verhaltenstherapie nicht vorlagen.

Nur – wie dies leider oft der Fall ist – blieb auch hier die kritische Kontrolle dieses von theoretisierenden Analytikern aufgeworfenen Problems wieder einmal an uns empirischen Verhaltenstherapeuten hängen. Im Folgenden möchte ich deshalb einen kleinen Querschnitt durch meine zehnjährigen Heidelberger Forschungsarbeiten geben, in denen ich in den

Folgejahren mit anderen zusammen versucht habe, das Problem einer eventuellen Abhängigkeitsentwicklung der Patienten von ihren Verhaltenstherapeuten zu klären. Wir haben uns ziemlich selbstkritisch an die Arbeit gemacht. So basieren denn auch alle Daten, die ich im Folgenden präsentieren möchte, auf Satz-für-Satz-Analysen der therapeutischen Beziehungsarbeit in jeweils videographierten Einzelsitzungen und Behandlungsfolgen.

Fiktion oder Wirklichkeit?

Die von mir für dieses Kapitel ausgewählte Untersuchungsserie beginnt mit Fallanalysen, mit denen wir zunächst unsere Untersuchungsmethodologie austesten wollten, bevor wir uns an größere Fallzahlen heranwagen konnten. Das erste Beispiel stammt aus dem Jahr 1987 und beinhaltet den Vergleich von Sitzungen zweier Therapieformen. In beiden Fällen wurde ein ersterkrankter männlicher depressiver Patient behandelt. Beide Patienten waren Anfang 30, jeweils mit dem akuten Beschwerdebild einer leichten depressiven Episode. Die zu untersuchende Verhaltenstherapie wurde von einem Therapeuten durchgeführt, der sich strikt an den Therapievorgaben der Depressionsbehandlung von Aaron T. Beck orientierte, an einem Vorgehen also, dass seinerzeit bereits mehrfach kontrolliert untersucht worden war [15]. Die vergleichende Therapie wurde von einem Psychoanalytiker getragen, der den Regeln der Tiefenpsychologischen Psychotherapie als Kohut-Schüler folgte. Übersetzt bedeutet dies, dass er bevorzugt sein empathisches Erleben des Patienten verbalisierte und Übertragungsvorgänge zurückhaltender deutete als die Kernberg-Schule – was sich übrigens inzwischen auch empirisch als die bessere tiefenpsychologische Variante in der Therapie depressiver Patienten erwiesen hat [38].

Affektregulation in der Psychotherapie

Wir haben die Fälle zur ersten Untersuchung nach dem Zufallsprinzip ausgewählt: Ein „verblindeter" Student zog aus einem gemischten Kartenstapel aus jeweils 25 videographierten Sitzungen die 6. Behandlungsstunde. Verglichen haben wir also in der Vorstudie die jeweils 6. Sitzung aus zwei Depressionsbehandlungen. Aber ich kann hier versichern, dass die dabei generierten Daten ausreichend repräsentativ auch für die anderen Sitzungen waren. Das jedenfalls haben wir zur Sicherheit stichprobenartig überprüft.

Als Prüfhypothese haben wir ein Zitat aus der oben genannten Kritik von Plänkers [199] ausgewählt: Der kognitiv behandelte Patient wird im Gegensatz zum analytisch behandelten Patienten „seiner Gefühlsmäßigkeit beraubt und wird nicht mehr als Einheit begriffen. Der sokratische Dialog ist eine Persuasionstechnik, die den Patienten von dem Gesamt seiner Person partialisiert". Uns interessierte in unseren Satz-für-Satz-Analysen also „inhaltliche Partialisierung" versus „inhaltliche Verknüpfung" von Mitteilungen.

- Der kognitiv behandelte Patient müsste vorzugsweise partialisiert „situative Aspekte" verbalisieren, zumeist andere Personen oder „Objekte" im psychoanalytischen Diktus. Er müsste weiter auch bevorzugt über „partialisierte Selbstaspekte" oder „partialisierte Gefühle" sprechen.
- Der analytische Patient würde stattdessen solche Erlebnisweisen eher miteinander verbinden – zum Beispiel in einer Sentenz über „Selbstaspekt" *und* „Gefühl" oder über „Situation/Objekt" *und* „Gefühl" gleichzeitig.

Zur Analyse benutzten wir das von uns in Heidelberg entwickelte „Beobachtungsinventar der Selbstregulation im psychotherapeutischen Prozess" (BISP [82]), mit dem derartige Detailanalysen möglich sind.

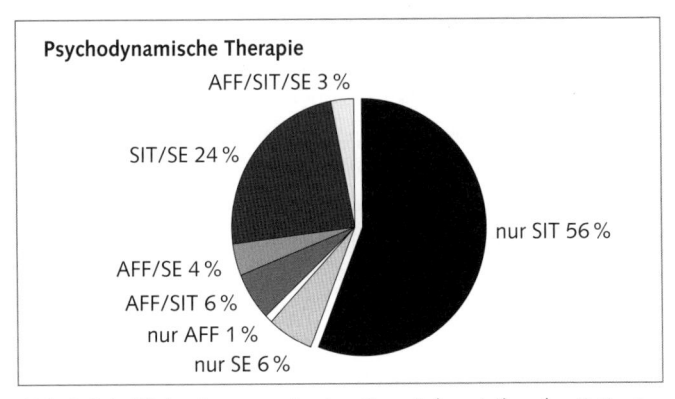

Abb. 2 Inhaltliche Aussagen in den Gesprächsanteilen des Patienten in der tiefenpsychologischen Therapie. AFF = Aussagen über die eigene Affektivität; SE = Aussagen über sich selbst; SIT = situative Aspekte.

Tiefenpsychologische Therapie. Abbildung 2 zeigt, dass der analytisch behandelte Patient in über der Hälfte aller Sentenzen bevorzugt partialisiert überwiegend situative Aspekte ansprach (56%), also eher Objektaussagen über andere Personen machte. Die nächste Prozentzahl betrifft Aussagen, in denen er situative Aspekte mit Aussagen über sich selbst verknüpft (24%), diese betreffen dann inhaltliche Verbindungen zwischen ihm und seinen Objekten. Ein nur geringer Anteil der Äußerungen bezog sich ausdrücklich auf die eigene Affektivität (zusammengenommen mit unterschiedlichsten Verknüpfungen nur 14%).

Kognitive Verhaltenstherapie. Hingegen werden vom Patienten im „Kognitionen kalt partialisierenden Diskurs" mehr als dreimal so häufig (summarisch 42% der Sentenzen) ausdrückliche Verknüpfungen zu den eigenen Gefühlen hergestellt. Auch die Verknüpfungen zwischen ihm und seinen Objektre-

Kognitive Verhaltenstherapie

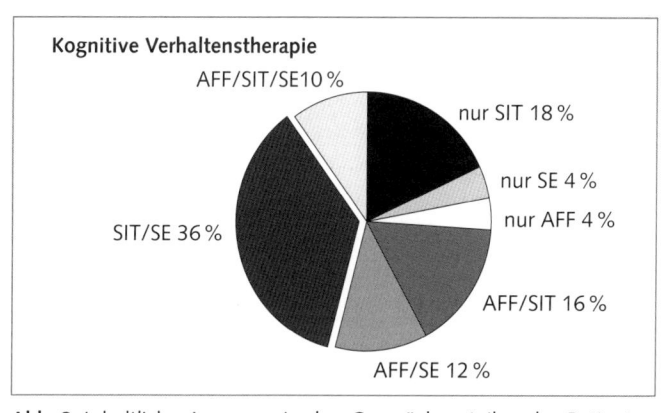

AFF/SIT/SE 10 %
nur SIT 18 %
nur SE 4 %
nur AFF 4 %
SIT/SE 36 %
AFF/SIT 16 %
AFF/SE 12 %

Abb. 3 Inhaltliche Aussagen in den Gesprächsanteilen des Patienten in der Kognitiven Therapie. AFF = Aussagen über die eigene Affektivität; SE = Aussagen über sich selbst; SIT = situative Aspekte.

präsentanzen liegen mit 36% deutlich über denen der analytischen Behandlung. „Kognitiv von den Gefühlen partialisierte Aussagen" über Selbst und Andere lassen sich in dieser Sitzung nur in 22% aller Selbstmitteilungen finden (Abb. 3). Solche „bedrohlichen Partialisierungen" finden sich dagegen in über 80% in der psychodynamisch orientierten Therapie (s. Abb. 2).

Bewertung. Wie bedrohlich sieht dieses Ergebnis wohl für die Psychoanalytiker aus, müsste man hinzufügen, denn sowohl Plänkers als auch Pohlen und Wittmann hatten eben jenes Szenario auf den kognitiven Therapeuten projiziert. Jetzt stellt sich heraus, dass sich ein solches Schreckensbild empirisch in den eigenen Reihen nachweisen lässt. Offenkundig wird ein Patient eher in einer psychodynamischen Behandlung „seiner Gefühlsmäßigkeit beraubt und nicht mehr als Einheit begriffen". Der tiefenpsychologische Dialog erscheint hier – entgegen der Vorstellung unserer Kritiker und im Unterschied zum Sokratischen Diskurs – plötzlich als „Persuasionstechnik, die den Patienten von dem Gesamt seiner Person partialisiert". Wer hätte denn das gedacht?

Nochmals: Die Re-Analysen der anderen Sitzungen fördern ähnliche Differenzen zutage. Trotzdem sind wir im Unterschied zu den Verhaltenstherapie-Kritikern eher zurückhaltend in unserer Bewertung. Denn insgesamt handelt es sich bei beiden (!) Psychotherapien – wie inzwischen fünfjährige Katamnesen bestätigen – um jeweils recht erfolgreiche Depressionsbehandlungen. Beide Patienten leben seither in ihren sozialen Bezügen, ohne dass es zu einem Rückfall gekommen wäre. Warum das so ist, werden wir gleich erläutern.

Dennoch: Dieses scheinbar überraschende Ergebnis ist nicht verwunderlich, wenn man Becks kognitive Diskurstechnik kennt – und da sind unsere psychoanalytischen Kritiker anscheinend nicht hinreichend belesen. Das, was man kritisiert, sollte man aber gelesen haben! Denn Beck empfiehlt einen ausgesprochen affektorientierten Zugang. Ursprünglich wollte Beck seinen Ansatz sogar „Affektive Therapie der Depression" und nicht „Kognitive Therapie" nennen. Ihm wurde jedoch abgeraten, weil in der Verhaltenstherapie gerade die so genannte *Kognitive Welle* ins Rollen gekommen war.

Der Sokratische Dialog ist nämlich ein personbezogenes empathisches Hinterfragen des Patienten und keinesfalls seine „Indoktrination", wie viele Kritiker meinen. Vielmehr setzt sich der Therapeut in der Befragung mit der besonderen „Moralität" depressiver Patienten auseinander und damit zwangsläufig mit der Angemessenheit ihrer affektiven Verstimmungen. Auf der Grundlage der sachlich zu begründenden Korrespondenz von Depressivität und genereller Weltsicht werden allgemeine Lebenseinstellungen und Erlebnisweisen hinterfragt. Diese werden dann bezüglich der aktuellen

Lebensrealität neu diskutiert – und zwar eben gefühlsbezogen, weil nur so die Bedürfnisse des Patienten und seine Wirklichkeit erfasst werden können.

Zusammengefasst: In der ausgewählten Behandlung lässt sich bei unserer Herangehensweise nur finden, dass die Annahme einer „Gefühlsberaubung" und „Personpartialisierung" durch die Kognitive Therapie zu falsifizieren ist. Wären Psychoanalytiker bösartig, könnten sie sagen: Was sagt schon der Vergleich von nur zwei Therapien aus. Dem darf man getrost entgegenhalten, dass in der Psychoanalyse fast durchgängig mit Einzelbehandlungen argumentiert wird, oder? Nun denn, auf größere Fallzahlen kommen wir in diesem Kapitel auch noch zurück. Zunächst machen wir aber erst einmal, wie in der Psychoanalyse üblich, mit unseren interessanten Fallstudien weiter.

Beziehungsregulation in der Psychotherapie
Für die zweite Vorstudie haben wir dieselben Sitzungen verwendet. In ihr sind wir der Aufklärung der zweiten „Gefahren-Hypothese" nachgegangen – nämlich jener der vermeintlichen Autonomiebehinderung in der Kognitiven Verhaltenstherapie. Unsere Hypothese folgt wieder einem Zitat oben genannter Autoren, diesmal von Pohlen und Wittmann [200]: „Partnerschaftliche Kooperation, Zieloffenheit und Transparenz entpuppen sich als ideologische Vernebelung eines geschlossenen Kontrollsystems. Der Zwang zur Normalität in der kognitiven Therapie korrespondiert mit dem Zwang zur Abhängigkeit, wobei der Patient als gefälliger, dependenter Mitspieler den Instruktionen des Therapeuten folgt. Dem Zwang zur Durchschaubarkeit korrespondiert der Zwang zur Selbstbehandlung." (Oh, oh, harter Tobak, ich weiß, liebe Verhaltenstherapeuten, kaum auszuhalten, gelt? Aber so ergeht es einem gelegentlich).

Methodik. Auch diese Ergebnisse seien kurz erklärt. Unsere Analyse basiert auf einer Satz-für-Satz-Beurteilung – diesmal mit der „Struktur-Analyse sozialer Beziehungen" (SASB) von Lorna Benjamin. Das SASB-System gilt als ausgereiftes Beobachtungsinventar interpersoneller Interaktionen – entwickelt übrigens von einer Psychoanalytikerin [16; 17]. Links in Tabelle 1 finden sich die Ergebnisse der psychoanalytischen Kurztherapie, rechts die der Kognitiven Verhaltenstherapie, oben jeweils die Beobachtungsdaten der Therapeuten-Interaktionen, unten die Interaktionsmuster der Patienten. Die Therapiesitzungen wurden in vier gleichlange Intervalle von jeweils etwa 15 Minuten eingeteilt, so dass die Entwicklung im Sitzungsverlauf nachvollziehbar ist.

Therapeutenverhalten. Von links nach rechts findet sich in Tabelle 1 ein zunehmendes Lenkungs- bis Kontrollverhalten der Therapeuten und damit eine Autonomie-Begrenzung des Patienten. Der Psychoanalytiker begann die Sitzung von Anbeginn an lenkend und stieg im Verlauf der Sitzung zunehmend auf einen kontrollierenden, Autonomie einschränkenden Kontrollmodus um, der schließlich drei Viertel seiner Interaktionsmuster ausmachte. Der kognitive Therapeut begann und beendete die Sitzung vorrangig mit einer empathisch gewährenden Dialogstrategie. Erkennbar ist zwar, dass er im Mittelteil der Sitzung auch lenkende, wenngleich weniger kontrollierende Strategien benutzte. Der Psychoanalytiker hingegen zeigte während der ganzen Sitzung kein einziges Mal Autonomie gewährende Strategien, während der kognitive Therapeut in der Sitzung zunehmend davon Gebrauch machte, dem Patienten eigene Handlungsspielräume einzuräumen.

Patientenverhalten. Auch die Patienteninteraktionen entwickelten sich in beiden Sitzungen deutlich unterschiedlich.

Tab. 1 Therapeut-Patient-Beziehung in einer Psychodynamischen Psychotherapie (links) und in einer Kognitiven Verhaltenstherapie (rechts); jeweils die 6. Therapiesitzung mit einem depressiven Patienten; analysiert mit der „Strukturanalyse sozialer Beziehungen" (SASB); Prozentangaben der Wortbeiträge pro 15-minütigem Intervall.
Abkürzungen: Therapeutenverhalten: AG = Autonomie-Gewährung; EM = Empathie (bestätigend, verstehend); LE = Lenkung (strukturierend, helfend); KO = Kontrolle (Autonomie einschränkend);
Patientenverhalten: AU = Autonomie (sich selbstbewusst durchsetzen); SÖ = Selbstöffnung (selbst explorierend); LA = Lenkungsakzeptanz (sich verlassen, vertrauen auf Lenkung); KA = Kontrollakzeptanz (nachgebend, eher unterwürfig).

Psychodynamische Psychotherapie

Depressiver Patient

Therapeut

Intervall	AG	EM	LE	KO	N
(1)	0	35,3	64,7	0	34
(2)	0	15,7	73,7	10,6	38
(3)	0	25,0	18,8	52,6	29
(4)	0	20,0	6,7	73,7	32
					133

Patient

Intervall	AU	SÖ	LA	KA	N
(1)	0	94,8	5,2	0	78
(2)	0	94,7	5,3	0	95
(3)	17,2	55,1	17,5	9,9	58
(4)	10,4	73,8	4,8	11,2	62
					293

Kognitive Verhaltenstherapie

Depressiver Patient

Therapeut

Intervall	AG	EM	LE	KO	N
(1)	0	85,0	12,5	2,5	66
(2)	6,7	44,2	37,2	12,1	72
(3)	4,7	38,6	47,6	18,4	68
(4)	19,8	62,1	7,6	3,4	61
					267

Patient

Intervall	AU	SÖ	LA	KA	N
(1)	0	85,0	12,5	2,5	83
(2)	5,4	44,2	37,2	16,3	82
(3)	21,6	29,7	35,2	13,5	72
(4)	20,6	62,1	7,6	3,4	71
					308

Von links nach rechts finden sich die zum Therapeutenverhalten komplementären Interaktionsmuster: Je weiter rechts, umso mehr sind die Patienten bereit, sich eventuellen Lenkungs- bis Kontroll-Absichten des Therapeuten zu unterwerfen. Interessanterweise ist aber beobachtbar, dass der Patient in der Psychodynamischen Therapie trotz der Lenkungsversuche von diesen Einflüssen relativ unabhängig blieb. „Relativ" heißt, dass die Kontrollvorgaben des Therapeuten dennoch zunehmend Erfolg zeitigten und der Patient streckenweise durchaus den Kontrollintentionen entsprach.

Die Ergebnisse zur Kognitiven Therapie zeigen, dass die Interaktionsantworten des Patienten weitgehend den Eigenarten des Therapeuten komplementär entsprachen. Der Empathie folgte Selbstöffnung, der Lenkung eine Lenkungsakzeptanz. In dem Maße wie der Therapeut gegen Ende der Sitzung Autonomie gewährte, wurde diese Intention vom Patienten autonom realisiert.

Auch diese Befunde kurz zusammengefasst: Die Hypothese der Psychoanalytiker, dass die Kognitive Therapie die Autonomie von Patienten einschränke, kann für diese Sitzung zurückgewiesen werden. Wenn schon im Lenkungs- und Kontrollverhalten von Therapeuten „Gefahren" ausgehen, so ist das – unserem Beispiel folgend – wohl eher in einer Psychodynamischen Therapie zu erwarten, nicht jedoch in der Kognitiven Verhaltenstherapie.

Heilsamer Zwang zur Selbstbehandlung? Doch ich will nicht ungerecht sein. Denn erstaunlicherweise verdeutlicht unser Analytiker etwas Hochinteressantes, und zwar, dass in dem von unseren Kritikern als „gefährlich" angeprangerten „Zwang zur Selbstbehandlung" möglicherweise etwas Heilsames liegen dürfte. Selbst die klassische Analyse erwartet ein Einsichtslernen – nur als angeblich spontanes Ereignis, deren

Inhalt anschließend via Deutung durchaus korrigiert wird. Warum man einer solchen Einsicht nicht primär eine Richtung weisen darf, ist nicht einsichtig. Bei genauem Hinsehen verhält sich ja nicht nur der kognitiv behandelte, sondern auch der psychoanalytisch behandelte Patient im Verlauf zunehmend autonomer – wegen oder trotz der Kontrollvorgaben des Analytikers. Und unseren SASB-Daten zufolge, weil diese Kontrolle gefühlsmäßig positiv, also mit Respekt und Wertschätzung ausgeübt wurde. Das übrigens gilt wiederum für beide Behandlungen.

Das hier gewählte Therapiebeispiel stammt übrigens von einem in deutschen Landen gut bekannten Psychoanalytiker, dem ich für die Überlassung der Videos seiner Therapie sehr dankbar bin (den ich hier aber – weil er das gern so wollte – nicht nennen möchte). Und diese Therapie war, wie bereits erwähnt, über fünfjährige Katamnesen geprüft erfolgreich, wie die Kognitive Therapie auch.

Als ich mit meinem Freund, dem Psychoanalytiker, die vorherige Kritik als auch die Fallstudie diskutierte, konnte er auch nur den Kopf über seine Kollegen schütteln. Zugleich wies er mich auf den Literaturstand zur Therapeut-Patient-Beziehung in der Psychoanalyse hin: Hans Thomä und Horst Kächele sprechen beispielsweise in ihrem Lehrbuch [247] – wie allgemein üblich – von „psychoanalytischer Technik" und meinen damit ein Vorgehen, das „den Aktionsspielraum von Patienten erheblich beschneidet – und zwar intendiert". Eine solche „Autonomie-Begrenzung" wird unter anderem damit begründet, „dass die im alltäglichen Handeln miteinander verbundenen wechselseitigen Interaktionsgewohnheiten in der Therapie desintegriert werden müssen, damit letztere überhaupt zum Gegenstand analytischer Beobachtung und Durcharbeitung gemacht werden können". Oder mehr als 20 Jahre früher der Psychoanalytiker Alfred Lorenzer [176]: „Die analytische

Situation wird nur in äußerst reduzierter Form als Spielraum der Interaktion freigegeben." So, so ...

Beziehung und Technik in der Phobie-Behandlung

Es darf also nicht vorschnell (und schon gar nicht prinzipiell) in ein kontrollierendes oder technisch orientiertes Therapeutenhandeln ein Problem projiziert werden. Vielmehr sollte zukünftig mehr Aufwand betrieben werden, das aufscheinende Indikationsproblem zu erforschen. Die Frage lautet: Bei welcher psychischen Störung ist welche konkrete Technik wann und wie lange mit welcher therapeutischen Interaktionstypik indiziert? Es geht also um die Untersuchung der jeweils indizierten *Passung von Technik und Beziehung*. Diese Forschungsstrategie kostet zwar viel Zeit und Geld – aber sie lohnt sich, wie ich jetzt nachfolgend zeigen möchte.

Wir haben diese Frage über insgesamt fünf Jahre hinweg an einer größeren Stichprobe und vor allem an Gesamtverläufen untersucht [53; 85]. Dazu wählten wir eine Verhaltenstherapie-Technik, die maximale Lenkung impliziert: die verhaltenstherapeutische Exposition oder Reizkonfrontation phobischer Patienten. In dieser Therapieform müssen Patienten die Situationen, in denen sie maximale Ängste haben, mit dem Therapeuten aufsuchen und dort solange verbleiben, bis sie neue Möglichkeiten einer Selbstkontrolle oder -behandlung ihrer Phobie gelernt haben. Verglichen haben wir die Technik der Exposition bzw. Reizkonfrontation mit einer weniger durch Technik bestimmten Kognitiven Verhaltenstherapie der Phobien, in der die Patienten einen neuen kognitiven Umgang mit ihren Ängsten erlernen.

Methodik. Untersucht wurden 26 Expositionstherapien und 22 kognitive Therapien, also 48 Behandlungen. Zur Verlaufseinschätzung wählten wir jeweils vier Sitzungen aus dem Gesamttherapieverlauf, und zwar die 2. Sitzung zu Beginn der Behandlung, die letzte Sitzung vor der spezifischen Intervention, die erste Sitzung nach der Interventionsphase sowie die vorletzte Therapiesitzung. Die beiden Graphiken in Abbildung 4 zeigen die Autonomieentwicklung der Patienten sowie das Lenkungsverhalten der Therapeuten über die Zeit der jeweiligen Sitzung hinweg (wiederum analysiert mit Benjamins Strukturanalyse sozialer Beziehungen [SASB]). Um einen Eindruck vom Arbeitsaufwand zu geben: Dieser Studie mit jetzt 192 untersuchten Sitzungen aus Therapien von 48 Patienten liegen insgesamt annähernd 300 000 SASB-Daten aus den Satz-für-Satz-Analysen zugrunde.

Erstes Ergebnis. Auch in diesen untersuchten Therapien kann nicht davon gesprochen werden, dass die extrem technikorientierte Exposition oder die weniger technisch orientierte Kognitive Therapie zu einer Autonomiebehinderung der Patienten führt. Das Gegenteil ist der Fall, wie Abbildung 4 zeigt: Die Autonomieentwicklung nimmt in beiden Behandlungsformen zu und liegt mit etwa 80% weit über dem, was man angesichts der durchgängig mit 40 bis 50% recht häufigen Lenkungsversuche der Therapeuten schlicht als weitgehende Unabhängigkeit der Patienten *trotz* therapeutischer Lenkung sehen und interpretieren darf. Insgesamt korrespondieren die Handlungen: Je weniger Therapeuten lenken, um so autonomer verhalten sich die Patienten.

Versteckte Einflüsse aus der Beziehung. Nun, die ersten Ergebnisse basieren schlicht auf Häufigkeitsauszählungen und sie sagen deshalb noch nicht viel über die wahren Abhängigkeitsbeziehungen in der Therapie aus. Gibt es nicht doch eine versteckte Dependenz der Patienten von ihren Therapeuten?

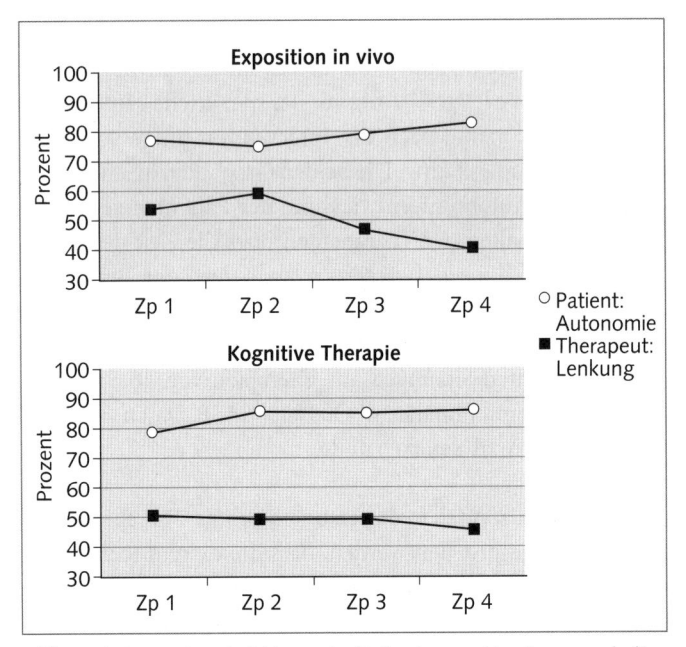

Abb. 4 Autonomieentwicklung der Patienten und Lenkungsverhalten der Therapeuten im Verlauf der verhaltenstherapeutischen Angstbehandlung (Prozentangaben; Exposition in vivo: oben; Kognitive Therapie: unten).
Zp 1 = zweite Sitzung; Zp 2 = Sitzung vor Intervention; Zp 3 = Sitzung nach Intervention; Zp 4 = vorletzte Sitzung.

Um die Frage nach den versteckten Abhängigkeiten zu beantworten, haben wir das Gegenteil untersucht: nämlich das autonome Widerstandsverhalten der Patienten gegenüber therapeutischer Lenkung.

Abbildung 5 zeigt Eigenarten der so genannten Sprecherwechsel. Angegeben sind die prozentualen Häufigkeiten, mit denen Patienten einer unmittelbar vorausgehenden Lenkungs- oder Kontrollabsicht von Therapeuten nicht ent-

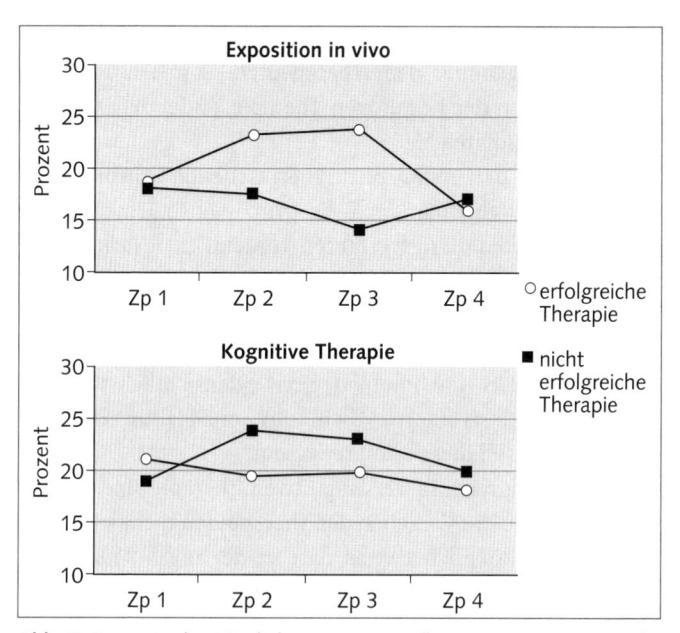

Abb. 5 Prozentuale Häufigkeiten unmittelbarer autonomer Reaktionen auf Lenkungsversuche der Therapeuten bei Patienten mit erfolgreicher Therapie versus Patienten mit nicht erfolgreicher Therapie (Prozentangaben; Exposition in vivo: oben; Kognitive Therapie: unten). Zp 1 = zweite Sitzung; Zp 2 = Sitzung vor Intervention; Zp 3 = Sitzung nach Intervention; Zp 4 = vorletzte Sitzung.

sprechen. Die Höhe der Verläufe gibt also an, wie sehr sich die Patienten beider Behandlungsgruppen von therapeutischer Lenkung durch autonomes Verhalten unabhängig machen.

Zweites Ergebnis. Der interessanteste Befund ist, dass sich die erfolgreichen wie die nicht erfolgreichen Patienten in beiden Verfahren gänzlich unterschiedlich verhalten: Die erfolgreichen Patienten der Expositionsbehandlung drängen schon vor der Exposition (Zeitpunkt 2) auf Eigeninitiative und Unabhängigkeit gegenüber dem Therapeuten. Tun dies hingegen die Patienten in der Kognitiven Therapie, endet deren Therapie weniger erfolgreich.

Dieses auf den ersten Blick überraschende Ergebnis wird verständlich, wenn man sich die prinzipiellen Unterschiede der beiden Behandlungsverfahren verdeutlicht. *Nicht* erfolgreich sind jene Expositions-Patienten, die sich bei einer Angst- bzw. Reizkonfrontation mehr auf die Kunst der Therapeuten verlassen. Exposition *in vivo* (also die Konfrontation mit den eigenen Ängsten und Phobien) setzt offensichtlich von Anfang an eine selbstverantwortlich-autonome Haltung der Patienten voraus, soll diese erfolgreich sein.

Nicht erfolgreich in der Kognitiven Therapie sind Patienten, die sich auf die Vorgaben der Therapeuten nicht verlassen, und das heißt möglicherweise, dass sie der angebotenen Strategie der Therapeuten misstrauen (Ängste mittels kognitiver Umstrukturierung ändern zu können). Um erfolgreich zu sein, müssen die Patienten den Vorgaben der Therapeuten vertrauen können und eine Lernbereitschaft entwickeln. Dies setzt vermutlich eine genaue Abstimmung über Inhalte und Ziele der Kognitiven Therapie zu Beginn der Behandlung mit dem Patienten voraus.

Summa summarum

Wenigstens in einem Punkt kann man jenen eingangs genannten Kritikern dann doch recht geben: Es gibt durchaus „versteckte" Einflüsse technikorientierter und psychoedukativer Verfahren. Diese lassen sich nur durch eine unvoreingenommene Analyse der Therapeut-Patient-Beziehung finden. Technik und Beziehung sind nicht unabhängig voneinander. Aber sie sind auch *kein Gegensatz*, wie uns viele Kritiker bis in die Gegenwart hinein Glauben machen wollen.

Technik und Beziehung ergänzen sich. Therapeutische Verfahren und Techniken unterscheiden sich zuweilen grundlegend und haben spezifische Wirkungen auf die Beziehungsgestaltung. Und aus den Eigenarten der therapeutischen Beziehung ergeben sich prädiktive Auswirkungen auf den Therapieerfolg. Und von dem Psychoanalytiker, der dankenswerterweise mit seinem Patienten an unserer Vorstudie teilgenommen hat, kann man lernen, dass ein wohlwollend kontrollierendes und mit Beziehungsdeutungen arbeitendes Verhalten durchaus erfolgreich und heilsam sein kann.

Mehr Gemeinsamkeit bitte, liebe Kritiker! Wir brauchen endlich einen Westfälischen Frieden, der unser Zusammenleben und unsere Zusammenarbeit regelt. Während Klerus und Diplomaten hier und da immer noch miteinander ringen, haben Heer und Bevölkerung vielerorts bereits ihren *modus vivendi* gefunden. Letztendlich zeigen unsere Untersuchungen, dass das Behandlungsergebnis weder nur von den theoretischen Ausgangspositionen noch nur von der angewandten Behandlungstechnik abhängig ist. Die Verfahren betonen für den Patienten entweder vorrangig die Beziehungsgestaltung zwischen den Beteiligten oder aber den Umgang mit der auslösenden Situation und deren Überwindung. Der jeweils andere Behandlungsaspekt bleibt dennoch beteiligt und wirksam, auch wenn der Patient ihn eher implizit erleben soll. Die gleichartigen Katamnesen beider Verfahren unserer Vorstudie verweisen doch eher auf die Wirksamkeit der gelebten Grundhaltung der Therapeuten, die sowohl ein empathisches Gewähren, als auch ein zielgerichtetes Führen des Prozesses umfasst. Sowohl Verhaltenstherapeuten als auch Psychoanalytiker können sich dabei geschickt, aber auch ungeschickt verhalten, übers Ziel hinausschießen oder unter den Notwendigkeiten bleiben. Was wirklich für den Patienten heraus kommt, ist das Kriterium. Dies werden wir auch weiterhin sachlich, ruhig, kritisch und vor allem in der Realität untersuchen müssen.

Zeittafel 3

Auf dem Weg zum Psychotherapeutengesetz: die 1980er und 1990er Jahre

1980 Arzt-Ersatzkassen-Vertrag für die Verhaltenstherapie: Die Kassenärztliche Bundesvereinigung schließt mit den Verbänden der Ersatzkassen einen Vertrag, in dem nach den analytischen und tiefenpsychologisch fundierten Psychotherapieverfahren nunmehr auch die Verhaltenstherapie im Rahmen des Delegationsverfahrens einbezogen wird. Der Berufsverband Deutscher Psychologen (BDP) ruft wegen der Ungleichbehandlung von Ärzten und Psychologen zum Boykott des Arzt-Ersatzkassen-Vertrags auf.

1980 Noch im gleichen Jahr kommt es zur Gründung des Fachverbands für Klinische Verhaltenstherapie (FKV), in dem sich Ärzte und Diplom-Psychologen zusammenschließen, die trotz heftiger Proteste aus anderen Therapieverbänden bereit sind, sich am Delegationsverfahren zu beteiligen. Der FKV wird auf längere Sicht zum organisatorischen Zentrum privater Ausbildungseinrichtungen für Verhaltenstherapie, die nach den Vorgaben der Kassenärztlichen Bundesvereinigung Diplom-Psychologen für das Delegationsverfahren qualifizieren.

1981 In der ehemaligen DDR wird der Fachpsychologe für Medizin eingeführt, der heilberuflich mit den Ärzten gleichgestellt ist.

Berufsperspektive für Psychologen

1983 Das Bundesverwaltungsgericht entscheidet, dass die Ausübung der Psychotherapie eine heilberufliche Tätigkeit darstellt. Solange eine aus der Sicht des Gerichtes wünschenswerte spezialgesetzliche Regelung für Diplom-Psychologen noch aussteht, benötigen sie deshalb berufsrechtlich eine Erlaubnis nach den Bestimmungen des Heilpraktikergesetzes, das seit 1939 in Kraft ist. Daraufhin beantragen die meisten niedergelassenen psychotherapeutisch arbeitenden Psychologen eine solche Erlaubnis.

1983 Da die Behandlungsressourcen im Rahmen der vertragsärztlichen Versorgung nicht ausreichen, gelingt es dem BDP mit der Techniker Krankenkasse eine Vereinbarung zu schließen, wonach TK-Versicherte auch außerhalb der vertragsärztlichen Versorgung psychotherapeutisch behandelt werden dürfen. Zugelassene Verfahren waren seinerzeit die Verhaltenstherapie und eine methodenintegrative Psychotherapie.

1984 Gründung der Vereinigung der Kassenpsychotherapeuten als berufliche Interessenvertretung der im Delegationsverfahren tätigen Verhaltenstherapeuten. Vertreter der Vereinigung werden von Seiten der Kassenärztlichen Bundesvereinigung (KBV) an den Verhandlungen über Veränderungen der Psychotherapie-Richtlinien und sonstiger Psychotherapie-Vereinbarungen beteiligt.

1987 Die Verhaltenstherapie wird endgültig als drittes Verfahren im Rahmen der Psychotherapie-Richtlinien anerkannt und damit auch für Versicherte der Primärkassen geöffnet. Dennoch bestehen weiterhin deutliche Unterschiede zwischen Ärzten und Psychologen, denn zeitgleich wird die Richtlinienpsychotherapie um die so genannte Psychosomatische Grundversorgung ergänzt. Danach können entsprechend ausgebildete Ärzte neu eingeführte Leistungen (Diagnostik, verbale Interventionen, Hypnose und übende Verfahren) antrags- und genehmigungsfrei praktizieren und abrechnen. Diplom-Psychologen bleiben in ihren Möglichkeiten auf antragspflichtige Hypnose und übende Verfahren beschränkt.

1988 Das Bundesverfassungsgericht hält das Delegationsverfahren und die berufsrechtlich erforderliche Erlaubnis nach dem Heilpraktiker-Gesetz für verfassungskonform. Es gibt aber zu erkennen, dass eine spezialgesetzliche Regelung für heilberuflich tätige Psychologen berufs- und gesundheitspolitisch wünschenswert ist.

1990 Die Bundesgesundheitsministerin Ursula Lehr, Psychologie-Professorin aus Heidelberg, legt Eckpunkte für ein Psychotherapeuten-Gesetz vor.

1991 Ein vom Bundesgesundheitsministerium in Auftrag gegebenes Fachgutachten (angefertigt unter Federführung von Adolf Ernst Meyer, Psychosomatik-Professor und Psychoanalytiker) wird veröffentlicht. Es konstatiert eine gravierende Fehl- und Unterversorgung im Bereich der Psychotherapie und empfiehlt die gesetzliche Anerkennung der heilberuflichen Kompetenz der Psychologischen Psychotherapeuten und der Kinder- und Jugendlichen-Psychotherapeuten.

1992 Gründung des Deutschen Psychotherapeutenverbands (DPTV) als Berufsverband der Psychologischen Psychotherapeuten. Etwa zeitgleich schließen sich die Deutsche Akademie für Verhaltenstherapie und der Fachverband für Klinische Verhaltenstherapie zum Deutschen Fachverband für Verhaltenstherapie (DVT) zusammen, der in erster Linie die Interessen der von der KBV anerkannten Ausbildungsinstitute für Verhaltenstherapie vertritt.

1992 Zur Bündelung der Interessenvertretung im Rahmen der zu erwartenden Anhörungen während des beginnenden Gesetzgebungsverfahrens bilden die Verbände, deren Mitglieder überwiegend im Rahmen der Kostenerstattung tätig sind (AGPF, BDP, DGVT, DPTV, DGPs, GwG, GNP; → Zeittafel 2) die Arbeitsgemeinschaft Psychotherapie (AGPT).

Die Vertreter der Verbände, deren Mitglieder im Rahmen des Delegationsverfahrens tätig sind (BVVP, DGAP, DGIP, DGPT, DPV, DVT, VAKJP; → Zeittafel 2) bilden als Pendant die Arbeitsgemeinschaft der Richtlinienverbände (AGR).

1993 Gründung des Verbands der Psychologischen Psychotherapeutinnen und Psychotherapeuten (VPP) als Sektion des BDP. Die Mitgliedschaft im VPP setzt die Mitgliedschaft im BDP voraus.

Das Psychotherapeutengesetz

1993 Die Bundesregierung legt nach langwierigen Anhörungen der Verbände der Psychotherapeuten und der

Ärzteschaft einen Entwurf für ein Psychotherapeutengesetz vor. Der Entwurf sieht die heilberufliche Gleichstellung von Psychologen und Ärzten im Bereich der Psychotherapie vor. Für die berufsrechtliche Anerkennung von Psychotherapieverfahren ist ein Wissenschaftlicher Beirat als unabhängiges Expertengremium vorgesehen. Für Versicherte der gesetzlichen Krankenkassen wird eine Zuzahlungspflicht verankert.

1994 Das Psychotherapeutengesetz wird wegen der Zuzahlungspflicht für Patienten im Bundesrat abgelehnt. Auch ein Vermittlungsverfahren zwischen Bundesrat und Bundestag scheitert, weil die CDU/CSU-FDP-Regierungskoalition an der Zuzahlungspflicht festhält.

1994 Im gleichen Jahr veröffentlicht Klaus Grawe, Psychologie-Professor an der Universität Bern, seine umfangreiche Bestandsaufnahme zur Wirksamkeit der Psychotherapie unter dem Titel „Psychotherapie im Wandel" [107]. Seine empirisch gestützten Schlussfolgerungen zur differenziellen Wirksamkeit der Verhaltenstherapie im Unterschied zur Gesprächspsychotherapie, tiefenpsychologisch fundierten Psychotherapie und analytisch orientierten Psychotherapie lösen kontrovers geführte Diskussionen zur Relevanz randomisierter Therapiestudien zur Beurteilung der klinischen Wirksamkeit von Psychotherapieverfahren aus.

1996 Angesichts sich mehrender Gerichtsverfahren zur Durchsetzung von Partikularinteressen einzelner Verbände nimmt der Druck auf den Gesetzgeber zu, ein mehrheitsfähiges Psychotherapeutengesetz zu verabschieden.

1997 Auf Initiative der AGPT findet in Bonn eine Demonstration anlässlich der ersten Lesung eines neuen Regierungsentwurfs für ein Psychotherapeutengesetz statt. Mehr als 4 000 Psychologische Psychotherapeuten fordern die alsbaldige Verabschiedung des längst überfälligen Gesetzes zur Sicherung einer ausreichenden psychotherapeutischen Versorgung der Bevölkerung.

1997 Nochmals kommt es zum Widerstand der Ärzte gegen das Gesetz überhaupt. Obwohl der Gesetzestext unter maßgeblicher Beteiligung des Vorstands der Kassenärztlichen Bundesvereinigung erarbeitet worden war, lehnt ihn die außerordentlich einberufene Mitgliederversammlung der KBV ab. Der Protest richtet sich vor allem dagegen, dass die Psychologischen Psychotherapeuten als „Nicht-Ärzte" in die Kassenärztlichen Vereinigungen integriert werden sollen.

1998 Nach einem positiven Ergebnis des Vermittlungsverfahrens zwischen Bundesrat und Bundestag wird das Psychotherapeutengesetz in beiden Kammern verabschiedet. Die Psychotherapierichtlinien werden an die Bestimmungen des PsychThG angepasst.

1999 Das Psychotherapeutengesetzt tritt am 1. Januar in vollem Umfang in Kraft. Nach Abschluss eines langwierigen Zulassungsverfahrens sind im September 1999 im Arztregister 10 935 Psychologische Psychotherapeuten und 4 104 überwiegend psychotherapeutisch tätige Ärzte erfasst.
Der Wissenschaftliche Beirat legt die Entscheidungskriterien für die wissenschaftliche Anerkennung eines

Psychotherapieverfahrens fest. Auf der Grundlage dieser Entscheidungskriterien bleiben die Verhaltenstherapie, die tiefenpsychologisch fundierte und die analytisch orientierte Psychotherapie anerkannt. Da vor allem Vertreter dieser drei Verfahren im Beirat vertreten sind, werden die nach und nach publizierten Beschlüsse kontrovers diskutiert. Aufgrund der Entscheidungskriterien wird ein Antrag der systemisch arbeitenden Familientherapeuten auf Anerkennung abgelehnt, die Gesprächspsychotherapie zunächst nur als Zweitverfahren anerkannt.

2000 Der wissenschaftliche Beirat lehnt den Antrag der Vertreter des Psychotherapieverfahrens Psychodrama auf wissenschaftliche Anerkennung ab.

2001 Nach und nach werden in den Bundesländern Psychotherapeutenkammern eingerichtet, womit sich die autonome berufsrechtliche Selbstverwaltung der Psychologischen Psychotherapeuten konstituiert, die schließlich in der Gründung einer Bundespsychotherapeuten-Kammer ihren vorläufigen Abschluss finden soll.

2002 Der Wissenschaftliche Beirat erkennt die Gesprächspsychotherapie als weiteres Schwerpunktverfahren im Rahmen der Psychotherapieausbildung an, beschränkt die Anerkennung aber auf die Psychotherapie bei Erwachsenen.

2008 Nach jahrelangen Diskussionen wird die Systemische Psychotherapie als vierte Verfahrensgruppe durch den Wissenschaftlichen Beirat anerkannt.

Befragung zur Person, die dritte
Über die Lust, Bücher zu schreiben

> Ein Buch ist für mich eine Art Schaufel,
> mit der ich mich umgrabe.
> *Martin Walser*

Philipp Hammelstein: *Da Du ja inzwischen eine ganze Reihe Bücher publizierst hast, würde ich Dich gern einmal zu Deiner Lust oder Unlust am Bücherschreiben befragen. Ich selbst habe ja inzwischen auch schon so einiges publiziert, aber wenn man die Literaturverzeichnisse Deiner Bücher durchsieht, kann man nur neidisch den Hut ziehen. Liest Du wirklich so viel?*

Peter Fiedler: Wenn ich ehrlich bin, muss ich zugeben, dass ich Fachliteratur eigentlich gar nicht so gern und so häufig lese, wie das notwendig wäre. Insbesondere die vielen Forschungsberichte, in denen Kolleginnen und Kollegen ihre neuesten Forschungsergebnisse zur Verhaltenstherapie oder zu anderen Therapieverfahren in Fachzeitschriften vorstellen, sind häufig derartig langweilig geschrieben, dass ich mich richtig darüber ärgern kann. Viel lieber lese ich in schöngeistiger Literatur oder ich beschäftige mich – wie man dies in einem anderen Kapitel dieses Buches nachlesen kann – mit Publikationen, in denen echte oder vermeintliche Kochkünstler ihre neuesten Kreationen vorstellen. Das artet dann gelegentlich unmittelbar in echte Anwendung aus, nämlich in die Überprüfung exklusiv ausgedachter Rezepte in der Praxis, heißt: in der Küche.

Du willst doch jetzt nicht behaupten, dass Du Deine Bücher mit den vielen Zitaten aus dem Bauch heraus geschrieben hast, oder?
Als Klinischer Psychologieprofessor und fleißiger Autor komme ich nicht daran vorbei, mich immer wieder auch mit aktuellen Forschungsarbeiten zu beschäftigen. Leider gelingt es nur wenigen Autoren, mich mit den Ergebnissen ihrer Studien so richtig in ihren Bann zu ziehen. Die meisten versuchen lediglich krampfhaft, den Anforderungen zu entsprechen, deren Erfüllung von der Wissenschaftsgemeinde als formale Vorgabe zur Anfertigung wissenschaftlicher Publikationen verlangt wird. Das ist sehr schade, zumal viele Forschungsergebnisse in jahrelanger Forschungsarbeit entstanden sind.

Warum und wie ich Bücher schreibe

Zugestanden: Kreative Abweichler von formalen Vorgaben haben es sicher schwer, ihre Forschungsarbeiten in den Publikationsorganen des Mainstreams unterzubringen, auch wenn diese faszinierend geschrieben sind. Das ist übrigens einer der Gründe, weshalb ich im Laufe der Jahre dazu übergegangen bin, Monographien in alleiniger Autorschaft zu verfassen.

Wie ist das zu verstehen?
Das Schreiben von Büchern geht mir erheblich leichter von der Hand als die Abfassung von Forschungsberichten. Ich komme dabei gelegentlich so in Fahrt, dass ich wie im Flow alles um mich herum vergesse. Ich bin hellwach bei der Sache. Und ich bin kontinuierlich auf mich selbst neugierig, ob und wie ich meine Intuition und mein gedankliches Kreiseln kreativ in Worte zu bringen vermag.

Oh ja, dass kenne ich auch. Macht mich neugierig, wie das bei Dir zusammengeht: trockene Wissenschaft und Flow?
Daran, dass ich mich im Flow befinde, kann ich ermessen, wie sehr mich der Inhalt fasziniert und in seinen Bann zu ziehen vermag. Und Schreiben heißt für mich weiter: Lernen und auf dem Laufenden bleiben. Mir ist schon früh im Leben aufgefallen, dass ich nur das gut im Gedächtnis behalten kann, was ich zuvor schriftlich ausgearbeitet habe. Angesichts einer Vielzahl von Kladden habe ich mich irgendwann gefragt: Warum schreibst Du eigentlich nur für Dich selbst? Warum schreibst Du nicht gleich so, dass andere auch davon profitieren? Das war zu Beginn der 1990er Jahre. Und danach habe ich dann die „Persönlichkeitsstörungen" geschrieben. Das Thema fand ich so spannend, dass ich meine ersten Flow-Erfahrungen machen konnte. Ich konnte vom Thema einfach nicht mehr loskommen. Auf diese Weise sind ja bereits bei der ersten Auflage immerhin 500 Seiten zusammengekommen.

Schreiben als Sucht?
Da ist sicherlich was dran. Ich würde jedoch lieber von einer unbändigen Lust am Schreiben sprechen. Ich kann beim Bücherschreiben stundenlang abtauchen. Damit die Kollegen und Studenten im Institut dann nicht den Eindruck bekommen, ich sei gar nicht anwesend, habe ich viele Jahre lang mit offener Bürotür geschrieben, am PC sitzend, mit dem Rücken zum Flur. Wenn jemand etwas wollte, habe ich das Gespräch nebenher geführt und zeitgleich einfach weitergeschrieben. An meine Gewohnheit des Weiterschreibens beim Sprechen mussten sich gelegentlich auch Studierende gewöhnen, die in meine offizielle Sprechstunde kamen.

Hat sich denn niemand beschwert?
Im Gegenteil. Auf der Diplomfeier im Jahre 1999 wurde ich für dieses Verhalten von Studierenden sogar mit einem Preis ausgezeichnet, den sie Miles-Davis-Preis nannten. Über die Laudatio habe ich mich besonders gefreut.

Miles-Davis-Preis 1999 für Professor Peter Fiedler: Laudatio

Manche von Ihnen werden überrascht sein. Hätten Sie eine Ehrung von Peter Fiedler eher für die Vielzahl seiner von ihm geschriebenen Seiten oder etwa für seine rhetorische Begabung erwartet. Uns Studenten sind auch Peter Fiedlers Auftritte als Schauspieler in seinen Vorlesungen unvergessen. Mit einer Eindringlichkeit wie kein anderer versteht Peter Fiedler es dort, so manche Persönlichkeitsstörung darzustellen und sie den Studenten in unvergesslicher Weise zur Anschauung zu bringen.

Der von uns jetzt zu überreichende Miles-Davis-Preis wird Peter Fiedler verliehen, weil er neben den schauspielerischen auch musikalische Talente aufweist. So ist etwa in seiner Sprechstunde immer wieder zu beobachten, dass er – wie der große Miles Davis – am liebsten mit dem Rücken zum Publikum spielt. Auch die Sparsamkeit seines Spiels erinnert an Miles Davis. Ja, sein Verhalten im Rahmen der Sprechstunde kann am besten als Improvisation zwischen Kontaktaufnahme und Kontaktabbruch beschrieben werden – quasi als eine Art Kontakt-Improvisation.

Aus diesem Grund, lieber Herr Professor Fiedler, wird Ihnen heute von uns Studierenden der Miles-Davis-Preis in Anerkennung für besondere künstlerische Leistungen überreicht.

Außerdem werde ich beim einzelgängerischen Alleinschreiben nicht so leicht abgelenkt, weil mir eben niemand in meine Schriftstellerei hinredet. Kein Co-Autor kann querschießen. Und kein überkritischer Kollege kann mich im hochheiligen Peer-Review-Verfahren zwingen, meine mir ureigenen Texte abzuändern, nur weil er andere Ansichten vertritt oder weil er sich selbst nicht hinreichend zitiert findet. Das ist mir beim Einreichen von Forschungspublikationen häufiger passiert.

Zum Umgang mit Provokation und Kritik

In den Vorworten Deiner Bücher bedankst Du Dich aber auch immer bei einer Reihe von Leuten, die Dir bei der Abfassung Deiner Texte zur Seite gestanden haben. Dabei sind doch auch Peer-Reviews entstanden, oder?
Mit dem wichtigen Unterschied, dass diese Peers mit ihrer Kritik nicht anonym bleiben, weil ich sie mir selbst ausgesucht habe ...

... und weil Du dann keine harsche Kritik befürchten musst, oder?
Von wegen! Genau das Gegenteil trifft zu! Fast immer habe ich mir fachkundige Mitleser ausgesucht, von denen ich wusste, dass sie kein Blatt vor den Mund nehmen. Beispielsweise wollte ich meine Bücher über psychische Störungen nicht zu einseitig verhaltenstherapeutisch schreiben, sondern die Perspektiven unterschiedlicher Therapieschulen integrieren. Deshalb habe ich vorab ausdrücklich immer auch zwei oder drei kritikfreudige Psychoanalytiker oder Gesprächspsychotherapeuten um ihre Stellungnahmen gebeten.

Und? Wie sehen deren Stellungnahmen aus?
Insbesondere zwei – Eckhard Umann und Friedemann Pfäfflin – sind mir in eindrücklicher Erinnerung, weil sie Erstversionen meiner Bücher regelrecht auseinandergenommen

und mir ordentlich das Fell über die Ohren gezogen haben. Teilweise haben beide mir ganze Absätze oder auch ganze Seiten einfach durchgestrichen und mit bösen Kommentaren versehen. Dafür bin ich ihnen sehr dankbar, weil sie mir mit ihrer fundierten Kritik geholfen haben, mich nicht blind dem lustvollen Gemetzel späterer Buchrezensenten auszuliefern. Außerdem hat das der freundschaftlichen Beziehung zu beiden keineswegs geschadet, sondern diese nur mehr gefestigt. Eckhard Umann ist übrigens gerade mal wieder dabei, mir angesichts vieler Kapitel in diesem Buch ordentlich die Leviten zu lesen, wofür ich ihm an dieser Stelle gern meinen Dank aussprechen möchte.

Dass man sich auch über Deine Bücher aufregen kann, ist nicht weiter verwunderlich, denn einige sind in der Tat ziemlich provokativ geschrieben. Liebst Du es eigentlich, Deine Leser zu provozieren?
Natürlich! Denn, obwohl es im Vorfeld einer Veröffentlichung immer kritische Diskussionen mit fachkompetenten Mitlesern gab, trage ich die Verantwortung für meine Monographien und sonstigen Übersichtsarbeiten natürlich allein. Insbesondere die gelegentlich täglich per E-Mail ausgetragenen Streitereien mit Eckhard Umann haben mich ermuntert, einige meiner eigenen Stellungnahmen noch mehr – auch entgegen seiner Meinung – zu pointieren. Andererseits belegen die inzwischen erreichten Auflagen meiner Bücher aber auch, dass sie offensichtlich lebendig geschrieben sind und deshalb gelesen werden – auch wenn nicht alles, was drin steht, allen Lesern gefällt, wie ich Briefen und E-Mails entnehmen kann, die mir von kritischen Lesern bis heute zugeschickt werden. Lob gibt es aber auch reichlich.

Gefällt es Dir eigentlich, selbst kritisiert zu werden?
Ja, sehr. Wie man aus vielen Kapiteln dieses Buches entnehmen kann, hat mich Kritik eher beflügelt, als den Kopf in den Sand zu stecken. Wenn man kritisiert wird, muss man immer etwas Wichtiges angesprochen haben. Oder um es sportlich auszudrücken: Man greift immer nur den an, der den Ball hat.

Die Entsorgung von Altlasten

Wenn man heute in Dein Arbeitszimmer kommt, fällt einem im Unterschied zu früher auf, dass es kaum mehr die vielen Aktenordner gibt, die vor Jahren noch in den Regalen standen. Was ist da denn passiert?
Früher war vieles anders, muss ich gestehen. Zu Beginn meiner eigenen Karriere fand ich fast alles interessant, was nur irgendwie irgendwo von Verhaltenstherapeuten publiziert wurde. Alle möglichen Artikel habe ich aus Fachjournalen kopiert oder Sonderdrucke von Autoren angefordert. Alle diese Veröffentlichungen wurden sorgsam alphabetisch in Aktenordner gehängt, nachdem sie zunächst auf Karteikarten und später systematisch mit Stichworten in selbst programmierten PC-Literatursystemen katalogisiert worden waren. Im Laufe der Jahre wurden daraus über zweihundert Aktenordner – voll mit Kopien und Sonderdrucken.

Zweihundert? Die passen doch gar nicht in Dein Büro!
Stimmt. Als der Platz im Büro zu eng wurde, habe ich angefangen, meine Bibliothek zu Hause um neue Regale für Aktenordner zu erweitern. Vor etwa fünf Jahren habe ich mich dann eines guten Tages vor die vielen Aktenordner gesetzt und meditiert: Wie viel Arbeitszeit mag mich diese mühevolle Bibliographiearbeit inzwischen gekostet haben? Wochen, Monate oder gar Jahre? Habe ich mich beim Schreiben meiner

Bücher auch nur ein einziges Mal bemüht, mein eigenes Literaturverarbeitungssystem mit seinen vielen Stichworten für eine Literaturrecherche zu nutzen? Ich musste mir eingestehen: Niemals. Ich hatte mich immer wieder und immer nur nach der aktuellsten Literatur umgesehen oder nach relevanten Arbeiten gesucht, die in meinem Bestand noch nicht vorhanden waren. Und wiederum wurde alles Neue sorgsam katalogisiert, nur um dann regelmäßig gezwungen zu sein, dem vorhandenen Bestand immer wieder neue Ordner hinzuzufügen.

Und was ist bei der Meditation herausgekommen?
Bei meiner Achtsamkeitsübung vor den vielen Aktenordnern in meiner Bibliothek fasste ich einen Entschluss, auch wenn mich dieser wiederum einige Stunden verlorene Arbeitszeit kosten sollte. Ich entsorge die mehr als tausend Artikel mit ihren unendlich vielen Anmerkungen und Unterstreichungen in die Grüne Tonne für das Papier-Recycling. Dann stellte ich die zweihundert leeren Ordner mit dem Schild „Hier wurde aufgeräumt. Bitte bedienen Sie sich!" im Institut vor meine Tür. Die in dieser Hinsicht bedürftigen Studenten oder Mitarbeiter oder Patienten unserer Hochschulambulanz brauchten keine zwei Tage, um den Flur von den leeren Ordnern zu befreien.

Und? Hat sich seither Dein Arbeitsstil geändert?
Nein. Nach wie vor bereite ich mich auf das Schreiben mit der jeweils aktuellsten Literatur vor. Das führt zeitweilig dazu, dass sich riesige Berge mit Forschungsliteratur und Übersichtsarbeiten auf meinem Schreibtisch stapeln. Ist dann eine meiner Arbeiten vollendet, werden die Stapel mit Kopien und Sonderdrucken heute unmittelbar dem Papier-Recycling zugeführt. Und mit der nächsten geplanten Publikation beginnt

dieser Kreislauf von vorn. Und übrigens: Mit den Möglichkeiten, die heute das Internet bietet, komme ich jeweils schnell wieder an Arbeiten heran, die ich zuvor bereits entsorgt habe – falls sich dies überhaupt als notwendig erweisen sollte.

Ein Herz für Gruppen

Die heimlichen Wirkungen zieloffener Konzepte

> Es gibt zwei Klippen,
> zwei Arten irrezugehen und zu scheitern:
> die allzu genaue Anpassung an das Publikum;
> die zu beschränkte Treue zum eigenen System.
> *Paul Valéry*

Von Anbeginn meiner Praxis- und Forschungstätigkeit als Verhaltenstherapeut hat mich die psychotherapeutische Arbeit in und mit Gruppen interessiert. So sind auch bereits meine frühesten Publikationen diesem Thema gewidmet – und Verhaltenstherapie in Gruppen sollte bis heute ein Mittelpunkt meiner klinischen Aktivitäten bleiben [65; 73]. Mein Interesse an der Gruppenarbeit begann damit, dass ich mir selbst einige Jahre noch unsicher war, ob ich bei der Verhaltenstherapie als „meinem" Psychotherapieverfahren bleiben sollte. Es war die Zeit des „Psychobooms". Andere sprachen von einer „Psychotherapieschwemme", die in den 1970er Jahren über die Psychowelt hereinbrach. Anfang der 1980er Jahre zählten einige gewissenhafte Beobachter der Psychoszene in etwa 300 Psychotherapieverfahren, die unter verschiedenen Bezeichnungen publiziert worden waren. Und die meisten dieser Konzepte wurden für die Gruppenpsychotherapie entwickelt. Als Psychotherapeut erhielt man regelmäßig Werbebroschüren per Post (E-Mail gab es noch nicht). Um Kenntnisse in den neuen Verfahren zu erwerben, wurden wir eingeladen, unsere therapeutische Kompetenz in der Selbsterfahrung mit Protagonisten als Trainer der neuen Techniken anzureichern.

Die Gruppenbewegung und der Psychoboom

Im Programm der Lindauer Therapiewochen, die seit den 1950er Jahren regelmäßig um Ostern herum am Bodensee stattfinden, tauchten immer wieder die Namen neuer Startherapeuten und ihrer Konzepte auf. Was die Therapiearbeit mit Gruppen angeht, beschränkten sich die Angebote zunächst auf tiefenpsychologische Konzepte, auf Balint-Gruppen und das Psychodrama. Als der Psychoboom anrollte, folgten die „Gestalttherapie" und die „Bioenergetik", dann – um nur einige weitere zu benennen, die bis heute überlebt haben – das „Sensory Awareness", die „Themenzentrierte Interaktion" bis hin zur „Transaktionsanalyse". Auch das „Rebirthing" konnte man erlernen: die eigene Wiedergeburt mittels Hyperventilation.

Von Lindau aus fanden viele dieser Verfahren unmittelbar ihren Weg in die Praxis – und zwar ohne dass bis dahin deren Wirksamkeit ernsthaft empirisch überprüft worden wäre. Noch heute kann man in einigen Psychosomatischen Kliniken schallisolierte Kellerräume bestaunen, in denen damals, ab den 1970er Jahren, viele Patienten die harten Prozeduren einer „Urschrei-Behandlung" in der „Primärtherapie" über sich ergehen lassen mussten. Nicht nur mir sind Fälle bekannt, wo Personen während der Hyperventilation oder einer Urschrei-Selbsterfahrung psychotisch dekompensierten und in psychiatrischen Kliniken weiter behandelt werden mussten. Was bei gesunden Psychotherapeuten in der Selbsterfahrung funktioniert, kann bei vulnerablen Menschen erheblichen Schaden anrichten.

Viele Anbieter neuer Verfahren versuchten sogar, ihre Konzepte zeitgleich für die Allgemeinbevölkerung zu öffnen. Selbsterfahrungs- und Wachstumsgruppen waren seit Ende der 1960er Jahre das dominierende Konzept einer weiteren weltweit um sich greifenden „Gruppenbewegung". Die propagierten Ansätze wurden gern als „Therapie für Normale" vermarktet und von angehenden Psychotherapeuten – natürlich gegen Bezahlung – an Wochenenden für Jedermann angeboten. Gemeinsam hatten sie das Ziel, nicht nur psychisch gestörten Menschen, sondern allen Interessierten Möglichkeiten einer persönlichen Weiterentwicklung in professionell geleiteten Gruppen zu ermöglichen.

Diese Gruppenbewegung war von Carl Rogers angestoßen worden, der mit seinen Encountergruppen ähnliche Ziele im Auge hatte. Das Interesse an solchen Gruppen flaute jedoch in den 1980er Jahren rasch wieder ab. Dies geschah in dem Maße, wie Selbsthilfegruppen aller Art allgemeine Akzeptanz und Verbreitung fanden. Letztere sind jedoch aus der Encounterbewegung hervorgegangen.

Selbsterfahrung
Um nun ehrlich zu sein: Auch mich hatte die Gruppenbewegung erfasst. Und so pilgerte ich während meiner Tätigkeit als junger Universitätsassistent und angehender Verhaltenstherapeut für mehrere Jahre immer mal wieder in die Ausbildungsinstitute der neuen Gruppen-Psychotherapieverfahren. Die meisten von ihnen firmierten – in Abgrenzung zur Verhaltenstherapie und Psychoanalyse – unter der Überschrift „Humanistische Psychologie und Psychotherapie". Was mich persönlich betrifft, wandelte ich für längere Zeit jeweils mit anderen Psychologen und Ärzten auf den gestalttherapeutischen Spuren von Fritz und Laura Perls, im bioenergetischen Fahrwasser von Alexander Lowen, im klientenzentrierten Miteinander der Encountergruppen sensu Carl Rogers sowie im therapeutischen Stegreiftheater des Psychodramas von Jacob (Jack L.) Moreno.

Die Ausbildung zum Psychotherapeuten eines der Gruppenverfahren fand an Wochenenden im Abstand von ein bis zwei Monaten statt. Fast immer befanden sich die Teilnehmer in der Patientenrolle, in der sie in unmittelbarer Selbsterfahrung das jeweilige Therapiekonzept von der Pike auf kennen lernten. Dieses Ausbildungsmodell habe ich übrigens sehr schätzen gelernt und danach auch persönlich für die von mir angebotene Ausbildung zum Gruppenverhaltenstherapeuten beibehalten. Denn, um weiter ehrlich zu sein: Ich habe in dieser Zeit eine Unmenge über die psychotherapeutische Arbeit in und mit Gruppen gelernt und in die spätere Entwicklung von Gruppenkonzepten für die Verhaltenstherapie einfließen lassen.

Verhaltenstherapie in Gruppen

Die allererste Publikation über Gruppenverhaltenstherapie stammt von Arnold Lazarus noch aus seiner Zeit in Südafrika als Mitarbeiter von Joseph Wolpe. 1961 berichtete er über seine Versuche, die Systematische Desensibilisierung zur Behandlung von Phobien und Ängsten mit Patienten in Gruppen durchzuführen [165]. Zur gleichen Zeit experimentierte er bereits mit einem Gruppentraining sozialer Kompetenzen, in dem er Patienten mit sozialen Ängsten behandelte. So richtig in Gang kommen sollte die Erforschung verhaltenstherapeutischer Gruppen jedoch erst in den 1970er Jahren – nicht von ungefähr mitten in der weltweit boomenden Gruppenbewegung. Ganz im Unterschied zu anderen Gruppentherapieverfahren wurden diese Konzepte jedoch unmittelbar auch einer empirischen Wirksamkeitsüberprüfung unterzogen.

Standardisierung oder Zieloffenheit?

In gewisser Hinsicht bin ich stolz darauf, von Anfang an bei der Gruppenbewegung der Verhaltenstherapie dabei gewesen zu sein. Außer in meiner Arbeitsgruppe in Münster wurden damals in Deutschland Verhaltenstherapiegruppen auch in München durch das Ehepaar Ullrich de Muynck und Ullrich und in Hamburg in einer Arbeitsgruppe um Klaus Grawe erprobt. Bereits 1980 sollte Grawe das erste deutschsprachige Werk über „Verhaltenstherapie in Gruppen" mit Theorie- und Forschungsarbeiten angelsächsischer und deutscher Autoren herausgeben [103].

Gruppe im Liegen. Ein sehr interessantes Gruppenexperiment ist mir aus dieser Zeit von Wolfgang Tunner in Erinnerung. Er experimentierte Mitte der 1970er Jahre in München mit Gruppen phobischer Patienten. Eigentlich war dies keine Gruppentherapie, wie man sie sich landläufig vorstellt, sondern eine multiple Einzeltherapie in der Gruppe. Jeder Patient lag in einem Entspannungsstuhl. Die Stühle standen nebeneinander im Halbkreis und der Therapeut hatte alle Gruppenmitglieder durch eine Einwegscheibe im Blickfeld. Jeder Phobiepatient absolvierte im entspannten Zustand seine eigene, nämlich auf seine Ängste zugeschnittene Systematische Desensibilisierung *in sensu*. Dazu war für jeden eine individuelle Hierarchie phobischer Reize ausgearbeitet worden.

Vom Nebenraum aus konnte der Therapeut über Kopfhörer mit jedem Teilnehmer getrennt in Kontakt treten. Mittels Handzeichen signalisierte ein Patient, wenn er eine Stufe der Angsthierarchie erfolgreich bewältigt hatte, woraufhin der Therapeut in der Angsthierarchie weiter nach oben wanderte oder zwischendrin einen erneuten Entspannungszustand induzierte. Insgesamt stellte sich diese ökonomische Variante als gleichwertig erfolgreich heraus wie die Systematische Desensibilisierung, die im Einzelsetting durchgeführt wurde. Leider ist dieses Experiment nur von historischem Interesse, weil die Verhaltenstherapeuten heute nur noch selten dieses Angstbehandlungsverfahren in Anwendung bringen, vielmehr möglichst unmittelbar mit einer Expositionstherapie *in vivo* beginnen.

Multimodulare Standardisierung. Historisch liegt eine Konzeptentwicklung vor, die als störungs- bzw. methodenspezifische Behandlung begann, indem die Konzepte der Einzelverhaltenstherapie einfach auf die Gruppe übertragen wurden. Dies geschah von Anfang an in Form standardisierter Gruppenprogramme. Heute haben die meisten Standard-Gruppenprogramme eine multimodulare Behandlungsstruktur. Das heißt, dass für spezifische psychische Störungen (Ängste, Phobien, Depressionen usw.) ein Gruppenkonzept zusammengestellt wird, das möglichst viele therapierelevante Aspekte in modularisierte störungsspezifische Behandlungspakete zu integrieren versucht.

Schon früh folgten Gruppenversuche, in denen die Beachtung komplexer Ziele betont wurde. Es wurde gesehen, dass sich wegen einer komplexeren Symptomatik oder wegen Mehrfachdiagnosen nicht alle Patienten den störungsspezifischen Standardgruppen zuordnen ließen. Auch waren in einer Ambulanz oder Klinik nicht immer hinreichend viele Patienten mit gleicher Störungsdiagnose vorhanden, so dass der Bedarf an Gruppenkonzepten für Patienten mit unterschiedlichen Störungsbildern größer wurde.

Zieloffenheit. Aus diesen Gründen wurden den Standardprogrammen recht bald so bezeichnete „Zieloffene Gruppenkonzepte" zur Seite gestellt. Diese sind eher durch eine Offenheit hinsichtlich Patientenselektion und Methodenauswahl bestimmt. Das therapeutische Vorgehen ist (trotz Gruppe) charakterisiert durch ein immer auf den Einzelfall bezogenes therapeutisches Vorgehen. Andererseits greift der Therapeut in die Zielfindung und den Entscheidungsprozess der Patienten und der Gruppe eher zurückhaltend und vermittelnd ein; und er geht den Prozess der konkreten Planung und Ausgestaltung der zieloffenen Gruppenverhaltenstherapie gemeinsam mit der Gruppe. Wichtig ist jedoch: ohne dabei auf Störungsspezifität und Zielorientierung als zentrales Merkmal der Verhaltenstherapie zu verzichten! Was zumeist fehlt, ist ein bereits vorab inhaltlich festgelegtes Therapieprogramm (ausführlich: [65]).

Das Training sozialer Kompetenzen
Beginnend mit den Versuchen von Arnold Lazarus wurde das Training sozialer Kompetenzen zum Paradebeispiel einer wirksamen, zugleich standardisierten Form der Gruppenarbeit. Unverzichtbarer Prototyp ist das multimodulare Sozialtraining noch heute in der Behandlung sozialer Ängste und bei Personen mit ängstlich-vermeidender Persönlichkeitsstörung. Und da soziale Ängste und eine selbstunsichere Persönlichkeit als Mitursachen bei den meisten psychischen Störungen gelten, gibt es heute kaum eine Klinik, in der das Training sozialer Fertigkeiten nicht zum Bestand therapeutischer Angebote gehört – vorausgesetzt natürlich, dass dort Verhaltenstherapeuten arbeiten. Durch ein gezieltes Vorgehen werden neue soziale Kompetenzen im Rollenspiel erprobt, instabile Verhaltensweisen gefestigt sowie unvollständig ausgebildete Verhaltensmuster ergänzt und verfeinert [120].

Eines der ersten Trainingsprogramme stammt vom Münchener Ehepaar Rita und Ullrich de Muynck. Sie haben ihr fein gegliedertes „Assertiveness-Training-Programm (ATP) seit Beginn der 1970er Jahre insbesondere für schwerer gestörte Patienten entwickelt und dessen Wirksamkeit auch an Patienten mit schizophrenen Störungen im psychiatrischen Kontext evaluiert [249]. An der Erforschung des Verfahrens waren auch Forschergruppen um Dirk Zimmer und Klaus Grawe beteiligt [250].

Ausgesprochen wirksam. Aus heutiger Sicht kann man zweifelsohne sagen, dass die Effektivität nicht nur des ATP, sondern auch die Wirksamkeit zahlloser Folgeprogramme durch empirische Daten eindeutig gesichert ist. Selbst bei gravierenden und langjährigen Auffälligkeiten ist ein Sozialtraining Erfolg versprechend [107]. Dabei reichen die Wirkungen eines selbst solitär eingesetzten Kompetenztrainings über den Bereich sozialer Unsicherheiten und Phobien hinaus und ergeben günstige Veränderungen auch anderweitiger Störungen (untersucht bei Depressionen, Schizophrenie, Alkoholabhängigkeit, sexuellen Störungen und verschiedenen spezifischen Phobien).

Die gute Breitenwirkung des Selbstsicherheitstrainings kann nicht nachdrücklich genug hervorgehoben werden, da sich gelegentlich selbst Verhaltenstherapeuten zurückhalten, das Sozialtraining in ihr Behandlungsrepertoire zu übernehmen. Denn im Vergleich mit Gruppentherapieverfahren anderer Psychotherapieschulen hat sich das Sozialtraining eher als überlegen, nie jedoch als weniger wirksam erwiesen. Dies sollte hier jetzt auch deshalb ausdrücklich betont werden, weil nachfolgend die Ergebnisse einer eigenen Studie vorgestellt werden, die Eigenarten und Wirkungen des Sozialtrainings in einem kritischen Licht erscheinen lassen. Damit soll jedoch nicht die Effektivität des Kompetenztrainings in Frage gestellt, sondern eher zum Nachdenken angeregt werden.

Zieloffene Verhaltenstherapiegruppen

Als das Training sozialer Fertigkeiten an Bekanntheit zunahm, war ich selbst – wie weltweit einige andere Forscher auch – mit ersten Versuchen beschäftigt, ein Konzept für „Zieloffene Verhaltenstherapiegruppen" zu entwickeln. Uns erschienen hochgradig durchstrukturierte störungsspezifische Trainingskonzepte – trotz nachweisbarer Effektivität – zu wenig flexibel. In der Forschung ließen sich die Programme wegen ihrer Modularisierung zwar exzellent untersuchen, andererseits stellte sich die Frage, ob die vorgegebenen Übungen hinreichend sind, den komplexen zwischenmenschlichen Problemen vieler Patienten wirklich angemessen zu entsprechen.

Das Gesagte trifft auch auf das Sozialtraining zu. Soziale Angst und Selbstunsicherheit können die unterschiedlichsten Ursachen und Hintergründe haben. Dies gilt insbesondere für Menschen mit Persönlichkeitsstörungen, deren psychische Probleme zumeist aus Dauerkonflikten mit anderen Menschen erwachsen – mit der Folge zunehmender Feindseligkeiten und Ausgrenzungen, was die Betroffenen in schwer auflösbare zwischenmenschliche Krisen führt. Weiter kann ein allgemeines Insuffizienzerleben Mitursache für sozial ängstliches und vermeidendes Interaktionsverhalten sein, etwa in der Folge einschneidender Lebensereignisse (Tod eines Partners, miterlebte Gewalt), nach längerer Arbeitslosigkeit, als Folgeproblem bei Migration oder auch als Ausdruck altersabhängiger Sinnfindungskrisen. Für die Bearbeitung solchermaßen komplexer Themen schien uns in den formal und inhaltlich durchstrukturierten Trainingsprogrammen nicht hinreichend Raum. Als ein Beispiel dafür kann unser erstes Fallbeispiel des Patienten mit einer Sozialphobie gelten, für den eine modulare Angstbehandlung sicherlich völlig fehlindiziert gewesen wäre.

Verhaltensanalytische Gruppentherapie. Komplexe Probleme der angesprochenen Art benötigen mehr Zeit und eventuell ihr eigenes Format. Das von uns entwickelte zieloffene Gruppenkonzept war – angesichts der positiven Erfahrungen mit dem Sozialtraining – zunächst nicht als Konkurrenzverfahren gedacht, sondern als Ergänzungsmodell. Für den Fall, dass bei einzelnen Patienten komplexe Störungen des zwischenmenschlichen Beziehungsverhaltens vorlagen, die sich mittels Rollenspielen oder anderen Übungen nicht hinreichend erfolgreich behandeln ließen, sollten – so unsere Zielidee – die Therapeuten zeitweilig auf ein anderes, dem Problem anzupassendes Gruppenformat umschalten, um später dann erneut zu Übungseinheiten des Selbstsicherheitstrainings zurückzukehren.

Einzeltherapie in der Gruppe. Prototypisch für das zieloffene Vorgehen ist die Maximierung des Prinzips der Einzeltherapie in der Gruppe. Wir nannten das von uns in Münster entwickelte Konzept „Verhaltensanalytische Gruppentherapie" (VAG), weil ein Großteil der Aufgaben, die in der Einzelfallbehandlung vom Verhaltenstherapeuten durchzuführen sind (Problemanalyse, Zielanalyse, Therapieplanung), sukzessive und zunehmend auf die Gruppe übertragen wird – zum Beispiel in Form gruppengemeinsamer Problemanalysen und der gruppengemeinsamen Suche nach Lösungen für angesprochene Probleme. An diesen beteiligt sich der Therapeut natürlich unter Einbezug seiner verhaltenstherapeutischen Kenntnisse und Möglichkeiten. Auf diese Weise rücken die Teilnehmer im Therapieverlauf nach und nach mit ihren Problemen jeweils für längere Zeit in den Mittelpunkt der Gruppenarbeit, um in Gesprächen und Übungseinheiten für ihre spezifischen Problemstellungen persönliche Lösungen zu finden.

Einbeziehung der Gruppeninteraktion. Zieloffene Gruppenkonzepte erschließen ausdrücklicher als die multimodularen Ansätze eine Behandlungsmöglichkeit für jene Störungen mit Ursachen oder Folgewirkungen von zwischenmenschlichen Problemen und Konflikten. Dazu wird in diesen Gruppen gelegentlich der zeitliche Anteil, in dem die Gruppenmitglieder ihre psychischen Störungen besprechen, zugunsten einer stärkeren Beachtung interaktioneller Prozesse in der Gruppe selbst zurückgenommen. Gleichzeitig werden aber auch die Anteile der systematischen Einübung neuer Verhaltensweisen und Kompetenzen erhöht – jedoch mit einem wichtigen Unterschied zu standardisierten Trainings: Die Auswahl der Übungen orientiert sich an den konkreten Lebensproblemen der Teilnehmer und nicht an den Übungsvorgaben der Trainingsmanuale.

Zu den heimlichen Wirkungen therapeutischer Konzepte

Als das Konzept der Verhaltensanalytischen Gruppentherapie (VAG) 1975 in seiner vorläufigen Form ausgearbeitet war, entschlossen wir uns zum ersten Experiment. Insgesamt 24 Patienten mit sozialen Phobien wurden in sechs Gruppen behandelt, je zwei Therapeuten bei einer Vierergruppe Patienten acht Wochen lang mit jeweils einer Sitzung pro Woche. Die Hälfte der Gruppen absolvierte ein standardisiertes Training sozialer Kompetenzen, das wir an den Vorgaben des „Assertiveness-Training-Programms" (ATP) von Ullrich de Muynck und Ullrich ausgerichtet hatten. In der anderen Hälfte der Gruppen kam unser VAG-Konzept zur Anwendung. Angesichts der bereits bekannten Wirksamkeit des ATP war es unser Ziel, wenigstens eine Gleichwertigkeit beider Ansätze nachweisen zu können.

Um die Wirksamkeit beider Konzepte zu evaluieren, wurden Erhebungsinstrumente eingesetzt, die sich bei früheren Überprüfungen des ATP bewährt hatten. Zudem wurde jeder Patient nach Abschluss der Therapie einem Verhaltenstest unterzogen. Dazu hatte er oder sie vier Minuten lang einen Vortrag zu halten, und zwar vor laufender Videokamera und vor fünf unbekannten Personen, die als „Beurteiler" eingeführt worden waren. Diese „Beurteiler" saßen im Halbkreis vor den Patienten, und ihnen war – zur Konstanthaltung der Untersuchungsbedingung und als weitere Erschwernis für die Patienten – auferlegt worden, während der Zeit des Vortrags zu schweigen und dabei vor den Patienten auf den Boden zu blicken – und, möglichst ihre Haltung nicht zu verändern.

Erstes Erstaunen. Was die Bewertung der Zufriedenheit mit der Gesamttherapie sowie die Vorher-Nachher-Erhebungen zur sozialen Ängstlichkeit bzw. Selbstsicherheit mittels Fragebogen anging, so unterschieden sich die Patienten beider Behandlungskonzepte nicht: Alle Gruppen erwiesen sich gleich erfolgreich. Anders jedoch sah es im Verhaltenstest aus. Die Patienten unserer Kontrollgruppe mit dem ATP-Sozialtraining schnitten in den vorab festgelegten Verhaltensmaßen deutlich besser ab als die Patienten der Verhaltensanalytischen Gruppen (VAG). Für die Selbstsicherheitsgruppe ergab sich: höhere selbst und fremd eingeschätzte Selbstsicherheit der Patienten bei dem Vortrag vor laufender Kamera, höhere Wortzahl und erheblich weniger Sprechpausen. Ein Blick in die Videos machte das deutlich: Nach Therapieschluss traten die Patienten des Selbstsicherheitstrainings fast durchgängig selbstsicher hinter das Rednerpult und hielten recht wortgewandt und ohne Angst ihre Vorträge.

Auf den zweiten Blick. Aufgrund dieser Befunde schauten wir uns die Videos mit den Vorträgen der VAG-Patienten nochmals genauer an. Die Patienten der Verhaltensanalytischen Gruppentherapie verhielten sich nämlich unterschiedlich. Während einige sich der Testinstruktion anpassten und ebenfalls recht wortgewandt ihren Vortrag hielten, versuchten andere, die Zuhörer in ein Gespräch zu verwickeln. Beispiele dafür waren Sätze wie: „Es würde mir besser gehen, wenn ihr mich anschauen würdet" – oder – „Ich weiß, dass ihr euch hier den ganzen Tag über Vorträge zum gleichen Thema anhören müsst, deshalb werde ich es kurz machen und dann nichts mehr sagen. Offensichtlich dürft ihr ja doch nicht diskutieren" – oder – „Was haltet ihr eigentlich von dem, was ich euch gerade so erzähle?" – oder – „Müsst ihr eigentlich den ganzen Tag über so bewegungslos da sitzen?" Es war klar, dass diese Versuche an der „Standardisierung" der Zuhörer scheiterten. Einige VAG-Patienten brachen daraufhin das Gespräch ab und verbrachten den Rest der Zeit schweigend im Raum. Andere versuchten mehrmals, die Kommunikationssituation erneut zu verändern. Einer ging pfeifend zum Fenster und betrachtete den Rest der Zeit vorbeifahrende Autos. Einer verließ vorzeitig den Raum.

Ergänzende Auswertung. Aufgrund dieser Beobachtung fügten wir – was redliche Forscher eigentlich nicht dürfen – für eine zweite Auswertung weitere Kriterien hinzu, die dann im Vergleich beider Gruppen ein völlig anderes Bild ergab. Diesmal waren die VAG-Patienten deutlich überlegen und zwar hinsichtlich folgender, unserer Erachtens ebenfalls sozial relevanter Aspekte: Sie sprachen die Zuhörer häufiger direkt an, versuchten sie in ein Gespräch zu verwickeln, versuchten also auf unterschiedliche Weise, den standardisierten Verhaltenstest zu verändern (quantifizierte und weitere Befunde: [49]).

Experimentum crucis. Die Ergebnisse zeigen etwas überspitzt zusammengefasst: Die Patienten des Trainings sozialer Kompetenzen „funktionierten" so, wie sie es im Selbstsicherheitstraining gelernt hatten, und zwar perfekt im Sinne der erhaltenen Instruktionen. Einige der verhaltensanalytischen Patienten taten es ihnen nach. Die meisten anderen dieser Untersuchungsgruppe jedoch setzten sich (zwar selbstsicher entschlossen, aber mit weniger „selbstsicheren" Gefühlen) über die Instruktion hinweg, indem sie versuchten, die Kommunikationssituation abzuändern oder sich ihr zu entziehen.

Als wir die Befunde seinerzeit auf einem Kongress der Deutschen Gesellschaft für Psychologie präsentierten, fragten wir die Zuhörer damals ironisch, welche Patienten denn nun wohl die sozial angemessenen Verhaltensweisen im Umgang mit der Testsituation gewählt hätten. Von verschiedenen Seiten wurde uns daraufhin harsche Kritik zuteil – vor allem mit Blick auf die Ex-post-facto-Analyse mittels nachträglich angepasster Kriterien. Diese Kritik hat bis heute wenig daran zu ändern vermocht, dass diese Untersuchung zu einer Art *Experimentum crucis* geworden ist, dass ich nicht zu wiederholen brauchte und bisher auch nicht wiederholt habe.

Die soziale Validität therapeutischer Wirkungen

Das Beispiel wurde hier angeführt, weil in den meisten Studien die Auswahl von Messinstrumenten durch den Wunsch bestimmt ist, möglichst mit anderen Studien vergleichbare Befunde zu generieren und deshalb relativ blauäugig bereits eingeführte Messinstrumente übernommen werden. Fragen der Validität oder (besser) Fragen, die über klinisch relevante Symptombesserungen hinausreichen und die implizite oder versteckte, sozial dennoch relevante Wirkungen psychotherapeutischen Handelns betreffen, spielen in den meisten Studien eine eher nebengeordnete Rolle.

Um mich hier nochmals zu wiederholen: Das von uns durchgeführte standardisierte ATP-Training sozialer Kompetenzen war erfolgreich! Die sozial phobischen Patienten hatten am Ende der Behandlung kaum mehr soziale Unsicherheiten und Ängste; und sie waren allesamt mit der von ihnen absolvierten Behandlung sehr zufrieden. Gleiches galt im Übrigen auch für die VAG-Patienten. Andererseits macht der gerade dargestellte Kontrast zwischen standardisierter und zieloffener Gruppenverhaltenstherapie deutlich, dass Psychotherapie fast immer (und gelegentlich unmerklich) eine Wert bestimmende oder auch Werthaltungen generierende Position einnimmt. Diese eher verdeckt wirkenden, wenngleich gelegentlich schwer operationalisierbaren, ethisch jedoch bedeutsamen Implikationen der jeweiligen Verhaltenstherapiemethodik sollten zukünftig ernsthafter als bisher mitbedacht und geprüft werden, und zwar nicht nur in der Forschung, sondern auch in der Praxis!

Gruppen für schizophrene Patienten und ihre Angehörigen

Ab Mitte der 1970er Jahre arbeitete ich in Münster mit dem Psychiater Gerhard Buchkremer zusammen, der später einem Ruf auf den Lehrstuhl für Psychiatrie in Tübingen Folge leistete und Direktor der dortigen Psychiatrischen Universitätsklinik wurde. Wir entwickelten und untersuchten in Münster die Wirksamkeit von standardisierten multimodularen Konzepten für die Gruppenbehandlung schizophrener Patienten. Gleichzeitig führten wir erste Gruppentherapien mit Angehörigen schizophrener Patienten durch [29; 75].

Die dabei entstandenen Module konnte ich Anfang der 1980er Jahre in meinen ersten Heidelberger Jahren mit dem Psychiater Christoph Mundt, dem späteren Direktor der

Psychiatrischen Universitätsklinik Heidelberg, weiter ausarbeiten und in Angehörigengruppen evaluieren [187]. In dieser Zeit konnten wir erste Erfahrungen mit Gruppen sammeln, die über eine sehr lange Zeitdauer durchgeführt wurden, nämlich (mit Ausnahme einer Urlaubspause) kontinuierlich wöchentlich über ein ganzes Jahr hinweg.

Psychotherapie wirkt, fragt sich nur: wie?

Wenig bekannt sein dürfte, dass diese sorgsam evaluierte Studie zugleich den heimlichen Vergleich zweier Therapieschulen beinhaltete. Christoph Mundt ist Psychoanalytiker, ich bin Verhaltenstherapeut. Wir beide führten jeweils eigene, also getrennt geleitete Langzeitgruppen für Angehörige schizophrener Patienten durch. Ein echtes kleines Konkurrenzunternehmen. Psychodynamisch orientierte Gruppenarbeit versus zieloffene verhaltensanalytische Gruppentherapie. Jeder von uns beiden wollte natürlich die besseren Ergebnisse erzielen, ist doch klar.

Und dann überraschten uns nach einem Jahr Arbeit mit unseren Angehörigengruppen natürlich die erstaunlichen Ergebnisse der (unter Mithilfe von drei Forschern unzweifelhaft sorgsam durchgeführten) Wirksamkeitsuntersuchung: Beide Gruppenarten unterschieden sich in nichts. Keine Drop-outs in beiden Gruppen, immer pünktliche und zufrieden mitarbeitende Patienten, keinerlei Effektunterschiede. Und in beiden Gruppen wurden nach und nach, wenngleich zu unterschiedlichen Zeiten, insgesamt auch noch die gleichen Themen behandelt. Schließlich das uns wichtigste Ergebnis: Sämtliche Teilnehmer profitierten gleichermaßen gut und veränderten sich in die erhoffte günstige Richtung [84].

Der kleine Unterschied ohne Folgen

Es gab zwischen uns zwei Therapeuten offenkundig nur einen einzigen Unterschied. Stille Beobachter hatten uns nämlich Sitzung für Sitzung über die Schulter geschaut und den gesamten Verlauf der Therapien bis ins Detail hinein dokumentiert. Der einzige Unterschied war: Die Zahl meiner verhaltenstherapeutisch inspirierten Wortbeiträge in den Gruppensitzungen lag etwa doppelt so hoch wie die Zahl der tiefenpsychologisch inspirierten Wortbeiträge, die für Christoph Mundt registriert wurden. Ein hochgradig aktiver Verhaltenstherapeut und ein erwartet zurückhaltender Psychoanalytiker: gleiche Inhalte, gleich gute Effekte. Wie das?

Ganz offenkundig hatten nicht die beiden unterschiedlichen Therapieverfahren bestimmt, woran und wie in den Gruppen gearbeitet wurde, sondern die unzählig handfesten Probleme, mit denen sich Angehörige schizophrener Patienten tagtäglich herumschlagen müssen. Den Gruppenteilnehmern bei dringenden Fragen psychoedukativ mit Rat und Tat zur Seite zu stehen, daran kamen weder Verhaltenstherapeut noch Psychoanalytiker vorbei. Und weiter findet sich in den Protokollen, dass nicht nur der Psychoanalytiker Mundt, sondern auch sein verhaltenstherapeutischer Kollege Fiedler gern längere Phasen der Therapie in wertschätzender Empathie als bevorzugter Therapiestrategie verweilte – dies insbesondere, wenn es um existenzielle Probleme und Trauerarbeit ging. Also hinsichtlich Psychoedukation und Empathie als wechselnd bevorzugter Therapiestrategie ebenfalls kein Unterschied. Psychoanalyse hin und Verhaltenstherapie her.

Dieses kleine *Experimentum crucis* sollte übrigens die persönliche und wissenschaftliche Freundschaft zwischen einem Psychiater und Psychologen begründen – eine Freundschaftsbeziehung, wie sie des Öfteren im Stammbaum der Verhaltenstherapie zu finden ist. Heute sind Beziehungen dieser Art leider etwas rar geworden und sollten wieder häufiger in Gang gebracht werden. Bei uns beiden handelt es sich sogar um die Zusammenarbeit zwischen einem Psychoanalytiker und einem Verhaltenstherapeuten – eine wissenschaftliche Bindung, die sich in dieser Konstellation andernorts vermutlich noch seltener finden lässt. Zur Vermehrung solcher Beziehungen möchte ich ebenfalls eindringlich zuraten, da diese bestens geeignet sind, die noch bestehende Kluft zwischen den Therapieschulen konstruktiv zu überbrücken. Unsere Heidelberger Freundschaft jedenfalls währt trotz notwendiger Krisen inzwischen mehr als ein Vierteljahrhundert, worauf wir beide sehr stolz sind. Auf die wissenschaftlichen Erträge dieser interdisziplinären Kooperation (einschließlich der Entwicklung eines weiteren Gruppenkonzeptes für depressive Patienten), werde ich in der vierten Befragung zur Person zu sprechen kommen.

Zweites Fallbeispiel

Dienstag, 16 Uhr 30

> Gute Gedanken muss man
> auch von rückwärts anschauen können.
> *Novalis*

16 Uhr 30. Einer meiner schizophrenen Patienten kommt jeden Dienstag, pünktlich auf die Minute. Er bleibt exakt dreißig Minuten, bis er wieder geht. Man kann die Uhr nach ihm stellen.

„Guten Tag, Herr Doktor!", sagt er beim Eintreten. Er kommt jedes Mal ohne Anklopfen in mein Büro, zieht Mantel oder Jacke aus, setzt sich rechts hin und wartet – immer auf dem gleichen Stuhl.

Geschichte aus dem Leben

28 Jahre ist er jetzt alt. Mit 18 Jahren – als sehr erfolgreicher Schüler kurz vor dem Abitur – wurde er das erste Mal in die psychiatrische Klinik draußen vor der Stadt eingeliefert. Damals war er von der Wahnidee eingenommen, mit einer Klassenkameradin verheiratet zu sein. Eines Tages stand er vor dem Haus seiner vermeintlich „Angetrauten" und verlangte von seinem „Schwiegervater", zu seiner „Frau" eingelassen zu werden. Dieser rief daraufhin die Polizei.

Während der Anfangszeit seines Klinikaufenthaltes schreibt er Liebesbriefe an „seine Frau" und böse Brief an unterschiedliche Behörden, in denen er verlangt, dass man „seiner Frau" endlich erlauben solle, ihn in der Klinik zu besuchen. Er bekommt jedoch nie eine Antwort. Als die medikamentöse Behandlung ihre Wirkung entfaltet, kann er zu seiner Wahnvorstellung, verheiratet zu sein, zunehmend eine innere Distanz herstellen – und schreibt seither keine Briefe mehr.

Acht Monate bleibt er im Krankenhaus. Die schizophrene Erkrankung hat aus dem erfolgreichen Gymnasiasten leider einen schwer behinderten Menschen werden lassen. Auch nach der Entlassung aus der Klinik leidet er unter erheblichen Störungen der Aufmerksamkeit und kann sich nur schwer konzentrieren. Wenn er in einer Zeitung liest, schafft er dies immer nur einige Absätze lang und hat das gerade Gelesene schnell wieder vergessen. Eine Rückkehr auf das Gymnasium jedenfalls ist nicht möglich.

Etwa ein Jahr später folgt sein nächster Klinikaufenthalt. Und bis vor drei Jahren erlebt er etwa alle eineinhalb Jahre für mehrere Monate einen Rückfall. Jedes Mal übrigens ist eines seiner zentralen Symptome auch die Wahnvorstellung, mit seiner ehemaligen Mitschülerin verheiratet zu sein.

Vor gut drei Jahren kommt er das erste Mal zu mir. Kurz zuvor war er erneut aus der psychiatrischen Klinik entlassen worden. Ein Klinikarzt im Mannheimer Zentralinstitut für Seelische Gesundheit habe ihm meine Adresse gegeben, sagt er. „Gehen Sie mal zu dem, wenn Sie unbedingt einen Psychotherapeuten brauchen! Der kennt sich mit der Schizophrenie aus!"

Ich fragt ihn, wie der Arzt heiße. Er sagte: „Doktor Rey."

Eibe-Rudolf Rey, du Schurke, schießt es mir ärgerlich durch den Kopf. Von uns Verhaltenstherapeuten kennen sich zwar nur wenige ausreichend mit der Schizophrenie aus, aber dazu gehörst erst recht du! So wird man offensichtlich Patienten los! Außerdem ist Eibe-Rudolf Rey kein Arzt, sondern Psychologieprofessor und Verhaltenstherapeut wie ich. Und außerdem auch noch mein Freund. Das gibt es irgendwann irgendwie freundschaftlich zurück! Aber das alles sage ich nicht, sondern denke mir meinen Teil.

Drei Jahre ohne Rückfall

In den drei langen Jahren, in denen er zu mir kommt, ist er rückfallfrei geblieben. Zur Zeit absolviert er eine Rehabilitationsmaßnahme. Drei Jahre ohne Rückfall! Darauf sind wir beide stolz. Von seinen Bezugstherapeuten und von mir hat er inzwischen gelernt, dass er sein zukünftiges Leben wohl nur sehr eingeschränkt weiterleben kann. Als Gärtner vielleicht oder als Botengänger im Gemeindeamt. Er selbst träumt davon, einmal am Computer arbeiten zu können. Das dürfte er wohl kaum schaffen, jedenfalls heute noch nicht.

Außerdem habe ich ihm erklärt, woran er selbst erkennen könne, dass es ihm wieder schlechter ginge. Sollte er nämlich wieder den Eindruck bekommen, mit seiner Mitschülerin verheiratet zu sein, solle er entweder unmittelbar bei mir vorbeischauen oder sofort seinen Psychiater aufsuchen, den er sowieso regelmäßig konsultiert, um sich seine Medikamente verschreiben zu lassen.

Jeden Dienstag um 16 Uhr 30 das gleiche Ritual. Ohne anzuklopfen kommt er herein und setzt sich auf „seinen" Stuhl. Mit großen Augen sieht er mich an und wartet. Es ist klar, dass ich mich ihm genau gegenüber auf die andere Seite des kleinen Tisches in meinem Zimmer setze. Nichts geschieht, wenn ich von woanders her ein Gespräch beginnen will. Sitze ich endlich, holt er einen kleinen Zettel aus der Tasche. Darauf stehen die Fragen, die ich beantworten muss.

„Kennen Sie sich mit der Schizophrenie aus?", ist seine allererste Frage, als er vor drei Jahren das erste Mal bei mir auftaucht. Dieser Satz steht auf seinem Notizzettel und er liest ihn sehr langsam und stockend vor. Ich bejahe die Frage; und er tut mir leid, weil ich sogleich bemerke, wie schwer seine schizophrene Behinderung ist. Daraufhin liest er die nächste Frage vor: „Habe ich meine Schizophrenie bekommen, weil mich mein Vater mit zehn Jahren einmal fast zu Tode geprügelt hat?"

„Das kann eigentlich nicht sein", antworte ich verlegen. Dann beginne ich damit, ihm so nach und nach das Diathese-Belastungs-Modell der Schizophrenie zu erklären. Das dauert insgesamt so ungefähr zwei Monate. Immer dienstags, von 16:30 bis 17:00 Uhr. Er wollte es genau verstehen und kam deshalb immer mit seinem Zettel voller Fragen.

Was denn nun Diathese sei? Nun ja, Vererbungseinflüsse, was bei ihm offensichtlich eher nicht der Fall sei. Vielleicht Probleme während der Schwangerschaft oder Geburt oder gravierende Probleme bei seiner Entwicklung im ersten Lebensjahr. Daran könnten sich vielleicht seine Eltern erinnern. Er solle sie doch mal fragen.

Zwei Wochen später erzählt er, dass seine Mutter in seinem ersten Lebensjahr etwa ein halbes Jahr krank gewesen sei, die längste Zeit im Krankenhaus. „Das kann vielleicht eine Rolle spielen", sage ich, aber er solle seiner Mutter nichts davon erzählen, um ihr kein schlechtes Gewissen zu bereiten.

Und dann wollte er genau wissen, warum ich die Schläge seines Vaters im Alter von zehn Jahren nicht zu den Belastungen hinzurechnen würde. Nun ja, antworte ich, die Prügelei mit dem Vater könne vielleicht eine gewisse Mitverantwortung tragen. Aber es sei wohl eher davon auszugehen, dass er immer schon ein hochgradig empfindsamer Mensch gewesen sei. Vermutlich sei es eher seine Verletzlichkeit, die immer wieder und fast regelmäßig eine schizophrene Episode bei ihm ausgelöst habe – meines Erachtens jedoch immer im Zusammenhang mit aktuellen Belastungen.

Ein Einzelereignis acht Jahre vor Ausbruch der Erkrankung, erkläre ich weiter, spiele in der ganzen Entwicklung hin zur Schizophrenie wohl nur eine sehr untergeordnete Rolle. Denn als die Schizophrenie bei ihm das erste Mal ausgelöst wurde, habe er sich ja kurz vor der Abiturprüfung befunden. Das sei dann wohl jene Belastung gewesen, die seine Verletzlichkeit nicht mehr ausgehalten habe.

Diese und ähnliche Erklärungen hört er sich geduldig an. Woche für Woche. Er kann in den ersten Wochen nicht genug davon mitbekommen, habe ich den Eindruck. Dass nicht sein Vater die eigentliche Ursache seiner Schizophrenie sei, das jedenfalls scheint ihn sehr zu beruhigen. Auch die Krankheit der Mutter sei ja nicht Absicht gewesen.

Vielleicht liegt es ja an mir, dass wir uns immer exakt eine halbe Stunde treffen, denn beim ersten Mal hatte ich nur dreißig Minuten Zeit. Wir bleiben übrigens in meinem Büro und gehen nicht in den Raum nebenan, wo ich sonst meine Therapiegespräche führe. Da er immer mehr wissen will, als ich ihm in dreißig Minuten beantworten kann, fragt er pünktlich kurz vor Ablauf der halben Stunde, ob er mit dem Rest der Fragen nächste Woche wieder kommen kann. Ich sage jedes Mal zu.

Inzwischen sind unsere Gespräche eine feste Institution. Für meine Urlaube oder Dienstreisen, die Folgetreffen unmöglich machen, hat er Verständnis. Wenn er für ein paar Wochen zu seinen Eltern fährt, bittet er mich vorher um Entschuldigung, dass er nicht kommen kann.

Als zwei Jahre vorbei sind, freue ich mich für ihn, dass es keinen Rückfall mehr gegeben hat. Viel hat er von mir gelernt. Zum Beispiel spricht er alle Pläne durch, die sich seine Bezugstherapeuten für seine Rehabilitationsmaßnahmen ausdenken. Bevor er nach Hause fährt, fragt er mich jedes Mal, wie er mit schwierigen Verhaltensweisen seiner Eltern besser umgehen kann, und ich erkläre ihm dann, welche Möglichkeiten ich sehe.

Nach etwa zweieinhalb Jahren fragt er, wie er mit dem Rauchen aufhören könne. Ich empfehle ihm Nikotinkaugummi. Drei Wochen später raucht er nicht mehr. Weil er daraufhin an Gewicht zunimmt, erkläre ich ihm, dass er die vollen Teller in der Kantine des Rehabilitationszentrums nicht unbedingt leer essen müsse. Daraufhin stabilisiert sich sein Gewicht. Dass er dennoch übergewichtig bleibt, schieben wir auf die Medikamente.

Seitdem er nicht mehr raucht, fragt er regelmäßig, warum nicht auch ich mit dem Rauchen aufhören will. Er habe es doch auch gut mit dem Nikotinkaugummi geschafft. Da ich keine rechte Antwort auf diese Frage weiß und nur mit den Schultern zucke, bleibt die Frage auf seinem Zettel stehen. Penetrant wiederholt er sie jetzt jede Woche, penetrant zucke ich mit den Schultern. Ich muss mir unbedingt eine kluge Antwort einfallen lassen, denke ich, sonst hört er nicht mit dieser dämlichen Frage auf. Als er die Frage ein fünftes Mal wiederholt, starte ich einen Versuch, meine Zigarettensucht zu entschuldigen, und an meiner Begründung scheint in der Tat etwas dran zu sein, wird mir klar.

„Wissen Sie, ohne Zigaretten kann ich nicht vernünftig schreiben. Und ich schreibe für mein Leben gern. Schauen Sie mal, diese Bücher hier habe ich schon geschrieben. Als ich einmal zwischendrin mit dem Rauchen aufgehört habe, fiel mir beim Schreiben nichts mehr ein. So ergeht das übrigens vielen Schriftstellern."

Er schüttelt nur verständnislos den Kopf. Aber er hat mich danach doch tatsächlich nicht mehr mit dieser im Übrigen gar nicht so dämlichen Frage belästigt.

Geschichte ohne Ende

Irgendwann muss ich ihm sagen, dass ich eventuell fortziehen werde. Ich hatte gerade den Ruf auf eine Professur für Klinische Psychologie an die Universität Greifswald erhalten und dort bereits mit den Berufungsverhandlungen begonnen. Sollte ich dort zusagen, wäre ich in etwa einem halben Jahr nicht mehr in Heidelberg. Viel zu lange schon habe ich mir überlegt, wie ich ihm beibringen kann, dass unsere Gespräche vielleicht ein für alle Mal ein Ende haben könnten. Zwischendrin, wenn auch nur kurz, war mir sogar die absurde Idee durch den Kopf geraust, ihn eventuell mitzunehmen.

Endlich fasse ich Mut. Als seine dreißigminütige Befragung zu Ende geht, sage ich: „Hören Sie, es kann sein, dass ich in wenigen Monaten aus Heidelberg fortziehen werde. Ich werde vielleicht auf eine Professorenstelle nach Greifswald wechseln. Diese Universitätsstadt liegt hoch oben im Norden von Deutschland, weit von Heidelberg entfernt. Ich würde gern nächste Woche einmal ausführlicher mit Ihnen darüber sprechen."

Zwei Tage später, es ist Donnerstag am Nachmittag, steht er plötzlich vor meiner Tür. Ich bin unter Zeitdruck, weil in nur wenigen Minuten meine immer zu dieser Zeit stattfindende Vorlesung beginnt. Ich sehe sofort, dass er innerlich stark aufgewühlt und hoch aktiviert ist. Seine Schizophrenie ist wieder erwacht, was er mir mit folgenden Worten bestätigt:

„Ich bin wieder verheiratet", sagt er kurz und knapp.

„Haben Sie schon mit Ihrem Arzt gesprochen?", frage ich.

„Ja", antwortet er, „wir haben die Medikation erhöht."

„Es tut mir leid. Ich muss in meine Vorlesung und habe jetzt keine Zeit", sage ich etwas hilflos. „Setzen Sie sich in den Warteraum! In eineinhalb Stunden bin ich zurück."

Als ich zurückkomme, ist er nicht mehr da. Am Montag darauf bekomme ich einen Anruf aus der psychiatrischen Klinik. Der Patient liege in hilflosem Zustand auf Station. Man habe ihn fixieren müssen. Er habe versucht, sich das Leben zu nehmen. Heute habe er wiederholt laut nach mir gerufen. Ob ich nicht einmal vorbeikommen könne.

Mir fällt ein Satz von Harry Stack Sullivan ein, den ich mir bisher offenkundig nur von vorn lesend erschlossen hatte.
„Es gibt die Schizophrenie des Betrachters, eine Art Denk- oder Theoriemuster, das der Realität übergestülpt wird – und es gibt eine schizophrene Realität, die dem Betrachter entgegentritt. Dabei ändert sich die schizophrene Realität immer und andauernd mit dem Standpunkt des Betrachters, wenn dieser aktiver Teilnehmer seiner Betrachtungen wird."
Ich hatte diesen Satz bisher immer hoffnungsvoll in dem Sinne verstanden, dass Verständigung in der Schizophrenie möglich ist. Und wenn Kommunikation gelingt, führt sie hilfreich zur Veränderung schizophrener Realität.
Da mir der Satz wichtig geworden war, hätte ich ihn mir – wie ich das bei guten Sätzen eigentlich immer mache – auch gleich noch rückwärts erarbeiten sollen. Denn Sullivan hatte offensichtlich mehr gemeint. Wird der Betrachter Teilnehmer einer Kommunikation, verändert sich auch die schizophrene Realität des Betrachters, wird zur gemeinsamen Realität.
Gemeinsame Realität bindet, auch wenn dies einige Therapeuten zu vermeiden trachten, obwohl es sich gar nicht vermeiden lässt. Ohne tragfähige Bindung kein gemeinsamer Weg in Richtung Heilung. Und das ist gut so.

Um meinen Patienten zu besuchen, werde ich keine Termine streichen müssen. Sie stehen sowieso in meinem Kalender, dienstags um 16 Uhr 30. Was weiter wird, wird sich zeigen.

Zurück in die Zukunft
Biographie-Arbeit in der Verhaltenstherapie

> Das Leben verstehen kann man nur rückwärts,
> aber leben müssen wir es vorwärts.
> *Søren Kierkegaard*

„Vergangenheit lässt sich nicht ändern, Verhaltenstherapeuten arbeiten in der Gegenwart und mit Blick auf die Zukunft!" kann man in vielen Lehrbüchern der Verhaltenstherapeuten nachlesen, beginnend mit Eysenck und Rachman [45], die mit diesem Argument die Verhaltenstherapie in ihrer Gründungszeit provokant von der Biographiearbeit in der Psychoanalyse abzugrenzen versuchten. Dieses Argument hat sich bei vielen Verhaltenstherapeuten bis in die Gegenwart gehalten. Nachfolgend sollen einige Argumente diskutiert werden, die es heute sinnvoll erscheinen lassen, diese etwas radikale Position zugunsten einer differenzierten Betrachtung aufzugeben[1].

Dass sich Verhaltenstherapeuten etwa nicht mit der Biographie beschäftigen würden, ist natürlich Unsinn. Nur spielt sie mit Blick auf die Therapieplanung eine eher nach- oder nebengeordnete Rolle. In jeder guten Problem- und Verhaltensanalyse wird nämlich eine strikte Trennung von zwei Aspekten vorgenommen, die seit den ersten Problemanalyse-Schemata aus den 1970er Jahren [12; 226] monolithisch Bestand hat, wobei fast ausschließlich der erste Aspekt der eigentlichen Therapieplanung zugrunde gelegt wird:

---

1 Dieses Kapitel geht in Anteilen auf eine Publikation aus dem Jahr 1998 zurück [56].

- Proximale Prozesse und aktuelle Ereignisse (auslösende und aufrechterhaltende Bedingungen): Welche situativen oder kontextuellen Bedingungen und welche persönlichen Verfassungen und Stimmungen sind im Wechselspiel mit dem Verhalten aktuell dafür verantwortlich, dass psychische Symptome und Störungen auftreten?
- Distale Prozesse und Entwicklungsbedingungen (Ätiologie und Pathogenese): Welche zeitlich zurückliegenden Faktoren und/oder bereits längerfristig wirkenden Einflüsse können für die Entwicklung psychischer Störungen als hinreichend erklärend angesehen werden?

Der zweite Aspekt dieser Doppelperspektive (die historisch-biographische Ätiologie-Perspektive) dient bis heute fast ausschließlich dazu, den ersteren (die aktuelle Bedingungsanalyse) – wie es so schön heißt: – zu validieren. Die Biographie der Störung sollte in Konvergenz mit dem funktionalen Bedingungsmodell stehen. Das heißt, die Bedingungsstruktur der aktuellen Problematik sollte sich plausibel aus der Biographie der Patienten herleiten lassen bzw. aus dieser heraus vorläufig verständlich werden. Andernfalls wäre eine Korrektur der proximal-funktionalen Bedingungsanalyse ins Auge zu fassen.

Die Relevanz des ersten Aspekts ergibt sich, weil eine erfolgreiche Symptombehandlung genau an der Beeinflussung proximal auslösender und aktuell aufrechterhaltender Ereignisse und Prozesse ansetzen sollte. Dieser Aspekt wird um so bedeutsamer, je höher das Rückfallrisiko einer psychischen Störung ist: Geht es doch darum, die Selbstbehandlungskompetenz von Patienten in der Weise zu stärken, dass sie von sich aus – prophylaktisch aktiv werdend – widrige Umstände zukünftig rechtzeitig beeinflussen oder bewältigen.

Verhaltenstherapie ohne Biographie?

Es gibt unzählige Argumente und Fallbeispiele, mit denen sich die vorrangige Therapiearbeit an den proximalen Bedingungen gut begründen lässt. Ätiologisches Wissen ist größtenteils probabilistisch und im Unterschied zu proximalen Bedingungen nicht zwingend deterministischer Art. Auch kann die Ursachenkenntnis Dinge betreffen, die *keine aktuelle* Bedingungsrelevanz mehr aufweisen, und ihre Beeinflussung wird dann weder notwendig noch möglich sein. So lassen sich die Ursachen einer Agoraphobie, die weit in der Vergangenheit liegen mögen, in der Regel sowieso kaum sicher rekonstruieren. Wir Verhaltenstherapeuten benötigen das Wissen um die Entstehungsbedingungen vielleicht gar nicht, um die Panikanfälle der Angstpatienten mit Expositionstherapie in der Gegenwart dennoch erfolgreich zu behandeln.

Selbst wenn die distalen Ursachen bekannt sind oder bis in die Gegenwart hineinwirken, kann es sein, dass sie sich gar nicht beeinflussen lassen. So mag beispielsweise eine Läsion im Gehirn die Ursache einer Sprachstörung sein. Die Hirnschädigung selber ist möglicherweise nicht zu beheben. Dennoch kann durch ein verhaltenstherapeutisches Sprachtraining angesichts der Plastizität des Gehirns und bei Berücksichtigung neurobiologischer Kenntnisse um die Sprachprozessierung eventuell einiges zur Wiedererlangung sprachlicher Fertigkeiten erreicht werden.

Als weiteres Beispiel wird gern auf die Depression verwiesen, bei der inzwischen eindeutig scheint, dass das depressive Denken der Patienten nicht als (etwa lebensgeschichtliche, also distal bedeutsame) Ursache der Depression in Frage kommt, wie dies Aaron Beck früher vermutete [15]. Vielmehr scheint die Depression selbst für den Denkstil verantwortlich und hat diesen fest im Griff. Negativismus und Pessimismus sind also in den meisten Fällen nicht viel mehr als der Ausdruck depressiven Funktionierens. Andererseits ist gut belegt, dass die Veränderung dieses proximal bedeutsamen Denkstils einen wichtigen Beitrag für die Therapie depressiver Störungen leisten kann – auch wenn sich diese kognitiven Faktoren nicht als Ursache der Depression erweisen. Kann jedoch dieser Aspekt depressiven Funktionierens erfolgreich beeinflusst werden, so können auch andere Mechanismen – bis hin zu Neurotransmitterfunktionen, wie man heute weiß – in therapeutisch positiver Richtung mittels kognitionstherapeutischer Intervention aktiviert werden.

„Vergangenheit lässt sich nicht ändern, Verhaltenstherapeuten arbeiten in der Gegenwart mit Blick auf die Zukunft!" lautet also die vermeintlich gut begründete Meinung. Andererseits machte gerade diese Positionierung es den Kritikern der Verhaltenstherapie leicht, ihrerseits – gelegentlich auch polemisch – gegen die Verhaltenstherapie ins Feld zu ziehen.

Patienten ohne Geschichte? Der Verhaltenstherapie-Patient – ist da zu lesen – wird „seiner Geschichte beraubt", sein Leben „enthistorisiert". Dabei sei doch nun wirklich die therapeutische Wirksamkeit der seit mehr als einhundert Jahren in den tiefenpsychologischen Therapieverfahren verbindlichen Praxis der Biographie-Arbeit eindrücklich belegt. Sie sei nicht nur wichtig, um dem Patienten eine Erklärung für die Störung geben zu können, sondern auch, um einfach seinem Kausalitätsbedürfnis zu entsprechen. Außerdem zeige sich wieder einmal, dass Verhaltenstherapeuten die psychoanalytische Arbeit nicht angemessen kennten: Psychoanalytische Biographie-Arbeit knüpfe immer auch am aktuellen Erleben in der gegenwärtigen Therapiebeziehung an, mache erst auf diese

Weise gewohnheitsbedingte Widerstände oder Wiederholungszwänge erfahrbar und einer Reflexion zugänglich. Und mit Blick in die Biographie bekämen sie Sinn und Bedeutung. Zusätzlich stärke dieses Vorgehen in rückfallpräventiver Perspektive seinerseits den Umgang mit widrigen Lebensbedingungen und steigere maßgeblich die Einsichten in das eigene psychische Funktionieren.

Dem ist nicht so leicht zu widersprechen. Die hier kurz nachgezeichnete Kontroverse hat insbesondere in den 1980er Jahren die Gemüter in beiden Therapielagern diesseits und jenseits des Atlantiks erhitzt. In Deutschland wurde sie insbesondere in einer Arbeit von Eva Jaeggi über Beziehung und Deutung im Vergleich von Verhaltenstherapie und Psychoanalyse kritisch auf den Punkt gebracht [129]. Völlig zu Recht wurde festgestellt, dass es sich bei der eingangs beschriebenen Trennung von Aktualanalyse und Störungsbiographie mit Vernachlässigung der Letzteren um ein Relikt aus der Zeit der Black-Box-Verhaltenstherapie handele, in der es ausschließlich darum ging, therapeutisch nur auf die den Symptomen vorausgehenden und nachfolgenden externen Bedingungen Einfluss zu nehmen. Seit der kognitiven Wende sei doch der Patient zum mitdenkenden Partner in der Verhaltenstherapie geworden, oder? – wurde ironisch gefragt – völlig unverständlich, dass man ihn weiterhin als geschichtsloses Wesen betrachte!

Es war nun genau diese Diskussion, die spätestens seit Anfang der 1990er Jahre dazu geführt hat, dass sich einige Vordenker in der Verhaltenstherapie daran gemacht haben, die Biographie-Arbeit für die Verhaltenstherapie neu zu entdecken (in der Übersicht [56]). Da die Diskussion über die therapeutische Relevanz biographischer Betrachtungen bis in die Gegenwart hinein anhält, soll sie im Folgenden erneut aufgegriffen werden. Dies auch deshalb, weil sie bis anhin zu keinen allzu großen Veränderungen in der Ausbildung und Praxis von Verhaltenstherapeuten geführt hat. Das jedoch sollte sich ändern.

Notwendiger Wandel im Biographieverständnis der Verhaltenstherapie

In der Rückschau auf die Entwicklung der Verhaltenstherapie in den letzten 20 Jahren ist es natürlich nicht nur die Biographie-Kontroverse mit den Psychoanalytikern, die einen Wandel im Biographieverständnis der Verhaltenstherapie bewirkte. Das Interesse an dieser Frage nahm in dem Maße zu, wie auch die Erkenntnisse über Entstehungsbedingungen, Faktoren der Aufrechterhaltung und Möglichkeiten der Behandlung psychischer Störungen zunahmen. Und dies geschah sowohl unter diagnostischen als auch unter therapeutischen Perspektiven, von denen nachfolgend drei diskutiert werden. Eine weitere Perspektive ist im Kontext der so genannten „Dritten Welle" der Verhaltenstherapie in den vergangenen Jahren dazu gekommen, der wir uns in einem späteren Kapitel ausführlicher zuwenden werden. Hier zunächst die drei Vorläufer in dieser Entwicklung:
- Subjektive Störungstheorie und das Expertentum der Patienten
- Patientenschulung im Verstehen der eigenen Biographie
- Validierung und das Infragestellen ätiologischer Hypothesen

Diese drei Perspektiven beinhalten eine eigenwillige Ambivalenz. Die Ausführungen mögen vor allem auf jene Leser zunächst befremdlich wirken, die bei der biographischen Methodik in hermeneutischer bzw. phänomenologischer Tradition vorrangig an eine „zieloffene Exploration" denken, in der das Individuum zu einem freien und umfassenden Bericht über seine Probleme und Erfahrungen angeregt wird. Eine Ambivalenz mag sich insbesondere dort einstellen, wo Verhaltenstherapeuten dazu übergegangen sind, Patienten nicht mehr nur hypothesengeleitet zu befragen, sondern die Patienten ermuntern, ihre Störungsbiographie mithilfe wissenschaftlich begründeter Störungstheorien, die einer Therapie zugrunde gelegt werden könnten, eventuell neu zu sehen, vielleicht sogar kritisch zu reflektieren.

Subjektive Störungstheorie und das Expertentum der Patienten
Jede Verhaltenstherapie beginnt sowieso mit einer zieloffenen Exploration, in welcher der Patient Gelegenheit erhält, frei und uneingeschränkt über seine psychischen Probleme und über die von ihm vermuteten Störungsursachen zu berichten – die im Übrigen ohne Rückschau auf die Biographie zunächst kaum hinreichend klar werden dürften [48; 228]. Hier wird jetzt zunächst nur empfohlen, der störungsbiographischen Betrachtung aus unterschiedlichen Gründen mehr Raum als bisher einzuräumen.

Erster und vermutlich wenig strittiger Punkt: Therapeutisch wirkt jede (Biographie-)Exploration bereits durch sich selbst. So beinhaltet die kooperative Rekonstruktion einer persönlichen Leidensgeschichte und die Suche nach einer bereits vorhandenen subjektiven Störungstheorie des Patienten zumeist, dass der Patient seine Gedanken sichten, ordnen und ausformulieren muss. Dabei ergibt sich die Chance, dass auch „neuartige" Erkenntnisse generiert werden können, weil die psychischen Störungen im diagnostischen, zumeist hypothesengeleiteten Gespräch in einem (er)klärenden oder sinnstiftenden Licht erscheinen. Auch Therapieerwartungen und Therapiemotivation sollten als Ausfluss der Biographie betrachtet werden, dies umso mehr, je länger die Patientenkarriere dauert und wenn Patienten (was häufig der Fall ist) bereits über unterschiedliche Therapie-Vorerfahrungen verfügen (sowohl organmedizinischer Art wie mit Psychotherapeuten unterschiedlicher Therapieschulen).

Das hier jetzt nachfolgende biographische Vorgehen betont jedoch zusätzlich noch ein besonderes Expertentum der Patienten – und zwar in zweierlei Hinsicht. Erstens werden Patienten nicht mehr nur als „Betroffene" ihrer psychischen Schwierigkeiten und Störungen betrachtet, deren Entwicklungsgeschichte biographisch (Sinn findend) nachzuzeichnen wäre. Patienten sind zugleich Menschen, die neben aller leidvollen Erfahrung zugleich über Möglichkeiten, Stärken, Kompetenzen und Ressourcen verfügen. Ein Ziel der biographischen Analyse wäre es, den Patienten im sokratischen Dialog zu helfen, ihre bereits (möglicherweise lebenslang) vorhandenen Möglichkeiten und Stärken herauszufinden.

Eine solche Nutzung des Expertentums des Individuums gelingt natürlich umso besser, wenn die Therapeuten über gewisse Grundkenntnisse in Kompetenz- und Ressourcenperspektiven verfügen, wie sie inzwischen in gesundheitspsychologischen Ansätzen ausgearbeitet vorhanden sind [205]. Ein solches Ressourcen explorierendes Vorgehen dürfte im Übrigen weitgehend einer biographischen Methodik entsprechen, wie sie bereits seit Jahren von Persönlichkeitspsychologen in der Bewältigungsforschung Anwendung findet [163].

Die problemanalytische Exploration einschließlich der biographischen Betrachtung wird also als eine von Patienten und Therapeuten gemeinsam zu erbringende Leistung betrachtet. Sie zielt auf die Entwicklung und Rekonstruktion einer subjektiven Störungstheorie, klärt bestehende Therapieerwartungen der Patienten, eruiert vorhandene Kompetenzen und Ressourcen. Alle diese Aspekte können nur hinreichend verständlich werden, wenn sie aus der Biographie heraus (und vorrangig durch die Patienten selbst und zunächst möglichst wenig beeinflusst) entfaltet und begründet werden.

Patientenschulung im Verstehen der eigenen Biographie
Wenn man diese Gedanken jedoch konsequent weiter denkt, ist es nur ein kleiner Schritt hin zur Frage, ob es sich nicht lohnen könnte, das Expertentum der Patienten auch im biographischen Verstehen und Erklären ihrer psychischen Probleme direkt anzureichern. Dieses Anreichern könnte beispielsweise durch expliziten Vergleich der Störungshypothesen des Patienten mit dem *state of the art* der Wissenschaft geschehen. Es ergeben sich sowohl Differenzen als auch Übereinstimmungen. Dieser Gedanke folgt konsequent der Forschungsentwicklung in der Klinischen Psychologie. Zunehmend wird von Verhaltenstherapeuten dahingehend argumentiert, dass es sich lohnen müsste, das in der Forschung angesammelte Wissen über psychisches Funktionieren und über psychische Störungen (informierend und edukativ) an jene Menschen weiterzugeben, die es in erster Linie betrifft: an die Patienten.

Warum – so die Frage – sollte nicht auch das durch vorhandene (wissenschaftliche) Erkenntnis angereicherte Expertentum der Patienten für die kooperative Ausarbeitung der Störungshypothesen von Patienten genutzt werden – einschließlich ihrer biographischen Perspektive?

Diese Idee entwickelte sich in der Folge von Studien, nach denen systematische Information und Aufklärung von Patienten am Erfolg psychotherapeutischer Behandlungen einen wesentlichen Anteil haben. Bei den Betroffenen selbst jedenfalls ist wohl ausnahmslos ein dringendes Bedürfnis nach Information über psychische Störungen und Krankheit sowie über Gesundung vorhanden. Und dieses Informationsbedürfnis wächst – angesichts der kaum mehr überschaubaren Situation im psychosozialen Versorgungsbereich – ständig. Sinnvolle Ursachenrekonstruktion kommt außerdem dem wohl zumeist vorhandenen Erklärungs- und Kausalitätsbedürfnis der Patienten entgegen.

Verständlicherweise ist dieses Interesse an fachkundiger Information zu Beginn einer psychotherapeutischen Behandlung am größten. Bereits längere Zeit ist empirisch gesichert, dass eine Frustration des Informationsbedürfnisses von Patienten ungünstige Wirkungen auf den Behandlungsverlauf zeitigen kann. Sie kann nicht nur den Verlauf therapeutischer Maßnahmen kontraproduktiv beeinflussen, sondern auch die Kontinuität psychotherapeutischer Maßnahmen erheblich gefährden. Informationsmangel auf Seiten der Patienten kann als Stressor besonderer Art angesehen werden, der in seiner Wirkung häufig den Belastungen aus der Unbestimmbarkeit psychischer Störungen nahe kommt [127; 220].

Fasst man die vorliegenden Forschungsergebnisse über die Folgen angemessener oder fehlender Information von Patienten positiv zusammen, dann lassen sich folgende Schlussfolgerungen für die praktische Therapiearbeit ableiten:

- Mit Informiertheit der Patienten wachsen Zufriedenheit mit der Therapie und Vertrauen in die Behandlung.
- Information vergrößert die Wirksamkeit therapeutischer Maßnahmen vor allem durch Entängstigung.
- Informiertheit schafft bessere Voraussetzungen zur aktiven und eigenverantwortlichen Beteiligung der Patienten an therapeutischen Maßnahmen.
- Informationsdefizite werden von Patienten selbst durch Nutzung von zum Teil nicht geeigneten Informationsquellen auszugleichen versucht.
- Akzeptable Information wirkt für sich bereits hochgradig therapeutisch!

Welch hohe Bedeutsamkeit bereits schlichte Informationsveranstaltungen gewinnen können, kann man kaum eindrücklicher nachvollziehen als in dem empfehlenswerten Erfahrungsbericht „Seelenfinsternis" des Psychoanalytikers und Chefs einer psychiatrischen Universitätsklinik Piet Kuiper [160]. Obwohl er selbst zu den ausgewiesenen Experten einer psychiatrischen und psychoanalytischen Depressionsbehandlung zählen dürfte, versäumte er während der Zeit seines Klinikaufenthaltes wegen einer eigenen depressiven Erkrankung keine einzige der wöchentlich auf Station angebotenen Informationsveranstaltungen. Ziel dieses von seinen verhaltenstherapeutischen Kollegen durchgeführten Patientenseminars war es, regelmäßig Ursachen und Erklärungsansätze der Depression darzustellen und über ihre Behandlungsmöglichkeiten zu informieren. Gerade diese „Patientenschulung" avancierte für Piet Kuiper zu einem besonderen Angelpunkt auf dem Weg seiner Genesung – nicht nur, weil sie Hoffnung vermittelte, Sicherheit gab und zur Beruhigung in seiner psychotischen Depression beitrug, sondern auch, weil sie ihm (durch die Möglichkeit der reflektierenden Anwendung des vermittelten Wissens) auch neue (eben verhaltenstherapeutische) Erkenntnisse über die Depression selbst vermittelte.

Die Anreicherung biographischer Expertise dient also nicht nur der Begründung von Zielen und Strategien der weiteren Behandlung, sondern sie könnte der Salutogenese zuträglich werden, indem sie die subjektive Sicherheit der Betroffenen im Umgang mit den eigenen Problemen erhöht. Sie kann entscheidend dazu beitragen, dass Patienten ihr bisheriges Leben und damit ihre Biographie besser verstehen, indem nämlich ihre Einsicht in die persönlichen Schwachstellen wie in die bestehenden eigenen Möglichkeiten gezielt angereichert und vertieft wird.

Die Validierung und das Infragestellen ätiologischer Hypothesen

Die eingangs beschriebene Trennung von „funktionalem Bedingungsmodell" und „validierendem Ätiologiemodell" sollte also verändert werden. Sie dürfen nicht mehr in getrennter Funktionalität für die Therapieplanung betrachtet werden, sondern müssen aufeinander bezogen sein – weil psychisches Leiden immer Geschichte hat, die bis in die Gegenwärtigkeit der Symptomatik weiterwirkt. Insofern sind historische Perspektiven ja in viele der heutigen globalen oder spezifischen Ätiologiemodelle psychischer Störungen integriert worden. Zumeist handelt es sich dabei (um nur einige zu benennen) um das Diathese-Belastungs-Modell oder das Transmissionsmodell oder auch um eine moderne systemtheoretische Perspektive [111; 170]. Wohl kaum mehr entsprechen die heutigen Erklärungsansätze noch den solitären Konditionierungshypothesen der frühen Verhaltenstherapie, die damals jene „validierende" Trennung von aktueller versus ätiologischer Betrachtung sinnvoll erscheinen ließen.

Das Hineinwirken der Lebensgeschichte in die Gegenwart gilt es insbesondere in der Behandlung von Persönlichkeitsstörungen zu beachten [68]. Dabei stellt sich dem Betrachter eine herausfordernde Aufgabe. Die Persönlichkeitsstörungen verlangen zwingend eine sorgsame biographische Analyse, weil zunächst überhaupt nicht sicher ist, ob sich (selbst bei formaler Erfüllung der Kriterien von DSM oder ICD) die Diagnose eine Persönlichkeitsstörung rechtfertigt. Im Falle einer Akzentuierung der Persönlichkeit oder einer chronifizierten Fehlhaltung könnte es auch sein, dass graduelle Interaktionseigenarten von den Betroffenen lediglich als Mittel zum Ziel gelebt werden, ein Unbehagen auszudrücken, das sie nicht anders auszudrücken vermögen. Auffällige Persönlichkeitseigenarten können weiterhin sekundär ein persönliches

Unvermögen oder Gelähmtsein angesichts länger wirkender, schier unlösbarer existenzieller Probleme signalisieren, einen grundlegenden Bruch in der Fähigkeit zu handeln oder zu kommunizieren.

Weiter erfordert die Persönlichkeitsbeurteilung einen sorgsamen Blick über das Individuum hinaus in die Historie seiner zwischenmenschlichen und sozialen Welt hinein. In privaten oder beruflichen Situationen können es sich viele Menschen nicht erlauben, eigene Bedürfnisse auszudrücken, weil sie wissen, dass diese Bedürfnisse zensiert werden – oft verknüpft mit erheblichen Konsequenzen für das weitere Leben. Im Ergebnis einer sorgsamen Betrachtung der Biographie kann sich herausstellen, dass Menschen durch andere Menschen oder ihre existentielle Situation gezwungen wurden, eigene Bedürfnisse zu entstellen und zu maskieren. Die in den Kriterien der Persönlichkeitsstörungen angegebenen Interaktionseigenarten können sich formal als Interaktionsstörungen darstellen, während sie bei Beachtung subjektiver Ziele unter Umständen als höchstfunktionale Kompetenzen bewertet werden müssen.

Biographische Kenntnisse verweisen den Therapeuten wie seinen Patienten auf mögliche Schwachstellen, vorhandene Lücken und Widersprüche, kurz: auf die wohl immer vorhandenen Grenzen allgemeiner wie spezifischer Ätiologieperspektiven. Diese muss der Therapeut gelegentlich von sich aus kreativ zu überbrücken versuchen. Dabei stehen ihm zwei Möglichkeiten offen: Entweder (a) er bevorzugt aus Plausibilitätserwägungen Aspekte der subjektiven Störungstheorie des Patienten; und/oder (b) er bevorzugt die Erklärungsperspektive des von ihm selbst gewählten Modells. Letzteres wird gewöhnlich dann sinnvoll sein, wenn die Perspektive des Patienten störungsbedingt realitätsinadäquate Züge angenommen hat (beispielsweise im Wahnerleben einer psychotischen

Störung oder als kognitive Einengung im depressiven bzw. präsuizidalen Erleben).

Sympathie und Transparenz auf dem Weg zur Heilung

Als ich diese Ideen vor einigen Jahren öffentlich vortrug, kam insbesondere von Seiten der psychoanalytischen Kollegen heftige Kritik [112]. Einerseits betraf sie die beratende Psychoedukation der Patienten ganz allgemein. Ein solchermaßen Aufgeben der „psychotherapeutischen Haltung" (gemeint war vermutlich die „psychoanalytische Technik") zugunsten einer psychoedukativen Beratung wurde in dieser Publikation sogar als „Gefahr für die gesamte Profession" der Psychotherapeuten hochstilisiert. Und in einem spezifischen Aspekt betraf diese Kritik die „Patientenschulung in biographischem Verstehen", indem auf die mögliche Gefahr einer „fremdbestimmten Biographie-Verfälschung" hingewiesen wurde. Erwartet hatte ich von dieser Seite eigentlich ein anderes Argument, nicht jedoch dieses. Doch der Reihe nach.

Natürlich unterbricht Patientenschulung regressive Prozesse
Meines Erachtens wäre aus der Sicht der Psychoanalyse eher folgende Kritik zu erwarten gewesen: Information und Aufklärung von Patienten unterbricht die in einer Psychoanalyse gewünschte Regression der Patienten und verändert damit Übertragungsprozesse in der therapeutischen Beziehung auf grundlegende Weise. Patientenschulung modifiziert auch die Entwicklung einer Übertragungsneurose, die die Analytiker für eine Sinn deutende Erarbeitung der Biographie ihrer Patienten insbesondere in einer Langzeitbehandlung benötigen. Aber an diesem Punkt kann eindrücklich verdeutlicht werden, wie sehr sich Ziele und Vorgehen einer üblicherweise kurzzeitig geplanten Verhaltenstherapie von der Langzeit-Psycho-

analyse (auch in der Biographiearbeit) unterscheiden, und dass sich deshalb eine schlichte „Integration" beider Therapiestrategien verbietet.

Um diesen Aspekt zu betonen, hatten die erwähnten Kritiker ihre Stellungnahme richtiger Weise ausdrücklich mit „Gedanken von entschiedenen Vertretern psychotherapeutischer Schulen" überschrieben. Dass es sich dabei meines Erachtens nur um ein Problem der selektiven oder differenziellen Indikation handelt (also um die Frage, welche Strategien für welche Patienten mit welchen Störungen die besseren Prognosen zeitigen könnten), wurde nicht ins Kalkül einbezogen. Vielmehr wurde engstirnig nur die Gefahr gesehen, eventuell traditionell gewachsene Bastionen aufgeben zu müssen. Dass psychoedukative Beratung und Schulung von Patienten sogar eine „Gefahr für die Profession" der Psychotherapeuten darstellen könnten, ist natürlich angesichts vorliegender Forschungsergebnisse zur positiven Wirksamkeit einer Patientenschulung unhaltbarer Unsinn.

Natürlich gilt es, Biographie-Verfälschung zu vermeiden
Aber auch das Argument der möglichen Biographie-Verfälschung verlangt eine kurze kritische Würdigung. Bis heute ist durch keine Studie oder Fallanalysen gesichert, dass die psychoanalytische, über höchst persönliche Beziehungserfahrungen gesteuerte Erarbeitung der Patientenbiographie ohne Verzerrungen oder Verfälschungen vonstatten geht. Eher wurde in der Vergangenheit (und zwar wiederholt) über gegenteilige Beobachtungen berichtet [97]. Diesem Problem der Biographie-Verfälschung unterlagen selbst einige der bedeutsamen Väter der Psychoanalyse, wie z.B. Sigmund Freud oder Sandor Ferenczi, wobei letzterer irrtümlich einem Rat des ersteren folgte, den dieser gerade wegen eines eigenen Irrtums gegeben hatte [182].

Freuds und Ferenczis jeweils „verzerrte Störungssicht" implizierte übrigens in mindestens zwei dokumentierten Fällen erhebliche (ungünstige) Wirkungen auf die weitere Behandlung. Und in beiden Fällen wurden die Behandlungsprobleme durch ätiologietheoretisch(!) begründete Annahmen der Therapeuten über den Wahrheitsgehalt der Berichte ihrer Patientinnen (über einen sexuellen Missbrauch in ihrer Kindheit) ausgelöst.

Aus diesen Erfahrungen hat Ferenczi übrigens kurz vor seinem Tod erhebliche Konsequenzen für die Notwendigkeit einer Änderung des psychoanalytischen Behandlungssettings abgeleitet [47]. Seine Empfehlung geht in die Richtung, die Patienten empathisch in der systematischen Biographie-Selbstanalyse zu begleiten und ihnen nicht zu vorschnell mit gelernten Deutungsroutinen oder Zweifeln an der Glaubwürdigkeit ihrer Schilderungen zu begegnen. Vielmehr gehe es darum, dem Patienten auch die psychodynamische Sicht der Dinge *hinter* den Deutungsroutinen behutsam transparent offen zu legen, damit sie sich kritisch damit auseinandersetzen können.

Dieser Vorschlag jedoch – eine frühe Empfehlung zur „Information von Patienten" über therapeutische Denkfiguren – wurde seinerzeit von seinen psychoanalytischen Kollegen nicht nur ignoriert. Vielmehr wurde die Veröffentlichung des Tagebuches „Ohne Sympathie keine Heilung", in dem Ferenczi die Veränderung psychoanalytischer Behandlungstechnik in Richtung auf vermehrte Empathie und Transparenz begründete, bis in die 1980er Jahre hinein aktiv verhindert.

Dies war übrigens einer Gründe, weshalb sich schließlich auch Otto Rank, der Ferenczi nahe stand und (teilweise mit ihm zusammen) drei kontrovers diskutierte Bücher über die „Technik der Psychoanalyse" verfasst hatte [202], zunehmend mehr in seinen Arbeiten vom „klassischen" Deutungsgebaren in der Psychoanalyse distanzierte, obwohl er ursprünglich mit Ferenczi zusammen dem sehr engen Wiener Zirkel um Sigmund Freud angehörte. Vorausgegangen war eine Weiterentwicklung des Konzepts des Widerstands: Dieser wurde weniger als pathologische Umdeutung, sondern eher als nötige Strukturierung der Realität betrachtet.

Damit war Rank zur Überzeugung gelangt, dass Therapeuten die Widerstände ihrer Patienten keinesfalls „therapeutisch intendiert brechen" sollten, andernfalls die Patienten von Schuldgefühlen geplagt lediglich lernten, ihren „Gesundwillen" auszuschalten. Vielmehr sei jeglicher Widerstand von Patienten als Kraft und Ressource aufzufassen und in Richtung Willensbildung positiv „auszudeuten" und „zu stärken" [171]. Keinesfalls dürfe ein Widerstand, wenn dieser sich gegenüber therapeutischen Deutungen oder in der therapeutischen Beziehung gegenüber dem Therapeuten artikuliere, patho-psychologisch fehl interpretiert werden.

Im Kern handelt es sich bei seinem Vorschlag um einen der frühesten Ansätze einer Ressourcen und Kompetenz fördernden Behandlung. Nach Ranks Auffassung sollte eine konstruktive Therapie das Individuum nicht ändern, sondern es in guter Kenntnis seiner Biographie weiter entwickeln, so dass es sich akzeptieren kann, wie es ist: nämlich fähig, die im früheren Leben verloren gegangenen Bedürfnisse zu erkennen und zukünftig willentlich nach Wegen einer angemessen Bedürfnisbefriedigung zu suchen. Selbstakzeptanz des Patienten wiederum setzt Akzeptanz durch einen Therapeuten voraus. Wegen genau dieser Perspektive wurde Otto Rank später von Carl Rogers als einer der wichtigen Vordenker der Gesprächspsychotherapie betrachtet. Beide verband übrigens jahrelang eine enge fachlich begründete Freundschaft.

Und was meine eigene Ansicht zu dieser Frage angeht, sollte selbst das Problem möglicher Biographie-Verfälschung nicht zu vorschnell und unbedacht zu einem „Bedrohungsszenario" aufgebauscht werden. Wie ich bereits andernorts begründet habe, stellt auch die nicht ganz realitätsgerechte Rekonstruktion biographischer Erfahrungen zunächst kein tragisches Problem dar – weil sich dies angesichts der Störanfälligkeit unseres so genannten expliziten Gedächtnisses gar nicht strikt vermeiden lässt [69]. Vielmehr ist es bedeutsamer, dass die Rekonstruktion einer „eigenen" Biographie als Voraussetzung für das Wiedererlangen einer Identität und für die Integration bisher vermiedener, ausgeblendeter, vergessener oder auch abgewehrter Erkenntnisse und Einsichten in das eigene Leben dienen kann.

Biographie-Transparenz stärkt die Selbstwirksamkeit
der Patienten
Dass im therapeutischen Gespräch Erinnerungslücken gelegentlich auch mit fiktiven Narrativen geschlossen werden, muss nicht zwangsläufig zum Schaden der Patienten sein. Wahrscheinlich lässt sich dies gar nicht vermeiden. Im Gegenteil kann dies, wie gesagt, zu einem erneuten ganzheitlichen Erleben verhelfen und den Patienten das Erleben einer integrierten Person zurückgeben. Probleme ergeben sich vermutlich nur dort, wo fehlerhafte oder falsche Erinnerungen generiert werden, die zum Schaden der Betroffenen und ihrer Umwelt gereichen können. Das jedoch gilt es sensibel und selbstkritisch unbedingt zu vermeiden.

Deshalb sollte die Strategie vermehrter Aufklärung und Transparenz hinsichtlich störungsbiographischer Erkenntnisse, die der Therapeut nutzen möchte, weder vorschnell noch forciert eingesetzt werden. Andererseits sprechen die zitierten Befunde eindeutig für den therapeutischen Wert von Aufklärung und Information. Im Kern dieser Maßnahme geht es jedoch noch um vieles mehr als lediglich um eine ätiologietheoretische Anreicherung des Expertentums von Patienten. Es geht (um mit Sandor Ferenczi zu sprechen:) um eine Maximierung von Transparenz therapeutischer Arbeitsweisen. Und auch dies unterscheidet die Psychoanalyse immer noch grundlegend von der heutigen Verhaltenstherapie.

Die Transparenz über das der Behandlung zugrunde liegende Erklärungs- und Behandlungswissen liefert den Patienten nicht nur eine Perspektive, wie sie sich, ihre Probleme und ihre Leidensgeschichte auch noch verstehen könnten. Um dies nochmals mit Otto Rank zu vertiefen: Viel wichtiger ist, dass therapeutische Transparenz das Expertentum von Patienten auf die Weise stärkt, sich zunehmend autonomer, reflektierter, kritischer und damit auch widerständiger auf den Therapeuten und sein Therapiekonzept zu beziehen.

Jedenfalls ist es bis heute eine unentschiedene Frage, was therapeutisch hilfreicher ist: dem Patienten mittels Klarheit und Transparenz kooperativ eine aktive Mitgestaltung seiner Therapie zu ermöglichen oder – wie in der Psychoanalyse häufig üblich – den Patienten bei kritischen Fragen und Stellungnahmen zum Therapiekonzept oder zur Person des Therapeuten Sinn deutend (und zwar aus der Therapeutenperspektive) auf sich selbst und auf seine Biographie zurückzuverweisen. Ich gehe mal davon aus, dass meine Haltung gegenüber diesem Indikationsproblem eindeutig und klar genug ausgefallen ist.

Befragung zur Person, die vierte

Let's talk about sex!

> Sex in längerer Verbindung ist die Kunst,
> Reprisen immer wieder wie Premieren erscheinen zu lassen.
> *Jeanne Moreau*

Philipp Hammelstein: *Gerade ist von Dir ein neues Buch mit dem schlichten Titel „Sexualität" für Reclams Universalbibliothek im Druck [74]. Wie bereits vor wenigen Jahren mit dem Buch über „Sexuelle Orientierung und sexuelle Abweichung" im Beltz-Verlag [63] scheinst Du – wenn ich das jetzt einmal etwas ironisch feststellen darf – noch im höheren Alter vermehrte Lust auf eine Beschäftigung mit der Sexualität zu bekommen. Ich meine natürlich: mit wissenschaftlichem Interesse.*
Peter Fiedler: Was heißt hier: mit wissenschaftlichem Interesse? Sexualität spielt auch noch im höheren Lebensalter der Menschen eine wichtige Rolle, und zwar überhaupt nicht nur in wissenschaftlicher Hinsicht, wenn ich ebenfalls mal etwas ironisierend auf Deine Frage antworten darf.

Für viele von uns schwulen Kollegen war es ein befreiendes Erlebnis, dass ein namhafter heterosexueller Kliniker ein affirmatives Buch zur sexuellen Orientierung verfasste, was ja auch eine Vielzahl an Folgepublikationen ausgelöst hat. Magst Du uns erzählen, wie Du auf dieses Thema gestoßen bist?
Es stand schon lange auf meiner Agenda. Ursprünglich sollte es ein Buch über sexuelle Störungen werden. Aber wie andere Themen zuvor faszinierte mich auch dieses Thema mehr und mehr, so dass sich zunehmend ein Interesse an den Grundlagen menschlicher Sexualität entwickelte – und an den vielfäl-

tigen Möglichkeiten der sexuellen Orientierung und der sexuellen Verzweigungen. Und beginnt man damit, sich mit dem Sexualleben heterosexueller Menschen zu beschäftigen, dann kommt man natürlich nicht an der Verzweigung in Richtung bi- und homosexueller Partnerorientierung vorbei. An dieser Auseinandersetzung bist Du übrigens nicht ganz unbeteiligt, weil Du mir sehr gute Arbeiten zum aktuellen Stand der Homosexualitätsforschung hast zukommen lassen.

Welche Reaktionen hat das Buch bei Kollegen ausgelöst?
Die meisten reagierten mit Zustimmung, teils sogar sehr begeistert, einige wenige aber auch mit bissiger Ablehnung. Letztere kritisierten vor allem meine positive Einstellung zur Homosexualität und zur affirmativen Therapie bei Problemen mit der sexuellen Orientierung. Völlig überraschend und unerwartet bekam ich bitterböse Briefe – man höre und staune: – von Psychiatern und Psychologen, die mir wissenschaftliche Unredlichkeit unterstellten und die mich anhand einer Reihe von Studien davon überzeugen wollten, dass die Homosexualität nach wie vor als Perversion bzw. Störung der Sexualpräferenz zu gelten habe. Da sie ihre Namen nicht verheimlicht haben, konnte ich sie im Internet finden. Es war dann nicht weiter überraschend, dass sämtliche Kritiker in Kliniken mit kirchlicher Trägerschaft arbeiten, teils in leitender Funktion. Vermutlich betrachten diese Kollegen die Homosexualität auch noch als Sünde.

Das allmähliche Verschwinden sexueller Lust

Wie bereits in einer Arbeit, die kürzlich von Dir in der Zeitschrift „Geist und Gehirn" erschienen ist, vertrittst Du – wie ich dem Inhaltsverzeichnis entnehme – offensichtlich auch in Deinem neuen Buch über „Sexualität" die Hypothese, dass in hetero-

sexuellen Intimbeziehungen das Verschwinden sexueller Lust bis hin zur Asexualität im Vormarsch ist [74]. Kannst Du uns das einmal näher erläutern?

Nach Einschätzung der Sexualforscher nimmt die sexuelle Aktivität der Menschen in Deutschland im Vergleich zu den 1980er und 1990er Jahren deutlich ab. Dafür sprechen zum Beispiel die Ergebnisse einer Studie der Universität Göttingen von 2005 mit weit über 13 000 liierten Männern und Frauen. Singles tun es noch seltener. Auch nach einer Untersuchung des Sexualwissenschaftlers Gunter Schmidt an knapp 800 Hamburgern und Leipzigern sind 60-jährige Paare im Schnitt sexuell deutlich aktiver als 30-jährige Singles [219]. Womit man mit Blick auf Deine Eingangsfrage mal wieder sieht: Sex im höheren Alter kommt gar nicht so schlecht weg.

Aber weiter: Symptomatisch für die neue Abstinenz zu Beginn des dritten Jahrtausends ist auch die Gründung der Internet-Community *Asexual Visibility and Education Network* (AVEN). Im Jahr 2001 eröffnete der damals 21 Jahre alte US-Amerikaner David Jay das erste mittlerweile weltweit bekannte und verbreitete Forum für „Asexuelle" – für Menschen, die kein Bedürfnis nach Sex haben. Innerhalb von wenigen Jahren verzeichnete „www.asexuality.org " bereits über 10 000 Mitglieder. Allein in Deutschland tauschen sich rund 4 000 Menschen regelmäßig darüber aus, wie es sich damit lebt, keine Lust auf Sex zu haben und auch nicht darunter zu leiden.

Was aber ist mit diesen vor allem ja jüngeren Menschen los? Das wäre dann doch die interessante Frage, oder? Und vor allem: Warum verliert sich bei vielen die Lust auf Sex?

Ja, das sind wirklich hoch interessante Fragen. Das Phänomen ist völlig neu und nach wie vor nur schwer zu erklären. Beispielsweise beschreibt dies ein Mitglied von AVEN, das für die öffentliche Akzeptanz von fleischlicher Unlust wirbt, folgendermaßen, ich lese das mal gerade vor:

„Asexuell. Nichtsexuell. Antisexuell. Zölibatär. Diese Ausdrücke haben verschiedene Bedeutungsfelder, je nachdem, mit wem man spricht. Aber egal, wie man es definiert, mein ‚Zustand' kann am besten anhand eines Satzes zusammengefasst werden: Ich will keinen Sex. So einfach ist das. Es ist nicht so, dass ich Sex aus dem Weg gehen würde, weil ich Angst davor habe, oder dass es das Resultat einer vermeintlichen moralischen Verpflichtung ist, oder dass ich lieber keine Familie gründen würde. Ich habe einfach kein Interesse an Sex, und ich mag es so."

Das hört sich auf den ersten Blick recht makaber an. Haben wir es hier möglicherweise mit einer neuartigen psychischen Störung zu tun?
Eine solche Ansicht wäre vermutlich Unsinn. Denn die Betroffenen leiden nicht unter ihrer Asexualität. Im Gegenteil: Asexualität wird als Lebensstil offensiv vertreten. Und eine Zwanghaftigkeit, die für sexuell deviante Störungen üblich ist, lässt sich ebenfalls nicht feststellen. Erst mit einem Leiden der Betreffenden oder mit einer Zwanghaftigkeit des Handelns oder mit der fortgesetzten antisexuellen Belästigung anderer Menschen ließe sich die Vermutung einer psychischen Störung eventuell begründen. Das jedoch ist hier nicht der Fall. Die AVEN-Anhänger empfinden sich keineswegs als psychisch oder körperlich krank, sondern als völlig gesunde Menschen, deren geschlechtliche Orientierung nicht hetero-, homo-, bi- oder transsexuell ist, sondern eben asexuell.

Dem kann ich nicht ganz zustimmen: Die sexuelle Orientierung dürfte sich doch mit Zunahme der Asexualität nicht ändern, oder?

Da muss ich Dir wohl Recht geben. Das war jetzt insofern schnell dahin gesagt, als man momentan nur behaupten kann, dass bei den hier gemeinten Menschen die sexuelle Lust auf einen Nullpunkt zu sinken scheint. Viel mehr weiß man Moment auch nicht.

Lass uns trotzdem ein wenig spekulieren. Denn die Zunahme der Asexualität erscheint auch mir hochgradig befremdlich, dies zumal wir uns doch im Zeitalter der sexuellen Liberalisierung befinden, oder?
Nun, da genau liegt vielleicht eine ihrer Ursachen begründet. Das öffentliche Aufsehen, das mit diesem Anliegen einhergeht, zeigt: In einem Zeitalter, in dem sexuelle Wünsche kaum mehr gesellschaftlichen oder religiösen Zwängen unterliegen, scheint es nur noch ein Tabu zu geben – keinen Sex zu wollen. Und die Ursachen lassen sich in der Tat in der sexuellen Liberalisierung verorten, zumal in den letzten Jahren noch weitere Eigenwilligkeiten zu beobachten sind: Die Heiratsrate nimmt ab, die Kinderlosigkeit nimmt zu, die Scheidungsrate steigt, Ehen sind instabiler und das Eintrittsalter in die Institution Ehe ist erhöht. Mit der beobachtbaren Abnahme sexueller Lust scheint in einem weiteren Sinne also auch noch eine Abnahme von Liebe, Partnerschaft und Ehe einherzugehen.

Bist Du wirklich der Ansicht, dass mit der Kurzlebigkeit von Partnerschaft und Ehe eine Abnahme der Liebe verbunden ist? Wohl eher trifft doch zu, dass der Anspruch an Liebe in Partnerschaften immer höher gehängt wird, wobei sich Liebe dann als flüchtig erweist, weil sich die hohen Erwartungen nicht mehr erfüllen lassen, oder?
Auch in diesem Punkt mag ich Dir zustimmen. Es ging mir ja auch mehr um das Sexualleben. Da es heute jedem freigestellt ist, wie er und sie ihr sexuelles Leben gestalten, scheint es ge-

rade so, als ob diese Wahlfreiheit sich sexueller Lust beraubt oder auch überfordert [234]. Die erreichte Selbstbestimmung und die Befreiung von sexuellen Einengungen werfen nämlich vielfältige neue Fragen auf, die zudem weit über Sexualität im engeren Sinne hinausreichen.

Passagere serielle Monogamie

Wie ist das nun zu verstehen?
Ja, das ist eigentlich sehr zwiespältig und auf den ersten Blick nur schwer zu verstehen: Komischerweise haben zentrale Wertvorstellungen wieder eine konservativere Richtung eingeschlagen – zumindest teilweise. Vor allem junge Erwachsene sehnen sich weniger nach hemmungsloser sexueller Freizügigkeit, als vielmehr nach einer festen Beziehung mit gegenseitigem Treuegelöbnis – romantisch eingefärbt, wie dies in Theaterstücken vor einhundert Jahren gang und gäbe war: am liebsten, bis der Tod es scheidet. Auf dem Weg dorthin jedoch werden paradoxerweise mehrere intime Partnerschaften erprobt.

„Passagere serielle Monogamie" heißt das sperrige, aber treffende Schlagwort für das Paarungsverhalten im 21. Jahrhundert. Und trotzdem scheinen junge Leute Sex stärker als noch eine Generation zuvor an Liebe und Treue zu binden. Männliche Jugendliche sind zwar nicht so romantisch wie junge Frauen, legen aber großen Wert auf gegenseitiges Verstehen und Vertrauen. Andererseits zeigt sich das Phänomen der seriellen Monogamie inzwischen auch in ehelichen Bindungen. Die Scheidungsrate ist seit den 1970er Jahren kontinuierlich gestiegen. Nach Daten des Statistischen Bundesamtes hält eine Ehe ohne Kinder inzwischen durchschnittlich nur noch sechs bis acht Jahre. Auch der Anteil der Spätscheidungen ist deutlich angewachsen. Zur Trennung kommt es häufig dann, wenn die Kinder erwachsen werden und das Elternhaus verlassen. Ohne Erziehungsaufgabe wissen viele Paare offenkundig nur mehr wenig mit sich anzufangen.

Und was hat das mit der sexuellen Inaktivität zu tun?
Fast zeitgleich beobachten Sexualforscher jedenfalls jene zunehmende sexuelle Inaktivität – auch in bestehenden Partnerschaften. Neben der eingangs beschriebenen zölibatären Radikalabkehr vom Sex und den Ergebnissen der Göttinger Querschnittsstudie dokumentieren inzwischen auch Langzeituntersuchungen ein im Unterschied zu früher eher als karg zu bezeichnendes Sexualleben zwischen Männern und Frauen. Der liberalisierte Umgang mit Sexualität hat also nicht zur Vermehrung von Begierde und Leidenschaft geführt. Im Gegenteil: In dem Maße, wie die traditionelle Sexualmoral mit ihren Verboten und Sanktionen und Schuldgefühlen abgelöst wurde, macht sich scheinbar Langeweile breit. Offensichtlich waren es gerade die unerfüllten, oft verbotenen oder tabuisierten sexuellen Wünsche und Bedürfnisse, die eine unglaubliche Triebkraft und Intensität in Gang zu setzen vermochten. Die kulturell sanktionierte, nicht erfüllte oder nur heimlich mögliche Sexualität trug erheblich zur wechselseitigen Anziehung bei. Deshalb war dieses Thema bis vor Jahrzehnten unverzichtbares Kernelement jeder guten schöngeistigen Literatur, Operette oder Oper.

Die sexuelle Liberalisierung und ihre Folgen

Ohne sexuelle Tabus keine Lust mehr auf Sex? Das bedarf jetzt noch einer tiefer gehenden Erläuterung. So schnell lasse ich nicht locker. Also bitte!
Es sieht fast so aus, als seien gerade Tabus notwendige Voraussetzungen für eine Kultur der Lüste. Sich gemeinsam dem

Unbekannten oder Verbotenen auszuliefern, bedingt gegenseitiges Vertrauen. Grenzen, die gemeinsam überschritten werden, dienen nicht nur der Sexualisierung, sondern auch der Bindung aneinander. Heute hingegen scheint in Sachen Sex fast alles möglich und toleriert. Die öffentlichen, teils banalen Dauerdarstellungen von und über Sexualität in den Medien, Talkshows und Fernsehserien tragen ihr Übriges dazu bei, dass ein wichtiges Element sexueller Lust und Begierde verloren geht.

Oder anders betrachtet: Die Sexualität hat in dem Maße, wie sie zu einer tolerierten Form des Umgangs zwischen Menschen wurde, einen Teil ihrer subversiven Kraft eingebüßt. Kein Wunder, dass sie sich selbst immer wieder neue Orte der Heimlichkeit, Fantasiewelten und vermeintliche Tabuzonen sucht. So boomen heute anonymisierte Formen des Sexuellen, bei denen ausdrücklich auf intime körperliche Kontakte verzichtet wird – Peepshows, Videokabinen sowie Telefon- und Cybersex sind besonders prägnante Beispiele dafür.

Mir scheint, hier könnten heterosexuelle Menschen auch mal von homosexuellen Männern und Frauen lernen. Um die Sexualität lebendig zu halten, haben viele von ihnen ganz neuartige Beziehungsformen und -modelle entworfen, fern ab der heterosexuellen Beziehungsmoral. Insbesondere bei schwulen Männern werden häufig nach einigen Jahren sexuelle Nebenbeziehungen zugelassen oder andere Männer in die gemeinsame Sexualität integriert, in Form von Dreier-Beziehungen, -Kontakten oder Ähnlichem. Denn es könnte ja durchaus sein, dass es nicht eine vollständige Abnahme der Lust ist, die dort zu verzeichnen ist, sondern eher eine Abnahme der Lust auf den Partner, die sich aber aufgrund der heterosexuellen Treuenorm als gänzliche Abnahme der Lust äußert.

Vielleicht betreten die Homosexuellen in Dreier-Beziehungen angesichts allgemeiner Normvorstellungen an Liebe und Partnerschaft aber auch nur eine weitere Tabuzone, die sexuelle Faszination ausübt, weil sie mehr oder weniger verdeckt gehalten wird. Und ich vermute zudem, dass Außenbeziehungen dieser Art auch nicht gerade auf Dauer angelegt sind. Mir jedenfalls sind von homosexuellen Beziehungen, was Langlebigkeit angeht, vor allem Zweierbeziehungen bekannt. Außerdem: Das Ausleben sexueller Bedürfnisse außerhalb fester Partnerschaften gibt es natürlich auch bei Heterosexuellen; und bei weitem nicht immer wird dazu – was Männer angeht – die Tabuzone Bordell aufgesucht. Am Betreten der sexualisierenden Tabuzone außerehelicher Sexualkontakte sind bei Heterosexuellen übrigens immer Männer und Frauen beteiligt. Sehr vereinzelt dürfte es sogar wechselseitig akzeptierte Außenbeziehungen geben.

Angesichts sexualisierender Tabuzonen gibt es sie also doch noch, die sexuelle Lust, nur wurde sie offensichtlich aus den Intimpartnerschaften verdrängt?
Nicht nur das. Vielleicht lässt sich – um dies noch schärfer zu betonen – angesichts des Mangels an sexuellen Verbotzonen sogar begreifen, weshalb die destruktive Sphäre der Sexualität auch im 21. Jahrhundert nicht besiegt worden ist. Die Stichworte sind hinlänglich bekannt: frauenverachtende Pornographie, sexuelle Belästigungen am Arbeitsplatz, alltäglicher Sexismus, Inzest, sexueller Missbrauch und sexuelle Gewalt. Schockierte das öffentliche Gewissen vor 200 Jahren noch der Anblick eines nackten Damenknöchels, sorgte noch in den 1960ern ein nackter Busen im Kinofilm für Skandale. Um den Zuschauer von heute bei der Stange zu halten, dringen die Medien immer tiefer in die Tabuzonen vor und peppen bereits das Vorabendprogramm mit der Darstellung destruktiver

sexueller Empfindungen und Praktiken auf wie etwa Hass, Eifersucht, Macht sowie Missbrauch oder Vergewaltigung.

Die Folgen sexueller Liberalisierung: etwa eine Sexualität ohne Moral? Der Sexualforscher Gunter Schmidt versteht dies sogar als „Verschwinden der Sexualmoral". Siehst Du das ähnlich?
Natürlich nicht. Richtiger ist: Die sexuelle Moral hat sich grundlegend verändert. Bei genauem Hinsehen scheint es so, als sei die Sexualität zunehmend individualisiert worden. Mit der sexuellen Emanzipation wurde sie nämlich in die einzelnen Personen hinein verlagert, die nun allein entscheiden dürfen und müssen, was sie tun sollen oder wollen. Das aber ist nur die eine Seite der Medaille. Auch die öffentlich vertretene Moral hat sich parallel dazu geändert. Und die Sexualmoral jeder einzelnen Person entsteht natürlich nicht unabhängig von Bildern und Vorstellungen, die in der Öffentlichkeit vertreten werden – auch was die Ansprüche an eine gelebte oder zu lebende Sexualität angeht.

Kannst Du uns diese Zusammenhänge etwas genauer erläutern?
Vermittelt über die Medien wird Sexualität inzwischen als Ausdruck eines gesunden Selbstwertgefühls mit hoher Leistungsfähigkeit verknüpft. Oder wie es der Zukunftsforscher Matthias Horx vor kurzem in seiner Studie *Sexstyles 2010* für den Erotikkonzerns Beate Uhse formuliert: Für eine gute Partnerschaft ist guter Sex heute ein Muss! Inszenierung und stolze Präsentation der eigenen Fähigkeiten werden zu den wichtigsten Komponenten des Liebeslebens.

In den Augen des Beate-Uhse-Forscher Horx entwickeln sich die idealen Lover im 21. Jahrhundert je nach Lebensalter: von den „Experimentierfreudigen" zwischen 20 und 30 Jahren, die Sex nebenbei und ohne weitere Verpflichtung genießen und sich ihre Beziehungen durch sexuelle Grenzerfahrungen aufheizen – bis hin zu den „Sex Gourmets" ab 50 Jahren, deren Reife und Erfahrung das Liebesspiel gelassen und abwechslungsreich werden lässt – jüngere Liebhaber oder Liebesgespielinnen eingeschlossen. In den dazwischen liegenden Altersstufen basteln die „Zwanglosen" zwischen 30 und 50 Jahren – wenn sie den Prognosen von Horx nahe kommen wollen – an ihrem Persönlichkeitsprofil: perfektes Aussehen, Jugend und Sportlichkeit im Fitnessstudio und daneben als regelmäßiges Hobby natürlich: guter Sex mit allen Freiheiten, was Partnerwahl und sexuelle Techniken angeht.

Solchermaßen propagierte Ideale erzeugen Ansprüche und steigern den Erwartungsdruck jedes Einzelnen gegenüber sich und dem Partner. Sieht die Realität dann anders aus, stellt sich schnell das Gefühl ein, versagt zu haben. Nicht von ungefähr hat im Verlauf der sexuellen Liberalisierung in erschreckender Weise auch noch die Zahl der sexuellen Funktionsstörungen zugenommen.

Kann man das auch mit Zahlen belegen?
Auf den Punkt gebracht zeigen aktuelle epidemiologische Studien zu dieser Frage: Gut ein Drittel der Bevölkerung scheint unter Problemen mit dem Sexualleben zu leiden (zusammenfassend: [74]). Und kommen Paare wegen zunehmender Konflikte in der Partnerschaft zu einem Paartherapeuten, werden inzwischen in drei Vierteln aller Fälle auch Probleme mit der Sexualität als ein belastendes Konfliktthema angegeben. Aber auch bei Paaren, die keine Experten konsultieren, sind Probleme mit der Sexualität als Konfliktthema inzwischen Spitzenreiter. So scheinen beim Thema Sex mittlerweile zwar viele äußere Zwänge verschwunden zu sein, dies gilt jedoch keineswegs für die inneren Zwänge, die von den Menschen im Privaten aufgebaut werden.

Dass ein Drittel der Menschen in unserem Land unter sexuellen Problemen leiden sollen, das wiederum kommt mir sehr hoch vor. Jedenfalls weiß ich aus Studien zur Verteilung psychischer Störungen in der psychotherapeutischen Praxis, dass Patienten mit sexuellen Funktionsstörungen eher selten um Behandlung nachsuchen, weder ambulant noch stationär.
Auch das hat plausible Gründe: Wird nämlich einerseits über die Medien die Sexualität als Ausdruck eines gesunden Selbstwertgefühl mit hoher Leistungsfähigkeit verknüpft, andererseits sexueller Missbrauch und sexuelle Gewalt akribisch verfolgt und jede Abscheu erregende Grausamkeit bis ins Detail dargestellt, dann ist es – für mich jedenfalls – nicht weiter erstaunlich, wenn Probleme mit der Sexualität gegenüber Psychologen und Ärzten eher selten angesprochen werden und schamhaft verdeckt bleiben. Selbst Therapeuten neigen dazu, Probleme dieser Art zu übergehen, solange Patienten nicht von sich aus darauf zu sprechen kommen.

Das übrigens kann man ebenfalls einer Studie entnehmen. Die Mehrheit der Deutschen zwischen 40 und 80 Jahren wünscht sich nämlich, dass bei Problemen mit der Sexualität bereits ihr Hausarzt das heikle Thema von sich aus ansprechen sollte – so jedenfalls das Ergebnis einer repräsentativen Umfrage der Medizinischen Hochschule Hannover aus dem Jahr 2002. Aber selbst in Hausarztpraxen scheint das Thema tabu: Nur elf Prozent der Studienteilnehmer wurden jemals routinemäßig nach ihrer Sexualität befragt.

Gelingt es uns Psychotherapeuten zu wenig, eine Atmosphäre zu schaffen, in denen Themen wie die Sexualität offen angesprochen werden können?
Das scheint so zu sein. Denn inzwischen gibt es Nachbefragungen von Patienten, welche Themen sie ihren Psychotherapeuten gegenüber verheimlicht haben. Auch dabei kommt

als Spitzenreiter heraus, dass Patienten ihren Psychotherapeuten gegenüber Probleme mit der Sexualität aus Scham verheimlichen, und zwar liegt dieses Thema weit vorn an der Spitze jener persönlichen Problembereiche, die Patienten nicht gern von sich aus in der Psychotherapie ansprechen [142]. Deshalb sollte es eine Zurückhaltung, Patienten nach der Zufriedenheit mit ihrem Sexualleben zu befragen, in der psychotherapeutischen Praxis nicht geben; denn bei vielen psychischen Störungen könnten im Hintergrund auch sexuelle Probleme vorhanden sein und dann den erfolgreichen Fortgang einer Psychotherapie unerkannt behindern.

Ein Blick in die Zukunft

Insgesamt hast Du uns jetzt mit einem etwas düster anmutenden Szenario konfrontiert. Kann man nicht trotz alledem auch positive Entwicklungen in der Folge der sexuellen Liberalisierung ausmachen?
Ein Verdienst ist sicher, dass die sexuelle Initiative heute gleichberechtigter als noch vor Jahrzehnten von beiden Geschlechtern ergriffen wird. Viele Frauen genießen neue Freiheiten und bestimmen mit, wie sich intime sexuelle Beziehungen gestalten sollen. Die meisten Männer scheinen das verstanden zu haben, denn repräsentative Umfragen zeigen: Eine große Mehrzahl der Frauen fühlt sich heute von Männern respektiert. Diese Entwicklung scheint übrigens das Ergebnis einer neuen Verhandlungsmoral zu sein, die sich in den letzen Jahrzehnten herausgebildet hat. Wurde früher die sexuelle Moral von Kirche, Staat oder anderen Institutionen konstruiert, so entscheidet heute das Paar allein darüber, wie sich sexuelle Kontakte gestalten sollen. Wegen dieser diskursiven Gleichberechtigung könnte das Paar den Eindruck bekommen, als handele es seine sexuellen Normen selber aus.

Jedenfalls scheint alles erlaubt, solange man sich in der Partnerschaft einig ist.

Oder nochmals etwas anders ausgedrückt, betrifft die hier aufscheinende Ambivalenz die erwähnte Treuepraxis in jungen Partnerschaften. Denn die hohe Bewertung der Treue, die sich gegenwärtig in Beziehungen beobachten lässt, verweist im angebrochenen Zeitalter der seriellen Monogamie paradoxerweise auf eine zeitliche Begrenzung der Treue. Hier findet sich nochmals eine deutliche Änderung gegenüber früher, insofern nämlich dass Treue heute nicht mehr an eine Person oder an die Institution Ehe gebunden ist, sondern an ein Gefühl. Liebe und Sexualität halten sich nur noch so lange die wechselseitige Treue, wie beide Partner ihre Beziehung als intakt und befriedigend erleben. Der große Vorteil dieser Entwicklung liegt natürlich darin, dass zerrüttete Partnerschaften heute nicht mehr bis zum bitteren Ende gelebt werden müssen – und auch das ist sicherlich ein Verdienst der sexuellen Liberalisierung.

Und was heißt das jetzt alles für die Zukunft? Wie sehen Deine Prognosen aus?
Das vermag ich auch nicht so recht vorauszusehen. Auf jeden Fall gilt es, den Sexualwissenschaftlern für ihre Voraussagen über die Zukunft von Sexualität und Liebe folgenden Rat mit auf den Weg zu geben: Sie sollten bei ihren Analysen immer auch einen Blick auf die mit zwei Dritteln größere Gruppe in unserer Gesellschaft werfen, die bei Befragungen nicht über sexuelle Probleme berichtet. Die Betreffenden scheinen – vielleicht ebenfalls eine Folge der sexuellen Liberalisierung – nämlich mit ihrem Sexualleben weitgehend bis sogar sehr zufrieden zu sein – ob sie es nun ein, zwei oder kein Mal pro Woche tun.

Beratung und Supervision von Patienten

Warum eigentlich nicht?

> Alles Gescheite ist schon gedacht worden,
> man muss nur versuchen, es noch einmal zu denken.
> *Johann Wolfgang von Goethe*

Beginnend mit dem Psychotherapeuten-Gesetz im Übergang zum neuen Jahrtausend unserer Zeitrechnung haben sich die Herausforderungen der Klinischen Psychologie nicht verändert, sondern eher noch verschärft.[1] Zunehmende Gewalt, Kriminalität, Arbeitslosigkeit, innere (Un-)Sicherheit, Umweltzerstörung und Gesundheitsschäden. Der Drogenmarkt boomt, und für Alkohol wird in den westlichen Ländern mehr ausgegeben als für die Forschung. Der weltweite Umsatz mit Glücksspielen beträgt mindestens 1 500 Mrd. Euro, kostenfreie Schuldnerberatung fürs pathologische Spielen inklusive. Zunehmende Scheidungsraten haben der Scheidungsmediation zu ungeahntem Auftrieb verholfen. Mindestens 25% der Patienten, die einen Allgemeinarzt aufsuchen, leiden an psychischen Störungen. Angesichts der Probleme, mit denen viele Patienten heute in die Behandlung kommen, gleicht auch die Psychotherapie einem alten Auto, das den nächsten TÜV nicht übersteht.

---

1 Dieses Kapitel erweitert und vertieft Überlegungen, die in einer Publikation aus dem Jahr 2000 ausgearbeitet wurden [57].

Gesellschaftliche Umbrüche

Die Berichte von Psychotherapeuten, die ich in meinen Supervisionen betreue, decken sich zumeist mit meinen eigenen Beobachtungen. Was die letzten drei Jahrzehnte angeht, bedeutet dies: Wir bekommen es offensichtlich mit zunehmend schwieriger werdenden Problemen unserer Patienten zu tun. Und wenn wir in diesem Zusammenhang den Analysen unserer soziologisch und gemeindepsychologisch orientierten Kollegen, wie zum Beispiel Heiner Keupp [146] oder auch Hans-Werner Prahl [201] vertrauen können, drängen sich spontan vielfältige Erklärungen dafür auf.

Viele dieser neuartigen Erschwernisse hängen eng mit einigen Umbrüchen zusammen, die die Menschen in unserer Gesellschaft erfahren. Als Indikatoren dafür werden zum Beispiel globale Krisen der Bankensysteme, radikale Veränderungen in der Arbeitswelt, hohe Arbeitslosenzahlen und anonyme Wohnverhältnisse genannt. Es wird weiter auf die räumliche und soziale Mobilität und auf einen damit zusammenhängenden Verlust Identität stiftender sozialer Bindungen verwiesen. Nicht von ungefähr werden zunehmende Scheidungsraten und instabile Familienverhältnisse, Patchwork-Identitäten und pluralisierte Lebensstile als wesentliche Bestimmungsstücke einer wachsenden Zahl psychischer Störungen diskutiert.

Gründe scheinen weiter zu sein: die Informationsflut durch die Massenmedien, der Ersatz persönlicher Bindungen durch virtuelle Welten oder es finden sich Steigerungsraten von Gewalthandlungen, Alkohol- und Drogenkonsum, immer wieder Spannungen zwischen In- und Ausländern, die in fremdenfeindliche Akte einmünden, und so weiter und so weiter.

Fast alle diese Erscheinungsformen lassen sich unschwer zu einem beängstigenden Szenario vor dem Hintergrund gesellschaftlich-globaler Veränderungen zusammenfügen – Veränderungen, auf die viele noch nicht mit einer weltanschaulichen Überschau, sondern mit einer zunehmenden Fragmentierung persönlicher Erfahrungen reagieren können. Die Frage, die sich Psychotherapeuten völlig zu Recht stellen, ist: Kann man mit den herkömmlichen Psychotherapiestrategien auf die beschriebene Umbruchsituation noch angemessen reagieren? Denn bei den meisten Problemen, denen Psychotherapeuten heute begegnen, handelt es sich nur um schlichte Widerspiegelungen der skizzierten globalen Szenarien im Kleinen [57].

Nur zum Beispiel
Eine Frau mit einer Somatisierungsstörung, 35 Jahre alt, die sich redlich um die Erziehung ihrer drei Kinder bemüht – eines noch im Kindergarten, zwei bereits in der Schule. Familienleben in einer Dreizimmerwohnung, und dem Verhaltenstherapeuten gegenüber verschweigt sie zunächst aus Scham, dass sie mit einem arbeitslosen Ehemann verheiratet ist, der zum Alkoholmissbrauch und gelegentlich zu Gewalttätigkeiten neigt. Diese Frau verdient das zwingend notwendige Geld mit Putzarbeiten – in der Zeit, wenn die Kinder in Kindergarten und Schule sind, um dann ab dem frühen Nachmittag zu Hause dafür zu sorgen, dass der Mann nicht mit dem Trinken beginnt, dass die älteren Kinder ihre Schularbeiten machen und dass die viel zu kleine Dachwohnung einigermaßen ordentlich bleibt.

Um zu überleben, darf diese Frau keinen Tag ausfallen. Sie geht sinnvollerweise immer sofort zum Arzt, wenn der Körper auch nur ansatzweise Befindlichkeitsstörungen zeigt. Die Arztbesuche nehmen zu – schlicht, um gesund zu bleiben. Dass sich im Verlauf der Zeit eine Somatisierungsstörung entwickelt, nimmt nicht weiter Wunder.

Verhaltenstherapeutisch lassen sich die somatoformen Schmerzen gut mit Hilfe so genannter „Teufelskreismodelle" und als „Interozeptionsstörung" aufklären. Es sind wechselnde Schmerzen, die durch eine übersensible Beachtung körperlicher Prozesse angeregt und verstärkt werden. Nur ja nicht krank werden, man braucht das Geld, also muss der Körper funktionieren! Versuche der (angesichts marginaler organischer Befunde) frustrierten Ärzte, diese Frau davon zu überzeugen, dass sie zukünftig nicht mehr so hypochondrisch und ängstlich auf körperliche Auffälligkeiten achten solle, fruchten nicht. Sie erlebt subjektiv Schmerzen. Und sie versteht nicht, warum die Ärzte nichts finden.

Therapeutisches Scheitern
Die Ärzte ihrerseits tippen zunehmend auf „Hysterie" und überweisen die Frau an einen Psychotherapeuten. Bereits der erste, ein Gesprächspsychotherapeut, diagnostiziert *lege artis* eine Somatisierungsstörung. Nach 25 Sitzungen geht es der Frau in der Tat besser und sie beendet die Behandlung. Nur: Der Erfolg hält nicht lange an. Da ihr die Gesprächstherapie nicht längerfristig geholfen hat, wendet sie sich jetzt an einen Verhaltenstherapeuten. Dieser schlägt ihr statt psychotherapeutischer Gespräche eine in der Verhaltenstherapie übliche Symptombehandlung vor und erklärt ihr das Vorgehen: Verschiedene Formen der „Exterozeption" stünden dabei im Vordergrund. Eine Aufmerksamkeitsneulenkung – weg von den Schmerzen – wolle er mit ihr einüben, eingebettet in Entspannungsübungen und regelmäßige sportliche Aktivitäten.

Die Frau sagt, das mit der Ablenkung habe sie auf ärztliches Anraten hin schon versucht. Es funktioniere nicht. Und für Sport habe sie angesichts ihrer Arbeitsüberlastung und Pflichten keine Zeit. Im weiteren Verlauf entwickelt sich aufgrund ihrer Erfahrungen mit den Ärzten zunehmend ein

Misstrauen auch in die verhaltenstherapeutische Kunst. Schließlich kommt es zu artikulierten Widerständen, sich auf die immer neuen Motivierungsversuche des Therapeuten einzulassen.

Der Verhaltenstherapeut beginnt ebenfalls, an der Patientin zu zweifeln. Und auch er sieht sich – wie die zuvor gescheiterten Ärzte – in der Versuchung, angesichts der für ihn offensichtlichen Compliance-Probleme seine Diagnose zu erweitern: neben Somatisierung jetzt in Richtung Persönlichkeitsstörung. Da er zunächst nicht ganz sicher ist, erklärt er sich die klagende Präsentation körperlicher Beschwerden etwas vorsichtiger mit „histrionischen Persönlichkeitszügen". Die Frau fühlt sich elend und krank und von Ärzten und Therapeuten zunehmend im Stich gelassen; denn zu Hause fehlt das Geld für Essen und Kleidung – und für den Alkohol, den der bis vor kurzem aus Scham verschwiegene arbeitslose Ehemann einfordert. Erst in einer der letzten Sitzungen hat sie Mut gefasst, ihrem Therapeuten davon zu erzählen.

Problemanalyse: Mythos und Wirklichkeit

Die Fälle, mit denen Therapeuten heute zu tun bekommen, machen zunehmend eines immer eindrücklicher deutlich: Eine psychische Störung ist zwar – wegen unzweifelhafter Fortschritte in der Entwicklung von Klassifikationssystemen – zumeist eine diagnostisch eingrenzbare Entität. Doch die, wie im Beispiel, diagnostizierbare Somatisierung verliert in der Behandlung recht schnell ihre homogene Struktur, trotz ständiger Verbesserung unverzichtbarer Behandlungsmanuale. Es kommt zumeist noch schlimmer. Nur selten stellen psychische Störungen einzelne eingrenzbare Episoden dar. Verschlechterungen, Rückfälle oder sogar Chronifizierung scheinen immer mehr zur Regel zu werden.

Zunehmend drängt sich der Eindruck auf, als würden Therapeuten heute schonungslos von all jenen Bedingungen eingeholt, auf die viele von uns bereits in den 1970er und 1980er Jahren hingewiesen hatten. Nämlich, dass psychische Störungen nicht nur mit individuellen, lebensgeschichtlichen oder familiären Faktoren zusammenhängen, sondern dass sie zugleich Teil der kollektiv-gesellschaftlichen Probleme sind, in die sich der Einzelne oder seine Familie verstrickt findet.

Nun wäre es sicherlich etwas verkürzt, wenn man behaupten würde, dass es in der Klinischen Psychologie und in der Verhaltenstherapie keine Überlegungen gäbe, wie mit Patienten in komplexen Lebenslagen therapeutisch gearbeitet werden könne. Insbesondere die „Deutschen Gesellschaft für Verhaltenstherapie" hat sich von Beginn an ausgesprochen programmatisch zur Entwicklung und Verbreitung von Konzepten einer breit gedachten, psychosozialen Praxis verpflichtet. Das DGVT-Mitteilungsblatt „Verhaltenstherapie und psychosoziale Praxis" heißt nicht nur so, sondern ist in dieser Hinsicht beispielhaft – und wenn man sich umschaut, (leider) nach wie vor fast ohne Konkurrenz. Der Blick zurück in die DGVT-Geschichte lehrt, dass es bereits heute gute Interventionskonzepte für komplexe Lebensprobleme gibt oder – trotzdem besser im Konjunktiv – geben könnte.

Das Problem ist: Viele der oft gleichermaßen kreativen wie praktikablen psychosozialen Beratungs- und Netzwerk-Interventionsansätze finden in der psychotherapeutischen Praxis kaum Resonanz. Warum eigentlich nicht? – Ja, warum eigentlich nicht? Dieser Frage möchte ich jetzt gern am Beispiel der Diskussion in einer Supervisionsgruppe nachgehen.

Kleine Akzentverschiebung in der „Sicht der Dinge"
Die Probleme, um die es jetzt geht, hängen eng mit dem geschilderten Fall zusammen, der von dem behandelnden Ver-

haltenstherapeuten in die Supervision eingebracht wurde. Es war unverkennbar, dass die geschilderte Somatisierungsstörung durch subjektive Krankheitsängste bestimmt wurde. Es war auch nicht weiter schwierig zu erkennen, dass diese Ängste eng mit den existenziellen Lebenslagenproblemen der Frau verschränkt sind. Über die Notwendigkeit einer solchen „Sicht der Dinge" waren sich übrigens sowohl die Frau als auch die bisher behandelnden Ärzte und Therapeuten einig.

Den Genannten fiel es jedoch schwer, auch folgende Zusammenhänge klar zu erkennen: Zwischen der Furcht wegen der existenziellen Situation, der Furcht, „es nicht zu schaffen", der Furcht vor dem Verlust der gesellschaftlichen Wettbewerbsfähigkeit *einerseits* und der Furcht vor Krankheit, vor Invalidität und noch weiter gedacht auch vor dem Tod *andererseits* bestehen graduelle, oft nur minimale Unterschiede.

Und genau wegen dieser Minimalunterschiede kam es auf Seiten der bisherigen Therapeuten zu einem gravierenden, vor allem durch die Diagnose bedingten Fehlschluss: In selektiver Aufmerksamkeit auf die zu behandelnde Somatisierung verhaftet, suchten sowohl die Frau als auch die bisherigen Ärzte und Psychotherapeuten in der *Furcht vor Krankheit* – also in der Somatisierung bzw. der Hypochondrie – die Gründe für eine existentielle Unsicherheit und Angst.

Dabei erscheint in diesem Fall genau die umgekehrte Sicht plausibler. Alle Beteiligten übersahen bisher, was sich mit Blick auf die eingangs genannten gesellschaftlich bedingten Unsicherheiten und Existenzängste ergibt – nämlich, dass nicht die somatoforme Störung zu existenziellen Ängsten führt, sondern dass die Somatisierung, Ausdruck und Folge einer Existenzangst ist und damit – noch weiter ausgeholt – gleichzeitig Ausdruck eines von kollektiver Unsicherheit geprägten „Erlebten". Müsste dann – konsequent verhaltenstherapeutisch weiter gedacht – nicht auch das, was sich uns als

Somatisierungsstörung darstellt, in der Behandlung selbst selektiv aufmerksam (also therapeutisch angeregt) auf soziale Kontexte oder gar auf politische Faktoren zurückgebunden werden? Oder liege ich da falsch?

Nachdenkliche Stimmung in einer Supervisionsgruppe
Genau an dieser Stelle kam es nun in der Supervisionsgruppe, über deren Diskussion ich jetzt weiter nachdenken möchte, zu größeren Unsicherheiten. Als nämlich der Supervisor fragte, ob der Therapeut schon einmal daran gedacht habe, die Frau vor Ort zu Hause zu besuchen, um sich ein direktes Bild von den tatsächlichen Existenz- und Lebensbedingungen in der kleinen Dachwohnung zu verschaffen, artikulierten sich in der Gruppe spontan einige hochgradig bemerkenswerte Fragen.
Erste Frage: Ja, wird der Hausbesuch noch von der Krankenkasse bezahlt?
Zweite Frage: Ist denn das noch Psychotherapie?
Dritte Frage: Dringen wir damit nicht zu sehr in die Privatsphäre der Betroffenen ein?

Abgesehen davon, dass letzte Frage einem Hausarzt niemals gestellt würde, so drängen sich angesichts dieser Spontanreaktionen eine Reihe von interessanten Merkwürdigkeiten auf. Es handelt sich dabei um zumeist unausgesprochene Mythen über das, was Psychotherapeuten offensichtlich unter Psychotherapie verstehen – und zwar nicht nur Verhaltenstherapeuten. Hier jetzt einige vorsichtige Versuche einer differenzierten Bestimmung dieser heimlich wirkenden Mythologie:
Erstens beinhaltet dieser hier gemeinte Mythos die grundlegende Hoffnung vieler Psychotherapeuten auf „das vielleicht doch noch irgendwo versteckte Vorhandensein einer Selbstbehandlungskompetenz der Patienten" – oder auch das grundlegende oder häufig sogar konzeptionell geforderte Vertrauen

von Therapeuten auf das „Selbstregulativ-Gute" – der Glaube an einen Patienten also, der ansonsten nur mehr einen geschult geduldigen, neuen Sinn setzenden und vor allem empathischen Therapeuten als Zuhörer bräuchte, um dann irgendwann im Verlauf der Behandlung *ganz von selbst* sämtliche notwendig werdenden Änderungen in seinem Leben vorzunehmen. Also der Glaube an einen Homunculus im Menschen, der es besser wisse und richten werde. Das übrigens hatte ja auch bereits zeitweilig in der Gesprächspsychotherapie geklappt, nur waren die erreichten Verbesserungen nicht von Dauer. Auch viele Analytiker hatten trotz Freuds Warnung vor den Niederungen der neurotischen Realität gehofft, mit dem Abbau von Abwehr diesen Homunculus freisetzen zu können.

Zweitens gibt es den Psychotherapie-Mythos vom guten Therapeuten, der sein Geschäft nur in einem sicher abgeschirmten Therapieraum – möglichst ungestört von äußeren Einflüssen – mit dem Patienten allein und weit entfernt von der Wirklichkeit absolviert. Dort, in aller Abgeschiedenheit von der Welt wird dieser Prototyp-Therapeut letztlich doch immer wieder von der Wirklichkeit eingeholt, nicht zuletzt deshalb, weil ihm aus Scham und vielen anderen Beweggründen und trotz aller Patientenbereitschaft zur Offenheit vielleicht doch wichtige Anteile der Wirklichkeit vorenthalten werden – wie in unserem Fall der alkoholgefährdete Ehemann. Wird ein Therapeut jedoch – der ja selbst im Stundenrhythmus arbeiten muss, um zu überleben – angesichts zunehmender Probleme den Therapieraum verlassen, um im Lebensumfeld der Patienten die bis dahin präsentierte Wirklichkeitsauffassung zu validieren?

Drittens: Auf die Frage, was die wichtigsten Wirkfaktoren eine Psychotherapie seien, antworten die meisten Therapeuten, die „therapeutische Beziehung", und sie meinen damit eine Reflexion und Beeinflussung der Beziehungsdynamik zwischen dem Patienten und dem Therapeuten. Dies gilt übrigens nicht nur für Psychoanalytiker und Gesprächspsychotherapeuten, sondern interessanterweise auch in weiten Teilen für Verhaltenstherapeuten, wie man dies einigen Analysen zur Expertise-Entwicklung von Psychotherapeuten entnehmen kann [194]. Dieser Mythos einer Psychotherapie als Beziehungsarbeit wird offensichtlich genährt durch Untersuchungen, die in der Tat zeigen, dass einer der wichtigsten Erfolgsprädiktoren eine gut funktionierende Therapiebeziehung darstellt. Stellt sich jedoch die Frage, ob sich mit einer gut funktionierenden Therapiebeziehung automatisch alle Probleme der Patienten wie von selbst aufzulösen beginnen.

Es wird nun häufig und fälschlicherweise so getan, als impliziere dieser Forschungsbefund, dass die Therapeut-Patient-Beziehung selbst zwingend Gegenstand der therapeutischen Analyse und Bearbeitung sein müsse. Das jedoch stimmt nicht. Um dies zu verdeutlichen, gestatte man mir einen etwas pointierten Vergleich: Zu einem bestimmten Zahnarzt gehe ich selbst auch nur, wenn die Beziehung nicht stört. Stimmt sie nicht, erwarte ich nicht, dass der Zahnarzt an der Beziehung zu mir arbeitet. Ich akzeptiere die praktische Leistung oder suche mir einen Zahnarzt, bei dem die Beziehung stimmt, und das heißt übersetzt: wenn ich nicht nur seiner Kunst vertraue, sondern mich ihm auch anvertrauen kann.

Und genau das, und zwar nur das steckt hinter dem empirischen Befund, dass eine gute Therapiebeziehung bessere Erfolge zeitigt. Dies verdeutlichen auch Befragungen von Patienten, die Therapien von sich aus frühzeitig abbrechen: Über 90% von befragten so genannten *Drop-out*-Patienten geben an, dass sie die Behandlungen abgebrochen hätten, weil sie zunehmend der Kunst und Fachkompetenz ihrer Psychotherapeuten misstrauen (hierzu nochmals in der 6. Befragung zur Person [60]. Therapeuten mögen dies durchaus anders sehen: Der Kern einer guten Therapiebeziehung ist das Vertrauen eines Patienten in die Kunst seines Therapeuten – nicht mehr, aber auch nicht weniger!

Ein Plädoyer: Beratung und Supervision von Patienten

Die Supervisionsgruppe, von der ich gerade berichte, war schon sehr weit vorangekommen. Langsam näherten wir uns offensichtlich dem Kern aller Unsicherheiten. Eine Frage stand nämlich unausgesprochen im Raum: Warum gibt es so viel Widerstände auf unserer Seite, also auf Seiten der Therapeuten, die Lebensumstände und nicht nur den Patienten oder seine persönliche Gestörtheit zum Gegenstand therapeutischer Interventionen zu machen? Wir haben es übrigens bei der Frau in unserem Beispielfall, schon wegen ihres Leidendrucks, mit einer hoch motivierten Patientin zu tun, sonst wäre sie nach ihrem Rückfall gar nicht erst wieder zu einem Psychotherapeuten gegangen. Und warum sollte nicht auch *diese* Patientin verstehen, dass ihr körperliches Leiden mit ihren Lebensumständen zusammenhängt, mit Unberechenbarkeit und mit Zweifeln an eine sichere Zukunft, mit Umständen also, unter denen sie nicht nur körperlich, sondern vor allem auch seelisch leidet? Das verhaltenstherapeutische Krankheitsangst- und Interozeptionsmodell als Teil dieser Erklärung bräuchten wir dazu gar nicht über Bord zu werfen.

Der neue Anteil des heimlichen Therapiemythos, um den es jetzt in der Supervisionsgruppe ging, wurde schließlich von einer Teilnehmerin mit folgender Frage an den behandelnden Therapeuten vorsichtig auf den Punkt gebracht.

„Wenn es die Lebensumstände sind, die für die Somatisierung verantwortlich zeichnen, und nicht nur die Hypochondrie der Frau: Warum wirst Du bei Deiner Patientin nicht schlicht zum Sozialarbeiter und Netzwerkberater? Sachliche Lebensberatung und vielleicht sogar Supervision der Patientin zur Klärung und Auflösung ihrer alltäglichen Krisen und Probleme?!"

Die Gegenfrage kam unverzüglich:

„Ja, ist das dann noch Therapie?"

Da war sie schon wieder, diese Frage nach dem Anspruchsniveau psychotherapeutischen Handelns – glücklicherweise, wie ich fand: Ja, warum eigentlich ist sachliche, lebenspraktische Beratung und Supervision von Patienten keine Therapie?

Psychosoziale Beratung, Supervision und psychosoziales Konfliktmanagement zählen übrigens außerhalb der Psychotherapie zu den effektivsten und gelegentlich bestbezahlten Interventionsformen. Psychotherapeuten selbst nehmen neben der Psychotherapie-Supervision (sic!) regelmäßig professionelle Berater bzw. Supervisoren der unterschiedlichsten Art in Anspruch: Anwälte bei juristischen Problemen, Architekten beim Hausbau, Mediatoren bei Scheidungsfragen, Pädagogen in der Laufbahnberatung, Steuerberater bei Finanzierungsproblemen usw.

Mir jedenfalls hat das immer schon eingeleuchtet [70]: Psychotherapeuten sollten fachkundige Beratung von Patienten oder Netzwerkintervention nicht anderen Professionen überlassen! Professionelle Patientenberatung, Patientenschulung oder Patientensupervision sind für viele Probleme, die Menschen in der Gegenwartsgesellschaft haben, hochgradig interessante „Therapieansätze".

Zum Beispiel Persönlichkeitsstörungen
Viele interaktionelle Probleme, die Therapeuten z.B. angesichts von Persönlichkeitsstörungen bei Patienten erleben oder die sie für Persönlichkeitsstörungen halten, begründen sich schlicht damit, dass viele dieser Patienten zunächst nicht

befähigt sind, über eigene Unzulänglichkeiten zu berichten. Sehr wohl möchten viele von diesen Patienten, dass sich etwas im ihrem Lebensumfeld und vor allem bei anderen Menschen ändert. Einige dieser Patienten artikulieren das ziemlich direkt: „Nicht ich habe Probleme, die andern haben Probleme oder Probleme mit mir." Und implizit beinhaltet dies zumeist die Frage: „Können Sie mich darin unterstützen und beraten, wie ich es hinbekomme, dass sich die anderen verändern?"

Dieses Ansinnen stellt viele Therapeuten offensichtlich ebenfalls vor gravierende Probleme. Nicht gerade selten wird die fehlende Bereitschaft von Patienten, an sich selbst zu arbeiten, als „Widerstand" oder „Compliance-Problem" umgedeutet und damit der Dienstauftrag des Patienten völlig missverstanden. Warum eigentlich?

Viele Patienten, die möchten, dass sich andere ändern, sind zumeist hoch motiviert, hinzuzulernen, um dieses Ziel der aktiven Beeinflussung anderer Menschen endlich zu erreichen. Und um es endlich auf den Punkt zu bringen: Diese Konstellation – nämlich: Suche nach professionellem Rat, der es möglich macht, andere zu ändern – entspricht genau einer Supervision, in der Therapeuten zusammenkommen, um sich wechselseitig zu beraten, wie man andere Menschen, in diesem Fall die Patienten, beeinflussen und verändern kann.

Supervison von Patienten ist ein hochinteressanter Therapieansatz für Menschen, die nicht sich selbst, sondern andere Menschen ändern möchten – oder aber auch, wie in unserem Fallbeispiel, Lebensumstände ändern müssen, unter denen sie leiden. Therapeuten sind gut beraten, ihre Patienten darin zu unterstützen, aktiv Veränderungen in ihren Alltagsbeziehungen und im alltäglichen Leben vorzunehmen. Dass Patienten in einer solchen Patientensupervision von ihren Therapeuten ausschließlich Strategien vermittelt bekommen, die ethisch verantwortbar sind, ist selbstverständlich. Dass Patienten sich bei Anwendung dieser Strategien möglicherweise *selbst* in ihrem Alltagsverhalten ändern (müssen), ist eine wünschenswerte Nebenwirkung von Beratung und Supervision. Für die laufende Beratungs-Behandlung selbst ist dieser Effekt jedoch zunächst von nur sekundärer Bedeutung. Einsicht in eigene Unzulänglichkeiten zunächst auch. Sie kann sich später einstellen, oder auch nicht. Psychotherapie ist kein „Beichtstuhl", auch wenn manche Therapeuten dies so beigebracht bekommen und später immer noch glauben.

Eltern-Kind-Therapie als Vorbild
Dass es ohne „Beichtstuhl" geht, und zwar erfolgreich, kann man übrigens von den Erziehungsberatern und Kinder- und Jugendlichentherapeuten lernen. Die hier vorgeschlagene Strategie des supervidierten psychosozialen Konfliktmanagements ähnelt nämlich in vielerlei Hinsicht der Eltern-Kind-Therapie, in der Therapeuten schon viele Jahre mit Erfolg folgendes Prinzip praktizieren [154]: Mütter und/oder Väter werden zu Co-Therapeuten in der Behandlung ihrer Kinder ausgebildet. Auch in diesem Ansatz brauchen die Eltern therapeutisch nicht unmittelbar an eigenen Unzulänglichkeiten zu arbeiten. Eltern sind Lernende, die Fachkenntnisse für die pädagogisch-therapeutische Erziehung ihres Kindes erwerben.

Natürlich wird durch die gezielte Beratung und Unterweisung der Eltern, wie diese psychologisch begründet auf das Verhalten ihrer Kinder positiv Einfluss nehmen können, zugleich der Aufbau neuer Interaktionsformen in der Gesamtfamilie angeregt – jedoch mit einem hoch bedeutsamen Unterschied zur herkömmlichen Psychotherapie: Die Eltern müssen nämlich nicht zugleich über eigenes Versagen in der Erziehung der Kinder schuldbeladen und schamhaft dem Therapeuten gegenüber Rechenschaft ablegen. Ziel der Elternberatung ist der therapeutische Weg – nicht mehr, aber auch nicht weniger.

Evaluierte Beratungskonzepte als Modell
Psychotherapeuten könnten übrigens aus langjährig erprobten und gut evaluierten Konzepten unterschiedlicher Professionen im Beratungssektor für die Arbeit mit Patienten viel Gewinn ziehen [4; 70; 126; 190]. Beratungsstunden für Patienten zwecks Konfliktmanagement könnten gelegentlich nur jeweils 20 oder 30 Minuten dauern. Und manchmal, wenn es besonders dringlich ist, müssten zwei oder gar drei Beratungsstunden in Folge eingeplant werden. Das heißt: Krisen- und Konfliktberatung erfordert mehr Flexibilität. Dass 45 Minuten als idealer Zeittakt für eine Psychotherapiesitzung zu gelten haben, ist seit Freud selten kritisch hinterfragt worden. Warum eigentlich nicht?

Und genau an dieser Stelle kam jetzt schon wieder jemand in der Supervisionsgruppe mit der Frage: „Ja, wird das dann noch von der Krankenkasse bezahlt?"

Auch darauf gibt es nur eine einzige Antwort. Wenn Psychotherapie in herkömmlicher Form Grenzen hat und alternative Strategien wirkungsvoller, ökonomischer und damit effektiver sind als diejenigen, die in den Psychotherapie-Richtlinien festgeschrieben wurden, dann gilt es, diese besseren Formen so schnell wie möglich in die Psychotherapie-Richtlinien zu übernehmen und politisch durchzusetzen. Mit der verhaltenstherapeutischen Expositionstherapie bei Ängsten und Phobien, die gelegentlich mehrere Zeitstunden erfordert, sind entsprechende Änderungen schon erfolgreich vorbereitet worden.

Und außerdem werden Patienten, die in ernsthaften Krisen stecken, in der Regel zum Psychotherapeuten nur dann überwiesen, wenn sie psychische Störungen haben – wie in unserem Fall „somatoforme Störungen". Und um deren erfolgreiche Behandlung soll es ja auch weiterhin gehen.

Solidarität und Partnerschaft als Beziehungsmodell

Die Beratungsperspektive in der Verhaltenstherapie bedeutet übrigens kein eklektisches Handeln, sondern sie erfordert ein inhaltlich gut begründetes therapeutisches Vorgehen [70]. Zusammenfassend ergibt sich jedoch eine – zwar nur kleine, dennoch bedeutsame – Akzentverschiebung. Um es pointiert auszudrücken: Beratung eröffnet völlig neue Gestaltungsspielräume. Sie erfordert und ermöglicht zugleich die aktive Partizipation des Therapeuten an der Neugestaltung von Lebenslagen. In einer psychotherapeutischen Beratung wird sich sogar, wie immer schon von uns gewünscht, das Machtgefälle verschieben, weg vom kompetenten Behandler persönlicher Probleme hin zum Solidarpartner des Patienten, nämlich im gemeinsamen Kampf gegen widrige Lebensumstände.

Gelegentlich ist es dann auch gar nicht mehr weit bis zum Therapeuten, der als kompetenter und fachkundiger Anwalt des Patienten im Rahmen einer gemeinsamen sozialen Aktion auftritt – eine Therapeutenrolle übrigens, die Psychologen in anderen Beratungskontexten schon längst und ohne schlechtes Gewissen als Handlungsmodell gewählt haben: bei der Scheidungsmediation oder in Frauenhäusern oder zur Unterstützung von Menschen, die Opfer von Stalking geworden sind oder die als Arbeitnehmer in Betrieben von ihren Kollegen oder ihrem Chef gemobbt werden.

Kurz: Fachkundige Patientenberatung und Patientensupervision sollten als weitere Psychotherapiemethoden auf der Grundlage einer guten Verhaltenstherapieausbildung zukünftig zwingend dazugehören! Gründliche Ausbildung in Beratung ist schon deshalb erforderlich, weil sie grundlegende

Kenntnisse in sozialarbeiterischen und rechtlichen Fragen erfordert. Erst wenn Therapeuten über viel Wissen und Kompetenz verfügen, welche sie dann kooperativ zur Problemlösung im Lebensumfeld der Patienten beizusteuern vermögen, werden sie zukünftig erfolgreich und ohne Burnout überleben. Vorbilder für das, was dazu in einer modernen Verhaltenstherapieausbildung vermittelt werden müsste, gibt es – wie angedeutet – inzwischen genug.

Drittes Fallbeispiel

Narzisstische Persönlichkeit – oder wie oder was?

> Ohne Sympathie keine Heilung.
> *Sándor Ferenczi*

Die Narzisstische Persönlichkeitsstörung gilt als Prototyp für eine häufig zu findende Ich-Syntonie gegenüber den eigenen Stilen, wenn sich Betroffene wegen ihrer Kränkbarkeit einer Kritik an ihren persönlichen Eigenarten mit Vehemenz verschließen. Gerade deshalb stellt dieses Störungsbild für manche Therapeuten eine besondere Herausforderung dar, wenn es nicht sogar Unbehagen und Unsicherheiten bei ihnen auslöst. Narzisstische Persönlichkeiten scheinen auf den ersten Blick so gar nicht den Erwartungen zu entsprechen, die viele Psychotherapeuten mit Hilfesuchenden verbinden: Psychotherapie-Patienten in ihrem Sinne sind nämlich Menschen, die persönliche Probleme haben und die zugleich bereit sind, an ihren Problemen zu arbeiten.

Prolog

Eine junge Therapeutin eröffnet die Sitzung einer Supervisionsgruppe mit der Bemerkung: „Oh Gott, jetzt habe ich wahrscheinlich wieder einen dieser narzisstischen Patienten, an dem sich zuvor bereits vier andere Therapeuten ‚die Zähne ausgebissen' haben. Ich brauche unbedingt eure Hilfe!"

Sie berichtet von einem 30-jährigen Patienten, der Hilfe von ihr verlange, weil seine Frau seit mehreren Monaten „völlig dicht gemacht" habe. Dieser Mann komme nicht mehr an seine Gattin heran. Sie schließe sich in ihrem Zimmer ein, dem gemeinsamen Essen gehe sie wann immer möglich aus dem Weg, und sexuellen Annäherungsversuchen verweigere sie sich seither ebenfalls, ohne dass er die Gründe für diesen Rückzug von ihr mitgeteilt bekommen habe.

Und nach dieser kurzen Erläuterung, sagt die Therapeutin, habe ihr der Patient ziemlich direkt klare Forderungen gestellt und diese mit folgenden Worten begründet: „Hören Sie gut zu! Gleich vorweg: Eigentlich will ich nur wissen, ob Sie mir dabei helfen können, wie ich wieder an meine Frau herankommen kann. Inzwischen habe ich nämlich meine Zweifel, ob ich bei Psychotherapeuten an der richtigen Adresse bin. Ich war nämlich schon bei vier Ihrer männlichen Kollegen, und die hielten sich alle irgendwie nicht für zuständig. Deshalb habe ich mir jetzt gedacht: Vielleicht versuchst du es einmal bei einer Therapeutin, vielleicht kann dir eine Frau helfen. Also: Können und wollen Sie mich beraten, wie ich die Beziehung zu meiner Frau wieder hinbekommen kann?"

„Der trat ja auf wie mein Arbeitgeber", berichtet die Therapeutin weiter. Sie wusste zunächst nicht, wie sie auf das Ansinnen dieses Mannes reagieren sollte. Spontan kam ihr nur in den Sinn, ihn danach zu fragen, wie denn die anderen Kollegen auf seinen Wunsch reagiert hätten.

„Das will ich Ihnen gern erzählen", antwortete der Patient spöttisch. „Als ich zum ersten Psychotherapeuten kam, ging es mir ziemlich schlecht. Ich hatte Depressionen und mir gingen sogar Suizidgedanken durch den Kopf, obwohl ich das natürlich nie gemacht hätte. Den ersten hatte ich mir extra ausgesucht, weil er einen Dr. auf dem Praxisschild hatte. Dieser Herr Doktor wollte mir jedoch nur bei meinen Depressionen helfen, und er war ständig bemüht, sich inhaltlich nicht auf Probleme einzulassen, die meine Frau offensichtlich hat. Bei dem bin ich nur einige Male gewesen und habe mir dann einen anderen Therapeuten gesucht.

Aber bei dem erging es mir auch nicht viel besser. Der nämlich hat nur an mich hin geredet, die ganze Zeit nur wiederholt, was ich ihm erzählt habe. So liefen Therapiegespräche eben, wie er mir mehrmals versicherte. Außerdem sei alles erst einmal nur probehalber: probatorische Sitzungen! – Und weiter: Wenn ich nicht an mir arbeiten wolle, könne er mir nicht helfen. Bei dem bin ich dann bereits nach der zweiten Sitzung nicht wieder hin.

Dann habe ich im Branchenverzeichnis nachgeschaut und mir einen Therapeuten ausgesucht, der dort mit den Zusatz ‚Systemische Familientherapie' Werbung machte. Dieser Therapeut erklärte mir gleich zu Beginn, was unter ‚systemisch' zu verstehen sei: Er jedenfalls arbeite familientherapeutisch immer nur mit mehreren Familienmitgliedern, möglichst mit ‚Gesamtsystemen', wie er sich ausdrückte. Er könne mein Anliegen also nur behandeln, wenn meine Frau mit in die Therapie käme. An Personen, die nicht im Therapieraum seien, könne man sowieso nicht arbeiten. Dem habe ich gesagt, dass meine Frau nicht mitkommen würde. Sie hört mir ja sowieso kaum mehr zu. Daraufhin hat er nur die Schultern gezuckt, und ich bin nach einer halben Stunde wieder gegangen. Inzwischen liegt von dem eine Rechnung bei mir zu Hause, über 100 Euro, für persönliche Beratung. Persönliche Beratung! Das ich nicht lache. Wollte ich doch! Der bekommt keinen Cent!

Zum vierten Therapeuten bin ich gegangen, als es mir selbst schon wieder etwas besser ging. Jedenfalls sind die Depressionen nicht mehr so stark, wie noch vor Monaten. Als ich dem von meinen vergeblichen Versuchen berichtete, Therapeuten zu finden, die mir bei den Problemen helfen, die meine Frau offensichtlich hat und über die sie nicht sprechen will, sagte der nur:

Wenn Sie selbst keine Probleme haben, zahlt das die Krankenkasse nicht! Daraufhin habe ich ihm geantwortet: Dann zahl' ich selbst! Daraufhin ist der ganz verlegen geworden und hat gemeint, er arbeite eigentlich nur mit Kassenpatienten. Mal ehrlich, ist das nicht zum Lachen? Auf jeden Fall ist er mich auf diese Weise schnell wieder losgeworden.

Also um es kurz zu machen: Ich selbst habe nicht die Probleme, die mir ihre Kollegen einreden wollten. Und deshalb nochmals die Frage: Können und wollen Sie mir Tipps und Tricks verraten, wie ich wieder an meine Frau rankomme?"

Und dann schloss die Kollegin ihren Bericht in der Supervisionsgruppe mit den Worten:

„Das Gespräch mit ihm hat etwa eine halbe Stunde gedauert, und ich habe ihm dann versprochen, dass ich seinen Fall hier in der Supervisionsgruppe besprechen möchte; ob er damit einverstanden sei? Sehr gern, hat er geantwortet, er sei schon mal gespannt, was dabei herauskomme. Ich bin mir nicht sicher, ob er wiederkommt. Könnt ihr mir sagen, wie ich weiter machen soll? Schon wie der auftrat, überheblich und selbstsicher, als wäre er mein Arbeitgeber. Dass dessen Frau dicht gemacht hat, kann ich gut nachvollziehen."

Einladung zu einem Experiment

Da sich nach dem Bericht der Therapeutin in der Supervisionsgruppe eine hochinteressante Diskussion entfaltete, berichte ich über diese Diskussion gern in meinen Weiterbildungskursen über Persönlichkeitsstörungen vor angehenden Therapeuten. Wenn ich an dieser Stelle, also am Ende des Prologs mit der Eingangsschilderung der Kollegin angekommen bin, bitte ich die Kursteilnehmer, an einem kleinen Experiment teilzunehmen. Ich stelle dann die Frage:

Wer von Ihnen, liebe Kolleginnen und Kollegen, würde angesichts eines solchen Patienten spontan mit folgenden Worten auf diesen eingehen:
„Es ist schön, dass Sie da sind! Wir fangen sofort an!"

In der Zuhörerrunde kehrt danach zumeist eine Zeit des Nachdenkens ein und man kann in den Gesichtern der Teilnehmer ablesen, dass sich eine unsichere Ambivalenz zwischen halbherziger Zustimmung bis selbstsicher wissender Ablehnung breit macht. Wenn überhaupt, sind es zumeist nur Einzelne, die dann etwas zögerlich durch Handheben ihre Zustimmung signalisieren.

Nachfolgend möchte ich jetzt auf die Überlegungen eingehen, die in der Supervision angesichts dieses Falls nach und nach diskutiert wurden.

Supervision: ein Weg entsteht beim Gehen

Bei allem, was im Folgenden ausgesagt wird, bleibt natürlich zu beachten, dass es immer wieder einmal sein kann, dass Patient und Therapeut persönlich oder aus anderen Gründen nicht zueinander passen, was offen angesprochen und mit einem Patienten geklärt werden kann. Sollten wechselseitige Vorbehalte bestehen und ein Vertrauen in die beginnende Therapiearbeit fehlen, besteht die sinnvollste Interventionsstrategie natürlich darin, die betreffenden Patienten an eine Kollegin oder einen Kollegen zu überweisen. Ohne ein gewisses Minimum gegenseitiger Empathie zu Beginn einer Therapiebeziehung sinken die Hoffnungen auf einen Therapieerfolg.

Die im Beispielfall um Supervision bittende Therapeutin war der Überzeugung, dass es sich bei dem vor ihr sitzenden Patienten um einen Menschen mit Narzisstischer Persönlichkeitsstörung handelte. Sie sprach über ihn in leicht abfälliger

Weise. Sie steht damit übrigens nicht allein. Es lässt sich (leider) immer wieder beobachten, dass es sich einige Psychotherapeuten in unverantwortlicher Weise zu eigen machen, sich ihre Stellung im Kollegenkreis und in Supervisionsgruppen mit Negativbewertungen über Patienten zu erobern. Dies scheint insbesondere dann der Fall zu sein, wenn sich die Diagnose „Narzisstische Persönlichkeitsstörung" verdichtet.

Narzisstische Persönlichkeitsstörung – ja oder nein?

Als erstes wurde in der Gruppe also die Frage diskutiert, ob es sich beim Patienten um jemanden mit einer Narzisstischen Persönlichkeitsstörung handelt. Nach den Vorstellungen der Diagnosesysteme und mit Blick auf das *Grundrecht zur freien Entfaltung der eigenen Persönlichkeit* (Artikel 2, Absatz 1, Grundgesetz) darf gegenüber Dritten die gesicherte Diagnose einer Persönlichkeitsstörung nur mit großer Zurückhaltung geäußert werden [68], nämlich unter mindestens einer der folgenden Voraussetzungen:

- praktische Gefährdung
  - wenn die Persönlichkeit(sstörung) des Patienten einen Risikofaktor für die Entwicklung/Exazerbation einer ernsthaften anderweitigen psychischen Störung (z. B. affektive Störung, Suizidalität, Dissoziationsgefahr) darstellt und/oder
  - wenn sie ihrerseits als Folge einer noch nicht diagnostizierten ernsthaften psychischen Erkrankung anzusehen ist (in beiden Fällen besteht Aufklärungspflicht seitens der Diagnostikers) und/oder
- latente Gefährdung
  - wenn die Fähigkeiten zur ausreichenden Befriedigung existenzieller Bedürfnisse des Betreffenden oder von ihr abhängiger Personen nachhaltig nicht mehr ausreichen und/oder

– wenn die Freiheitsgrade des seelischen Funktionierens der Person durch ihre Persönlichkeitseigenarten nachhaltig so weit begrenzt sind, dass die allgemeingültigen Regeln des menschlichen Zusammenlebens mit anderen nicht mehr befolgt werden können.

In den ersten drei Fällen lässt sich übrigens mit Patienten zumeist ein Einvernehmen über die Diagnose einer Persönlichkeitsstörung herstellen. Und nur wenn Moral und Recht verletzt wurden und unrechtmäßiges Handeln bzw. Delikte mit einer Persönlichkeitsstörung in gesichertem Zusammenhang stehen, braucht mit den Betreffenden kein Konsens über die diagnostische Einschätzung hergestellt zu werden.

Mit Blick auf den hier zur Diskussion stehenden Fall können die Punkte 1 und 2 als *nicht erfüllt* angesehen werden; die Punkte 3 und 4 waren *nicht hinreichend abgeklärt*. Der Therapeutin gegenüber jedenfalls war der Patient nicht in ethisch inakzeptabler Weise aufgetreten – abgesehen davon, dass er nicht dem Bild eines „Prototyp-Patienten" entsprach, der an *eigenen* Problemen arbeiten sollte, anstelle um Hilfe bei Problemen nachzusuchen, die er mit anderen hat oder andere mit ihm haben. Dennoch darf nicht übersehen werden, dass der Mann selbst Probleme hatte. Andererseits: Unter Maßgabe der Diagnosekritierien konnte die Diagnose einer Persönlichkeitsstörung (noch) nicht vergeben werden. Auszuschließen war sie andererseits bis zu diesem Punkt aber auch (noch) nicht.

Auf jeden Fall gilt: Im Sinne der aktuellen Diagnosesysteme darf die Diagnose „Persönlichkeitsstörung" *nicht* vergeben werden, wenn zum Beispiel andere Menschen unter einem Patienten leiden, mit der Ausnahme, dass das Leiden anderer Personen auf unmoralische oder strafbare Handlungen infolge der Persönlichkeitseigenarten zurückgeführt werden kann, wie dies unter Punkt 4 vorausgesetzt wurde. Schon gar nicht darf sie vergeben werden, wenn ein Patient der Rollenerwartung eines Psychotherapeuten an einen *„fully functioning patient"* nicht entspricht. Konkret: Erweist sich ein Patient in seiner Therapie als „nicht compliant" oder anderweitig widerständig, dann entspricht das *seinem Recht* auf freie Entfaltung der Persönlichkeit – es sei denn, er verletzt Moral oder Recht, was im Kern impliziert, dass man ihn wegen seiner Handlungen ethisch zurechtweisen oder juristisch belangen könnte.

Psychische Störung – ja oder nein?
Andererseits könnte es natürlich sein, dass der Patient, über den wir gerade nachdenken, tatsächlich eine narzisstische Persönlichkeitsstruktur besitzt. Das soll hier jetzt keinesfalls angezweifelt werden. Dafür spricht unter anderem, dass er von einer depressiven Reaktion bis hin zu Suizidgedanken berichtete. Letztere Auffälligkeiten verweisen jedoch darauf, dass es sogar eine zweite Diagnose gibt, die auf unseren Patienten zutreffen könnte: ICD F43.2 Anpassungsstörung.

Bei einer Anpassungsstörung handelt es sich um Zustände von subjektivem Leiden und emotionaler Beeinträchtigung, wie die Depressivität des Patienten, die nach belastenden Lebensereignissen auftreten können, jedoch nicht hinreichend gravierend sind, um die Kriterien einer anderen psychischen Störung, etwa die einer eigenständigen Depression, zu erfüllen. Das nicht mehr Zugänglichsein der Ehefrau könnte durchaus ein solch belastendes Lebensereignis abgeben. Wenn man also die Solidargemeinschaft über die Krankenkasse an den Kosten der Behandlung hätte beteiligen wollen, wäre dies eine sinnvolle Perspektive gewesen. Außerdem wäre es, wenn man die Voraussetzung „zwischenmenschliche Belastung" zur Diagnosevergabe Anpassungsstörung ernst nimmt, sowieso notwendig, sich ernsthaft mit der kritischen Situation in der Ehe dieses Mannes auseinanderzusetzen (wofür im ersten Treffen noch kein Zugang gefunden worden war).

Letzteres lag übrigens daran (und darauf durfte ich die Supervisionsgruppe an dieser Stelle aufmerksam machen), dass die Therapeutin Beziehungsaspekte in der Erstbegegnung mit dem Patienten seinem sachlichen Anliegen vorgeordnet hatte, ein Missgeschick, das vielen Therapeuten unterläuft. Behandler, die sich vom Ersteindruck ohne Differenzialdiagnose leiten lassen, ohne ausreichende anamnestische Klärung die Phase der genauen Abklärung überspringen, sind in ihrem Handeln zu kritisieren – jedenfalls seien bereits zwei Therapeuten unseres Patienten, die diesen Fehler begangen hatten, an genau diesem Fall gescheitert, gab ich zu bedenken.

Möglicherweise nach wie vor suizidal?

An dieser Stelle bewegten wir uns in der Diskussion der Supervisionsgruppe sowieso bereits auf einen weiteren – juristisch wie ethisch – heiklen Punkt zu. Wir können nicht ausreichend sicher davon ausgehen, dass sich bei unserem Patienten nicht in näherer Zukunft Suizidneigung einstellt, wenn er jetzt nochmals keine therapeutische Hilfe findet. Liegt jedoch ein drohendes Suizidrisiko vor, kann ein Therapeut nicht so ohne weiteres von sich aus eine Behandlung verweigern. Er hätte vielmehr genau abzuklären, wie beträchtlich dieses Risiko ist. Übernimmt er dann selbst nicht die Behandlung, hätte er zumindest für eine angemessene Aufklärung mit Überweisung an einen anderen Therapeuten Sorge zu tragen. Vielleicht müsste er sogar den Patienten motivieren, eine Behandlung in einer entsprechend Sicherheit bietenden Institution aufzunehmen.

Im vorliegenden Fall ist eine solche weiterreichende Abklärung durch die Therapeutin noch nicht erfolgt – paradoxerweise angesichts des Problems, es mit einem „schwierigen" Patienten zu tun zu haben. Aus dem gerade Gesagten ergibt sich jedoch: Je „schwieriger" die Patienten erscheinen, umso *sorgsamer* muss eine diagnostische Abklärung erfolgen. Psychotherapie bedeutet nun einmal in den meisten Fällen, dass es Therapeuten mit „schwierigen" Patienten zu tun bekommen! Dies gilt insbesondere für jene Fälle von Persönlichkeitsstörungen, bei denen – wie in unserem Fall – eine drohende Suizidneigung nicht ausreichend sicher ausgeschlossen werden kann. Deshalb ist die gelegentlich von Therapeuten geäußerte Ansicht, Patienten therapeutische Hilfe verweigern zu können, nur weil sie „schwierige Persönlichkeiten" sind, ethisch wie rechtlich problematisch.

Um nun unserer Therapeutin nicht Unrecht zu tun: Letzteres hatte sie auch nicht vor. Dies gilt jedoch bereits teilweise für jene Therapeuten, die den Patienten zuvor „in Behandlung" hatten.

Möglicherweise nur ein Geschlechtsbias?
Narzisstische (das heißt zumeist auch: ihrer selbst bewusste) Haltungen und Handlungen von Patienten bringen Therapeuten häufig in eine Situation, die viele Ambivalenzen und Konflikte beinhaltet. Entsprechend war auch in der Supervisionsgruppe nach Diskussion der ethischen und rechtlichen Aspekte immer noch nicht klar, wie man im vorliegenden Fall konkret vorangehen sollte. Die gewisse Ratlosigkeit, die sich nach dem Bericht der Therapeutin eingestellt hatte, lag immer noch im Raum. Die ersten Reaktionen zeigten spontanes Mitfühlen: „Du bist zu bedauern" oder „solche Fälle sind mir auch immer ein Graus" usw. Das ganze Gespräch bekam eine eigenwillige Wendung, als ein Kollege unvermittelt an die Therapeutin folgende Frage richtete:

„Sag mal, wie würdest Du mit dem gleichen Problem umgehen, wenn nicht der Mann, sondern seine Frau vor Dir sitzen würde und die Bitte äußerte: Können Sie dabei helfen, wie ich wieder Kontakt zu meinem Mann bekomme, der seit Monaten aus unerklärlichen Gründen dicht macht?"

Die Ratlosigkeit, welche die Supervisionsgruppe bis zu diesem Punkt gelähmt hatte, schien sich in einigen Gesichtern der teilnehmenden Kollegen sichtbar aufzulösen. Auch die im Mittelpunkt stehende Therapeutin reagierte mit einem nachdenklichen Lächeln. Handelte es sich beim vorgetragenen Problem möglicherweise nur um ein Geschlechtsbias? Nur eine Teilnehmerin ließ sich spontan zu einer etwas bissig vorgetragene Zwischenbemerkung hinreißen: „Es ist nun aber mal ein Mann, oder?" An dieser Stelle sah ich mich nun doch gezwungen, Stellung zu nehmen.

In der Tat ist es so, dass sich in Forschungsarbeiten zeigt, dass die klinische Eindrucksdiagnose „narzisstisch" (wie sie in vielen klinischen Kontexten leider bei Vergabe von Persönlichkeitsstörungen sehr zur Gewohnheit geworden ist) am häufigsten für Männer vergeben wird – und zwar nicht nur von Frauen [68]. Sie steht weiter in der Gefahr, dass jene häufig sowieso bereits unterschwellig vorhandenen eigentümlichen Ambivalenzen bei den behandelnden Therapeuten weiter verstärkt werden. In Forschungsarbeiten, in denen die Diagnose mit standardisierten Interviews durchgeführt wird, findet sich dieses Geschlechtsbias übrigens nicht.

Wiederum könnte es natürlich so sein, dass der Mann auch wegen möglicher „narzisstischer Eigenarten" von seiner Frau inzwischen abgelehnt wird. Immerhin hatte das aufdringliche Verhalten unseres Patienten auch bei unserer Therapeutin höchst unangenehme Gefühle und ein mitfühlendes Verständnis für dessen Ehefrau ausgelöst. Wenn dem jedoch so wäre, wäre das nicht Grund genug, erst recht mit einer

Behandlung zu beginnen? Oder sollten Patienten, deren Probleme im zwischenmenschlichen Bereich liegen, zu Beginn einer Behandlung bereits derart ungestört auftreten, wie dies üblicherweise erst am Ende einer guten Behandlung zu erwarten wäre? Wenn also Patienten zu Beginn einer Behandlung einen ungünstigen zwischenmenschlichen Eindruck hinterlassen, könnte dies als ein wichtiger Indikator gelten, dass sie unbedingt therapeutische Hilfe benötigen.

Befindet sich die Ehefrau in einer Notlage und braucht dringend Hilfe?

Glücklicherweise sprang mir an dieser Stelle jener Kollege erneut zur Seite, der uns gerade eben auf ein mögliches Geschlechtsbias aufmerksam gemacht hatte. Er änderte nochmals die Fragerichtung, wieder an die Therapeutin gewandt:

„... oder noch mal anders gefragt: Wie würdest Du mit dem gleichen Problem umgehen, wenn eine Mutter vor Dir sitzen würde und die Bitte äußerte: Können Sie mir dabei helfen, wie ich wieder Kontakt zu meinem jugendlichen Sohn bekomme, der seit einiger Zeit nicht mehr mit mir redet, und der mich deshalb schier verzweifeln lässt?"

Das Eis in der Supervisionsgruppe schien langsam zu schmelzen. Im Umkehrschluss des jetzt abnehmenden Geschlechtsvorurteils konnten in der Gruppe endlich auch neue Fragen gestellt werden. Liegen die Gründe für die partnerschaftlichen Probleme eventuell vielleicht sogar bei seiner Frau? Oder befand sie sich sogar ihrerseits in einer Notlage und bedurfte dringender Hilfe? Darauf konnte der Patient offensichtlich *nur deshalb* keine Antwort geben, weil ihm seine Frau die Antwort verweigerte. Nur gesetzt den Fall, die Probleme des Patienten lägen tatsächlich in gravierenden Problemen oder Interaktionsschwierigkeiten seiner Frau begründet: Sollte sich die Therapeutin nicht erst einmal viel mehr Zeit nehmen, sich mit dem

Patienten zusammen die Interaktionsmuster in der Beziehung genauer anzuschauen und zu untersuchen?

Möglicherweise hoch motiviert?
Es dauerte nicht mehr lange, und die Gruppe ging in ihrer jetzt kreativer werdenden Analyse noch einen Schritt weiter, als nämlich eine Kollegin plötzlich anmerkte: „An der Motivation jedenfalls kann es nicht liegen, oder? Er will selbst bezahlen!"

In der Tat: Wir haben es hier mit einer hoch motivierten Person zu tun. Nicht nur das: Der Mann hat klare Zielvorstellungen, und zwar dergestalt, wie wir sie bei vielen anderen Patienten erst mühselig erarbeiten oder herstellen müssten. Und er signalisiert eine hohe Mitarbeitsbereitschaft für den Fall, dass die Therapeutin bereit wäre, sich in die Rolle *einer Beraterin* zu begeben. Und nur das scheint bis zu diesem Punkt seine Mitarbeitsmotivation einzuschränken. Mögliche weitere Faktoren jedenfalls sind uns nicht bekannt, es sei denn, wir „hörten das Gras wachsen".

„Warum machst Du es nicht mit ihm, wie wir hier zusammen in der Supervision: Sachliche Beratung zur Auflösung zwischenmenschlicher Krisen?!" lautete plötzlich eine Empfehlung. „Wir denken hier doch auch dauernd über Patienten nach, die sich uns widerständig verschließen, und beraten uns, damit die Therapie mit ihnen weitergehen kann, oder?"

„Ist das dann noch Therapie?" fragte die Therapeutin.

„Warum ist das keine Therapie?" ging die Frage an sie zurück.

Ja, warum ist sachliche Supervision eines Patienten eigentlich keine Therapie? In einer Supervision wird doch auch nichts anderes gemacht, als einzelnen Therapeuten dabei zu helfen, wie festgefahrene Beziehungen mit schwierigen, schweigenden oder widerständigen Patienten wieder in Bewegung versetzt werden können. Es könnten vielleicht irgendwelche ungeprüften Therapievorschriften sein, die behaupten, sachliche Beratung und Supervision von Patienten sei keine Therapie. Möglicherweise liegt es – wie bereits im vorausgehenden Kapitel begründet – nur in mythologischen Überlieferungen einiger Therapieschulen begründet, warum Patienten anders zu „behandeln" seien als etwa Psychotherapeuten, für die beratende Supervision durchaus als Therapieäquivalent gilt.

Und so sollte es – da war man sich in der Gruppe inzwischen einig – auch erprobt werden: Zunächst eine sorgsame Abklärung der ehelichen Situation und – falls der Patient dem zustimmt – kluge Hilfestellungen zur Verbesserung der partnerschaftlichen Beziehung mittels Beratung und Supervision.

Supervision als Behandlungsmodell

„Es ist schön, dass Sie da sind. Wir fangen sofort an!"

Mit diesen Worten eröffnete die Therapeutin die nächste Sitzung mit ihrem Patienten. Und nachdem dieser gefragt hatte, was bei der Supervision herausgekommen sei und was sie sich denn in der Zwischenzeit überlegt habe, antwortete sie:

„Ich habe mir überlegt, dass wir diese und die nächsten Sitzungen ganz ähnlich gestalten wie die Supervision, der ich mich regelmäßig unterziehe, um mit Kollegen und einem Supervisor zusammen über schwierige Fälle zu sprechen. Auch wir Therapeuten haben es gelegentlich mit Menschen zu tun, die sich uns aus den verschiedensten Gründen verschließen.

Ein Ziel könnte sein, dass ich Sie mit unterschiedlichen Möglichkeiten vertraut mache, die wir Psychotherapeuten kennen, um mit Krisen ihrer Art umzugehen, also wenn unsere Patienten plötzlich aus unerfindlichen Gründen ihre Mitarbeit verweigern. Es gibt eine Reihe von Vorgehensweisen und Gesprächsstrategien, die wir inzwischen kennen und nutzen. Sollen wir so zusammenarbeiten?"

Der Patient stimmte erleichtert zu. Und wenn man es formal genau nimmt, verwandelte sich die vermeintliche Psychotherapie eines Patienten spätestens jetzt in die Beratung eines (übrigens selbst zahlenden) Klienten, was dieser ja sowieso von Anbeginn an wollte. Die Therapeutin setzte das Gespräch mit folgenden Worten fort:

„Dazu benötige ich jetzt noch eine Reihe von Informationen, um Ihnen gezielter mit Ratschlägen zur Seite stehen zu können. Vielleicht beginnen Sie einfach nochmals damit, mir einige prototypische Situationen zu schildern, die in letzter Zeit zwischen Ihnen und Ihrer Frau aufgetreten sind ..."

Und dann machte die Therapeutin ihren Klienten zum Co-Therapeuten in der Behandlung seiner Frau. Auf diese Weise wollte sie vermeiden, dass sich beim Ehemann vorschnell etwa Schuldgefühle über ein eventuelles Fehlverhalten entwickelten. Die Verbesserung der Beziehung zwischen beiden Ehepartner war das angestrebte Ziel. Einsicht in mögliche Mitschuld an den Beziehungsstörungen wurde vermieden. Sie könnte sich später einstellen – oder auch nicht. Hauptsache, die Beziehung zwischen beiden Eheleuten ließe sich wieder in ein befriedigendes Miteinander zurückverwandeln. Die Psychotherapie selbst veränderte ihr Gesicht also in Richtung Supervision, in der sachliche Beratung und die Einübung sozialer Kompetenzen die wesentliche Rolle spielten.

Epilog

Zwei Monate später trafen wir uns zur nächsten Gruppensupervision. Wiederum kam die Therapeutin mit der Bitte um Mithilfe. Und erneut ging es um jenen Klienten, dessen Probleme in der vorausgehenden Supervision breiten Raum eingenommen hatten. In der letzten Sitzung, so berichtete die Therapeutin, sei der Mann unerwartet „völlig aufgelöst" und „suizidal" zur Behandlung gekommen. Und dann erzählte sie uns die Geschichte der vergangenen Wochen.

In den ersten Sitzungen hatte die Therapeutin versucht, ihrem Klienten „Verstehen" und „Empathie" als Interaktionsstrategie zu vermitteln – unter anderem mit dem Hinweis, dass sich andere Menschen leichter öffnen, wenn sie sich zuvor verstanden fühlten. Empathie ermögliche es, Gespräche mit Sympathie vermittelnden Äußerungen zu beginnen und sie auf diese Weise wieder in Bewegung zu setzen. Das könne auch bei seiner Ehefrau möglich sein.

Die Vermittlung und Einübung von Empathie-Fähigkeit, konnte ich ergänzen, wird übrigens von verschiedenen Autoren bei narzisstischen Persönlichkeiten empfohlen, da ja ein Merkmal dieser Störung in einem Mangel an Empathie besteht [248].

Der Ehemann hatte sich, wie die Therapeutin weiter berichtete, bereitwillig auf diese Übungen eingelassen. Unsere Vermutung, dass es sich um eine motivierte Person handelte, fand ihre Bestätigung. Und die Therapeutin berichtete weiter, dass ihm das Training sozialer Kommunikationsstile nicht nur neuen Mut gegeben habe, sondern auch Spaß bereitet hätte. Außerdem sei sie überrascht gewesen, wie viele der vorgeschlagenen Gesprächsstrategien er in den Rollenspielen spontan habe umsetzen können. Bei den Übungen habe es sich vorrangig um Ein-Person-Rollenspiele mit leerem Stuhl gehandelt, wie diese ja in der Einzelverhaltenstherapie zur Vermittlung sozialer Fertigkeiten üblich sind [213].

In den darauf folgenden Wochen habe der Mann dann versucht, einige der eingeübten Strategien zu Hause seiner Frau gegenüber zur Anwendung zu bringen. Und vor zwei Wochen sei dann eine plötzliche Änderung eingetreten. Die Frau habe sich eines Abends zu ihm gesetzt und angefangen, von sich aus zu erzählen …

Narzisstische Kränkung und ihre Behandlung
„Um jetzt richtig zu verstehen, was passiert ist", fuhr die Therapeutin fort, „muss ich euch noch Folgendes erzählen. Der heute 30-jährige Mann und seine gleichaltrige Frau kennen sich bereits seit dem 16. Lebensjahr, sind gemeinsam erwachsen geworden und haben mit 24 Jahren – immer noch verliebt – geheiratet. Bereits als sie sich in der Jugendzeit ineinander verliebten, hatten sie sich geschworen, sich niemals durch Fremdgehen zu betrügen. Dieser Treueschwur ist bei der Eheschließung erneuert und dahingehend verschärft worden, dass eine Nebenbeziehung gleichsam das Ende der Ehe bedeute. Und vor zwei Wochen nun hat ihm seine Frau unter Tränen gebeichtet, dass sie vor einigen Monaten mit beider bestem Freund einmal geschlafen habe, am nächsten Morgen jedoch einen ,Wahnsinns moralischen Kater' bekommen habe und daraufhin alles bereute. Nur um ihren Mann nicht zu verlieren, habe sie seither nicht gewusst, was sie tun solle – und seither eben dicht gemacht. Nach ihrer Beichte rief mich der Mann unmittelbar an und bat um einen möglichst raschen Termin, zu dem er dann auch erschien – wie gesagt: völlig verzweifelt und suizidal."

In der Supervisionsgruppe machte sich für eine gewisse Zeit Schweigen und Betroffenheit breit. Die eigene Frau und der beste Freund. Die umgekehrte Konstellation – der eigene Mann und die beste Freundin – könnte vermutlich eine ebensolche existenzielle Krise bei einer Frau auslösen, wie sie jetzt beim Ehemann eingetreten war.

In der Gruppe wurde schnell klar, dass mit dem depressiven und suizidalen Ehemann eine neue Strategie eingeschlagen werden musste. Jetzt jedenfalls mutierte die „Beratung eines Klienten" in die „Psychotherapie eines Patienten" – und zwar erst zu diesem Zeitpunkt. Zusätzlich weiter: Wie so oft beobachtbar, wurde auch unsere Therapeutin dadurch überrascht, dass eine Orientierung allein an wirkungsvollen verhaltenstherapeutischen Techniken, wie in unserem Beratungsfall am Training sozialer Fertigkeiten, nicht so ohne Weiteres zum erfolgreichen Ende führt.

Der neue Dienstauftrag nach psychotherapeutischer Hilfe musste nicht groß hinterfragt werden. Die existenzielle Krise des Patienten verlangte unmittelbare Unterstützung. So begann die persönliche klärungsorientierte Psychotherapie eines Mannes, in welcher die Therapeutin als empathische Begleiterin notwendig wurde. Vielleicht könnte es angesichts des nun offensichtlichen Leidens des Mannes sogar möglich werden, dass er für sich selbst die Diagnose einer narzisstischen Persönlichkeit akzeptieren könnte. Am Beispiel seiner narzisstischen Krise [119], in die er unverhofft hinein geraten war, könnte die Therapeutin ihm vermutlich plausibel vermitteln, welches Störungsverständnis sich mit dem Narzissmuskonzept verbindet.

Sicherlich würde er auch akzeptieren, dass sich die Therapeutin in diesem Stadium als begleitende Zuhörerin einbringt, die dem Patienten maximale Möglichkeiten einräumt, sich über sich selbst, über die Beziehung zu seiner Frau und über jene zu seinem Freund erneut Klarheit zu verschaffen. Empathy first! Ja keine drängende Zielorientierung! Beratung und Coaching erst wieder, wenn sich der Patient in der Weise weiterentwickelt hat, dass er seiner existenziellen Krisensituation gefasster ins Auge zu schauen vermag.

Wirklich bereits ein Fortschritt?

Über Nutzen und Grenzen der Neurobiologie für die Psychotherapie

> Wir kamen nur selten auf den Gedanken,
> uns zu fragen, ob die äußeren Bedingungen,
> die Gesellschaft, in der wir leben,
> etwas mit unserer Sache zu tun haben könnte.
> *Lars Gustafsson*

Vorweg zusammengefasst dient die Hirnforschung beim gegenwärtigen Stand der Dinge vor allem der Validierung und Absicherung psychologischer Hypothesen, einerseits was die innerpsychischen Hintergründe psychischer Störungen angeht, andererseits zur Beobachtung und Absicherung therapeutischer Veränderungen. Ob sich aus diesen Beobachtungen kreative Möglichkeiten der Fortentwicklung psychotherapeutischer Ansätze ergeben, muss sich erst zeigen. Ein kurzes Innehalten und gründliches Nachdenken über die Bedeutung der zurzeit hoch gelobten Neurobiologie könnte sich dazu eignen, einige Aspekte der Diskussion über Nutzen und Grenzen der Neurobiologie für die Psychotherapie, insbesondere für die Verhaltenstherapie zusammenzufassen.[1]

---

[1] Dieses Kapitel erweitert und vertieft Überlegungen, die in einer Publikation aus dem Jahr 2008 ausgearbeitet wurden [71].

Ängste, Phobien, Zwänge und Traumastörungen

Zunächst ein Blick in die neurobiologische Bestätigungsforschung, deren Wert hier vorweg nicht geschmälert werden sollte. Immerhin hilft sie uns, unsere bisherigen psychologischen Erkenntnisse auf eine neurobiologische Grundlage zu stellen und dient der Ideenfindung und Absicherung neuer Möglichkeiten. Völlig zu Recht hat Klaus Grawe die zunehmende Bedeutung der Hirnforschung zum Anlass genommen hat, sein Buch über „Neuropsychotherapie" zu verfassen [106].

In den vergangenen Jahren hat insbesondere das Wissen über die biopsychologische Verarbeitung ängstigender und traumatisierender Bedingungen zugenommen. Dabei hat sich die prinzipielle Angemessenheit der Theorie des Klassischen Konditionierens in neurobiologischen Verarbeitungsprozessen nachweisen lassen. Wegen dieser Entwicklung sind die Verhaltenstherapeuten sogar mittendrin, endlich das Unterbewusste für sich zu entdecken (vgl. Abb. 6). Doch zunächst ein Überblick über einige Grundbegriffe, die heute Eingang in die Denkwelten der Psychotherapeuten gefunden haben.

Neurobiologie

Dem Bewusstsein zugängliche Gedächtnisanteile werden kognitionspsychologisch als *explizites* oder auch als *deklaratives Gedächtnis* bezeichnet. Für die unterbewussten Gedächtnisprozesse, die verdeckt und unkontrolliert ablaufen, werden die Begriffe *implizit* oder *prozedural* benutzt [217]. Das *explizite deklarative Gedächtnis* (rechts in Abb. 6) beinhaltet einerseits ein vom Bewusstsein nutzbares (semantisches) Faktenwissen. Andererseits wird diesem eine erzählbare (narrative) Erinnerung an durchlebte Ereignisse und Episoden zugesprochen. Episodische *autobiographische* Erinnerungen erschließen sich leichter, wenn wir über diese Abschnitte un-

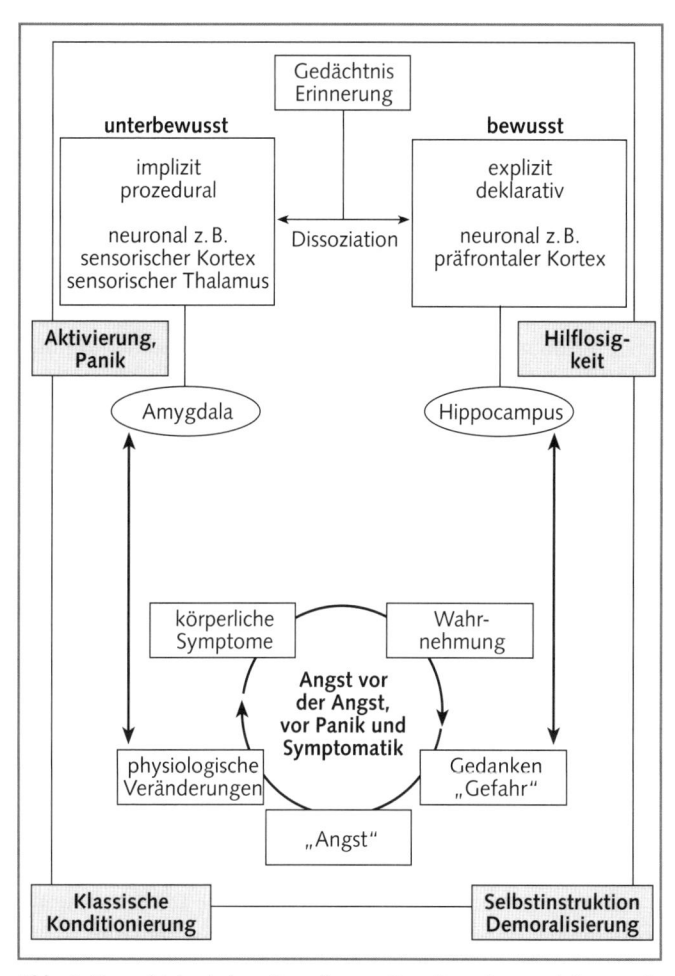

Abb. 6 Neurobiologische Grundlagen ängstigender und traumatisierender Erfahrungen (Erläuterungen im Text).

seres Lebens häufiger „Geschichten" erzählen: Erzählepisoden, die auch als *Narrative* bezeichnet werden.

Das nicht deklarative *implizite Gedächtnis* (links in Abb. 6) unterliegt nicht unmittelbar der Erinnerung und bewussten Kontrolle. Der Begriff „prozedural" bezieht sich auf automatisch ablaufende Handlungsroutinen und Gewohnheiten (wie z. B. das Autofahren, während man mit dem Beifahrer „explizit" diskutiert). Der Begriff „implizit" schließt „prozedural" mit ein und beinhaltet vielfältigste, zumeist unbewusst ablaufende Erinnerungswirkungen. Dazu gehören z.B. die *Priming*-Effekte auf Handlungen (ausgelöst durch Stimmungen und Gefühle, sonstige Orientierungsreaktionen), konditionierte Reaktionen sowie Wirkungen dissoziierter Gedächtnisinhalte (Bilder, ganzheitliche Eindrücke, Geräusche, Gerüche usw.).

Furcht- und Trauma-Gedächtnis. Eines der Gedächtnissysteme, das von Neuropsychologen mit der Verarbeitung traumatischer Erfahrungen in einen Zusammenhang gebracht wird, wird als *emotionales Furcht- oder Trauma-Gedächtnissystem* bezeichnet [169]. Für dieses scheinen insbesondere die *Amygdala* und zahlreiche mit ihr zusammenhängende Bereiche zuständig zu sein. Insbesondere der sensorische Kortex ist natürlich Sammelstelle für jene Reize, die wir aus dem klassischen Konditionierungsparadigma als konditionierte Stimuli kennen.

Treten nun später ähnliche Reize wie jene auf, die während früherer belastender, angstvoller oder traumatischer Episoden implizit gelernt wurden, so können sie das emotionale (implizite) Gedächtnissystem unmittelbar und direkt aktivieren. Angst, Ärger, Ekel, Wut, Schmerzen, Trancezustände können immer wieder spontan auftreten. Dies kann auch in der Therapiebeziehung passieren, wenn Therapeuten mit Patienten über frühere belastende Erfahrungen sprechen.

Das implizite Gedächtnis reagiert antizipierend, weil nicht ganz sicher ist, wie „gefahrvoll" die aktuelle Situation sich entfalten wird. Das erfährt es erst im Zuge nachfolgender Habituationen, also in der Folge gefahrloser Wiederholung gleichartiger Erfahrungen. Mit Hilfe eines „rudimentär" entwickelten „konzeptuellen Nervensystems" lässt sich also begründen, weshalb die im Bereich der Angst-, Zwang- oder Traumabehandlung eingesetzten Expositions- oder Konfrontationstherapien wirkungsvoll sind. Der in Abbildung 6 eingefügte „Teufelskreis der Angst", mit dem Verhaltenstherapeuten als Erklärungsmodell arbeiten, hat also eine neurobiologische Grundlage gefunden.

In diesem Zusammenhang bleibt zu beachten, dass es zwei weitere beängstigende Komponenten gibt, die bei den Betroffenen selbst zu verorten sind und die gelegentlich in einer auf Expositionstherapie beschränkten Behandlung übersehen werden:
- das Phänomen der so genannten Selbstinstruktion von Angst und
- das Problem der Demoralisierung.

Selbstinstruktion/Selbstinduktion von Angst. Einerseits können Menschen sich selbst-instruktiv ängstigen und zwar durchaus erheblich, etwa aufgrund fehlerhafter Theorien. Mögliche Gründe für Erregungszustände, die man sich etwa mangels Erinnerung nicht mit früheren Erfahrungen erklären kann, suchen Betroffene dann eher in den *gegenwärtigen* Kontexten und Interaktionen, nämlich dort, wo diese auftreten. Und sie bemerken vielleicht gar nicht, dass die neue Ursachenzuschreibung *inkorrekt* sein kann – und dass sie erst dadurch (im Sinne selbst erfüllender Prophezeiungen) gerade zu neuen Problemen führt: zum Beispiel als Erwartungsängste und phobophobische Erregungssteigerungen in der Panikstörung oder

Agoraphobie; oder wenn die Gründe für (Trauma konditionierte) Wut- und Ärgergefühle in aktuellen Beziehungen vermutet werden – so möglich in der Therapeut-Patient-Beziehung.

Demoralisierung. Insbesondere Extrembelastungen, unlösbare Konflikte und Traumatisierung können für viele Betroffene mit einem Zustand andauernden Belastungserlebens verbunden sein: angesichts vermeintlich unlösbarer Lebensumstände mit dem Gefühl andauernder Verängstigung und ohne Hoffnung. Auch die Grübeleien von Patienten mit generalisierter Angststörung und viele Formen von Zwangsgedanken gehören zu diesem Phänomenbereich. In der Traumaforschung wird dieser Prozess auch als *Demoralisierung* bezeichnet, und er ist fast immer nach Traumata beobachtbar, die Menschen durch Menschenhand zugefügt wurden (engl. *man-made desaster*), wie z. B. nach Gewalttaten, Vergewaltigung oder Folter [69].

Erscheinen Lebensbelastungen als unlösbar oder fällt das vernünftige Denken der Demoralisierung anheim, bereitet das nicht nur – wegen einer angestiegenen Vulnerabilität – eine Verschlimmerung bereits bestehender Ängste und Sorgen vor. Ist die kognitive Verarbeitung eingeschränkt, verschiebt sich die Aufmerksamkeit auch noch zunehmend weg vom alltäglichen Leben, hin auf die inneren Befindlichkeiten. In der Folge sinkt die Vulnerabiltitätsschwelle weiter, Ängste und Panikanfälle werden häufiger aktiviert und die Neigung zur unkontrollierbar erlebten Symptombildung nimmt zu. Die Selbstbeobachtung oder der Rückgriff auf implizit-emotionale Erfahrungsbestände erhöht das Risiko, dass in allen möglichen Situationen konditionierte Traumareaktionen, Ängste, Panik und andere dissoziative oder Verhaltensstörungen ausgelöst werden. Und am Ende dieser Entwicklung befinden

Betroffene sich im Bereich einer – der bewussten Kontrolle entglittenen – Hilflosigkeit wieder, häufig im Zustand hoher Aktiviertheit und Erregung, in dem bewusstes Planen und Handeln kaum mehr möglich ist.

Wir haben also zwei Problemtypen bei Angststörungen zu gewärtigen: Einerseits jene Symptome, die durch konditionierte Stimuli ausgelöst werden (wie z. B. phobische Reaktionen oder Dissoziationen), andererseits jene Störungen, bei denen Angst steigernde Befürchtungen im Vordergrund stehen (wie z. B. phobophobische Reaktionen, Zwangsstörungen, Panikattacken). Und natürlich bleibt zu beachten, dass sich beide Phänomenbereiche als spezifische Mischtypen gleichzeitig beobachten lassen.

Therapeutische Konsequenzen

Welchen Nutzen haben die Therapieforscher aus diesen Erkenntnissen gezogen? Auf den ersten Blick haben sie uns in der Tat neue Therapieansätze präsentiert. Dazu werden neue Formen der Exposition gezählt.

- In der Behandlung Ich-dystoner Zwangsgedanken nehmen Patienten ihre zwanghaften Grübelgedanken mit hinreichenden Pausen auf Kassette oder MP3-Player mit Endlos-Schleife auf und hören sich ihre ängstigenden Grübeleien immer wieder als eine Art von Exposition an [214].
- Eine andere Variante der Exposition wurde für die generalisierte Angststörung entwickelt, die so genannte Sorgenkonfrontation: Hier wird der Patient mit seinen Sorgen, wenn diese Ich-dyston erlebt werden, in Form von Vorstellungsbildern konfrontiert, wodurch eine emotionale Verarbeitung ermöglicht werden soll, die der Patient bisher eher zu vermeiden trachtete [125].

- Und im Bereich der Phobien, insbesondere bei Sozialphobien wurde das Problem der Aufmerksamkeitslenkung auf die eigenen Ängste in den Mittelpunkt eines neuen Ansatzes gerückt. So zeigt sich, dass die Wirkung der Exposition durch die Instruktion, die bisher auf Angsterleben fokussierte Aufmerksamkeit bewusst nach außen zu lenken, deutlich verbessert werden kann [239].

An dieser Stelle gilt es jedoch eine Warnung anzubringen. Sie richtet sich an jene, die Psychotherapie als die Anwendung gut handhabbarer und empirisch geprüfter Methoden wie die Exposition verstehen. Es gibt nämlich bedenkenswerte Befunde, die allzu leicht übersehen werden: zum Beispiel von Lovell und Mitarbeitern [177], die feststellen mussten, dass Patienten mit Zwangsstörungen, die ihre Zwangsgedanken als Endlosschleife abhörten, dieselben Ergebnisse erreichten wie Zwangspatienten, die sich als Placebogruppe eine neutrale Prosa vom Band anhörten. Stellt sich überraschend die Frage, ob die mit der Exposition verbundenen Habituationshypothesen überhaupt angemessen sind.

Kaum substanziell gestiegene Erfolgsraten

Wir sollten zukünftig selbst bei vermeintlich gut abgesicherten Hypothesen kritisch bleiben. Analysiert man weiter die Erfolgszahlen, die in der Behandlung der Angststörungen und Zwänge durch die geschilderten Innovationen erreicht werden, muss man konstatieren, dass sich die Gesamteffektivität der Expositionstherapien nur geringfügig oder gar nicht steigern ließ. Und die Behandlungsforschung bei traumatisierten Patienten zeigt: Unbedacht angewandte Exposition/Konfrontation kann gelegentlich eine Retraumatisierung zur Folge haben [80]. Exposition vermag – im Sinne der oben angesprochen Selbstinduktion von Angst – aufkommende Beunruhigung bis hin zur Panik auch zu steigern und bewirkt keinesfalls immer eine Habituation. Als Inkubation oder Retraumatisierung ist diese Reinkarnation des Traumaerlebens seit langem bekannt. Dennoch gibt es Therapeuten, die mit permanenter Wiederholung der Exposition auf eine Habituationswirkung hoffen, obwohl sich diese Hoffnung bei den ersten Versuchen bereits nicht erfüllte, sich der Zustand von Patienten sogar von Mal zu Mal zusehends verschlechterte.

Fallbeispiel. Bereits zum dritten Mal wurde ein 32-jähriger Mann wegen einer „bisher wenig erfolgreich behandelten" Posttraumatischen Belastungsstörung in eine psychosomatische Klinik überwiesen. Der Mann war im 20. Lebensjahr während seiner 18-monatigen Dienstzeit als Soldat einem Mobbing und schweren Misshandlungen durch seine Kameraden ausgesetzt gewesen. Zum Beispiel hatten sie ihn mehrmals gezwungen, eine Toilette auszulecken, in die sie vorher defäziert und uriniert hatten. Nächtens hatten sie ihn, während er schlief, mehrmals mit Kübeln kalten Wassers übergossen. Und einmal wurde er mit Seilen im Bett angebunden und von seinen Stubengenossen sexuell missbraucht. Mit der Diagnose einer Posttraumatischen Belastungsstörung wurde er vorzeitig aus dem Wehrdienst entlassen. Für ihr Mobbing und die Misshandlungen wurden die Kameraden strafrechtlich belangt.

Während zweier vorausgehender Klinikaufenthalte war versucht worden, die Symptomatik der Posttraumatischen Belastungsstörung mittels Habituationstraining zu behandeln. Offenbar von der Exposition als Behandlungsansatz fasziniert, hatten die Therapeuten ihren Patienten stets aufs Neue angeleitet, sich mittels Visualisierungstechnik (einmal im Rahmen einer EMDR-Behandlung) die erfahrenen Misshandlungen vorzustellen, woraufhin sich dessen Symptomatik und sein

Allgemeinbefinden jeweils verschlechterten. Da sich keine Verbesserungen einstellten, wurde von den Therapeuten in der Krankenakte kritisch vermerkt, dass sich der Patient nicht ernsthaft auf das Habituationstraining eingelassen habe. Eine durchaus konstatierte Selbstunsichere Persönlichkeitsstörung als vorbestehende Begrenzung für Erleben und Coping wurde offensichtlich nicht als so „behandlungsrelevant" angesehen wie die dominierende Traumasymptomatik.

Auch dass sich die objektiven Probleme dieses Mannes zwischen den Klinikaufenthalten vermehrten (Verlust des Arbeitsplatzes, inzwischen zweijährige Arbeitslosigkeit, zunehmende Verschuldung), wurde in den Vorbehandlungen nur als „logische Folge" seiner „Mitarbeitsverweigerung" in der Expositionstherapie gewertet. Ganz offenkundig wurde nicht hinreichend realisiert, dass es Szenarien gibt (wie zum Beispiel das auf natürliche Weise Ekel erregende Auslecken von Fäkalien in einer Toilette), die sich nicht mittels imaginativer Exposition etwa zum Zwecke einer Habituation behandeln lassen. Sollten sich Patienten an solche Szenarien etwa „gewöhnen"? (Zu den möglichen Negativwirkungen der Expositionstherapie ausführlich: [80]).

Misserfolgs- und Rückfallursachen sind und bleiben Ausgangspunkt für die Kritik psychotherapeutischer Konzepte!

Eine Verbesserung der Technik bedeutet nicht zwangsläufig mehr Erfolge. Oder, wie dies Fonagy und Roth [88] ironisch auf den Punkt gebracht haben, suchen alle von der Exposition begeisterten Forscher und Praktiker ihre Schlüssel wie Betrunkene immer wieder an der Straßenlampe, statt einmal dort zu suchen, wo sie sie verloren haben, nur weil das Licht bei der Expositionslampe heller ist. Damit soll jetzt keinesfalls die Wirkung der Expositionstherapie in Frage gestellt werden. Nur, sie reicht offenkundig nicht hin, scheint gelegentlich sogar kontraindiziert.

Eigenwilligerweise kommen die Expositionsforscher nicht auf die Idee, sich einmal mit den Bedingungen auseinanderzusetzen, die sie in ihren Forschungsarbeiten als Ursachen für Misserfolge und Rückfallbedingungen herausgefunden haben. In den meisten Fällen steht dort nämlich zu lesen (und zwar in den Publikationen der Expositionsforscher; sic!): Die geringeren Erfolge finden sich bei Patienten mit gleichzeitigen weiteren Auffälligkeiten. Spitzenreiter sind Patienten mit komorbider Depression, weiter mit geringer Therapiecompliance wegen vermuteter Persönlichkeitsstörungen, mit auffälligen Stimmungsschwankungen, mit einer Neigung zu Selbstverletzungen und latenter oder offener Suizidalität, häufig noch vor dem Hintergrund akzentuierter Persönlichkeitsstile, wobei es sich auch noch um Patienten handelt, die aktuell mit gravierenden Lebensproblemen zu kämpfen haben.

Alle diese Bedingungen werden von den störungsspezifischen Expositionsforschern nur allzu gern aus ihren Studien ausgeklammert [238]. Gute Wirkungen mittels Exposition werden vor allem bei eng umschriebenen, also solitären Angststörungen und spezifischen Phobien beobachtet. Patienten mit Mehrfachdiagnosen gelten in der Forschung als „Störfälle". Mit der Konsequenz, dass schließlich Patienten mit komplexer Symptomatik in Expositionsstudien nur selten zu finden sind. Und wenn doch, dann stellen sich genau sie im Nachhinein als Misserfolgspatienten heraus. Aber das wiederum sind jene, mit denen die Psychotherapeuten in ihrer alltäglichen Arbeit von morgens bis abends zu tun bekommen.

Dazu später mehr. Zunächst zu einem weiteren Störungsbild, das gegenwärtig im Mittelpunkt neurobiologischer Forschungsarbeiten steht.

Die Depression und das Phänomen der Selbstentfremdung

Die Zahl depressiv erkrankter Menschen nimmt in unserer Welt ständig zu. Die Depression ist nicht nur die häufigste Komorbiditätsdiagnose bei anderen Störungen, sondern sie gilt inzwischen als häufigste Ursache für Arbeits- und Erwerbsunfähigkeit. Und bis heute kann niemand behaupten, dass sich die Depression mittels Psychotherapie, egal welcher Ausrichtung, „heilen" ließe. Dennoch lässt sich mit gängigen Therapieansätzen einer depressiven Episode, wie der Kognitiven Verhaltenstherapie (KVT) sensu Lewinsohn und/oder Beck [113] oder der Interpersonellen Psychotherapie (IPT) sensu Klerman und Weisman [224], im Verlauf einer Behandlung viel erreichen – jedenfalls wenn man den Ergebnissen aus Vorher-nachher-Untersuchungen vertraut.

Andererseits: Auf längere Sicht scheinen die Anfangserfolge bei den meisten Patienten relativ kurzlebig zu sein. Als ernüchternde Erkenntnis der Forschungsarbeit der letzten zwanzig Jahre muss festgestellt werden, dass etwa die Hälfte aller mittels KVT und IPT behandelten Patienten bereits nach zwei Jahren (!) erneut um psychotherapeutische Unterstützung bittet und wohl nur ein Viertel bis ein Drittel der Patienten mit einem langfristigen Erholungseffekt rechnen kann. Bei bis zu 75 Prozent der mittels KVT oder IPT Behandelten chronifiziert die Depression oder die Betroffenen erfahren innerhalb von vier Jahren einen erneuten Rückfall [88]. Angesichts dieser Zahlen stellt das therapeutische Management der persistierenden bzw. rezidivierenden Depression gegenwärtig die wichtigste Herausforderung dar.

Achtsamkeit als neue Behandlungsmöglichkeit?
In diesem Zusammenhang ließen die Erfolgzahlen von Teasdale und Mitarbeitern aufhorchen, die mit ihrer *Mindfulness-Based Cognitive Therapy* (MBCT) die Rückfallzahlen bei mehrfach oder chronifiziert depressiv erkrankten Personen über eine Zeitspanne von vier Jahren bis zu 50 Prozent zu senken vermochten. Das sollte uns zwar nicht zufrieden stellen; aber angesichts der erreichbaren Kostenersparnis in der Behandlung der „Volkskrankheit Depression" ist das Ergebnis beachtenswert.

Teasdale und Mitarbeiter [178; 246] konnten zwischenzeitlich replizieren, dass es sich auszahle, nicht nur die Therapiezeit zu verlängern, sondern die Behandlung um neue Elemente anzureichern. Für ihr Konzept der Therapieverlängerung haben sie eine Bezeichnung eingesetzt, die seit Teasdales erster Publikation weltweit die Runde macht: „Achtsamkeit" (oder „Mindfulness", wie es auf Englisch so schön heißt [116]). Die MBCT – wie übrigens weitere Ansätze, auf die wir als „Neue Welle" der Verhaltenstherapie in einem späteren Kapitel eingehen werden – scheint für Patienten geeignet, die bereits zwei und mehr depressive Episoden hinter sich haben. Nicht ganz so effektiv erweist sich das Achtsamkeitstraining bei Patienten, die sich in der ersten oder zweiten Depressionsepisode befinden.

„Depression" ist *nicht* „negative Emotion"
Die erreichten Erfolge bei Chronifizierung der Depression zeigen, dass es sich lohnt, die Patienten auf wesentliche Unterschiede zwischen Depression und Affekten aufmerksam zu machen. Und hier nun kommt die neurobiologische Forschung ins Spiel. Bei einer Vielzahl depressiver Patienten konnte ein deutlich erhöhter bzw. starrer Cortisol-Spiegel nachgewiesen werden. Depression ist offensichtlich, auch

somatisch, ein Stress-Syndrom. Der inzwischen so bezeichnete Hypercortisolismus führt zur affektiven Einengung, zur Dysphorie bzw. zu einem hypothymen Stresserleben der Gedrücktheit. Und dysphorisches Stresserleben als Gestimmtheit unterscheidet sich beträchtlich von Affekten wie Traurigkeit, Angst oder Ärger und modifiziert natürlich das Erleben von Gefühlen an sich. Gehen Affekte als Referenz verloren, sind Planung und Entscheidung begrenzt und nur noch einseitig im Stimmungsrahmen möglich.

Chronifiziert dieser Zustand, lässt sich als Folgewirkung des andauernden Hypocortisolismus sogar als organisches Substrat eine Volumenverminderung des Hippocampus und des präfrontalen Kortex nachweisen. Ebenfalls belegt durch neurobiologische Studien ist, dass dieses Phänomen bei angemessener Behandlung reversibel ist [242]. In Studien, die mit bildgebenden Verfahren durchgeführt wurden, konnte also durch die geschilderten Auffälligkeiten die Einschränkung der Exekutivfunktionen nachgewiesen werden [10; 180]. Es wird vermutet, dass dies nicht nur am Hypercortisolismus, sondern auch an der Hemmung der Rückkoppelung zur eigenen Gefühlsmäßigkeit liegen müsse.

Weiter scheint es die neurobiologisch bestimmte Dominanz des hypothymen Erlebens zu sein, welche die Patienten in den depressiven Episoden zu einem die Depression stabilisierenden Denken, Selbstabwertungen und damit letztlich auch in eine suizidale Hoffnungslosigkeit führen kann. Nicht also ein depressiogenes Denken führt in die Depression (wie Beck behauptete [15]), sondern die Depression ist für depressives Denken verantwortlich und hat dieses fest im Griff (vgl. Abb. 7). Pessimistisch jeder Möglichkeit gegenüber und ohne Kreativität und Schwung sind Depressive unfähig, sich in der Dimension Zeit zu entwerfen und konstruktive Pläne zu machen.

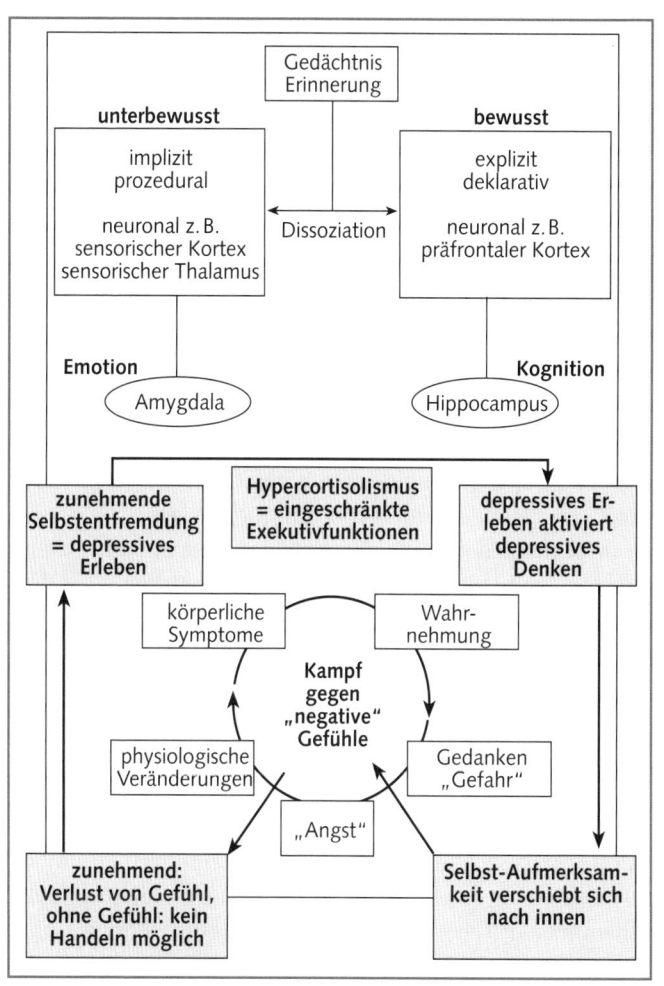

Abb. 7 Teufelskreis der zunehmenden Selbstentfremdung durch ein die Depression stabilisierendes Erleben und Denken (Erläuterungen im Text).

Im Verständnis von Teasdale reagieren insbesondere Patienten, die bereits mehr als zwei depressive Episoden hinter sich haben, auf alle möglichen Belastungen und Stressoren mit depressiven Verstimmungen. Sie werden viel unmittelbarer als noch beim ersten Mal vom depressiven Erleben eingenommen. Bei deutlich erhöhtem Cortisol-Spiegel wird ihre Aufmerksamkeit zunehmend vom depressiven Stresserleben absorbiert. Und in der Konsequenz beginnt ein innerer Teufelskreis, dessen Beschreibung in der Tat zu einer weiterführenden Erkenntnis geführt hat.

Depressive Patienten unterliegen einem Mythos, in dem sie in negativen Affekten (Angst, Ärger, Traurigkeit) fälschlicherweise ein Risiko für das Wiederaufflammen der Depression vermuten. Sie beginnen mit einer aktiven Vermeidung negativer Gefühle und bemerken nicht, dass sie dadurch im hypothymen Stresserleben hängen bleiben oder dieses steigern, wodurch ihnen auch ein innerer Bezug zu vielen, üblicherweise durch negative Emotionen stimulierten Bedürfnissen und Handlungsoptionen verlorengeht. Stresserleben (Kognition), Hypothymie (Stimmung) und Depression (Befindlichkeitsstörung) jedoch sind *nicht* negative Emotion (Affekt).

Depressiver Teufelskreis und die Selbstentfremdung

Der depressive Teufelskreis mit gehemmter Stimmung (Hypothymie), gehemmtem Antrieb, gehemmter Kognition, gehemmter Psychomotorik (Mimik, Gestik, Phonik) und gehemmter Somatik (Libido, Appetit, Vegetativum, Tagesrhythmik) wurde im deutschen Sprachraum von Kuhl in seiner Theorie der „Lageorientierung" treffend auch als „Prozess der Selbstentfremdung" beschrieben [159]. In dem Selbstentfremdungskonzept der Depression besteht weiter eine Ähnlichkeit mit Phänomenen, die psychoanalytisch als

„fehlende Mentalisierung" bezeichnet werden [3]. Fehlende Mentalisierung meint ebenfalls, dass ein kognitiver Bezug zum Gefühlsleben noch nicht oder nicht mehr vorhanden ist und dass deshalb aus dem depressiven Erleben fehlerhafte Schlussfolgerungen gezogen werden, indem beispielsweise negative Affekte rational als Depression auslösend betrachtet werden. Emotional werden sie „abgewehrt" – gelegentlich sogar unterstützt durch eine entsprechende Fehlsicht auf Seiten vieler Therapeuten, indem diese depressiven Patienten eine möglichst „positive Sicht von Dingen" und „positives Verhalten" vermitteln wollen – dies alles mit der verheerenden Konsequenz der Verfangenheit in einer von den Betroffenen selbst als „gefühllos" bezeichneten inneren Welt.

Im Mittelpunkt des auf Mindfulness (Achtsamkeit) abzielenden Behandlungskonzeptes steht deshalb der Versuch, dass der Patient eine Bewusstheit über das Hineingeraten in depressive Gefühlswelten vermittelt bekommt und lernen kann, dass man mittels Achtsamkeit auf Körperlichkeit und dem Zulassen positiver *und* negativer Gefühle aus der depressiven Verstimmung erneut herauskommt. Ähnliche Wirkungen lassen sich – ebenfalls empirisch gesichert – mit sport-, bewegungs- oder tanztherapeutischen Interventionen erreichen. Deshalb sollten nicht ausschließlich Achtsamkeits- und Meditationsübungen im Vordergrund stehen. Wenn ich mir das inzwischen einsetzende Interesse von Therapeuten anschaue, mit ihren – nicht nur depressiven – Patienten mittels vielfältiger Übungen in Richtung Meditation und vermehrter Achtsamkeit zu arbeiten, scheint mir zwingend eine Warnung *in der Hinsicht* angebracht, zukünftig bitte nicht unbedacht nur in Richtung auf eine „Positivierung der Gefühle" hin zu arbeiten.

Misserfolgs- und Rückfallursachen sind und bleiben Ausgangspunkt für die Kritik psychotherapeutischer Konzepte!

Wie zuvor bei den Störungen mit dem Leitsymptom „Angst" lohnt sich auch an dieser Stelle ein Blick auf jene depressiven Patienten, bei denen das Achtsamkeitskonzept nach wie vor *keine* Reduktion des Rückfallrisikos bewirkt hat. Glücklicherweise haben Helen Ma und John Teasdale [178] Therapieversager vier Jahre nach Behandlung genauer untersucht. Dabei finden sich folgende Rückfallbedingungen (die uns übrigens aus der KVT-/IPT-Forschung bereits bekannt sind [61; 189] – und die sich ganz ähnlich ausnehmen wie jene, die oben als Rückfallrisiken nach einer Expositionsbehandlung bei Angst- und Traumastörungen genannt wurden:
- gravierende Lebensereignisse, vor allem Verlustereignisse,
- komplexe Lebenslagen und Konflikte,
- viele alltägliche Stressoren, realistische Sorgen und Probleme.

Von Ma und Teasdale [178] wird vermutet, dass man mit Achtsamkeitsübungen zwar die innere Gefühlsregulation günstig beeinflussen kann, jedoch sollten die Patienten, wenn man das vorhat, möglichst frei von objektiven Extrembelastungen sein. Also auch hier eine Mahnung zur Vorsicht: Achtsamkeitsübungen reichen in vielen Fällen nicht aus, sind gelegentlich sogar kontraindiziert. Angesichts eines Schuldenbergs von 20 000 Euro könnte sich die Depression in der Folge selbstachtsamer Übungen auch verschlimmern. Es gibt übrigens therapeutische Alternativen für ein therapeutisch gestütztes Wiedererkennen und Wiedererlangen von Gefühlen.

Emotionsfokussierte Therapie

Diese Alternativen finden sich in einem für die Verhaltenstherapie neuen Trendsetterbereich beschrieben. Es handelt sich dabei um den gleichfalls empirisch gesicherten Ansatz der emotionszentrierten Therapie von Greenberg [35; 108]. Dieser Ansatz entspricht dem Vorgehen, das auch in Kuhls Ausarbeitungen zur Behandlung der Selbstentfremdung als Strategie empfohlen wird. Reale Probleme, Belastungen, Konflikte und Sorgen depressiver Patienten benötigen einen empathischen und die Probleme wertschätzenden Zuhörer, weil nur dieser in der Lage ist, den Patienten zu einem sicheren Gefühl ihrer selbst zurückzuverhelfen – und zwar im emotionsfokussierten Gespräch über real bestehende Probleme.

Diese Aussage gilt es, insbesondere unseren kognitiv arbeitenden Kollegen ins Stammbuch zu schreiben: *Ernsthafte* Sorgen und Nöte unserer Patienten sollten zukünftig nicht vorschnell etwa mittels kognitiver Strategien bagatellisiert oder auch nicht zu schnell „positiviert" werden. Es dürfte sich – wenn wir in der Forschung weiter sind – wohl herausstellen, dass in einigen KVT-Techniken, mit denen positiveres Denken vermittelt werden soll, eine jener Ursachen liegt, die für Rückfallzahlen mitverantwortlich zeichnen.

Vielmehr sollten Therapeuten im klientenzentrierten Gespräch über Probleme, die der Patienten in der Vergangenheit hatte, gegenwärtig noch besitzt oder zukünftig befürchtet, gezielt damit zusammenhängende positive wie negative Emotionen beobachten und bekräftigen – und dabei sehr achtsam vor allem auf die negativen Affekte achten (wie Frust, Ärger, Wut, Traurigkeit, Ekel oder Angst), zu denen die Patienten wegen der Depression entweder keinen Zugang hatten, den Zugang verloren haben oder die sie wegen des Risiko-Mythos zu vermeiden trachten.

Oder verhaltenstherapeutisch pointiert mit Kuhl ausgedrückt [159]: In einer gefühlsorientierten Therapie sollte es als kontraindiziert gelten, das Jammern und Klagen von Patienten etwa mittels Nichtbeachtung zu löschen zu versuchen (was sowieso unhöflich und wenig wertschätzend ist). Vielmehr gilt es, empathisch darauf einzugehen, ja sogar dieses zu bekräftigen, damit die mit dem Jammern und Klagen verbundenen Emotionen wie Frust oder Ärger oder Angst oder Traurigkeit oder Ekel schließlich vom Patienten selbst wieder erkannt, verstärkt ausgedrückt und validiert werden können.

Dem entsprechen übrigens die Ergebnisse einer Studie über die Wirksamkeit eines neuen psychoanalytischen Therapieansatzes bei Depression. Das Konzept der holländischen Forschergruppe um de Jonghe [38] enthält eine bemerkenswerte Konzeptänderung. In dieser psychoanalytischen Depressionsbehandlung wurden die Übertragungsdeutungen explizit ausgeschlossen, und zwar zugunsten einer Aktivierung des Erlebens und Fühlens der Patienten in den Gesprächen über chronifizierte Belastungen, existenzielle Konflikte und alltägliche Sorgen. Ist es nicht bemerkenswert, wie sehr sich Therapeuten unterschiedlicher Therapierichtungen beim Fortentwickeln von Behandlungskonzepten für die rezidivierende Depression inzwischen aufeinander zu bewegen? Oder sagen wir ehrlicherweise: wie Verhaltenstherapeuten inzwischen zu Vorgehensweisen zurückfinden, die vor der Kognitiven Wende in der Behandlung der Depression bereits Standard waren.

Schwankende Compliance, Selbstverletzung und Suizidalität

Damit zu weiteren Phänomenen, die für Misserfolge und Rückfallzahlen Bedeutsamkeit haben, und zwar der Neigung zahlreicher Patienten zur Selbstverletzung oder anderen selbstdestruktiven Handlungen bis hin zur Suizidalität. Stimmungsschwankungen, Selbstverletzungen und Suizidneigungen erschweren es, mit Patienten in ein stabiles Arbeitsverhältnis einzutreten. Von Therapeuten wird in solchen Fällen eine Flexibilisierung des therapeutischen Vorgehens erwartet. Das Gewähren telefonischer Kontakte für Patienten, die zwischen den Sitzungen in emotionale Krisen kommen, ist zwar bereits integraler Anteil der Borderline-DBT von Marsha Linehan [26], aber viele Therapeuten scheuen sich immer noch, für ihre Patienten außerhalb der vereinbarten Termine als Ansprechpartner zur Verfügung zu stehen.

Fürsorge und Sichkümmern um die Patienten
In diesem Zusammenhang bin ich Armin Schmidtke [221] zu Dank verpflichtet, der sich die Mühe gemacht hat, in vorliegenden Publikationen genauer herauszufiltern, was erfolgreiche Therapeuten auszeichnet, die eine Verminderung von Selbstverletzungen und eine Verringerung der Suizidneigung erreichen. Herausgekommen ist dabei etwas, das man kurz und knapp auf folgende Formel bringen kann: Es handelt sich um Therapeuten, die sich um ihre Patienten kümmern (lies: die keine „therapeutische Attitüde" leben).

Nicht nur, dass diese „Kümmer-dich-Therapeuten" telefonisch erreichbar sind, sie selbst sind es, die von sich aus zwischen den Therapiesitzungen nochmals Kontakt mit ihren Patienten suchen. Bei Patienten, bei denen sie den Eindruck haben, es ginge ihnen nicht besonders gut, rufen sie zwischen den Sitzungen an und erkundigen sich nach dem Befinden. Oder sie schreiben eine E-Mail, um positive Aspekte der vorhergehenden Sitzung zu bekräftigen. Am Morgen des Therapietages melden sie sich telefonisch, um nachzufragen, ob irgendetwas dazwischen gekommen ist oder ob alles beim vereinbarten Termin bleiben kann. Arbeiten sie in Kliniken, schauen sie zwischendrin oder abends, bevor sie nach Hause fahren, kurz bei ihren Sorgenkindern vorbei.

Im Übrigen scheinen „Kümmer-dich-um-die-Patienten-Therapeuten" nicht nur erfolgreicher zu sein, wo es um die Verminderung destruktiver oder suizidaler Neigungen geht, sondern auch dort, wo es auf die Stabilität der Therapiebeziehung oder auf eine Steigerung der Therapiemotivation ankommt. Schließlich scheint das sich um Patienten Kümmern der Selbstfürsorge der Therapeuten zuträglich zu sein: Therapeuten, die sich sorgend fragen, ob sich suizidale Patienten am Wochenende etwas antun könnten, rufen freitags kurz vor Dienstschluss an und bekräftigen den Suizid-Pakt mit ihren Patienten, dass diese das Wochenende meistern werden. Auf diese Weise, so berichten einige, seien sie regelmäßig gelassener als früher von ihren Patienten ins Wochenende geschickt worden.

Nochmals: Neurobiologie. Jetzt werden sich einige vielleicht die Frage stellen, was das zuletzt Vorgetragene mit Hirnforschung zu tun habe. Nun: Das Gesagte steht in Über einstimmung mit dem, was Klaus Grawe uns mit seiner „Neuropsychotherapie" kurz vor seinem Tod mit auf den Weg gegeben hat [106]:

„Der Therapeut sollte dem Patienten kontinuierlich positive Bedürfnisse befriedigende Erfahrungen vermitteln. Die Unterscheidung zwischen explizitem und implizitem Funktionsmodus sollte jedem Therapeuten in Fleisch und Blut übergehen. Während inhaltlich die expliziten Probleme des Patienten thematisiert werden, müssen auf der Prozessebene dessen, was gleichzeitig im impliziten Funktionsmodus geschieht, vom Patienten kontinuierlich ihn beruhigende und Sicherheit bietende Erfahrungen gemacht werden. Diese Erfahrungen bringen den Patienten damit in einen besseren Zustand und haben so positive Wirkungen im Sinne dessen, was durch die Therapie erreicht werden soll. Andererseits machen Bedürfnisse befriedigende (implizit beruhigende) Erfahrungen den Patienten offener für (explizite) problemspezifische Interventionen und schaffen ein Gegengewicht zu den Belastungen durch die für ihn unvermeidliche Problembearbeitung" (hier zitiert aus einer von Klaus Grawe für eine Beilage der Zeitschrift „Verhaltenstherapie und psychosoziale Praxis" verfassten Zusammenfassung des Kap. 4 seines Buches).

Nun denn, wir sollten bescheiden bleiben. Was Grawe hier wortgewaltig in ein neuropsychotherapeutisches Sprachgebilde einzubinden versucht, wussten wir eigentlich auch schon vorher, oder? Jedenfalls habe ich in meiner Therapieausbildung vor mehr als 30 Jahren als Erstes unsere, der Gesprächspsychotherapie entlehnten Basisvariablen verhaltenstherapeutischen Handelns kennen gelernt, und diese gelten unverändert bis heute: Empathie, Wertschätzung und therapeutische Zuversicht den Patienten gegenüber.

Krisenmanagement für bedürftige Patienten
Andererseits ist es eine offene Frage, wie weit sich das Kümmer-dich-um-deine-Patienten-Prinzip in der Therapiepraxis durchsetzen wird. Offensichtlich liegt die Erkenntnis, dass die Sorgenkinder unter den Patienten einen über die Therapiesitzungen hinaus Sicherheit bietenden Therapeuten benötigen, derzeit außerhalb des üblichen psychotherapeutischen Ansatzes. Dieser betrachtet den Patienten durch das Schlüsselloch der Behandlungseinheit, verabsolutiert das Gesehene und blendet aus, was sich eigentlich hinter der Tür tut. Dies insbesondere dort, wo Patienten im 45- bis 60-Minuten-Rhythmus einmal wöchentlich behandelt werden. In der „Fach"-Literatur werden Schwie-

rigkeiten von Patienten mit der Umsetzung des angebotenen Behandlungsplanes sogar unter dem Stichwort der Resistenz oder als Nicht-Compliance abgehandelt. Und von manchem Praktiker habe ich in diesem Zusammenhang die Frage gestellt bekommen, ob wir mit kontinuierlicher Erreichbarkeit nicht in die Gefahr kommen, ein Abhängigkeitsverhalten zu verstärken und der Verselbständigung des Patienten Wege zu verbauen.

Ich bin inzwischen entschieden anderer Ansicht. Wir sollten in der Lage sein, Therapiedisziplin und Beständigkeit im Rahmen eines Behandlungsplanes zu realisieren, der Beständigkeit erst dadurch herstellt, dass auf störungsbedingte Stimmungsschwankungen der Patienten zunächst Rücksicht genommen wird, und zwar wenigstens so lange, bis sich die emotionale Unausgeglichenheit dieser Patienten zu stabilisieren beginnt (ähnlich für Psychoanalytiker: [88]). Angesichts einer erwartbaren Unberechenbarkeit von Patienten sollte die Entwicklung eines individuell ausgerichteten und fürsorglich organisierten Krisen- und Managementplans ein unverzichtbares Element in gut strukturierten Therapieplänen werden.

Notwendigkeiten für die Zukunft

Damit zu den beiden letzten Punkten, die mir in diesem Kapitels wichtig sind, nämlich (a) zu der Empfehlung, der zunehmenden Konkurrenz zur Psychotherapie durch die Pharmaindustrie ernsthafter die Stirn zu bieten und (b) zur Notwendigkeit, in der Psychotherapie nicht nur zu „therapieren" (sprich: an Symptomen „herumzudoktern").

Psychopharmaka und/oder Psychotherapie
In den gegenwärtigen Bemühungen, mit der Gehirnforschung den Ursachen psychischer Störungen auf die Schliche zu kommen, sehen insbesondere die Pharmafirmen neues Licht am

Horizont. Und viele Psychiater basteln an diesem faszinierenden Gebilde kräftig mit. Schaut man nach Amerika, kann man bereits erahnen, was das heißt. Die Ausgaben für Psychotherapie werden zurückgedrängt, die für Psychopharmaka steigen. Es siegt das Primat einer quartalsweise rechnenden Kassenökonomie über die Qualität der Gesamtbehandlung. Hier gilt es, ein wachsames Auge zu behalten, um einem Aushöhlen der Psychotherapie durch Ersatzmedikation entgegenzuwirken. Bei den richtigen Störungen mit Bedacht eingesetzt, können Medikamente die Wirksamkeit psychologischer Interventionen steigern oder absichern helfen. Das steht außer Frage. Jedoch: Medikamente und Interventionen haben verschiedene Zielsymptome. Allein für sich betrachtet kommen Medikamente eben nicht an Wirkungen heran, wie sie innerhalb einer gut durchdachten Gesamtbehandlung nur einschließlich psychotherapeutischer Intervention erreichbar sind.

Und um auf das Gesagte zurückzukommen, macht es einen Unterschied, ob ich mittels Antidepressiva aus dem Zustand der Lageorientierung herauskomme und das beängstigende Gefühl der Selbstentfremdung verliere oder ob ich in einer gestuften Behandlung die Psychologie dieses Mechanismus mittels Achtsamkeit und Gefühle aktivierenden Übungen kennen und selbst anwenden lerne, was mir schließlich ermöglicht, meine Befindlichkeit und damit das Wiedererkennen und Wiedererleben eigener Bedürfnisse und Interessen selbst zu regulieren. Psychotherapieziel Selbstbehandlung statt Projektion der Hoffnung auf eine biologische Substanz.

Weiter sind auf Pharmakotherapie fixierte Behandler weniger in der Lage, sich um die Patienten, die es nötig haben, zu kümmern. Medikamente können nicht „Nachbemuttern", um auf diese Weise jenen, die angesichts frühkindlicher Vernachlässigung und fehlender Bindungserfahrung Regelmäßigkeiten nicht gelernt haben, zu vermitteln, welche Bedeutung innere Struktur und Regelhaftigkeiten für das Gefühl der eigenen Selbstwirksamkeit haben. Ohne ein psychologisches Verständnis von psychischen Störungen wäre es Patienten ohne einen Therapeuten kaum möglich, die sozialen Konstellationen zu verstehen und zu behandeln, die zu psychischen Störungen führen: Armut, Arbeitslosigkeit, Inzest, Obdachlosigkeit, seelische Verzweiflung ob der Gewalt und Herzlosigkeit in unserer Gesellschaft, die fast grenzenlosen Möglichkeiten, die Menschen finden, um sich gegenseitig Leid zuzufügen. Es ist die im Zustand der Selbstentfremdung gefühlte Benachteiligung, die das eigentliche psychologische Gift ist. Und da das so ist, gehört schließlich auch noch die konkrete Lebenswelt unserer Patienten in den Mittelpunkt jeder Behandlung. Ansonsten sollte man sich nicht wundern, wenn die Rückfallzahlen trotz technischen Fortschritts stagnieren.

Über die Symptombehandlung hinaus
In diesem Zusammenhang nochmals die Warnung an jene, die Psychotherapie als die Anwendung gut handhabbarer Methoden zur Behandlung psychischer Symptome verstehen. Hier besteht auch auf Seiten der Psychotherapeuten die Gefahr, sich allzu schnell auf Erkenntnisse der Hirnforschung zu verlassen. Es gilt die Epidemiologie, und damit die Ursachen und Rückfallbedingungen psychischer Störungen, im Auge zu behalten. Ein allzu technologisches Verstehen von Psychotherapie, wie ich es bei der Exposition und der Achtsamkeit bereits kritisch habe anklingen lassen, könnte wie die eingeschränkte Therapie mit Psychopharmaka bedeuten, dass wir unsere Ohren vor den existenziellen Sorgen unserer Patienten verschließen.

Verhaltenstherapiemethoden wie die Exposition oder kognitive Techniken und Diskurse behalten – wie eine sorgsam indizierte Medikation – innerhalb eines gut durchdachten Behandlungsplans natürlich ihre Wichtigkeit. Andererseits gilt es darüber hinaus, die Lebensumstände der Patienten und nicht nur den innerpsychischen Funktionsmodus der jeweiligen psychischen Gestörtheit zum Gegenstand therapeutischer Interventionen zu machen. Auch die neurobiologischen Modelle bräuchten wir als Begründungsrahmen für die Behandlung gar nicht über Bord zu werfen. Dass kognitive Demoralisierung und Selbstentfremdung die Ursache von Phobien, Traumastörungen und Depressionen sind, lässt sich einem Patienten damit spitzenmäßig erklären. Nur der Weg heraus aus dessen existenziellem Dilemma ist nicht allein mit Exposition, Gefühlsaktivierung und Achtsamkeit zu erreichen. Dazu benötigen die meisten unserer Patienten zusätzlich noch einen verständnisvollen Begleiter und fürsorglichen Berater.

Und jetzt nochmals: Neurobiologie
Zusammenfassend gehe ich also mit der Meinung jener konform, die den Nutzen der Neurobiologie für die Psychotherapie aktuell eher als begrenzt einschätzen. Die Hirnforschung ergab bis heute vor allem die Validierung einiger psychologischer Hypothesen über innerpsychische Verarbeitungsprozesse. Das ist für sich schon recht bedeutsam, weil sie damit hilfreich ist, einige Wege für zukünftige Entwicklungen anzudeuten. Ob sich aus den neurobiologischen Erkenntnissen auch kreative Neuentwicklungen für die Psychotherapie ableiten lassen, das muss sich noch erweisen – auch wenn erste Ansätze wie beispielsweise in der Depressionsforschung sichtbar werden [71]. Bei ehrlichem Hinsehen jedoch wussten wir vieles bereits vorher – wie zum Beispiel, dass Exekutivfunktionen vom Frontalhirn getragen werden und dass entsprechende Planungsdefizite im depressiven Erleben dort ihre Mitursache haben könnten.

Ich wollte weiter auf einige Gefahren neurobiologischer Forschung für die Psychotherapie verweisen, zumal ich selbst in den vergangenen Jahren an einer Reihe neuropsychologischer Studien beteiligt war (vgl. Befragung 5 zur Forschung). Finden die Vermutungen über neurobiologisches Funktionieren in Hirnprozessen in bildgebenden Verfahren ihre vermeintliche Bestätigung, löst dies gegenwärtig immer Jubelschreie aus. Selbst in den renommiertesten Zeitschriften kann man damit zurzeit gut unterkommen. Lässt sich nachweisen, welche psychologische Phänomene welche neurologischen oder psychophysiologischen Korrelate haben, werden sie nicht nur in aller Welt mit leuchtenden Augen zur Kenntnis genommen, sondern als Wundergeschichten verkauft, die sogar eine Notiz in der Tagespresse wert sind. Es soll so aussehen, als sei man dabei, mit ein paar psychophysiologischen Korrelaten die eigentlichen Ursachen psychischer Störungen oder die tatsächlichen Wirkungen psychotherapeutischen Handelns aufzudecken.

Diese Art Betrachtung verleitet zu einer reduktionistischen Betrachtung psychischer Störungen als Problem oder Pathologie in der Anatomie des Patienten [92]. Bei allen Vorteilen, die sie hat, trägt die Neuro-Forschung auf ungünstige Weise zu einer Perspektivenverengung bei, in der psychische Störungen erklärend und psychotherapeutisch in ihrer Funktion erneut fast ausschließlich individualistisch ausgedeutet und behandelt werden. Eine solche Perspektive verkennt, dass es immer notwendig bleibt, den Blick auf die Lebensgeschichte und das Leben unserer Patienten zu erweitern. Psychische Störungen sind und bleiben Ausdruck und Variablen im Gewirr zwischenmenschlicher und gesellschaftlicher Beziehungen. Dies jedenfalls lässt sich gut mit den angesprochenen Misserfolgs- und Rückfallbedingungen psychotherapeutischen Handelns begründen, die (zukünftig jedenfalls) als Leitorientierung für die Weiterentwicklung psychotherapeutischer Konzepte weiter in den Mittelpunkt rücken sollten.

Befragung zur Person, die fünfte
Rückblick und Ausblick auf die eigene Forschung

> Wenn die Welt für nichts anderes gut wäre,
> so ist sie doch ein ausgezeichneter Gegenstand der Betrachtung.
> *William Hazlitt*

Philipp Hammelstein: *Kommen wir im nächsten Teil der Interviews einmal auf Deine Forschungsarbeiten zu sprechen. Auch wenn Du uns ja bereits verraten hast, dass Du die Lektüre von Fachliteratur gelegentlich eher als mühevolle Pflichtübung ansiehst – ohne die vielen Forschungsarbeiten zu ihren Grundlagen und Behandlungskonzepten stände die Verhaltenstherapie heute nicht dort, wo sie angekommen ist, oder? Und auch Du hast ja in Deiner universitären Laufbahn eine Vielzahl von Forschungsprojekten durchgeführt und deren Ergebnisse publiziert.*
Peter Fiedler: Ja, das stimmt. Ich forsche für mein Leben gern, und am liebsten mit kreativen und diskussionsfreudigen Kolleginnen und Kollegen im Team. Das hat sich seit Beginn meiner Laufbahn bis heute nicht geändert. Nur: Die Ergebnisse dann auch noch zu publizieren, das fiel und fällt mir nicht immer leicht. Deshalb überlasse ich schon längere Zeit das Schreiben von Forschungsarbeiten am liebsten den jüngeren Mitarbeitern in meinen Forschungsprojekten, die eine Karriere im Wissenschaftsbetrieb noch vor sich haben.

Welches waren Deine wichtigsten Forschungsprojekte?
Von Anbeginn an waren es Forschungsprojekte zur Ätiologie und Behandlung spezifischer psychischer Störungen. Mein erstes Interesse galt dem Stottern, das historisch gesehen ja eines der ersten Störungsbilder war, mit dem sich Verhaltensthera-

peuten gründlich beschäftigt haben. Dieses Thema hat mich bis heute nicht losgelassen [72; 81] Auch unter meinen ersten Patienten, die ich behandelt habe, waren zahlreiche Stotternde.

Findest Du neben den vielen Verpflichtungen als Hochschullehrer überhaupt hinreichend Zeit, psychotherapeutische Gespräche mit Patienten zu führen?
Diese Zeit nehme ich mir. Das ist sowieso etwas, was ich mir bis heute bewahrt habe: Immer habe ich zeitgleich Patienten behandelt, deren Störungsbilder im Mittelpunkt meiner Forschungsarbeiten standen. So lernte ich in der Forschung wie in der Praxis nach und nach jene Störungsbilder kennen, die später auch Thema in meinen Monographien werden sollten. Nach dem Stottern zunächst die Schizophrenie [84], später die traumatisch bedingten Phobien, dissoziativen und Konversionsstörungen [69]. Da ich im Laufe der Jahre viele Patienten kennen gelernt habe, deren Probleme nicht so ganz leicht zu behandeln waren, kann man sicherlich nachvollziehen, dass schließlich auch noch mein Interesse an Persönlichkeitsstörungen größer wurde [59; 68].

Das Graduiertenkolleg Klinische Emotionsforschung

Andererseits: Im Mittelpunkt der mir wichtigsten Projekte standen Untersuchungen zur Depression, die ich annähernd 25 Jahre lang in Zusammenarbeit mit Christoph Mundt, dem Leiter der Heidelberger Universitätspsychiatrie, und den dort arbeitenden Psychologen und Ärzten geplant und durchgeführt habe. Uns interessierte zunächst, wie die Persönlichkeit der Patienten oder interpersonelle Faktoren in Ehe und Partnerschaft auf die Entwicklung und den Verlauf depressiver Erkrankungen günstig oder ungünstig Einfluss nehmen [6; 7; 83; 158; 188; 252; 253].

Später kamen dann Fragen zur innerpsychischen und neuropsychologischen Regulation des Affekterlebens depressiver Patienten dazu [180; 181] sowie Untersuchungen zur Bedeutung von innerpsychischen Konflikten [61] und kritischen Lebensereignissen [189; 203] für das Auftreten und für das Rückfallrisiko von Depressionen. All diese Forschungsarbeiten dienten uns in gewisser Hinsicht zugleich als Grundlage für die Entwicklung eines Behandlungskonzeptes, das wir Ende der 1990er Jahre in der Gruppenbehandlung mit depressiven Patienten evaluiert haben [9; 10; 65].

Zahlreiche dieser Forschungsarbeiten entstanden übrigens in den 1990er Jahren im Rahmen des interdisziplinären Graduiertenkollegs Klinische Emotionsforschung, dessen Sprecher ich war und in dem mehr als sechs Jahre lang Mediziner und Psychologen gemeinsame Forschungsarbeiten anfertigten. Du selbst warst ja auch einer der Graduierten, die es im Kolleg zu Doktoratswürden gebracht haben. Wenn ich es recht erinnere, bist Du sogar der erste Deines Jahrgangs gewesen, der im Kolleg – übrigens mit einer exzellenten Arbeit über die Bedeutung von Lebensthemen für die depressive Entwicklung [109; 110] – seinen Doktortitel erworben hat, oder?

Das mag stimmen, aber ob nun wirklich als erster, das weiß ich nicht mehr genau. Mich hat übrigens im Kolleg insbesondere die interdisziplinäre Zusammenarbeit fasziniert und die Offenheit, mit der über Wissenschaft und Praxis diskutiert werden konnte. Ich glaube, dieses Kolleg verdeutlicht in besonderer Weise, dass mir die interdisziplinäre Zusammenarbeit in der Forschung immer am Herzen lag – und vor allem auch eine Forschungskooperation über das enge Denken in Therapieschulen hinaus. Denn neben Christoph Mundt (Psychiatrie, Psychoanalyse, Neurologie) und mir (Psychologie, Verhaltenstherapie) waren noch folgende Kollegen federführend beteiligt: aus Heidelberg

Franz Resch (Kinder- und Jugendpsychiatrie; Individualpsychologie), Gerd Rudolf (Psychosomatik, Psychoanalyse), Reiner Bastine (Psychologie, Gesprächspsychotherapie) und – als unser Emotionsspezialist aus Saarbrücken – Rainer Krause (Psychologie, Psychoanalyse). Ich denke, für alle Beteiligten, nicht nur für die Doktoranden, sondern auch für uns Hochschullehrer war das Kolleg sicherlich einer der Höhepunkte im jeweiligen Forscherleben.

Deine Forschungsprojekte waren ja nicht nur der Grundlagenforschung verpflichtet, sondern auch der Wirksamkeitsprüfung psychotherapeutischer Konzepte.
Ja, in den meisten Psychotherapie-Projekten stand die Entwicklung und Evaluation von Behandlungskonzepten im Vordergrund. Das begann bereits in Münster mit Gruppenkonzepten für die Behandlung schizophrener Patienten und ihrer Angehörigen [29; 75]. Diese Projekte habe ich zusammen mit Gerd Buchkremer durchgeführt, und wir beide haben uns unter anderem mit diesen Arbeiten in unseren Fakultäten kumulativ habilitiert. Unsere Wege trennten sich dann, nachdem wir beide aus Münster wegberufen wurden: Buchkremer auf den Lehrstuhl für Psychiatrie und Psychotherapie an die Universität in Tübingen und ich auf eine Professur für Klinische Psychologie und Psychotherapie an die Universität Heidelberg.

Schon in meinen ersten Heidelberger Jahren habe ich dann mit Christoph Mundt die Entwicklung von Gruppenkonzepten für Angehörige schizophrener Patienten weiter vorangetrieben und alsbald auch Ergebnisse unserer Projekte veröffentlicht [84; 187]. Das liegt jetzt bereits annähernd ein Vierteljahrhundert zurück; wie die Zeit vergeht …

In Deiner Anfangszeit in Heidelberg hast Du dann – wenn ich richtig informiert bin – in einer Art Parallelaktion ein Herz für Forschungsarbeiten entwickelt, in denen Veränderungsprozesse in laufenden Psychotherapien im Vordergrund standen. Wie kam es dazu?

Ausgangspunkt war eine Kritik von Psychoanalytikern, die in ihren Arbeiten behaupteten, dass es sich bei der an Techniken orientierten Verhaltenstherapie um ein steriles und beziehungsloses Unterfangen handele. Das konnte so nicht stehen bleiben. Also begann ich zu forschen. Prozessforschung. Aufwendige Analysen, Satz für Satz und Moment für Moment gesprochener Therapien. Teilweise saßen 20 Beobachter zeitgleich vor laufenden Monitoren, um ihre Detailanalysen der videographierten Behandlungen in Auswerteprotokollen festzuhalten. Ein mühevolles Unterfangen. Zehn Jahre Zeit habe ich investiert, um die Behauptung einer Verhaltenstherapie ohne Beziehung zu widerlegen.

Diese Forschungsarbeiten wurden in Zusammenarbeit mit Dietmar Schulte, Lehrstuhlinhaber für Klinische Psychologie und Psychotherapie an der Universität Bochum, durchgeführt. Schulte verfügte glücklicherweise bereits über Video-Aufzeichnungen vollständiger Therapien, in denen Patienten mit Phobien behandelt worden waren. Über die Ergebnisse dieser Prozess-Studien habe ich bereits im Kapitel über Beziehung und Technik berichtet.

Ein Herz für Therapiemanuale

Du bist in Deinen Publikationen immer wieder für die Entwicklung und Anwendung störungsspezifischer Manuale eingetreten und bist zeitweilig auch in dieser Hinsicht kritisiert worden. Hat sich Deine Einstellung gegenüber Manualen durch diese Kritik verändert?

Nein. Eher im Gegenteil. In Manualen findet man, wenn sie gut sind, nicht nur das aktuelle Wissen über Ätiologie, Aufrechterhaltung und Prognose der jeweiligen psychischen Störung. Auch die beschriebenen Behandlungsmöglichkeiten basieren üblicherweise auf dem neuesten Stand der Forschung. Insofern sind sie hilfreich als Leitorientierung für Therapeuten, die Patienten mit empirisch abgesicherten Behandlungskonzepten weiterhelfen möchten.

Die Kritik betrifft das Problem, dass Patienten eine Manualtherapie „blind übergestülpt" werden könnte und dass man durch sie der individuellen Eigenart der jeweiligen Störung möglicherweise nicht hinreichend gerecht werde.

Natürlich dürfen Behandlungsmanuale Patienten nicht einfach „blind übergestülpt" werden. Außerdem kenne ich kaum Therapeuten, die so verfahren. Immer sollten Therapeuten trotz Manual bemüht sein, die in Therapiematerialien dargestellten Behandlungsvorschläge auf die jeweiligen Gegebenheiten sorgsam anzupassen, mit denen ihnen Patienten in der Therapie begegnen. Die meisten Manuale sind zudem gut für die Gruppenbehandlung geeignet; und man erreicht in Gruppen, wo sie von Forschern evaluiert wurden, gleich gute Erfolge, wie diese in der Einzeltherapie möglich sind [65]. Sprich: Gruppenarbeit ist bei vielen Störungen die deutlich ökonomischere Variante.

Außerdem verbieten es Manuale nicht, bei besonderen Gegebenheiten von ihnen abzuweichen. Im Gegenteil: Insbesondere in der Gruppenarbeit kommen Therapeuten schon wegen der Unterschiedlichkeit der Patienten nicht an einer hin und wieder notwendigen Individualisierung des Vorgehens vorbei – selbst wenn die Patienten die gleiche Diagnose bekommen haben. Depression ist nicht gleich Depression. Aus diesem Grund haben wir in unserem Heidelberger Behandlungsmanual für die Gruppenarbeit mit depressiven Patienten sogar ausdrücklich mehrere Sitzungen vorgesehen, in denen ausschließlich die problemanalytischen und rückfallrelevanten Besonderheiten der Depression einzelner Patienten behandelt werden – als Phasen der so genannten Einzeltherapie in der Gruppe, die üblicherweise von den Teilnehmern auch als bereichernd erlebt werden [9; 10].

Und welche Forschungsthemen stehen gegenwärtig in Deiner Agenda?
Momentan bin ich mit zwei Forschungsvorhaben beschäftigt, die beide in enger Zusammenarbeit mit dem Heidelberg Kriminologieprofessor Dieter Dölling geplant und durchgeführt werden. Eines dieser Projekte kam interessanterweise auf Initiative einiger Richter am Oberlandesgericht in Karlsruhe sowie Psychiatern aus forensisch arbeitenden Kliniken zustande. Diese hatten sich zur „Behandlungsinitiative Opferschutz Baden-Württemberg" zusammengeschlossen (im Netz unter: www.BIOS-BW.de) und damit begonnen, in einigen Justizvollzugsanstalten in Baden-Württemberg gemeinsam mit Psychologen Therapieabteilungen aufzubauen. In diesen sollen zukünftig Gewalt- und Sexualstraftäter verhaltenstherapeutisch behandelt werden, um das Rückfallrisiko zu verringern. Opferschutz durch Täterbehandlung. Dieter Dölling und ich haben uns bereit gefunden, die Wirksamkeit dieser ebenfalls manualisierten Behandlungskonzepte im Rahmen einer wissenschaftlichen Begleitforschung zu evaluieren.

Behandlung von Gewalt- und Sexualstraftäter – ein wiederum gänzlich anderer Forschungsbereich: Wie bist Du denn auf dieses Thema gestoßen?
Das war eine der möglichen Neuorientierungen, die sich vor Jahren schlüssig aus meiner Beschäftigung mit Persönlich-

keitsstörungen ergab. Nach gründlicher Weiterarbeit sind daraus schließlich sogar zwei Monographien entstanden, eine über „Stalking – Opfer, Täter, Prävention und Behandlung" [66] und eine über „Sexuelle Orientierung und sexuelle Abweichung" [63]. In letzterem Buch stehen sexuelle Devianz, Paraphilien und sexuelle Gewalttaten sowie deren Behandlungsmöglichkeiten im Mittelpunkt. Es war jetzt herausfordernd, mich an der Einrichtung und Wirksamkeitsüberprüfung von Behandlungskonzepten vor Ort in Gefängnissen zu beteiligen, zumal wirksame Straftäterbehandlung angesichts des bestehenden Rückfallrisikos ein wichtiges Mittel des präventiven Opferschutzes ist.

Auch einmal weniger therapeutisch: Mediation vor Gericht

Du hast gerade von zwei aktuellen Forschungsvorhaben gesprochen. Worum geht es im zweiten Projekt?
Mit dem zweiten Projekt betrete ich wiederum völliges Neuland. Dieses so genannte „Heidelberger Forschungsprojekt Justiz" kam auf Anregung des Heidelberger Landesgerichtspräsidenten Michael Lotz zustande. An ihm sind federführend neben Dieter Dölling (Kriminologie) und mir (Psychologie) auch noch die Heidelberger Professoren Dieter Herrmann (Kriminalsoziologie) und Burkhard Hess (Internationales Recht) mit eigenen Forschungsthemen beteiligt.

Die Studien, die ich seitens der Psychologie in diesem Rahmen zusammen mit Doktoranden und Diplomanden durchführe, lassen sich unter der Überschrift „Mediation vor Gericht" zusammenfassen. Bisher gilt die Mediation als Konzept der Konfliktlösung vor bzw. außerhalb gerichtlicher Auseinandersetzungen, indem häufig Juristen und Psychologen als Mediatoren gemeinsam tätig werden, zum Beispiel in der so genannten Scheidungsmediation. Nicht in jedem Fall wird von Konfliktparteien eine Mediation angestrebt. Vielmehr wird die Entscheidung durch eine richterliche Autorität bevorzugt – etwa weil sich die Konfliktparteien spinnefeind sind oder weil die Hoffnung besteht, dass der Richter in einem komplexen Streit ein bestimmtes, möglichst gerechtes Urteil fällt. In solchen Fällen könnte eine Optimierung der richterlichen Verhandlungsstrategien in Richtung mediativer Kompetenz erheblich zur erlebten Verfahrensgerechtigkeit beitragen.

Also steht die Vermittlung psychologischer Gesprächstechniken an die Richter im Vordergrund des Projektes?
Darin liegt in der Tat eines der möglichen langfristigen Ziele, nämlich die Vermittlung psychologisch begründeter Verhandlungsstrategien, die zu einer höheren Akzeptanz der ausgesprochenen Urteile führen könnten. Es gibt bereits einige Studien, in denen sich gezeigt hat, dass auch in Strafprozessen die angeklagten Straftäter ein Verfahren oder ihre Verurteilung als fair und gerecht erleben, wenn ihre Ansichten von Richtern – einer Mediation entsprechend – akzeptierend zur Kenntnis genommen und wenn sie respektvoll behandelt werden.

Aber ganz soweit sind wir noch nicht. Es könnte ja sein, dass die Heidelberger Richter die meisten der für eine Mediation entwickelten kommunikativen Möglichkeiten bereits kennen und kompetent anwenden. Wir befinden uns zurzeit in einer Art Pilotprojekt, das der Bestandsaufnahme dient. Geschulte Beobachter sitzen im Gerichtssaal und registrieren mit Instrumenten der Verhaltensbeobachtung das Kommunikationsverhalten der Richter während der Verhandlungen. Und zwar beobachten wir sowohl in Zivilgerichtsverfahren wie in Strafprozessen. Jeweils am Ende einer Verhandlung bzw. Verhandlungsabfolge werden die Konfliktparteien in

Zivilgerichtsverfahren bzw. die Verurteilten in Strafprozessen gebeten, eine Einschätzung der Verfahrensfairness bzw. Verfahrensgerechtigkeit vorzunehmen. Und bereits als Ergebnis dieser Vorstudie wird erwartet, dass die erlebte Verfahrensfairness bzw. Verfahrensgerechtigkeit umso höher ausfällt, je häufiger bzw. kompetenter vermittelnd-mediative Regeln zur Anwendung kommen.

Und? Lassen sich die Heidelberger Richter bereitwillig über die Schulter schauen?
Ja, fast alle. Die meisten sind sehr interessiert und sogar dankbar, dass sie endlich einmal Fachleute bzw. neutrale Beobachter gefunden haben, die ihnen parteiunabhängig Rückmeldungen zu ihrem Verhandlungsstil geben.

Achtsamkeit, Fürsorge, Akzeptanz

Eine neue Welle der Verhaltenstherapie kommt ins Rollen

> Man weiß nie, was daraus wird,
> wenn Dinge verändert werden.
> Aber weiß man denn, was daraus wird,
> wenn sie nicht verändert werden?
> *Elias Canetti*

Wir Verhaltenstherapeuten befinden uns wieder einmal in einer Zeit der Wende. Wende-Zeiten der Verhaltenstherapie gab es bereits mehrere. Die erste wird gern als Kognitive Wende bezeichnet. Sie firmiert nach außen hin unter dem Label „Zweite Welle", als Weiterung der engen Klammerung an die lerntheoretischen Grundlagen der Psychologie. In den Jahren der „Ersten Welle" wurde ein Patient noch als Black-Box betrachtet, dessen Störungen technologisch durch Veränderung äußerer Einflüsse zu behandeln war. Im Verlauf der Kognitiven Welle veränderten sich mit einem Male die Therapieziele. Der Patient wurde als mitdenkender Partner der Behandlung entdeckt und die Therapieziele neu formuliert: von „Selbstkontrolle" über „Selbstmanagement" bis hin zu den Psychotherapiezielen „Selbstbehandlung" und „selbst kontrollierte Rückfallprophylaxe".

Dies geschah in den 1960er und 1970er Jahren, zeitgleich zur weltweiten Antipsychiatrie-Bewegung. In der Rückschau wird häufig übersehen, dass mit dem damaligen Wandel in der psychiatrischen Versorgung eine „Dritte Welle" in der Verhaltenstherapie eingeläutet wurde, in der die Bedeutsamkeit psychosozialer Einflüsse auf psychische Störungen und deren Beachtung in den Behandlungskonzepten im Mittelpunkt stand. Diese Wendezeit führte ebenfalls zu Verbesserungen: Beispielsweise wurde von den Expressed-Emotion-Forschern die Bedeutsamkeit der Familie für den Verlauf psychischer Störungen (insbesondere der Schizophrenie) entdeckt. Allerorten wurden in psychiatrischen Kliniken verhaltenstherapeutische Gruppen für einzelne oder mehrere Familien angeboten, die nach wie vor unverzichtbar sind [84; 187]. Des Weiteren werden seither im Rahmen des Wandels der Klinischen Psychologie und Psychiatrie insgesamt gemeindepsychologische Perspektiven und gesundheitspsychologisch begründete Konzepte für Prävention und Frühbehandlung psychischer Störungen diskutiert.

In den letzten zwei Jahrzehnten wendete sich alles nochmals, und zwar in Richtung Neurobiologie, Emotionsregulierung und Neuropsychotherapie. Diese „Vierte Welle" in der Verhaltenstherapie hatte Wegbereiter bereits in den 1980er Jahren, als die Verhaltenstherapeuten mit der „Verhaltensmedizin" begannen, ein Gegenmodell zur psychoanalytischen Psychosomatik auszuarbeiten. Über die psychosomatischen Störungen hinaus ging es auch um Aspekte biopsychologischer Einflüsse auf Entstehung und Verlauf körperlicher Erkrankungen (wie Hauterkrankungen, AIDS, Krebs, Behinderungen aller Art usw.) sowie um die Entwicklung von Konzepten für eine Krankheitsbewältigung. Ein positiver Kern der neurobiologischen Welle ist darin zu sehen, den starren Dualismus von Körper und Geist zu überwinden und duale Behandlungskonzepte zu entwickeln.

Die „Fünfte Welle" in der Verhaltenstherapie

In der Zeit, in der dieses Buch geschrieben wird, kommt alles erneut in Bewegung. Die Protagonisten dieser Bewegung sprechen öffentlich von einer „Dritten Welle" der Verhaltenstherapie, überspringen leichtfertig alles, was sich seit der Kognitiven Wende noch so in der Verhaltenstherapie ereignet hat. Unter historischem Blickwinkel wäre es redlicher, von einer „Fünften Welle" zu sprechen. Aber darüber muss kein Streit vom Zaun gebrochen werden. Psychotherapie und Psychotherapieentwicklung sind ständig in Bewegung. Und bei den vermeintlichen „Wellen" handelt es sich sowieso nur um die Betonung von Teilaspekten einer Gesamtentwicklung. Freilich machen einige daraus eine Verabsolutierung, was die Geschichte dann langfristig aber wieder gerade rückt. Ich erinnere nur an das unselige Konzept der „schizophrenogenen Mutter", das historisch eine Voraussetzung für die Life-Event-Forschung wurde, in deren Folge die Familie von einer Mitschuld an der Schizophrenie-Entwicklung freigesprochen werden konnte.

Wie bei den vorherigen handelt es sich also auch bei der „Fünften Welle" nicht um ein Aufgeben alter Positionen, sondern um eine Weiterung der bisherigen. Und die lautstarke Ankündigung einer „Dritten Welle" dient natürlich ihrer werbewirksamen Vermarktung. Sie wurde auch noch mit weiteren attraktiven und neugierig machenden Schlagworten medienwirksam aufpoliert, die im Titel dieses Kapitels stehen: Achtsamkeit, Fürsorge, Akzeptanz.

Achtsamkeit und Akzeptanz
Als Ausgangspunkt der neuen Welle können die Erfolge der *Dialektisch Behavioralen Therapie* (kurz: DBT) von Marsha Linehan bei Borderline-Persönlichkeitsstörungen ausgemacht werden [173; 174]. Die DBT wurde dankbar aufgegriffen, hatte man doch nun – nach den gründlichen Vorarbeiten in der Psychoanalyse – endlich ein Verhaltenstherapieverfahren, mit dem sich Erfolge in der Borderline-Behandlung nachweisen ließen. Linehan hatte die Kognitive Therapie bei Borderline-

Störungen um zwei Aspekte erweitert: um die gezielte Kontrolle und Steuerung emotionaler Prozesse; dies jetzt durch die Einführung meditativer Techniken, die sie dem Zen-Buddhismus entlehnt hatte. Letzteres Vorgehen bezeichnete sie als „Mindfulness", was recht bald in deutschsprachigen Ländern mit „Achtsamkeit" übersetzt wurde.

In einem früheren Kapitel (über Beziehung und Technik) hatte ich bereits daran erinnert, dass viele Verhaltenstherapeuten lächelnd den Kopf schüttelten, als Peter Gottwald – dem wir ja den Aufbau der Verhaltenstherapie in den deutschsprachigen Ländern mitverdanken – bereits Anfang der 1980er Jahren empfahl, die zen-buddhistische Meditation dem Arsenal verhaltenstherapeutischer Techniken hinzuzufügen [100]. Und heute? Inzwischen zählen Achtsamkeitsübungen zum festen Bestand der Verhaltenstherapie, und zwar nicht nur in der Borderline-Behandlung.

Mit meditativer „Mindfulness" oder „Achtsamkeit" verbindet sich die Erfahrung, dass Borderline-Patienten eine Bewusstheit über Auslösung, Zeitpunkt und Mechanismus ihrer (rasant und tief) fluktuierenden affektiven Schwankungen abgeht. Hier besteht nun die Hoffnung, durch ich-zentrierte Reflexion ihnen zunächst zu dieser fehlenden Selbstsicht und dann zu einer meditativ gesteuerten Kontrollierbarkeit ihrer Gefühle zu verhelfen [26]. Gegenläufiges, nämlich ein Wiedererlangen von Gefühlen bei Gefühlsverlust, kann mittels Achtsamkeitsübungen bei einigen depressiven Störungen erreicht werden [230].

In achtsamkeitsbasierten Therapieansätzen spielt die Körperwahrnehmung eine große Rolle. Mit der meditativen, auch als *Body-Scan* bezeichneten inneren Haltung („in Kontakt mit dem Körper als Ganzes zu sein") können Patienten Emotionen erkennen und differenziert verarbeiten. Oder wie der Achtsamkeitsforscher Kabat-Zinn [138] dies formuliert:

Die Weisheit des Körpers und der Gefühle für eine erneute Sinnfindung und damit für das eigene Handeln nutzen.

Zusätzlich werden dem Patienten weitere, dem Zen-Buddhismus entlehnte Werthaltungen vermittelt: Nicht die Inhalte subjektiver Erfahrungen (also Gedanken, die mit Gefühlen und Körperreaktionen zusammenhängen) sollen geändert werden, sondern die Beziehungen zu denselben. Und was den zweiten Begriff „Akzeptanz" angeht, gilt seither der (biblische) Grundsatz: Akzeptiere, was nicht zu ändern ist, ändere, was zu ändern ist, und lerne, das eine vom anderen zu unterscheiden!

Expansion und beginnende Forschung

In nur wenigen Jahren wurden erste Forschungsarbeiten publiziert und es erscheinen immer neue Bücher, die Achtsamkeit und Akzeptanz im Titel führen. Häufig wird bereits im Untertitel der Publikationen für ein „Umdenken" in der kognitiv-behavioralen Verhaltenstherapie plädiert – an der Spitze weiterhin Marsha Linehan mit ihrer DBT, jetzt zusammen mit weiteren Kollegen, wie zum Beispiel mit Steven Hayes, der für seine „Acceptance and Commitment Therapy" (ACT) bereits mehrere Manuale publiziert hat [114; 115]. In nur kurzer Zeit folgten Kabat-Zinn mit einer so genannten „Mindfulness-Based Stress Reduction" (MBSR [138]), Teasdale und Segal mit ihrer „Mindfulness-Based Cognitive Therapy" der Depression (MBCT [246]), McCullough mit seinem „Cognitive Behavioral Analysis System for Psychotherapy" (CBASP [184]) sowie schließlich die „Schematherapie" von Jeffrey Young [260].

In Deutschland stellten sich alsbald Thomas Heidenreich und Johannes Michalak [117], Heinrich Berbalk (zusammen mit Jeffrey Young [18]) und Eckhard Roediger [207] an die Spitze dieser Bewegung. Wenn man es genau nimmt, sollte als eigenständige Entwicklung die konsistenztheoretisch begründete Neuropsychotherapie von Klaus Grawe [106] den Neuentwicklungen hinzugerechnet werden. Und schließlich macht im Hintergrund die Emotionsfokussierte Psychotherapie des Gestalttherapie-Forschers Leslie Greenberg ihre Runde [108]. In kurzer Zeit haben sich die Befürworter dieser Bewegung weltweit sogar auf eine übergreifende Bezeichnung geeinigt, die von Jeffrey Young bereits 1990 eingeführt worden war: „Schematherapie" – woraufhin sich die Mindfulness-Forscher zur „International Society of Schema-Therapy" zusammengeschlossen haben. Inzwischen gehört auch Franz Caspar zur Schematherapie-Society, wo er für eine Weiterentwicklung des mit Klaus Grawe entwickelten Schema-Therapieansatzes eintritt [33].

Soweit die Protagonisten der Neuen Welle. Das Interessante an dieser Bewegung ist, dass sie von der DBT-Behandlung der Borderline-Störungen ihren Ausgang genommen hat, dann von Young als Schematherapie auf die übrigen Persönlichkeitsstörungen ausgedehnt wurde und inzwischen zur Verbesserung von Behandlungskonzepten gewisser depressiver Störungen beizutragen vermag [98; 178; 246]. Untersuchungen der Wirksamkeit bei anderen psychischen Störungen sind – zur Zeit meiner Arbeit an diesem Buch – bereits auf dem Weg.

Was ist das Besondere an der neuen Wellenbewegung?

Was ist jetzt das Besondere an der Schematherapie? Ihre Entwicklung hat, Marsha Linehan folgend, mit Jeffrey Young ihren Anfang genommen. Young ist ein Schüler von Aaron T. Beck und erweiterte die von Beck und Mitarbeitern entwickelten kognitiven Konzepte für Persönlichkeitsstörungen weiter hin zur gezielten Aktivierung und Modifikation emotionaler Prozesse. Sein Behandlungskonzept verbindet eine Erlebnis aktivierende Klärungsarbeit mit einer kognitiven Behandlung, weshalb sich eine Brücke zum Schemaansatz der Neuropsychotherapie von Klaus Grawe schlagen lässt, der genau dies ebenfalls vorsieht. Und wie Grawe versucht auch Young, seine Schematherapie neuropsychologisch zu begründen.

Schematheoretische Grundlagen
In der nachfolgenden Übersicht orientiere ich mich an schematherapeutischen Grundlagen, wie sie von Roediger [207] sowie Berbalk und Young [18] zusammengefasst wurden. Basierend auf den Ergebnissen der Bindungsforschung geht die Schematherapie davon aus, dass sich in den ersten zwei Lebensjahren grundlegende Beziehungserfahrungen als so genannte „Schemata" in die sich entwickelnde neuronale Struktur des Kindes einprägen und als wichtige Bewältigungsprozesse (oder Copingstile) unterbewusst wirksam bleiben.

Schicksal der Schemata kann werden, dass sie relativ unverbunden und statisch neben den sich zeitlich nachgeordnet entwickelnden bewussten Verarbeitungsprozessen fortbestehen, wodurch sie zunehmend dysfunktional werden können. Maladaptive Schemata können entstehen und unterbewusst weiter wirken, wenn die Grundbedürfnisse des Kindes durch das primäre Umfeld nicht ausreichend befriedigt werden.

Unter „frühen maladaptiven Schemata" werden umgrenzte Muster aus impliziten Erinnerungen, Emotionen und Körperempfindungen verstanden, die situativ aktiviert werden und das Erleben und Verhalten gegenüber anderen Menschen mitregulieren – häufig jedoch ohne bewusste Kontrolle über die automatisch ablaufenden Emotions- und Handlungsroutinen.

Bleibt eine Kontrollmöglichkeit aus, kann dies in das Erleben von Depersonalisation einmünden, einer Entfremdung gegenüber dem eigenen Erleben. Hier sehen einige Mindfulness-Forscher eine Nähe zu Phänomenen, die in den letzten Jahren psychoanalytisch als „fehlende Mentalisierung" bezeichnet werden. Die Bezeichnung „fehlende Mentalisierung" wurde vom englischen Neuropsychoanalytiker Peter Fonagy zur Erklärung von Borderline-Störungen eingeführt. Der Begriff meint, dass so wie der Umgang mit der Umwelt auch die inneren Erfahrungen nicht per se der Einsicht und Kontrolle unterliegen, sondern zunächst nur implizit seien und ihr Erleben wie alle anderen sensomotorischen Leistungen zunächst erlernt werden muss – und sie erst damit bewusstseinsnah („mental") werden. Geschieht das nicht, passiert es, dass sie keiner Kontrolle unterliegen und vor allem emotional instabile Patienten dissoziativ in hilflose Ausnahmezustände hineingleiten lassen [87].

Verlorene Grundbedürfnisse
Jeffrey Young wie Klaus Grawe postulieren nun emotionale Grundbedürfnisse, die in der ungestörten Kindheit mit Blick auf eine gesunde Entwicklung hinreichend Befriedigung finden sollten:
- verlässliche Bindungen zu anderen Menschen, einschließlich eines grundlegenden Gefühls von Sicherheit, angenommen und unterstützt zu werden;
- Kontrolle über die Lebensumgebung als Grundlage für ein Gefühl von Autonomie, Kompetenz und Identität und das Erleben von Selbstwirksamkeit;
- angemessene Grenzsetzungen durch das Umfeld, so dass die Kinder Selbstkontrolle über ihre eigenen Impulse lernen, als Grundlage für eine gelungene Sozialisation;
- Freiheit, eigene Emotionen und Bedürfnisse auszudrücken und dadurch Selbstwert erlangen zu können sowie
- lustvolle Spontaneität und Spiel.

Lang nachwirkende Probleme können sich durch eine früh erfahrene vernachlässigende Nichterfüllung der Grundbedürfnisse einstellen oder durch Traumatisierung oder andersartige Verletzungen, aber auch infolge eines „Zuviel des Guten" bei Verwöhnung oder fehlender Grenzziehung. Das Kind reagiert dann auf seine Weise mit ihm möglichen Coping-Stilen. Im ungünstigen Fall wird das Kind in seiner Entwicklung an frühen maladaptiven Schemata als Sicherheitsoperationen festhalten, und zwar so lange, wie keine Alternativen gelernt wurden. Diese dann noch im Erwachsenenalter sichtbaren Coping-Stile lassen sich grob drei prototypischen Verhaltensbereichen zuordnen:
- Überkompensation oder
- Vermeidung oder
- Erduldung.

Beispiel Borderline. Ausgehend von der Beobachtung, dass bei Patienten mit einer Borderline-Störung viele maladaptive Schemata hintereinander aktiviert werden können, weil sich bei ihnen intensive emotionale Zustände rasch ablösen (was eine therapeutische Arbeit mit ihnen erschwert), hat Young mit dem „Modus-Modell" eine ergänzende Perspektive eingeführt.

Das Modus-Modell setzt sich aus drei Gruppen zusammen:
- Die Kind-Modi spiegeln das ursprüngliche bedürfnisorientierte Erleben des Kindes wider und fügen sich aus den drei erstgenannten Bedürfnissen nach Bindung, Selbstwirksamkeit und Selbstkontrolle zusammen.
- Die Innere-Eltern-Modi stehen für eine Fremdbezogenheit als Ausdruck der internalisierten Elternbewertungen bzw. Anforderungen von außen.

- Die Coping-Modi der Überkompensation, Vermeidung oder Erduldung können sich entweder in hoher Aktivierung, übertriebener Wachsamkeit oder in Gehemmtheit ausdrücken.

Die Coping-Modi stellen Versuche dar, die innere Konfliktspannung zwischen den im Kind-Modus sichtbaren Grundbedürfnissen einerseits und den intern im Eltern-Modus vorhandenen Anforderungen von außen zu überbrücken bzw. zu reduzieren. Coping-Stile bzw. Coping-Modi können über Jahre oder Jahrzehnte hinweg das Funktionsniveau von Menschen stabilisieren, drohen jedoch wegen ihrer frühen Fixierung im weiteren Lebensverlauf dysfunktional zu werden: Manifeste psychische und Persönlichkeitsstörungen können die Folge sein.

Alter Wein in neuen Schläuchen?
Wenn man sich die schematherapeutischen Grundlagen bis zu diesem Punkt anschaut, kann man sich verdutzt die Frage stellen, ob wir es mit uraltem Wein in neuen Schläuchen zu tun haben. Oberflächlich betrachtet scheint es so, als würden von den Schematheoretikern Verstehenswelten aus der Anfangszeit der Psychoanalyse in neue Begrifflichkeiten verpackt. Haben wir es beim Ätiologiemodell der Schematherapeuten mit einem Versatzstück zu tun, das im Struktur-Modell von Sigmund Freud stecken geblieben ist? Wenn dem so wäre, lohnte es für die Schema-Verhaltenstherapeuten, sich etwas gründlicher mit den objektbeziehungs-theoretischen Arbeiten der Nachfolger Freuds auseinanderzusetzen, beginnend von Hartmann über Kohut und Kernberg [68; 210] sowie – was die neuropsychologischen Grundlagen angeht – bis hin zu jenen, die heute unter dem Label *Neuropsychoanalyse* firmieren [5; 237], denn dort gäbe noch viele weiterführender Entdeckungen zu machen.

Haben wir es weiter – was die Betonung von Unterforderung und Überforderung sowie die Vernachlässigung menschlicher Grundbedürfnisse in der kindlichen Entwicklung angeht – vielleicht sogar mit einer Wiederentdeckung von zentralen Annahmen der Individualpsychologie von Alfred Adler, der integrativen tiefenpsychologischen Perspektive von Harald Schultz-Hencke oder auch der interpersonellen Theorie/Therapie von Harry S. Sullivan zu tun, die sich ausgiebig mit diesen Phänomenen befasst haben? Um weiterzukommen, könnte sich auch noch die Lektüre von überholt geglaubten Psychotherapeuten als für die Zukunft relevant erweisen.

Weiter wird dem kundigen Leser aufgefallen sein, dass im Modus-Modell von Young mit der Unterscheidung von kindlichem Coping-Stil und intern normierendem Eltern-Modus durch die Hintertür das Strukturmodell der Transaktionsanalyse (TA) von Eric Berne [21] übernommen wurde. In der TA wird ebenfalls zwischen Kind- und Erwachsenen-Ich unterschieden, wobei (a) dem Kind-Ich regressive Relikte aus früherer Zeit zugeschrieben werden, die – in den ersten Jahren fixiert – bis ins Erwachsenenalter hinein wirksam bleiben, und wobei (b) aus dem Eltern-Ich nicht bewusst verarbeitete internalisierte Normen und Werte bis ins Alter hinein in ungünstiger Weise kontrollierende Einflüsse behalten. Fehlt aus dem dreigliedrigen Strukturmodell der Transaktionsanalytiker lediglich noch das Erwachsenen-Ich – aber auch dem werden wir nachfolgend noch begegnen.

Grundlagen der Behandlung

Doch halt. Sicherlich hat die hier flugs eingefügte Kritik insofern Berechtigung, als es sich bei den Grundlagen der Schematherapie – mit Ausnahme der neurobiologischen Bezüge – um schon längst diskutierte und weiterentwickelte Perspektiven handelt. Schaut man sich andererseits das technische Vorgehen der schematherapeutischen Arbeit mit Patienten an, dann begegnet uns in der Tat ein neuartiger Zugang – jedenfalls was die Verhaltenstherapie angeht. Da die Schematherapie von Young gegenwärtig das größte Interesse auf sich zieht, werden wir sein Konzept näher darstellen [207] – auch wenn sich die anderen Ansätze nicht allzu sehr davon unterscheiden.

Wie in der Verhaltenstherapie üblich, handelt es sich bei der Schemabearbeitung um ein direktives und zielorientiertes Arbeiten, in dem sich Verhaltensübungen und das Nachdenken des Patienten über gemachte Erfahrungen kontinuierlich abwechseln. Hier liegt denn auch der Fortschritt der „Fünften Welle" gegenüber der bisherigen Kognitiven Therapie: Mittels therapeutischer Übungen sollen unterbewusst ablaufende emotionale Prozesse einer bewussten Verarbeitung und Integration zugänglich gemacht werden – und zwar über den Umweg der Aktivierung und Veränderung implizit gelernter und noch vorhandener dysfunktionaler Coping- bzw. Bewältigungsstile.

Eine schematherapeutische Verhaltensänderung setzt die Bearbeitung dieser fixierten, zum Teil vorsprachlichen Erlebensmuster voraus. Mit hoffnungsvollem Blick auf die Plastizität unseres Gehirns können die in der Kindheit nicht oder nicht hinreichend entwickelten neuronalen Strukturen jedoch im Erwachsenenalter nachträglich modifiziert werden. Und da dysfunktionale Beziehungsmuster auch in der Therapiebeziehung aktiviert werden, wird sich der therapeutische Fokus phasenweise auf die in der Beziehung zwischen Therapeut und Patient evozierten Emotionen verschieben, wenn sich auf diese Weise die nicht mentalen, jedoch impliziten Bedürfnisse aktivieren lassen.

Ziel der Schema-Behandlung ist es, die dysfunktionalen Bewältigungsversuche der Coping-Modi zu hemmen, die ursprünglichen Bedürfnisse der Kind-Modi ins Bewusstsein zu rufen und in Abgrenzung zu den Innere-Eltern-Modi neue, ausbalancierte Lösungen zu entwickeln, die Ausdruck des Modus eines „gesunden Erwachsenen" werden können.

Fürsorge und Stabilisierung
An dieser Stelle kommt jetzt der dritte Begriff unserer Kapitelüberschrift ins Spiel: die Fürsorge. Die therapeutische Beziehung sollte – wie Young dies beschreibt – zwischen den Polen einer unterstützenden „Nachbeelterung" (*reparenting*) und einer „empathischen Konfrontation" flexibel ausbalanciert werden. Vielleicht sollte man besser von einem „Begleiten" sprechen. Auch in dieser Hinsicht sind sich – beginnend mit Marsha Linehan bis hin zu Klaus Grawe – die Schematherapeuten inzwischen einig: Erst wenn sich Patienten in der Beziehung zum Therapeuten sicher und geborgen fühlen, wenn sich also das implizite Erleben beruhigt und stabilisiert, können sie sich mit ernsthaften Belastungen und existenziell bedeutsamen Konflikten bewusst und erwachsen auseinandersetzen.

In dieser Haltung akzeptiert und wertschätzt der Therapeut jeden dysfunktionalen Bewältigungsversuch als das, was er ist: als in früheren Beziehungen notwendigen Selbstschutz oder als Sicherheitsoperation, als bis in die Gegenwart hinein notwendige Überlebensroutine. Nur ein hohes Maß an Wertschätzung und aktiver Unterstützung schafft das therapeutische Milieu, in dem Patienten bereit sind, sich ihren unangenehmen früheren Beziehungserfahrungen anzunähern, und zwar nicht durch eine konfrontative Beziehungsarbeit, sondern durch eine mittels Übungen erfahrene emotionale Exposition. Dabei geht es nicht nur um Erfahrungen mit den

Eltern, sondern auch um Erfahrungen mit Geschwistern, mit Gleichaltrigen oder anderen Angehörigen, mit Bezugspersonen in Kindergarten und in der Schule. Es ist möglich, mit aktuellen Schemaaktivierungen aus dem Lebensalltag oder an den unmittelbaren Erfahrungen der Beziehung zwischen Patient und Therapeut zu arbeiten.

Beobachterperspektiven
Im Verlauf der Therapieübungen regt der Therapeut immer wieder an, die Beobachterperspektiven zu wechseln. Dabei stehen zwei Beobachterperspektiven im Vordergrund: Einerseits die Teilnehmerperspektive des sich (etwa mittels Imagination oder in Ein-Personen-Rollenspielen) bewussten Hineinversetzens in frühere oder aktuelle Beziehungserfahrungen. Die Teilnehmerperspektive wird direkt angeregt, indem der Therapeut den Patienten auffordert, emotionale oder körperliche Erfahrungen in vergangenen Lebensepisoden im Hier und Jetzt nachzuerleben.

Unterschieden wird weiter die Reflexionsperspektive, aus der heraus gemachte Erfahrungen von einer Außenperspektive her beobachtet und bewertet werden. Letzteres dient der kognitiven, also bewussten Integration bisher impliziter emotionaler Prozesse. Mit dem Therapeuten zusammen entsteht durch die Reflexionsperspektive ein zunehmend „erwachsener" werdender Blick auf ein Drittes, nämlich auf das automatisch ablaufende, unterbewusst regulierte Beziehungserleben. Bisher nicht gesehene, abgewehrte oder unterdrückte menschliche Bedürfnisse werden erkennbar und dem Bewusstsein zugänglich gemacht. Dies entspricht dem bereits erwähnten Erwachsenen-Ich der Transaktionsanalyse.

Imaginationsübungen

Im Mittelpunkt stehen Imaginationsübungen. Gegebenenfalls wird zu Beginn mit dem Patienten ein sicherer Ort imaginiert, zu dem man während des weiteren Vorgehens stets zurückkehren kann. In der Exposition selbst wird der Patient gebeten, zeitlich mehr oder weniger weit zurückliegende problematische Interaktionssequenzen oder andere Auslösesituationen zu visualisieren und sich diese möglichst plastisch in allen Sinnesqualitäten vorzustellen, um dann auf das aktivierte Gefühl zu fokussieren. Anders als im bisherigen Vorgehen der Kognitiven Therapie wird nicht auf der Ebene der Sprachrepräsentanzen (etwa im Sinne eines Sokratischen Dialogs) nachgefragt, sondern der Patient wechselt (therapeutisch begleitet) imaginativ in den Bereich der implizit und emotional regulierten Repräsentanzen. Typischerweise ist die Stimmung angesichts früherer Interaktionskonflikte ambivalent. Mit Hilfe des empathischen Therapeuten jedoch lassen sich die evozierten Gefühle oder Gefühlsanteile beschreiben, um dann die frustrierten Grundbedürfnisse zu explorieren.

Zurück in die Zukunft

Noch in der Imagination verbleibend beginnt die so genannte Schema-Modifikation. Dazu wird der Patient aufgefordert, den aktualisierten Bedürfnissen mit dem, was er heute als erwachsener Mensch weiß und kann, einen sprachlichen Ausdruck zu verleihen. Selbst wenn dies nur mäßig gelingen sollte, erleben die meisten Patienten in dieser Phase eine positive Veränderung ihrer Selbstwirksamkeit, wenn sich implizit-emotionale Prozesse und das mental-kognitive Erleben miteinander integrieren lassen.

Oder um mit dem Neuropsychoanalytiker Fonagy zu sprechen: Es wird auf diese Weise die bis dahin fehlende Mentalisierung impliziter Prozesse überwunden. Oder nochmals, wie es der Achtsamkeitsforscher Kabat-Zinn [138] formuliert: Die Weisheit des Körpers und der Gefühle werden für eine erneute Sinnfindung und damit für das eigene Handeln benutzt. Zum Schluss einer Übung wechselt der Patient mit einem veränderten Selbstgefühl in die Reflexions- und Außenbeobachter-Perspektive, um „erwachsene" Konsequenzen und Perspektiven für gegenwärtiges und zukünftiges Handeln abzuleiten. Die dabei entwickelten Erkenntnisse können von Therapeut und Patient gemeinsam schriftlich festgehalten und im Verlauf der Behandlung weiter ausgearbeitet und vervollständigt werden.

Fürsorgliche Unterstützung auf dem Weg
zur Verhaltensänderung
Bei Patienten mit schwerwiegenden Borderline-Störungen und mächtigen früh erworbenen Schemata hoher emotionaler Intensität ist ein rascher Einstieg in die Imaginationsarbeit nicht in jedem Fall direkt möglich oder günstig – wie es sowieso falsch ist, forciert mit der Reaktivierung früher Schemata zu arbeiten. Ziel ist nicht die Habituation wie in der verhaltenstherapeutischen Angstbehandlung, sondern die kognitive Reintegration des Erlebten. Und diese Reintegration sollte sich allmählich und behutsam vollziehen. In Einzelfällen – wenn in der Lebenswelt der Patienten Traumatisierungsgefahren oder Extrembelastungen vorhanden sind – ist eine Phase der Stabilisierung vorzuschalten, um zunächst die akuten Belastungen zu reduzieren.

Bei traumatisierten Patienten können imaginierte Eltern oder andere Bezugspersonen bisweilen aggressive bis sadistische Züge tragen. In diesen Fällen kann es notwendig werden, dass der Therapeut im Suchen nach einem angemessenen Erwachsenen-Modus Partei für die Seite des Patienten ergreift und in der Imagination oder in Rollenspielen die früheren oder gegenwärtigen Bezugspersonen stellvertretend für den Patienten, quasi als Erwachsenen-Modell, eingrenzt und zurückweist. Wichtig bleibt, dass die Patienten das Verhalten des Therapeuten als angemessen erleben, damit sie das Modellverhalten in ihr Verhaltensrepertoire übernehmen können.

Im weiteren Verlauf geht die Behandlung in eine Verhaltenstherapie über, in der praktische Überlegungen und Veränderungspläne in den Mittelpunkt rücken. Dazu werden so genannte Ein-Personen-Rollenspiele eingesetzt, also die Arbeit mit zwei oder mehreren Stühlen, mit deren Hilfe neue Interaktionsmuster zur Lösung interpersoneller Konflikte eingeübt werden. Die vielfältigen Möglichkeiten sind insbesondere von Greenberg in seiner – von der Gestalttherapie herkommenden – emotionsfokussierten Therapie über viele Jahrzehnte hinweg entwickelt und in ihrer Wirksamkeit empirisch abgesichert worden [108].

In einigen Schematherapie-Ansätzen ist es üblich, dass Patienten ihre Erfahrungen und Erkenntnisse in einem begleitenden Tagebuch dokumentieren. So entsteht allmählich eine Regulationsschleife zunehmender Selbstbehandlungskompetenz, die nach und nach das dysfunktionale Coping durch adäquate Handlungsmöglichkeiten ersetzt. Neben den genannten Stuhltechniken werden weitere in der Verhaltenstherapie übliche Ressourcen aktivierende Strategien eingesetzt, wie zum Beispiel Briefe an Beziehungspartner und konkrete Verhaltensexperimente in der Lebenswirklichkeit [26; 78].

Bewertung

Die Konzepte der „Fünften Welle" der Verhaltenstherapie zeichnen sich durch einige Gemeinsamkeiten aus, die in der Tat als Fortschritt angesehen werden dürfen. Einerseits handelt es sich um die Wiederentdeckung des emotionalen

Erlebens und unterbewusst angeregter emotionaler Prozesse und Handlungsroutinen. Andererseits erhält die Verhaltenstherapie auch mit dem Zulassen einer Psychodynamik der therapeutischen Beziehung ein neues Gesicht, weil die zwischen Therapeut und Patient aktivierten dysfunktionalen Schemata ausdrücklicher als bisher üblich in die Reflexion zwischen Therapeut und Patient einbezogen werden. Damit findet nicht mehr nur das Störungsbild selbst, sondern auch die in der Übertragungsbeziehung aktualisierte Symptomatik und damit verknüpfte Kernbedürfnisse als Wegweiser ihre Berücksichtigung.

Theorie und Praxis
Wie angedeutet, kommen uns die theoretische Begründung sowie zahlreiche methodische Vorgehensweisen recht vertraut vor. Vielleicht ist es ja in der Tat so, dass es sich beim bisherigen schematherapeutischen Ätiologiegebilde um den Ausgangspunkt eines integrativen Ansatzes handelt, wie dies von den Autoren gern betont wird. Einflüsse stammen aus der Bindungstheorie von Bolwby, aus der Ich-Psychologie-Lehre der Abwehrmechanismen, aus den Arbeiten der Dissoziations- und Traumaforscher zur Wechselwirkung des impliziten und expliziten Gedächtnisses, aus der Lehre von Übertragung und Gegenübertragung, und – was die Kind-, Eltern- und Erwachsenen-Modi angeht – aus der Transaktionsanalyse, deren Bezug zum Struktur-Modell Freuds unverkennbar ist. Nicht zu vergessen die Neuro-Verhaltenstherapie und Neuro-Psychoanalyse mit ihren Modellen der Modularisierung oder Mentalisierung personaler Zustände und Prozesse. Vielleicht wächst im Bereich der Störungen des emotionalen Erlebens etwas zusammen, was zusammengehört. Vielleicht gelingt dieser Integrationsversuch wenigstens beim Bemühen um eine einheitliche Sprache. Ein gemeinsames Verstehen psychischer

Prozesse und Störungen ist zunächst gemeint, noch nicht die Integration unterschiedlicher therapeutischer Strategien.

Denn, was die Behandlungsmethodik angeht, erschließt sich mit einem Mal sogar das vielen Verhaltenstherapeuten wenig vertraute Methodenarsenal der Gestalttherapie – wer hätte das erwartet? Hier stellen neben den schematherapeutischen Methoden die emotionsfokussierten Therapieübungen des Gestalttherapieforschers Greenberg eine Bereicherung dar – zumal seine Techniken gut evaluiert sind. Dennoch sollte man ehrlich bleiben: Beim Konzept des „Zurück in die Zukunft" durch Imaginationsübungen kindlicher Erfahrungen zwecks erwachsener Neuentscheidung handelt es sich nicht um eine Erfindung der Schematherapeuten. Dieses Vorgehen findet sich seit ihren Anfängen ebenfalls in der Gestalttherapie beschrieben, nachzulesen beispielsweise in dem Buch „Neuentscheidungen" des von der Transaktionsanalyse zur Gestalttherapie konvertierten Ehepaares Mary und Robert Goulding [102]. In dieser spannenden Monographie finden sich übrigens zahlreiche wörtliche Mitschriften zum therapeutischen Vorgehen mit weiteren Möglichkeiten, die Schematherapeuten gut als Modell nehmen könnten.

Empirie

Da Befunde der Schematherapieforscher zeigen, dass ihr Vorgehen zur Wirksamkeitssteigerung beiträgt, sollte man sich hüten, die sich entwickelnde neue Gestalt der Verhaltenstherapie vorschnell mit „Eklektizismus" negativ zu belegen. Immerhin ließen sich die Rückfallzahlen von rezidivierenden depressiven Störungen senken, worauf wir bereits im Kapitel über den Nutzen der Neurobiologie für die Verhaltenstherapie eingegangen sind. Auch erste Studien zur Borderline-Therapie zeigen, dass das Verfahren die Wirksamkeit gegenüber herkömmlichen Ansätzen nochmals zu steigern vermag. Dazu ein Beispiel:

In einer holländischen Studie einer Arbeitsgruppe um Arntz (die 2006 in den *Archives of General Psychiatry* publiziert wurde [98]) wurde bei Borderline-Patienten die schemafokussierte Therapie mit der übertragungsorientierten Therapie nach Kernberg verglichen. In ihr wurden 44 Patienten mit der Schematherapie und 42 Patienten mit übertragungsfokussierter Therapie ambulant behandelt. Bei parallelisierten soziodemographischen und klinischen Merkmalen zeigte sich, dass die vorzeitige Abbrecherrate für die Gruppe mit übertragungsfokussierter Therapie Behandelten signifikant höher war. Über einen Zeitraum von drei Jahren wiesen beide Behandlungsgruppen bei Abzug der Therapieabbrüche in allen Parametern nach einem, zwei und drei Jahren Verbesserungen auf. Dabei zeigten die mit Schematherapie Behandelten signifikant häufiger Symptomfreiheit sowie signifikant häufigere Verbesserungen der weiteren relevanten Parameter. In dem Projekt wurden Kontrollen aller Patienten mit bewährten Instrumenten durchgeführt, die einerseits dem Borderline-Konzept der Verhaltenstherapie, andererseits dem der Psychoanalyse entstammten. Auch diese beiden Wirksamkeitskontrollen zeigen eine Überlegenheit des schematherapeutischen Ansatzes.

In noch laufenden Studien verschiedener anderer Therapieeinrichtungen (auch in Deutschland), in denen die Langzeitbeobachtungen noch nicht abgeschlossen sind, zeichnen sich jedoch nach einem oder zwei Jahren ähnlich vielversprechende Ergebnisse ab [18]. In Einzelfallberichten und Pilotstudien deutet sich an, dass sich mit dem schematherapeutischen Vorgehen außer bei depressiven Störungen und Borderline-Persönlichkeiten auch bei anderen Persönlichkeitsstörungen beachtenswerte Verbesserungen erreichen lassen. Erste Berichte dieser Art wurden beispielsweise für Narzisstische, Histrionische, Antisoziale, Dependente und Ängstlich vermeidende Persönlichkeitsstörungen publiziert.

Selbstfürsorge

Kochen als Ausgleich und Hobby

> Köche sterben niemals Hungers.
> *Russisches Sprichwort*

Psychotherapeuten dürfen nicht nur von morgens bis abends an das Seelenheil ihrer Patienten denken. Sie sollten sich selbstfürsorglich auch um ihre eigene psychische Gesundheit kümmern. Das gelingt am besten mit einem Hobby als Ausgleich, möglichst fernab psychologisch-psychotherapeutischer Tätigkeit. Eines meiner Hobbys ist das Kochen. Denn ich bin in der Küche meiner Mutter und in der meiner Großmutter aufgewachsen.

Mutter als Vorbild

Es beginnt bereits, wenn ich mich recht erinnere, im Alter von vier Jahren, als ich meine damalige Holzeisenbahn an einen Nachbarjungen verschenke und mich fortan nur noch für die vielen Gerätschaften interessiere, die in der Küche meiner Mutter überall an den Wänden und von der Decke über dem Herd herabhängen. Wann immer dies möglich ist, schaue ich seit dieser Zeit Mutter und Großmutter beim Kochen und Kuchenbacken über die Schulter und bei der Produktion von Pasteten, Marmeladen und Gelees. Nicht ohne Eigennutz natürlich, gilt es doch beispielsweise ein Stückchen Fleisch zu erhaschen, lange bevor die übrigen Familienmitglieder zu Tisch gebeten werden, oder die Schale auszuschlecken, in der zuvor ein süßer Kuchenteig angerührt wurde. Hmm – lecker!

Später, als ich sechs Jahre alt bin, darf ich beiden tatkräftig zur Seite stehen. Ich bekomme meine erste weiße Kochmütze und werde in die Grundlagen der damals modernen Küche eingewiesen. Welche Gerätschaften wofür nützlich sind, welche Gewürze unbedingt in die Küche gehören, weil sie für das Essen und die selbstgebackenen Brote, Kekse und Kuchen unverzichtbar sind.

Oder wie großzügig der Spargel geschält werden muss, und wie lange er kochen darf, um seinen Biss zu erhalten. Insbesondere die Einführung in die Spargelkunst durch meine Mutter ist mir eindrücklich in Erinnerung: Unbedingt dem Wasser beim Spargelkochen ein dickes Stück Butter und ordentlich Salz hinzufügen – ein Löffelchen Zucker nicht zu vergessen, um den Eigengeschmack der leckeren Stangen zu heben!

So ab neun Jahren darf ich erstmals für die Familie ganz allein ein Spargelessen zubereiten. Zuvor habe ich, quasi als Prüfung, die Grenzwerte der Kochzeiten für unterschiedliche Spargel auswendig zu lernen, also: je nach Dicke und ob „weiß geschält" oder „grün ungeschält". Ja nicht zu lang kochen lassen! Auswendig lernen heißt: zunächst mit der Uhr, später Zeit nach Gefühl abpassen. „Bloß keine hängenden Stangen auf der Gabel!" gemahnt Mutter immer wieder und fügt gelegentlich kichernd hinzu: „Sonst lachen Dich die Frauen bei Tische aus!"

Wolfram Siebeck als Herausforderung

Meine Mutter schenkt mir zu Beginn meines Studiums ihr handgeschriebenes Kochbuch, das sie angesichts ihrer in der Küche erreichten Professionalität nicht mehr benötigt: „Damit Du Dir mal was ordentliches kochen kann, wenn Dir das Mensa-Essen nicht mehr gefällt." Das Buch enthält etwa 200 Gerichte und es ist in der deutschen Kurrentschrift, dem

Sütterlin, aufgeschrieben, was mir anfangs das Lesen erschwert. Aber bereits nach den ersten Seiten bin ich so geübt, dass ich keine Schwierigkeiten mehr mit dem Studium ihrer Gerichte habe und immer mehr Lust bekomme, ihr alles Mögliche nachzukochen.

Was ich dann etwa zeitgleich in der „Kochschule für Anspruchsvolle" von Deutschlands Oberkoch Wolfram Siebeck zu lesen bekomme, das ist teilweise bereits Jahre eher Standard bei uns zu Haus, und ähnliches begegnet mir auch im Kochbuch meiner Mutter. Von Wolfram Siebeck hat meine Mutter, glaube ich jedenfalls, niemals in ihrem Leben etwas gelesen. Als der Meisterkoch in den 1970er Jahren in der Wochenzeitung DIE ZEIT damit beginnt, Deutschlands Küche zu revolutionieren, habe ich noch mehr Respekt vor den Kochkünsten meiner Mutter entwickelt.

Mit dieser Bemerkung möchte ich Wolfram Siebeck jetzt nicht in den Schatten meiner Mutter stellen. Im Gegenteil, er wurde alsbald zur neuen Herausforderung. Denn Siebeck ist ein so kluger Koch, dass ich alle Texte und Bücher, die mir von ihm zugänglichen waren und sind, immer wieder genauestens studiere – quasi als moderne Fortschreibung der Küchenkünste, die ich von Kindesbeinen an von meiner Mutter gelernt habe. Und so ist es denn ganz zweifelsohne so, dass meine heutige Kochkunst sehr viel diesem Kochjournalisten und Küchenkritiker zu verdanken hat.

Club der Schmauser

So richtig zur Leidenschaft wird mir das Kochen während meiner Zeit als Assistent und beginnender Verhaltenstherapeut bei den Klinikern am Münsteraner Institut. Meine damalige Frau Zwannet und ich gründen mit Walter, einem Physiker, seiner Frau Christiane, einer Lehrerin, und mit

Beate, einer Heilpädagogin, im Jahr 1976 einen Kochclub. Bis wir alle, außer Beate, wegen beruflicher Belange in alle Himmelsrichtungen von Münster wegziehen, bleibt unser „Club der Schmauser" vier Jahre untrennbar zusammen. Wir alle halten uns bereits damals für Spitzenköche und exzellente Weinkenner. Letzteres gilt insbesondere für Walter, der einen riesigen Keller mit hunderten von Weinen der wohl besten Lagen und Jahrgänge aus ganz Europa besitzt – dieser Schatz ist ein Vermögen wert.

Einmal im Monat wird der Reihe nach abwechselnd zum Festessen eingeladen. Jedes Essen, das Thema der Komposition der einzelnen Gänge und die genaue Abfolge der das Essen begleitenden Weine muss in einer liebevoll gestalteten Einladung zuvor angekündigt werden. Um keinen Flop zu landen, gilt es, vor jedem Gemeinschaftsessen zunächst in der eigenen Küche zu experimentieren. Denn, wenn dann der Club zum Essen beisammen ist, wird immer allseits genau dokumentiert, kritisch kommentiert und hart zensiert – und alles noch am gleichen Abend bis ins Detail in unser Tagungsbuch „Münsteraner Kochkünste" handschriftlich eingetragen. Wenn Gäste zugegen sind – was gar nicht selten der Fall ist – kommen auch diese zu Wort. Nachträglich werden dann jeweils noch Fotos der einzelnen Speisen und vom immer hochgradig geselligen Beisammensein der Clubdokumentation hinzugefügt.

In dieser Zeit fasse ich den Entschluss, mit dem Schreiben eines Kochbuchs zu beginnen. In meinem Kochbuch sollen nur Gerichte stehen, die ich selbst kreiert habe. Also beschließe ich weiter, mich zukünftig beim Kochen von Gerichten nicht zu wiederholen. Wiederholungen sind nur erlaubt, um den Gerichten, die mir für das Kochbuch reif erscheinen, den letzten Schliff zu geben. Das habe ich bis heute durchgehalten. Mein Kochbuch umfasst gegenwärtig weit über 100 Seiten mit annähernd 400 Gerichten.

Noch heute ist es so, dass ich mich fast jeden Abend möglichst vor 17 Uhr aus dem Institut davonschleiche. Dann gehe ich in Fleischereien und Gemüseapotheken einkaufen, um danach meiner Frau und mir ein Abendessen zu bereiten. Da ich meinen Dienst in aller Regel bereits um 7 Uhr in der Frühe beginne, macht mir das kein schlechtes Gewissen – auch wenn sich die Kollegen erst daran gewöhnen mussten, dass ich grantig werden kann, wenn Sitzungen und andere dienstliche Verpflichtungen nach 18 Uhr anberaumt werden. Denn meine Frau, die abends immer erst gegen 19 Uhr von ihrem Dienst nach Hause kommt, freut sich, wenn ich sie bereits kurze Zeit später zu Tisch bitten kann.

Sergej als mein Meister

Irgendwann nach dem Fall der Mauer in Berlin und den politischen Veränderungen im Osten Europas hörte ich auf einer meiner ersten Vortragsreisen durch die neuen Bundesländer von einem Restaurant mit russischer, besser: östlich kaukasischer Küche, in dem ein ehemaliger Psychologie-Professor als Küchenchef und Besitzer seine Gäste offensichtlich mit köstlichen Gaumenfreuden der georgischen Kochkunst zum Staunen bringt. Er kocht immer nur für einen kleinen Kreis ausgewählter Gourmets, höchstens für sechs bis zehn Personen, die sämtlich eine Empfehlung von anderen Gourmets benötigen, die bereits zuvor seine Gäste waren und die ihm als solche nicht unangenehm aufgefallen sind – sonst gibt es seinerseits keine gültige Einladung. Das macht die Sache natürlich noch interessanter. Und da er nicht gerade billig ist, kann er offenkundig seinen Lebensunterhalt mit seiner Kochkunstfertigkeit bestreiten.

Ein Psychologie-Professor, der die Küche liebt – den musste ich unbedingt kennen lernen. Ich bemühte mich um eine Einladung und wurde akzeptiert – ich hatte ihm natürlich ausrichten lassen, dass ich auch so ein komischer Psychologie-Professor bin, der Küche zum Hobby hat werden lassen. Dieser georgische Koch namens Sergejew wurde nach meiner Mutter und Wolfram Siebeck die dritte Person, die erheblichen Einfluss auf den selbstfürsorglichen Weg durch meine *Cucina curiosa* nehmen sollte. Meine Begegnung mit diesem Meisterkoch führte sogar dazu, dass ich den letzten noch ausstehenden Vortrag meiner Vortragsreise kurzfristig absagte.

Obwohl sein Restaurant erst am Abend öffnet, darf ich ihn bereits um die Mittagszeit aufsuchen. Viele kennen den Weg. Ich brauche jemanden, der mich führt. Das Blockhaus steht am Waldrand. Aus dem Schornstein steigt Rauch in den klaren Himmel. Sieht nach einem Holz- oder Kohleherd aus, denke ich, wie er früher in unserer Küche von meiner Mutter benutzt wurde. Als wir näher kommen, zeigt mein Führer auf eine weiße Gestalt. Sie sitzt an einem der Tische im Garten, eine große weiße Kochmütze auf dem Kopf. Noch ein paar Schritte weiter erkennt man sein zerfurchtes Gesicht. Der Koch erwartet uns mit einer gelben Pfeife im Mund und erhebt sich. Zunächst umarmt er zur Begrüßung meinen Begleiter und bedankt sich dafür, dass er mich hergeführt hat. Dann wendet er sich lachend an mich.

Er kommt mir mit ausgebreiteten Armen entgegen und begrüßt mich mit „Priwjet, Pjotr!" genau so, wie man es in seiner Heimat bei jemandem macht, den man gut kennt und duzt. „Priwjet, Sergej!" antworte ich, lasse mich gern von ihm umarmen, und wir bleiben beim Du.

Sergejews Geschichte
Sergej stammt aus Georgien, einem Land, in dem auch die Männer kochen. Sehr gut kochen. Auch heute noch. Die Männer Georgiens kochen das Essen der großen Gelage, wenn das ganze Dorf einen Festtag begeht.

Sergej wird wie ich früh in die Künste der Küche eingewiesen. Wann immer möglich schaut auch er seiner Mutter beim Kochen zu. „Pass nur gut auf", hat sie ihn stets ermuntert, „Köche sterben niemals Hungers!" Das hat er sich gut gemerkt. Schon bald erfüllt er einen Wunsch seiner Mutter, die des Schreibens unkundig ist. Als er gerade mal zehn Jahre alt ist, bringt sie aus der Stadt ein Buch mit nach Hause. Es ist in Leder eingebunden, sehr dick und mit lauter leeren Seiten. Von nun an schreibt er alles auf, was sie in der Küche diktiert. Dann liest er die Rezepte immer und immer wieder vor. Und sie ergänzt und korrigiert.

Als zwölfjähriger Bub geht er dazu über, die Gerichte seiner Heimat systematisch zu sammeln. Er befragt Verwandte und Bekannte nach ihren Lieblingsgerichten, dann wildfremde Leute, denen er auf der Straße begegnet. Auch diese schreibt er in das Kochbuch seiner Mutter, die ihm weitere Geheimnisse verrät. Als Jugendlicher reist er in den Schulferien über die Grenzen seines Heimatlandes hinaus. Er entlockt den Köchen und Köchinnen in Gasthöfen viele ihrer Geheimnisse. Sergej lernt bis zum Ende seiner Schulzeit unendlich viel mehr über die Kochkunst, als er hätte lernen müssen, um seine heimatlichen Kochpflichten als Mann zu erfüllen.

Die Leidenschaft zum Kochen verlässt ihn auch nicht, als er mit dem Psychologie-Studium beginnt. Mit Kommilitonen zusammen gründet er einen Verein kulinarischer Freuden. Seinem „Club der Schmauser" gehören junge Frauen und Männer aus unterschiedlichen Regionen der damaligen Sowjetunion an. Man trifft sich wöchentlich bei Tische, um immer neue Gerichte zu erkunden. Die Küche der damaligen Sowjetunion ist unermesslich. Sie reicht von Transkaukasien, wo Georgien liegt, hoch hinauf an die Ostsee und dann unendlich weit nach Ostasien hinüber.

„Das Sprichwort, viele Köche verderben den Brei, stimmt nicht", schreibt er in sein Tagebuch. Und zur Erläuterung wandelt er ein altes russisches Sprichwort ab: „Zwei Köche, zwei Ansichten. Welch ein Glück!"

Kulturpsychologie des Kochens
Seine Examensarbeit widmet er dem Thema kultureller Identitätsbildung am Beispiel kulinarischer Eigenarten in den sowjetischen Republiken. Da er mit Auszeichnung besteht, schließt er eine Doktorarbeit an. Darin behandelt er die ihn beängstigende Frage, wie viele der zahllosen Küchenkulturen der Sowjetunion angesichts der staatlich betriebenen „Russifizierung" der Menschen überleben werden. In seinen Studien kommt er zu dem beruhigenden Ergebnis, dass die multikulturelle Durchmischung der Sowjetunion zwar Unsicherheiten schaffe; diese würden jedoch durch ein neues Bewusstsein für die jeweils eigene Kultur aufgefangen. Deshalb sei zu erwarten, dass die Regionen ihre kulturellen Eigenarten bewahren, einschließlich ihrer kulinarischen Besonderheiten – ein Schlussfolgerung, die ihm besonders wichtig ist.

Er publiziert viel. Mit seinen kulturpsychologischen Schriften erlangt Sergej schnell Bekanntheit als Sonderling – erfreut sich aber auch großer Beliebtheit, weil er seine ethnologisch-psychologischen Feldstudien immer wieder mit interessanten Rezepten aus den unterschiedlichen Volksgruppen begründet. Trotz seiner gesellschaftskritischen Position wird ihm, völlig unerwartet, eine Hochschullehrerstelle angeboten: eine Professur für Kulturpsychologie. Sie soll es ihm ermöglichen, das Zusammenwachsen, aber auch das Bestehenbleiben kultureller Eigenarten in den Sowjetrepubliken am Beispiel kulinarischer Gebräuche und Gewohnheiten zu untersuchen.

„Als die Sowjetunion nach der Wende zerfiel, wurde ich nicht mehr gebraucht", erklärt Sergej ganz zum Schluss. „Von der Wissenschaft konnte ich nicht mehr leben. Bin dann in den Westen, nach Deutschland, übergesiedelt und habe dieses kleine Restaurant hier eröffnet. Heute weiß ich, es war die richtige Entscheidung."

Lange Zeit zieht er schweigend den Rauch aus seiner Pfeife und bläst Ringe in die Luft.

„Die Leute kommen gern zu mir. Sie sagen, meine Küche sei heilsam, ein wahres Therapeutikum. Sie sagen, wenn sie bei mir gegessen hätten, gehe es ihnen tagelang gut. Und außerdem, was mich angeht: Köche sterben nie Hungers. Wie Du am Rauch sehen kannst: Einiges steht schon auf dem Feuer. Wenn Du willst, kannst Du mir gern zur Hand gehen."

Ich bleibe gut drei Wochen, gehe bei ihm in die Lehre und werde sein Freund. Wir verstehen uns bestens, zumal ja auch ich, ganz ähnlich wie er, in der Küche groß geworden bin. Plötzlich ist alles wie früher, die Küche als Mittelpunkt der Welt. Meine Mama hat ja auch immer eine kleine überschaubare Schar von Familienmitgliedern oder Freunden mit mehrgängigen Tafelgelagen begeistert, obwohl nach dem Zweiten Weltkrieg nur selten genug Geld für Essen vorhanden war. Und bei Sergej lerne ich nochmals eine völlig neue Sparsamkeit, wie man mit nur wenigen Zutaten möglichst aus dem eigenen Garten vorzügliche Speisen kreieren kann. Und wenn man dafür von seinen Gästen gut bezahlt wird, dann braucht man nur wenige Gäste, um seine Existenz zu sichern.

In memoriam

Vor einigen Jahren ist Sergej gestorben. Am Küchentisch, über das Rezeptbuch seiner Mutter gebeugt, ist er sanft entschlafen. Er war gerade dabei, ein paar Auberginengerichte hinzuzufügen. Seine letzten Eintragungen seien hier – *in memoriam* – wiedergegeben. Auch dieses Rezept ist an sparsamer Vorzüglichkeit kaum zu überbieten. Außerdem kann man an den möglichen Variationen gut erkennen, wie leicht es einem geübten Koch gelingt, sich beim Zubereiten von Speisen möglichst nicht zu wiederholen.

> **Auberginen gekocht**
> Die georgische Küche kennt vielerlei Gerichte aus Auberginen – in Öl geschmort oder gebraten. Mit diesen Worten beginnen Sergejs letzte Eintragungen, und weiter heißt es dann: Typischer für unsere Heimat sind jedoch „Auberginen gekocht", in den meisten Ländern außerhalb Georgiens weniger bekannt. Dabei munden sie vortrefflich. Hier einige Variationen, die ich gerade erprobe:
>
> **Erfordernis:**
> 1 kg kleine oder mittelgroße Auberginen, 1 Tasse Walnusskerne, 2 Zwiebeln oder Lauch von 1 Zwiebel, 3 bis 4 Knoblauchzehen, 3 Tassen Küchenkräuter (je eine halbe Tasse Koriander- oder Sellerieblätter, Bohnenkraut, Basilikum, Petersilie oder Dill), ½ Tasse Granatapfelsaft (evtl. selbst herstellen oder milden Weinessig verwenden), je 1 TL Paprika und Koriandersamen, je ½ TL Zimt und Nelkenpuder, 1 klein geschnittene Stange Sellerie, Salz.
>
> **Zubereitung:**
> (1) Auberginenhaut längst einschneiden, in einen Emailletopf legen und zusammen mit dem Stangensellerie und einem Glas heißem Wasser ungefähr ½ Stunde auf dem Feuer dünsten, jedoch nicht zerkochen. Danach Wasser abgießen und die ganzen Auberginen mit der Hand vorsichtig aus ihrer Schale drücken.

Variante: Die eingeschnittenen Auberginen nur halbgar kochen und dann zwischen zwei Brettern 1 Stunde lang auspressen (auf das obere Brett stellt man einen schweren Gegenstand).

(2) Auberginen ohne ihre Schale dann in feine Streifen schneiden.

Variante: Auberginen ohne Schale ganz lassen und in Öl oder Butter leicht anbraten.

(3) Würze wie folgt zubereiten: Walnüsse zusammen mit dem Knoblauch, Paprika und Salz zerstoßen. Zwiebellauch, Korianderblätter, Bohnenkraut, Basilikum, Sellerielaub und Petersilie bzw. Dill möglichst fein hacken. Granatapfelsaft oder Weinessig zugeben, alles vermischen.

Varianten: Der Gewürzmischung eventuell noch Koriandersamen und/oder Zimt und/oder Nelken zufügen.

(4) Die Würze unter die Auberginenscheiben mengen. Oder die ganzen Auberginen mit den Würzzutaten füllen. Oder diese großzügig damit bestreichen.

Das Festessen hernach als Erfahrungsseelenkunde.

Existenzielle Verhaltenstherapie

Perspektiven für die Auflösung therapeutischer Krisen

> Wenn wir den Menschen so nehmen, wie er ist,
> dann machen wir ihn schlechter.
> Wenn wir ihn aber so nehmen, wie er sein soll,
> dann helfen wir ihm dazu,
> das zu werden, was er werden kann.
> *Viktor Frankl*

Psychische Störungen sind keine Ereignisse, die den Verlauf der menschlichen Existenz verändern, sondern sie stellen selbst die Veränderung des Verlaufs einer menschlichen Existenz dar. Sie sind eine Erfahrung, ein Stück Leben, eine Krise, sind also Ereignisse, mit der sich die Person wandelt. Nach einer psychischen Störung ist eine Person nicht mehr dieselbe wie vorher. Abgesehen davon, dass einige akute Symptome wie Angst, Niedergeschlagenheit oder Hilflosigkeit oder durch Belastungen ausgelöste Dissoziationen oder Halluzinationen spontan auftreten und verschwinden können: Kommt ein Patient wegen einer psychischen Störung in Behandlung, muss gesehen werden, dass eine psychische Störung nicht etwas ist, das auftritt, sich entwickelt und verschwindet, so dass alles wieder wird wie vorher. Sie ist kein zufälliger Auswuchs veränderter Hirnprozesse und ebenso wenig ein unerwarteter lasterhafter Umweg in der Lebenslinie. Im Gegenteil ist sie integrierender Bestandteil des Lebens, ist Geschichte, ist menschliches Geschehen und zwar ein bedeutsamer Teil des menschlichen Geschehens.

Psychische Störungen und existenzielle Krisen

Psychische Störungen entstehen und entwickeln sich nicht im leeren Raum. In vielen Fällen stehen sie – jedenfalls wenn man sich die Epidemiologie vor Augen führt – fast immer im Zusammenhang mit existenziellen Krisen aller Art. Und diese Reihe störungskritischer Lebensereignisse scheint, was unterschiedliche Störungen angeht, unendlich zu sein. Die Adoleszenz kann eine dieser Krisen darstellen oder der Beginn physischen und psychischen Verfalls im höheren Lebensalter. Für eine Frau kann die Menopause zur Krise werden. Gelegentlich stellen Geburt und Wochenbett heikle Phasen dar. Auch der Zusammenbruch ideologischer Orientierungen oder tief kränkende Enttäuschungen, Änderungen in kollektiven Systemen oder strukturelle Umbrüche in einer Familie, Veränderungen des materiellen Lebenszusammenhanges, Arbeitslosigkeit, wirtschaftlicher Ruin, weiter die Erfahrung einer Gefangenschaft, der Trauer, Beginn oder Ende eines aktiven politischen Engagements, Erfahrungen der Liebe oder der Verlust der Liebe, eine schwere körperliche Krankheit und Invalidität können existenzielle Krisen bedeuten.

In manchen Fällen kann das eine Krise auslösende Ereignis ganz äußerlich und unvorhergesehen auftreten, wie bei einem Trauerfall oder traumatisierenden Ereignis. In den meisten Fällen jedoch sind die Betreffenden an der Krisenentwicklung selbst mehr oder weniger beteiligt, ist Krise das Resultat bereits zuvor bestehender Widersprüche, die Explosion von über lange Zeit hinweg negierten Bedürfnissen. Und wohl fast immer lässt sich die objektive Seite einer Krise nur schwer von der subjektiven Seite trennen, in der das Individuum seine Krise lebt, interpretiert und gestaltet. In jeder existenziellen Krise besteht die Gefahr, dass sie dem Subjekt aus der Hand gleitet, dass es die Krise nicht mehr kontrollieren, handhaben, beherrschen kann. An diesem Punkt nimmt das zunehmende Leiden in einer Krise die Merkmale einer psychischen Störung im eigentlichen Sinne an.

Existenzielle Krisen – zwischen Entwicklung und Anpassung
Andererseits: Ein Leben ohne existenzielle Krisen ist niemandem zu wünschen. Im Grunde genommen ist derjenige ein glücklicher Mensch, dem es gelingt, Krisen erfolgreich zu überwinden, durch sie zu wachsen und dabei vielleicht sogar die Prinzipien seines vorherigen Lebens in Frage zu stellen. Dies jedenfalls lehren uns gesundheitspsychologische Forschungsarbeiten. Nicht jedes Leiden an einer existenziellen Krise führt zur psychischen Störung, sondern es kann zur reifen Fortentwicklung im Lebenslauf wichtige Beiträge liefern. Andererseits kann das Überschreiten der dialektischen Grenze zur psychischen Störung der Preis sein, den man bei einer existenziellen Krise bezahlt. Und das verhindert es auch so manches Mal, dass man aus ihr herauskommt, dass man schnell herauskommt oder glücklich herauskommt.

Keinesfalls ist ein Übermaß an Leiden und Störungen an und für sich bereits ein Reifungsprozess. Wer glaubt, dass psychische Krisen, Desorientierung oder Depressivität oder allgemeiner das „Schlecht-gehen" an und für sich positive Momente seien, Gesundheit fördernde Öffnungen und befreiende Momente, verfällt einem gefährlichen Irrtum. Befreiend und reifend ist, dass man aus der Krise herauskommt, nicht, dass man in ihr steckt. Krise zu nutzen, bedeutet, sie überwinden zu können.

Nur bei einem kleinen Teil der Patienten kommt es vor, dass eine psychische Störung eine Krise von kurzer Dauer ist. Kaum einmal gab es keine vorherigen Störungen, sind keine Nachwirkungen vorhanden. Und nur in diesen seltenen Ausnahmen hat die psychische Störung keine Biographie geschrieben und kann abgehakt werden. Das jedoch dürfte mitnichten öfters, vermutlich eher selten erreichbar sein.

Zumeist erfordert eine psychische Störung nachhaltige Veränderungen im Leben und nimmt auch in einer Behandlung einen gänzlich anderen Verlauf als hin zum Erledigtsein. Die Kontinuität zwischen Wohlergehen und der einsetzenden psychischen Störung bedingt in aller Regel nicht einen ebenso kontinuierlichen Übergang von der Störung zur Heilung. Ein Sprung in Richtung Genesung kann in vielen Fällen nur gemacht werden, wenn sich die Lebensgewohnheiten oder Lebensumstände ändern. Und wie man wiederum bei den Epidemiologen nachlesen kann, stellen die häufigsten Ursachen für Rückfälle oder Chronifizierung zumeist ganz ähnliche Belastungen dar, wie jene, die bereits den Beginn der ersten psychischen Störungen ausgemacht haben [189; 203]. Darauf sollten Patienten vorbereitet sein.

Da sich viele objektive Gegebenheiten oder Gewohnheiten nicht immer mittels psychotherapeutischer Technik angemessen bewältigen lassen, führt dies Psychotherapeuten nicht selten in ernsthafte Bedrängnis. Häufig wird nicht berücksichtigt, dass die angesteuerte Gesundung nur deshalb in weiter Ferne liegt, weil es immer schwieriger wird, aus einer Krisensituation herauszukommen, je länger diese bereits andauert.

Nicht erreichbare Hoffnungen
Häufig hat sich ein Patient bereits mehr oder weniger mit seiner Situation arrangiert, was ihn natürlich nicht hindert, sich immer wieder an einen Arzt oder Psychotherapeuten zu wenden. Im Gegenteil: Patienten tun es manchmal mit desto größerer Nachdrücklichkeit, je mehr solche Hilfeversuche auch dazu dienen, eine Mitverantwortung an ihrem Zustand von ihnen zu nehmen.

Insbesondere die schwereren psychischen Störungen können fast immer unter einem doppelten und kontrastierenden Aspekt betrachtet werden: dem der ursprünglichen existenziellen Krise und dem der Anpassung daran. Insbesondere bei der Chronifizierung der auslösenden Faktoren wird sich eine Umgangsweise damit einstellen, in der sich der Betroffene allmählich an seine psychische Alteration gewöhnt. Die psychische Störung kann sich stabilisieren oder sich langsam verschlimmern, mit der ungelösten Konstellation weiter chronifizieren. Die psychische Aberration wird gelegentlich sogar zum dominierenden Aspekt des Geschehens, der jegliche Aufmerksamkeit auf sich zieht. Chronifizierung steht in der Gefahr, die lebensweltlichen Aspekte der Störungsentwicklung ganz allmählich oder gänzlich aus den Augen zu verlieren.

Häufig sind es auch nicht erreichbare Hoffnungen, welche die Stagnation im Verlauf existenzieller Krisen verursachen. Dieser Sachverhalt ist nicht selten verantwortlich dafür, dass die therapeutische Beziehung selbst in eine ernsthafte Krise entgleitet. Und an dieser Entwicklung sind Psychotherapeuten gelegentlich nicht unbeteiligt, zum Beispiel wenn sie Patienten glauben lassen, mittels Psychotherapie ließe sich der Bereich zwischen 90 und 100 auf der *Global Assessment of Functioning Scale* (GAF) erreichen: „Hervorragende Leistungsfähigkeit in einem breiten Spektrum von Aktivitäten; Schwierigkeiten im Leben scheinen nie außer Kontrolle zu geraten; wird von anderen wegen einer Vielzahl positiver Qualitäten geschätzt; keine Symptome."

Wie meine Erfahrungen in der Supervision mit jungen und noch wenig erfahrenen Kollegen zeigen, übersehen diese gelegentlich, dass ihr eigenes psychosoziales Funktionsniveau etwa im Bereich zwischen 60 und 80 der GAF liegt: „Wenn Symptome vorliegen, sind diese vorübergehende oder zu erwartende Reaktionen auf psychosoziale Belastungsfaktoren

(z. B. Konzentrationsschwierigkeiten nach einem Familienstreit); höchstens leichte Beeinträchtigung der sozialen, beruflichen und schulischen Leistungsfähigkeit, aber im allgemeinen relativ gute Leistungsfähigkeit, hat einige wichtige zwischenmenschliche Beziehungen."

Kommen dann Patienten in die nächste Sitzung und berichten, sie hätten sich in den vergangenen Tagen nach einem Streit mit dem Ehepartner nicht mehr so recht auf die Arbeit konzentrieren können, sehen einige Anfänger den erfolgreichen Fortgang in der Therapie gefährdet – und übersehen, dass ihnen Ähnliches in der zurückliegenden Zeit auch häufiger passiert ist, weil nämlich gelegentliche Befindlichkeitsmängel im Normalbereich liegende Reaktionen sind. Wenn Therapeuten in einer solchen Situation irritiert reagieren, bemerken dies natürlich die Patienten – und unterschwellig macht sich der Irrglaube breit, dass am Ende einer Psychotherapie eigentlich ein rundum gesunder und zufriedener Patient herauskommen sollte, der allen Schwierigkeiten im Leben gewachsen ist.

Die existenzielle Perspektive in der Psychotherapie

Psychische Störungen als Ergebnis existenzieller Krisen aufzufassen, ist nicht neu. Angesichts des hohen Rückfallrisikos und der stagnierenden Erfolgszahlen in der Behandlung lohnt es sich, auch diese Perspektive ins Auge zu fassen: Wenn die Beziehung zwischen Psychotherapeut und Patient ins Stocken gerät, liegt dies häufig nur daran, dass eine auf Beseitigung psychischer Störungen abzielende Psychotherapie unvollständig bleibt – unvollständig in dem Sinne, als sie sich vorrangig mit der Behandlung von Symptomen und nicht hinreichend mit den lebensgeschichtlichen und kontextuellen Anlässen der Störung auseinandergesetzt hat. So entsteht die Gefahr, dass bei Stagnation im Prozess die Patienten an der Kompetenz des Psychotherapeuten zu zweifeln beginnen. Und bei Psychotherapeuten wird der Eindruck entstehen, dass die Behandlung nur deshalb ins Stocken gerät, weil sich Patienten nicht ernsthaft genug auf die als indiziert angesehene Therapietechnik eingelassen haben.

Nimmt man die zuvor beschriebenen Krisenmöglichkeiten ernst, dann ist eine Symptombehandlung immer nur die halbe Miete. Wie bereits gesagt: Angesichts eines Schuldenbergs von 20 000 Euro könnte sich Depressivität durch ein unbedachtes Achtsamkeitstraining auch verschlimmern. Jedenfalls ist die auf Achtsamkeit und Gefühlsorientierung basierende Kognitive Verhaltenstherapie (*Mindfulness-Based Cognitive Therapy*) bei jenen depressiven Patienten nicht nachhaltig erfolgreich, die es mit extremen Problemen zu tun haben. Wie wir dies andernorts bereits angesprochen haben, lohnt sich wirklich ein Blick in die Analyse von Rückfallursachen in Studien der Verhaltenstherapieforscher. Dort ist nachzulesen, dass eine symptomorientierte Behandlung bei jenen Patienten keine hinreichende Wirkung entfaltet, deren Leben zur Zeit der Behandlung und danach durch ungelöste existenzielle Konflikte, extreme Belastungen und viele alltägliche Sorgen bestimmt ist.

Existenzielle Psychotherapie: ihre Vordenker
Wenn wir denn in der „Neuen Welle" der Verhaltenstherapie so weit gegangen sind, Therapietechniken der emotionsfokussierten Gestalttherapie in das Arsenal der Verhaltenstherapiemethodik zu übernehmen, dann sollten wir uns nicht scheuen, noch einen Schritt weiter zu gehen. Angesichts der lebensweltlichen Probleme unserer Patienten bietet sich jener Reichtum an Überlegungen an, der von Therapeuten unterschiedlicher Therapieschulen unter einer Überschrift zusam-

mengetragen wurde: *Existenzielle Psychotherapie*. Und wenn man die Fallbeispiele in diesem Buch unter dieser Perspektive betrachtet, wird man bemerken, dass auch ich zu den Vertretern dieser Denkschule gehöre.

Die Ansatzpunkte existenzieller Psychotherapeuten sind prototypisch existenzielle Krisen und schwer lösbare Konflikte. Die in den Mittelpunkt rückenden Probleme zeichnen sich dadurch aus, dass sie sich nicht einfach durch symptomorientierte Behandlung technisch behandeln lassen. Oder sie betreffen Grenzerfahrungen, die sich nicht „bewältigen" lassen, wie die Tatsache, dass krebskranke Menschen früher als erwartet vom Tod bedroht sind – oder der Umstand, dass Patienten in Armut weiterleben müssen.

Die meisten Psychotherapieansätze, die sich der existenziellen Perspektive bedienen, haben ihre Wurzeln in der Existenzphilosophie, und als einige ihrer Vordenker gelten Søren Kierkegaard [148], Albert Camus [31], Karl Jaspers [133] sowie Jean-Paul Sarte [216] – vor allem Letzterer mit seinem Konzept einer existenzialistischen Psychoanalyse, in der die Verantwortlichkeit des Menschen für sein Handeln in den Mittelpunkt gerückt wird.

Als die wichtigsten Vertreter existenzpsychotherapeutischer Perspektiven gelten Ludwig Binswanger mit seiner Daseinsanalyse [23], Victor Frankl mit seiner Logotherapie und Existenzanalyse [89], Rollo May mit einem von Alfred Adler und Victor Frankl inspirierten Ansatz [183] sowie Irving D. Yalom, der Anfang der 1980er Jahre mit seinem Buch „Existenzielle Psychotherapie" seine Laufbahn als Psychotherapieforscher beendete [261], um uns fürderhin mit seinen Romanen über seine existenziellen Erfahrungen mit Patienten einen andersgearteten Zugang zur Psychotherapie zu ermöglichen. In einem weiteren Sinne haben auch zahlreiche Vertreter der Humanistischen Psychotherapie, wie Carl Rogers und

Abraham Maslow, existenzialistische Perspektiven betont. Und für die gravierenden Krisen von Psychiatriepatienten haben Harry S. Sullivan [243] und Giovanni Jervis [134] existenzialtherapeutische Überlegungen angestellt.

Existenzielle Psychotherapie: Störungskonzept
Obwohl die Vertreter der Existenziellen Psychotherapie unterschiedlichen therapeutischen Richtungen angehören, sind sie sich über die Themen, um die es bei der Bearbeitung existenzieller Probleme und Krisen geht, relativ einig. Es handelt sich um Fragen der Endlichkeit des Lebens, der Freiheit und Unfreiheit, des Ausgegrenztwerdens, der Vereinsamung und Isolation sowie um das Erleben von Sinnlosigkeit – Themen, die in der „offiziellen" Verhaltenstherapie, wenn überhaupt, nur ausnahmsweise im Hintergrund stehen (Ausnahmeautoren finden sich erst in jüngster Zeit [111; 191]).

Die existenziellen Psychotherapeuten gehen in einem Aspekt über die engen Sichtweisen ihrer Schulen hinaus. Nach ihrer Auffassung sollten psychische Störungen nicht individualistisch verengt als Versagen innerpsychischer Mechanismen aufgefasst werden. Psychische Störungen werden als Widerspiegelungen von gesellschaftlichen Widersprüchen verstanden, die in zwischenmenschlicher Angst ihren Niederschlag finden. Der Unterschied zwischen einer normalen Furcht und Angst als Leitsymptom psychischer Störungen wird darin gesehen, dass sich Letztere aus einem ungelösten und unreflektierten Konflikt zwischen ambivalenten Ansprüchen ergibt – und zwar durch den Widerspruch zwischen Anpassungs- und Freiheitsanspruch, zwischen Akzeptieren gesellschaftlicher Anforderungen und Zwängen bei gleichzeitiger Tendenz zur Verweigerung.

Im Sinne dieses Denkansatzes wären bei zwei Konstellationen psychische Störungen (im Sinne der DSM-Achse I) eher nicht zu erwarten, sehr wohl aber Persönlichkeitsstörungen (DSM-Achse II): einerseits bei absolutem Konformismus und völliger Anerkennung des Unterdrücktseins sowie andererseits, wenn die persönliche Freiheit ständig und engstirnig vorangestellt wird, also bei Leugnung sozialer Begrenzungen. Psychische Störungen sind dann Ich-dyston (bestimmt durch externe Konfliktangst), Persönlichkeitsstörungen bleiben Ich-synton (durch vermeintliche Überwindung der externen Angst).

Beides – psychische Störung und Persönlichkeitsstörung – wiederum stellt keine abgegrenzte, homogene Entität dar. Diese bleibt bei Entwicklung einer Persönlichkeitsstörung trotz ihrer Ich-Syntonie unklar und diffus. Die Entstehungsbedingungen jedoch wirken in beiden Fällen über und auf das gesamte Leben des Individuums, womit sie existenzielle Bedeutung erlangen. Symptomatische wie persönlichkeitsbedingte Auffälligkeiten werden somit als Ausdruck eines chronischen, allgemeinen Unbehagens betrachtet, an dem Menschen leiden. Da sie von der Lebensgeschichte des Einzelnen nicht zu trennen sind, sind sie immer auch Bedingung und Konstellation kollektiver Probleme, in denen sich der Einzelne verstrickt findet.

Zusammenfassend werden unter existenzieller Perspektive psychische Störungen und abweichendes Verhalten nicht nur als inneres Leiden der Menschen gesehen und interpretiert, sondern als Teil einer sozialen Rolle und als Ergebnis von Rollenkonflikten. Rollenverhalten und Rollenkonflikte existieren nicht an sich, sondern sind – wenn sie zu existenziellen Krisen führen – immer Auswuchs zwischenmenschlicher, kollektiver oder auch gesellschaftlicher Konfliktzonen und Widersprüche.

Existenzielle Verhaltenstherapie: mögliche Perspektiven

Im Folgenden sollen einige Perspektiven angedeutet werden, die sich aus den Überlegungen der Existenz-Therapeuten für ein verhaltenstherapeutisches Krisenmanagement eignen. Gemeint sind nicht Krisen, die aufgrund besonderer Veränderungen der Lebenssituation durch sich selbst genesen. Gemeint sind jetzt Krisen, die wegen ihrer Komplexität deutlich machen, dass sich eine symptomorientierte Behandlung allein nicht als hinreichend erweist. Und in dieser Hinsicht vermitteln existenzielle Psychotherapeuten von Beginn der Behandlung an Zuversicht: „Schön, dass Sie da sind, fangen wir an!" – denn wohl oft lassen sich Möglichkeiten finden, dass aus dem psychischen Leiden an der Störung und in der Krise eine aktive, eventuell radikale Revision jener Prinzipien und Lebensweisen erwächst, die zur Krise beigetragen haben.

Es besteht Hoffnung zu einem qualitativen Sprung in der Existenz. Von existenziell arbeitenden Therapeuten wird es als Gefahrenpunkt angesehen, vorschnell in Pessimismus oder Hoffnungslosigkeit zu verfallen. Sind Therapeuten der Meinung, dass bestimmten Patienten nicht geholfen werden könne, dann glauben dies über kurz oder lang auch diese Patienten. Das jedoch muss vermieden werden. Grob betrachtet kann die Bewältigung von Krisen auf zwei Arten erfolgen:
- Transparenz und Positivierung: Suche nach Sinn und Bedeutung oder
- Akzeptanz der Faktizität: Suche nach einem Ausweg.

Transparenz und Positivierung: Sinn und Bedeutung
Die erste Strategie der *Positivierung* zielt darauf ab, sich selbst und seine Reaktionsweisen in der Krise zu verstehen. Es geht darum, möglichst viele Elemente und Aspekte in eine Analyse seiner selbst und der eigenen sozialen Beziehungen einzufü-

gen. Krise muss als integraler Teil des Lebenslaufs erlebbar oder nachvollziehbar gemacht werden und nicht als dessen Abbruch. Die Krise und die Versuche ihrer Bewältigung sollten Sinn und Bedeutung erhalten. Beim Herstellen der in dieser Hinsicht notwendigen *Transparenz* ist die Mithilfe des Therapeuten notwendig. Ohne seine Unterstützung wird eine solche Metaposition schwer gefunden werden.

Schritt 1: Sinnfindung und Sinndeutung. Der Therapeut unternimmt zunächst eine empathische Sinndeutung des Problems, des Verhaltens und/oder der Interaktionsrolle des Patienten, die für die Stagnation in der Krisenentwicklung verantwortlich sind. Falls Stagnation oder Krise den therapeutischen Prozess betreffen, wird herausgearbeitet, welchen Zweck der Patient mit einer Problempräsentation oder seiner Haltung verfolgt und welchen Einfluss er damit auf den Verlauf der Therapie zu nehmen versucht.

Jede Sinndeutung sollte aus der Sicht des Patienten *positive Motive* (seine versteckten Bedürfnisse) seiner Handlungen und Einstellungen enthalten, ansonsten wird sich keine *für den Patienten akzeptable* Deutung einstellen. Dies impliziert nicht, dass der Therapeut diese Motive inhaltlich teilt. Es impliziert jedoch, dass der Therapeut die momentanen Erwartungen und Haltungen des Patienten versteht und sie für ihn eben *aus dessen Sicht* (stellvertretend für ihn) plausibel darstellt. Letzteres ist mit *Positivierung* gemeint: Sinnsetzung oder Motivdeutung implizieren eine positive Konnotation von Zielen und Motiven des Patienten.

Auf diese Weise wird eine für den Patienten (vermutlich) unmerkliche Unterscheidung zwischen dysfunktionalen Handlungen und *dennoch* funktionalen Motiven eingeführt. Letztere entsprechen in aller Regel sinnvollen Bedürfnissen – nur, dass bis zu diesem Zeitpunkt angemessene Handlungsalternativen fehlten oder die Bedürfnisse wegen äußerer Zwänge unterdrückt wurden.

In den meisten Fällen wird sich herausstellen, dass die Motive des Patienten mit denen des Therapeuten konvergieren. Ist das der Fall, macht sich der Therapeut die Sinnperspektive des Patienten zu eigen. Diese Lösung einer Motiv-Akzeptanz wird von erfahrenen Therapeuten bevorzugt. Die sinnsetzende Perspektivierung beschränkt sich – zumindest zeitweilig – schlicht auf eine empathische Akzeptanz der Bedürfnisse, Motive und Ziele des Patienten. Auf die Ausnahme, dass die Ziele des Patienten ethisch nicht zu rechtfertigen sind, wird weiter unten eingegangen.

Schritt 2: Wiederherstellung von Autonomie und Verantwortung. Dann können Therapeuten noch weiter gehen: Es wird sich als hilfreich erweisen, den Patienten ausdrücklich darauf zu verpflichten, etwas zur Erreichung seiner Bedürfnisse und Motive zu unternehmen – womit ihm Verantwortung für sein Handeln zugewiesen wird. Nur durch stützende Verantwortungszuweisung, die zugleich die Entscheidungsfreiheit des Patienten akzeptiert, kann Autonomie und Mitverantwortung in der Therapie erreicht werden. Auch personzentrierte Sinndeutungen, Sinnausdeutungen oder gelegentlich Mutmaßungen über Sinnzusammenhänge können Schlüsselfunktionen übernehmen. Selbst „fehlerhafte" („danebenliegende") Verantwortungszuweisungen dürften keine ungünstigen Folgewirkungen zeigen, wenn sie das Bemühen um Verständnis und Autonomieakzeptanz zum Ausdruck bringen.

Eine ungenaue oder vom Patienten nicht akzeptierte Zieltransparenz wird günstigstenfalls seinen Widerspruch provozieren. Zeigt sich Widerspruch oder Widerstand, wird man unmittelbar nachfragen, welche Motive oder Ziele der Patient alternativ verfolgen möchte. In fast allen Fällen wird er darauf eine Antwort haben. Es bleibt zu bedenken, dass „Widerspruch" auch mögliches Ziel der Verantwortungszuweisung sein kann, nämlich dann, wenn der Patient über die vorgeschlagenen Alternativen hinaus als weitere Möglichkeit eigene bedürfnisgeleitete Zielvarianten ins Spiel bringt oder wenn sein Widerspruch die erste Eigenaktivität darstellt.

Widerspruch und Eigeninitiative des Patienten sind wesentliche Indikatoren für die Übernahme von Mitverantwortung für den weiteren Verlauf seiner Therapie. Und genau das war und ist primäres Ziel der personzentrierten Verantwortungszuschreibung – nicht mehr, aber auch nicht weniger. Durch Kritik, Widerspruch und Perspektivenerweiterung seitens des Patienten kommt der Therapieprozess wünschenswert wieder in Gang, auch wenn die Richtung der Patienteninitiative auf den ersten Blick unklar oder risikoreich erscheint. Wie das Vorgehen konkret aussieht, ist im Fallbeispiel „Königin der Nacht" dargestellt, in dem ein Patient sich sogar entscheidet, seine bis dahin als dysfunktional erlebte Konversionssymptomatik zukünftig – weil sie ihm Vorteile bringt – selbstbewusst als Teil seiner Behinderung anzunehmen und beizubehalten.

Implizite Wirkungen von Transparenz und Positivierung. Bei genauem Hinsehen wird sich durch ein derartiges Vorgehen – dies wird auch dem Patienten zunehmend klarer werden – die Beziehung zwischen Therapeut und Patient unmerklich und grundlegend ändern. Um dies zu verstehen, sollte man sich folgende Änderungsbedingungen, die mit einer empathischen Suche nach Sinn und Bedeutung eher implizit verbunden sind, vor Augen führen: Eine positive Motive und Bedürfnisse stützende Handlungszuweisung setzt ein hohes Maß an Empathie des Therapeuten voraus. Ohne Empathie ist personzentrierte Sinndeutung nicht möglich. Nur wenn die Sinndeutung des Therapeuten der Sinnstruktur des Patienten weitestgehend entspricht, wird sich dieser verstanden fühlen. Oder auch: Nur wenn sich der Patient verstanden fühlt, kann er die Sinnsetzung des Therapeuten akzeptieren. Um das zu erreichen, muss der Therapeut die dem Patientenhandeln zugrunde liegende Sinnstruktur nicht nur empathisch rekonstruieren, sondern auch noch positivieren!

Die empathische Sinnsetzung beinhaltet zugleich, dass es aus Sicht des Patienten gute (d. h. sinnvolle) Gründe für jenes Verhalten gibt, mit dem er selbst zur Krisenentwicklung beigetragen hat. Etwas überspitzt ausgedrückt: Die existenzielle Krise oder Stagnation ist durch ihn, weil motivgeleitet, mitzuverantworten! Akzeptiert der Patient die Sinndeutung, weil sie zutrifft oder weil sie ihm neue Einsichten in sein Verhalten ermöglicht, dann kommt dies – für ihn zunächst nicht ganz einsichtig und hier etwas überspitzt formuliert – einem Zugeständnis gleich, dass die Krise nicht ohne seine Mitwirkung entstanden ist. Um es nochmals zu wiederholen: Gibt es gute (sinnvolle) Gründe für seine Handlungen, so ist er zugleich auch für die Krisenentwicklung mitverantwortlich. Kurz: Fühlt er sich durch den Therapeuten richtig verstanden, so hat sich genau zu diesem Zeitpunkt zusätzlich aber auch seine Mitverantwortung für den Therapieprozess wieder eingestellt.

Die Mitverantwortung des Patienten wird endgültig wiederhergestellt, wenn ihn der Therapeut zudem auffordert, angesichts plausibler Gründe für sein Verhalten dieses eventuell sogar beizubehalten (genau dies meint „personzentrierte Verantwortungszuweisung"!). Jedenfalls sollte es sich der Patient angesichts seiner Sinnstruktur gut überlegen, ob er sich auf die Sinnperspektiven und Alternativvorschläge des Therapeuten einlässt. Mitverantwortlich für das weitere Vorgehen ist er in jedem Fall.

Schließlich bleibt zu beachten, dass wir den Patienten mittels wertschätzender Akzeptanz in eine Situation gebracht haben, die ihm wenig Spielraum für Widerstand und Reaktanz lässt. Vielmehr wird er sich danach sogar auf Vorschläge einlassen (müssen), die ihm als Alternativen zum bisherigen dysfunktionalen Handeln unter Beibehalten sinnvoller Motive und Bedürfnisse offeriert werden. Um jedoch dem Patienten die Mitverantwortung am weiteren Verlauf der Therapie zu belassen, sollte man zuvor hinterfragen, ob er vom Therapeuten weitere Alternativen zur Bewältigung der bestehenden Krise hören möchte.

Akzeptanz möglicher Faktizität und die Suche nach einem Ausweg
In einer weiteren Behandlungsperspektive sind sich Verhaltenstherapeuten und existenzielle Psychotherapeuten wohl einig, wenngleich sich die Wege zum Ziel unterscheiden. In der Behandlung einer Person kann und darf es nicht ausschließlich darum gehen, Symptomatikkonstellationen zu bewältigen. Vielmehr gilt es, dem Patienten zu ermöglichen, auf längere Sicht auch allein damit fertig zu werden, Rückfallgefahren rechtzeitig zu erkennen und Schritte zur Rückfallvorbeugung selbst einzuleiten: Psychotherapieziel Selbstbehandlung – wie dies bereits in früheren Kapiteln diskutiert wurde [50].

Leider sind viele Störungen und Probleme unserer Patienten nicht nur individueller Natur, sondern in komplexe systemische und kollektive Prozesse eingebunden. Als solche lassen sie sich nicht nur individualistisch ausdeuten oder behandeln. Wird es notwendig, die Behandlungsperspektive auf die Bezugswelt des Patienten auszudehnen, dann gelingt dies nur, wenn der Patient Bewusstsein und Klarheit über seine existenzielle Lebenssituation erlangt. Um das zu erreichen, wandelt sich die existenzielle Psychotherapie in einen Ort des „Begreifens" – wobei Begreifen verstanden wird als reflektierte Bewusstseinsbildung, die wesentliche Elemente der verworrenen Lebenssituation aufklären muss.

Die Illusion der Neutralität. Angesichts hochkomplexer Lebenslagen der Patienten entpuppt sich die „Neutralität" des Therapeuten endgültig als Illusion, die als solche sowieso nicht vorhanden war. Jede Therapieform hat nicht nur ihr Menschenbild, sondern darüber hinaus auch noch jeder Therapeut sein eigenes. Und entsprechend beeinflussen die Weltanschauung dessen, der als Behandelnder die Mitverantwortung in einer Psychotherapie übernimmt, unvermeidlich die Art und Weise der Bewusstseinsbildung des Patienten – ob man will oder nicht, und auch dann, wenn man es zu verschleiern versucht.

Dies lehren uns übrigens Ergebnisse der Forschung: Psychotherapien werden dann in günstige Entwicklungen einmünden, wenn sich Therapieideologie und Weltanschauung eines Therapeuten nicht allzu sehr von jenen Wertesystemen unterscheiden, die der Patient in die Behandlung einbringt oder die der Patient zu übernehmen bereit ist [197]. Eine zu große Diskrepanz der Weltanschauung oder in Werthaltungen hindert einen Patienten, nach seinen Möglichkeiten zu genesen, zwingt ihn womöglich, etwaigen Ansichten zuzustimmen, die ihm fremd sind. In den Ausarbeitungen existenzieller Therapeuten werden die aus dieser Situation erwachsenen Schwierigkeiten sogar umso gravierender gesehen, je mehr der Therapeut seine *Parteilichkeit* negiert, dem Patienten die eigenen Positionen verschleiert und behauptet, *neutral* zu sein.

Daraus darf nicht geschlossen werden, dass *jede* Weltanschauung oder *jedes* Menschenbild des Therapeuten gleich brauchbar ist, wenn beides nur ausreichend verwandt ist mit dem, was der Patient mitbringt oder zu entwickeln geneigt ist. Häufig ist der Patient aufgrund seiner Erfahrungen extrem demoralisiert, weil seine bisherige Lebensauffassung etwa nach einem Trauma völlig aus den Fugen geraten ist. Auch kann es sein, dass er Leitlinien verinnerlicht hat, die den Rechten anderer zuwiderlaufen.

In solchen Fällen kann sich die Art, wie der Therapeut mit den für die Umwelt des Patienten typischen menschlichen, sozialen und kollektiven Problemen konstruktiv umgehen würde, für den Patienten umso nützlicher erweisen, je mehr Ersterer eine eigene ethisch und gesellschaftlich verantwortbare Auffassung über die systemischen und kollektiven Verhältnisse vertritt, in denen Letzterer lebt.

Begreifen und Lernen. Grundlegend für eine ernsthafte Auseinandersetzung mit existenziellen Problemen ist, dass der Patient innerhalb gewisser Grenzen begreift, was mit ihm vorgeht und wie seine Beziehungen mit anderen in der Realität funktionieren[170]. Entsprechend kommt der Therapeut nicht daran vorbei, zuallererst einmal sich selbst ein klares Bild von den menschlichen Beziehungen des Patienten, auch von den kollektiv-gesellschaftlichen Verhältnissen des Patienten zu erarbeiten. Das Begreifen der Realität bleibt dann eine gemeinsam zu bewältigende Aufgabe.

Dabei geht es nicht immer um ein Bewusstsein großer politischer Zusammenhänge, wenngleich angesichts der globalen Krisen unserer Gesellschaft diese nicht ausgeklammert bleiben dürfen – insbesondere nicht, wenn auch der Patient und seine Bezugspersonen von ihnen betroffen sind. In anderen Fällen jedoch kann es genügen, wenn das beim Patienten vorhandene Bild kollektiven und gesellschaftlichen Zusammenlebens soweit zurechtgerückt wird, dass es für die

Weiterarbeit ausreichend klar wird. Der Patient will ja mit Fug und Recht, dass es ihm gut geht; er will seine potenziellen Möglichkeiten realisieren, soweit das mit den Grenzen in Einklang zu bringen ist, die ihm seine konkrete Lebenssituation setzt, auch wenn diese nicht immer verändert werden kann.

Faktizität und Schicksal. Psychotherapie, die sich den existenziellen Grundfragen des Lebens nicht verschließt, kann in gewisser Hinsicht durchaus mit einem Erziehungsprozess verglichen werden. Psychotherapie unterscheidet sich jedoch von der Pädagogik mit explizitem Ausbildungsziel insofern, als sie sich darauf beschränkt, Möglichkeiten zu umreißen und Instrumente zu liefern, durch die ein Patient die Grenzen und Möglichkeiten kennen lernt, die für die Erreichung eines Gleichgewichts funktional sind. Oder um mit Ingeborg Bachmann zu sprechen: „Die Wahrheit ist dem Menschen zumutbar." Nur sollte man ihn danach nicht im Regen stehen lassen.

In Abhängigkeit von der Schwere einer Störung müssen bei der Erkenntnissuche und Bewusstseinsbildung sorgsam viele zerbrechliche Gleichgewichte berücksichtigt werden. Auf diesem Weg erweisen sich die Grenzen und Möglichkeiten als umso beschränkter, je weiter eine Chronifizierung bereits vorangeschritten ist. Letzteres gilt insbesondere für langjährig psychiatrisierte Patienten.

Wer an psychischen Störungen leidet und darum kämpft, aus ihnen herauszukommen, hat ein Ziel vor Augen, nämlich ein Gleichgewicht zu finden, dass dem Geist erlaubt zu funktionieren, dem Körper ermöglicht zu leben und seiner Persönlichkeit Wege weist sich zu entfalten. Oder aber – und auch davor dürfen Psychotherapeuten nicht die Augen verschließen – angesichts einer unheilbaren Erkrankung mutiger als zuvor dem Ende des Lebens entgegen zu leben. In vielen Fällen ist all dies nur möglich, indem man dafür mit der Anpassung an seine Lebenssituation bezahlt, die – wenigstens im Augenblick – nicht verändert werden kann. Und das heißt, dass man die Realität akzeptiert.

Dies gilt insbesondere für Patienten, die in einer Situation leben, die nur schwer oder unmöglich verändert werden kann: Personen fortgeschrittenen Alters, deren Leben unwiederbringlich durch frühere Entscheidungen oder durch die Umwelt bestimmt ist oder unerwartet verändert wurde; oder auch alle, die streng konservativen kulturellen Kreisen zugehören, welche sich jeder anderen Ideologie oder jeder ideologiekritischen Position verschließen. Gemeint sind aber auch Menschen mit unsicherer, emotional instabiler oder brüchiger Persönlichkeitsstruktur, die so fragil ist, dass sie keine anderen Gleichgewichte zulässt als die, mit denen die Person bis zu diesem Zeitpunkt zum Schutz ihrer selbst ihr Überleben gesichert hat.

Ziel jedoch ist nicht Anpassung! Man verfalle keinem Missverständnis: Ziel existenzieller Psychotherapie ist nicht Anpassung per se! Nur mündet in vielen Fällen die Therapie unvermeidlich in vorläufiger Anpassung – bis sich die Frage beantworten lässt, wie mit dem Unvermeidlichen *trotzdem* weiter gelebt werden kann, wie *trotz* Unvermeidlichkeit Sinn und Bedeutung für ein Weiterleben gefunden werden kann. Dieser Weg wiederum kann nicht genau vorausgeplant werden. Viele dieser Wege entstehen beim Gehen. Und der Patient benötigt auf diesem Weg im Therapeuten zumindest für eine gewisse Zeit einen Begleiter, der ihm mit Trost, Zuversicht und Beratung zur Seite steht.

Die Therapiebeziehung in existenziellen Krisen
Es ist offensichtlich, dass in all dem Gefahr und Zweideutigkeit liegen. Die Gefahr besteht in der Möglichkeit, dass sich Patienten relative Unbeschwertheit und vermeintliches

Gleichgewicht erkaufen wollen, indem sie den geringsten Preis, nämlich den der Anpassung an die Realität, dafür bezahlen. Existenzielle Psychotherapeuten versuchen Mut und Zuversicht zu vermitteln, einen vielleicht längeren und möglicherweise unbequemen Weg einzuschlagen, um doch noch zu einer prägnanteren oder reiferen oder bereichernden Bewusstseinsbildung zu gelangen. Dazu müssten die Psychotherapeuten selbst Mut bekommen, sich von der Faszination und Magie selbstkritisch zu distanzieren, die ihren Techniken vermeintlich innewohnt und an die auch viele Patienten glauben. Dies sollte spätestens dann angedacht werden, wenn eine Behandlung stagniert, wenn man an Grenzen stößt, in der die Strategien oder Konzepte nicht weiterhelfen. Beispiele für einen solchen, sich nicht mehr enthaltenden Diskurs finden sich in den Fallbeispielen „Kirchenphobie" und „Dienstags 16 Uhr 30".

Frühe Indikatoren für Krisen! Es gibt viele Anzeichen, die frühzeitig darauf hindeuten, dass eine Psychotherapie in eine existenzielle Krise entgleiten kann und dass es sich lohnen würde, einmal andere als die in den Therapieschulen propagierten Strategien einzuschlagen. In der Praxis erkennbar sind solche Situationen daran, dass der Patient einfach nicht weiß oder nicht verstanden hat, worin „Psychotherapie" besteht. In vielen Fällen wird nur den verhaltenstherapeutischen Techniken Glauben geschenkt, genau so wie in ärztlichen Kontexten den Medikamenten, alles andere für irrelevant angesehen. Manche Patienten lassen sich auf alle „Wunder versprechenden" Aktionen ein: Sie arbeiten weiter mit, obwohl sich in ihrem Leben nichts ändert, immer in der Hoffnung, dass an einem bestimmten Punkt ein fast magisches Ereignis eintreten werde, dass „Psychotherapie" oder „Psychotherapeut" sie über Nacht von ihrer Gestörtheit und sonstigen Sorgen befreit.

Weiter gibt es Patienten, die nach zahlreichen wenig erfolgreichen Sitzungen glauben, es handle sich immer noch um Vorgespräche, und die sich (zu Recht) fragen, wann die Behandlung beginnen werde. Oder es entwickeln sich zunehmende Zweifel an der Kompetenz der Therapeuten oder sogar Zweifel an der Nützlichkeit von Psychotherapie überhaupt. Und da Patienten, wenn der Prozess ins Stocken gerät, gelegentlich auch den Unmut ihrer Therapeuten erahnen oder diesen sogar konfrontativ zu spüren bekommen, stellen sich Ängste, Vorbehalte und Zweifel gegenüber einer Therapie ein, die ihnen eigentlich Perspektiven für die Zukunft eröffnen sollte [60]. Letzteres lässt sich besonders bei Gruppentherapie-Patienten beobachten, die in einer starr strukturierten Gruppe zu lange in der Außenseiterposition verharren, ohne dass es den Therapeuten gelingt, sie erneut in die Gruppe zu integrieren. Die Folge ist, dass Patienten die Mitarbeit zunehmend verweigern oder die Therapie von sich aus abbrechen.

Es könnte verheerende Folgen haben, vorschnell auf Konzepte wie „Widerstand", „Abwehr", „Persönlichkeitsstörung" oder „Nicht-Compliance" als Erklärung auszuweichen. Manchmal entsteht diesbezüglich eine absurde Situation, die vom konzeptgläubigen Therapeuten möglicherweise gar nicht als eine solche erkannt wird – vermutet dieser doch, einen Patienten vor sich zu haben, der die Mitarbeit (psychodynamisch/psychologisch oder persönlichkeitsbedingt) verweigert. In solchen Fällen wäre es verfehlt, dem Patienten erneut zu erklären, worin Psychotherapie im Sinne der eigenen Schule besteht. Das wäre einseitig, wenn nicht gar borniert.

Vielmehr bedarf es einer Offenheit gegenüber Hindernissen, die einer progressiven Entwicklung im Wege stehen. Das lässt sich nur erreichen, wenn man Hintergründe und Motive erkundet, deretwegen der Patient in seiner Mitarbeit zögerlich innehält. Darüber muss mit ihm gesprochen werden, denn sein „störungsbedingter" Widerstand könnte durchaus sinnvoll und weiterführend sein. Das zu erkennen, gelingt nur, wenn man den Patienten ermuntert und ihm erlaubt, Fragen zu stellen, Zweifel anzumelden, zu sagen, dass er etwas nicht verstanden hat oder – was noch wichtiger ist – dass er Dinge ganz anders sieht als sein Therapeut.

Voraussetzung für Autonomie: das Ermöglichen von Widerspruch. Wenn es denn schon darum geht, dass Patienten in der Behandlung Selbstwirksamkeit zurückgewinnen und Krisen bewältigen, dann kann dieser Weg nicht damit beginnen, dass sie sich am Ort einer solchen Behandlung den Vorgaben therapeutischer Schulen zu unterwerfen hätten. Erst wenn ihnen kontinuierlich die Möglichkeit eingeräumt wird, das therapeutische Vorgehen angstfrei zu kritisieren und sogar zu korrigieren, werden sie sich als autonome Personen wiederfinden und erleben. Außerdem regt das Widersprechen zur Metakommunikation an, ein konstruktiver Diskurs über Vorbehalte und Zweifel der Patienten kann eine krisenhafte Entwicklung rechtzeitig beenden – wenn Patienten denn eine Einflussnahme auf den Therapieverlauf eingeräumt wird. Die therapeutische Kunst besteht eben darin, Widersprüche in die konstruktive Richtung zu provozieren.

Außerdem wird in der Gewährung von Einflussnahme und Widerspruch deutlich, in welchem Ausmaß der Therapeut sein eigenes Vorgehen kritisch betrachtet. Insofern wird selbstkritisches Verhalten zugleich ein Modell für die Lösung existenzieller Probleme abgeben, die sich ebenfalls nur mit selbstkritischer Infragestellung werden lösen lassen. Im Provozieren von Widerspruch verdeutlicht der Therapeuten schließlich, dass er dem Patienten Mitverantwortung an seiner Therapie zutraut, was eine der Voraussetzungen ist, die Selbstwirksamkeit in Richtung Autonomie zu stärken.

Voraussetzung für Orientierung: Verbindlichkeit des Therapeuten. Auf jeden Fall ist es zielführend, im therapeutischen Diskurs eine *gegenseitige Dialektik* entstehen zu lassen, ein positives Verhältnis zwischen Erwartungen und Perspektiven des Patienten und Vorgehensweisen und Perspektiven des Therapeuten. Insbesondere bei schweren Krisen darf sich der Therapeut nicht mehr neutral enthalten, sondern muss Stellung beziehen, weil vielen Patienten nur so Perspektiven für die Zukunft möglich werden. Gerade das Provozieren von Widerspruch entbindet den Therapeuten nicht von der Verantwortlichkeit für den Therapieprozess, für den er *lege artis* weiterhin all seine Kompetenz einbringen muss. So ist es denn auch die „Verbindlichkeit" des Therapeuten, die dem Patienten einen sicheren Raum eröffnen kann, weil sie deutlich macht, dass der Therapeut zu dem steht, was er sagt.

Die Einflussnahme des Therapeuten auf die Ausgestaltung der Therapiebeziehung beinhaltet die Unabhängigkeit vom Patienten, weil sie eine Voraussetzung der Eigenverantwortung des Patienten darstellt. Therapeuten müssen ständig an der Analyse des Prozesses und den eigenen Einsichten in den Verlauf arbeiten, schon um Klarheit zu behalten, was beim Austausch expliziter und latenter Botschaften zwischen ihnen und den Patienten vorgeht. Diese inneren Klärungsversuche sind natürlich etwas, wovon der Patient trotz Transparenz nicht immer in Kenntnis gesetzt werden kann. Gemeint ist weiter, dass sich die Therapie nicht auf kontinuierliche Zieldiskussionen reduzieren lässt.

Die Verbindlichkeit des Therapeuten wird gelegentlich den Handlungsspielraum des Patienten einschränken müssen, wenn die Ziele des Patienten ethisch nicht zu rechtfertigen sind. Dann kann es unerlässlich werden, Perspektiven zu eröffnen, die weder vom Patienten noch von den Menschen, die täglich mit ihm zu tun haben, vorgesehen sind. Therapeuten kommen nicht umhin, sich ihre eigene Meinung über die Situation zu bilden, in der sich der Patient befindet, und sie müssen in diese Situation auf angemessene Weise das ganze Gewicht ihres Wissens und ihrer Erfahrung einbringen – immer in wertschätzender Zuversicht, dass das Wohlergehen des Patienten ihr zentrales Anliegen bleibt. Dieses Herstellen von Klarheit, Bewusst-heit und Prozessanalyse eröffnet zwangsläufig einen „Superioritätsspielraum", der als solcher das nie gänzlich aufhebbare Machtgefälle zwischen Therapeut und Patient konstituiert.

Mit Verbindlichkeit gibt der Therapeut aber auch das Versprechen ab, dass diese Einschränkung für den weiteren Prozessverlauf als angemessen erscheint. Er unterstreicht damit, dass er als Person hinter seinen Einlassungen steht. Und er betont zugleich seine Absicht, die von ihm eingegangenen Verpflichtungen (seine Verbindlichkeiten) auf ihre Erfüllbarkeit hin zu kontrollieren bzw. sie gegebenenfalls zieltransparent zurückzunehmen. Ein hohes Maß an Verbindlichkeit hat für die Zielbestimmung eben auch die kommunikative Funktion zur Selbstständigkeit von Patient und Therapeut, wobei gesehen werden muss, dass sich der Schwerpunkt in der Therapeut-Patient-Beziehung nur temporär auf den Therapeuten verlagert. Wird dem Patienten dabei die Möglichkeit des Widerspruchs eingeräumt, stärkt dies zugleich seine Autonomie und Mitverantwortung.

Zusammenfassende Bewertung

Diesem Kapitel sind jahrelange Diskussionen um die Konzepte „Nicht-Compliance", „Widerstand" bzw. „widerständiger Patient" in den Auffassungen unterschiedlicher psychotherapeutischer Schulen vorausgegangen [198]. Die Ergebnisse dieser Auseinandersetzung sollen zusammenfassend nachgetragen werden, da sie als wichtiger Teil für die zuvor ausgearbeiteten Leitlinien einer existenziellen Verhaltenstherapie gelten können.

Der Behalt eigener Handlungsspielräume
Diese Gründe lassen sich mit Sándor Ferenczi [47] auf eine kurze Formel bringen: „Ohne Sympathie keine Heilung." Entsprechend sollten Stagnationen und Krisen im Leben eines Patienten wie auch im Therapieprozess nicht vorschnell auf „störungsbedingte Widerstände" von Seiten des Patienten rückgeführt werden. Zum Beispiel macht die Reaktanz-Forschung deutlich, dass es sich bei Schwierigkeiten persönlicher Veränderung nur in den seltensten Fällen um behandelnswerte „Widerstände" handelt. Einer der wichtigsten Aspekte von Reaktanz ist der einer *Motivation zur Aufrechterhaltung eigener Freiheitsspielräume*. Dies wird seit Mitte des letzten Jahrhunderts so auch in der Psychoanalyse diskutiert, wo das Kontrollbedürfnis von Patienten als Erweiterung der Freud'schen Libido-Theorie die Sicht auf „Widerstand" und „Abwehr" veränderte.

Bis dato stand der Begriff „Widerstand" in seiner fast schon alltagssprachlichen Bedeutung für Verhaltensweisen, die sich gegen das Fortschreiten der Therapie richten. Aus diesem Grund ist „Widerstand" kein günstiger Begriff, weil er den Blick zu sehr *auf den Patienten* als Ursache für Störungen in der Therapiebeziehung verengt. Das ist der Grund, weshalb „Widerstand" in diesem Kapitel nur ausnahmsweise benutzt wurde. Wir haben vielmehr von „Unsicherheiten" und „Krisen" im Leben des Patienten und im Therapieprozess gesprochen, da beide Aspekte die Beziehung betreffen, die Patient und Therapeut gemeinsam miteinander eingehen.

Sicherheitsoperation statt Widerstand

Für die Therapie kommt hinzu, dass Veränderungen im Verhalten und im Leben bedeuten, dass die Effekte schwer abgeschätzt werden können. Könnten diese Wirkungen genau vorausgesehen werden, wäre die Situation nicht wirklich neu. Nur unbekannte, nicht einschätzbare Situationen sind neu und unbekannte Situationen lösen auf natürliche Weise nicht nur *Neugier*, sondern auch *Unsicherheiten* und *Ängste* und im Extremfall *existenzielle Krisen* aus.

Ein solches Argument war bereits von Sullivan gegen den „inflationären Gebrauch" des psychoanalytischen Widerstandskonzepts vorgebracht worden. Sullivan selbst sprach statt von Widerständen ausschließlich von *Sicherheitsoperationen zum Schutz und Behalt der eigenen Selbstsicherheit* [243]. Sicherheitsoperationen werden durch transaktionale Aspekte einer bedeutsamen Situation (Neuartigkeit, Unbestimmtheit, Unsicherheit, Angst usw.) aktiviert und sie dürfen nicht als „widerständige Regression" fehlinterpretiert werden.

Therapeutische Änderungen sind weiter mit Kosten und Aufwand verbunden. Dieses gilt insbesondere für länger dauernde Krisen. Viele Probleme der Patienten werden durch Nutzenerwägungen gesteuert, die auf Unmittelbarkeit und Angstvermeidung angelegt sind. Veränderungen mit längerfristigen Perspektiven werden vermieden, weil deren Erreichung mit emotionalen und/oder materiellen Kosten verbunden ist (z. B. Überwindung von Angst und Unsicherheit oder die Notwendigkeit eines völligen Neubeginns). Auch diese *angstbedingte Reaktanz* von Patienten darf nicht vorschnell als „regressiv" und schon gar nicht als „böswillig" missdeutet werden, auch wenn sich in ihr innerpsychische Mechanismen von „Abwehr" und „Widerstand" widerspiegeln.

Gerade vorschnelle „Übertragungsdeutungen" können zu Machtkämpfen in der Therapie führen, wenn der Therapeut die eigentliche Motivation von Reaktanz und Sicherheitsoperationen (Unsicherheit, Angst und Kontrollbedürfnis mit Blick auf die Zukunft) nicht wahrnimmt, sondern fälschlicherweise „Wiederholungszwang" oder gar „böswillige Absicht" unterstellt.

Häufig lässt sich Schlimmeres beobachten und wir sollten aktiv dagegen vorgehen – schon zum Schutz von Patienten. Gemeint ist die öffentliche psychiatrische Etikettierung des Patienten als „Schizophrener", „Depressiver" oder noch abwertender als „Schauspieler" oder „Narzisst", wie man dies nicht nur bei Teilen des Pflegepersonals, sondern auch bei Therapeuten beobachten kann. Merken diese „Helfer" nicht, dass eine Etikettierung dieser Art nicht nur reduktiv, sondern Verantwortung entziehend oder Verantwortung zuschreibend, wenn nicht gar lähmend und – was das Person-Labeling mit Persönlichkeitsstörungsbezeichnungen angeht – gelegentlich sogar beleidigend ist? Wird in therapeutischen Teams abwertend über Patienten gesprochen, stellt sich dringend die Aufgabe einer Team-Supervision!

Widerstand als Ressource
Vielmehr sollten wir sogar einen Schritt weiter gehen und die Widerstände und Zögerlichkeiten von Patienten nicht nur als Sicherheitsoperationen, sondern *als Ressource* begreifen, die man als Motivationsquelle benutzen kann. Veränderungen können nicht unmittelbar erfolgen. Patienten müssen sich Zeit nehmen, um die Gründe für Unsicherheiten und Ängste zu prüfen. Genau dieser Aspekt steht als Kerngedanke in der Ausarbeitung existenztherapeutischer Überlegungen, und zwar egal, von welchem Autor sie vorgetragen werden. Immer gilt es, die Perspektiven des Patienten und die Perspektiven des Therapeuten prinzipiell gleichwertig im Mittelpunkt zu halten, weil so Reaktanz kaum nötig ist.

Andererseits, und dies gilt es zu verdeutlichen: Motivationale Gründe oder Hintergründe für Unsicherheiten und Ängste lassen sich nur prüfen, wenn Patienten bereit sind, sich neuen Bedingungen und Erfahrungen auszusetzen, wenn auch nur versuchsweise. Eine laufende Therapie beinhaltet gezielt die besondere Möglichkeit der Erprobung, im geschützten Raum, im Hier und Jetzt, mit therapeutischer Unterstützung im Hintergrund! Nach einer probatorischen Aktion bleibt immer noch die Möglichkeit der Korrektur, bis hin zur Entscheidung für ein *Beibehalten bisheriger Gewohnheiten*. Aber selbst das – die bewusste Entscheidung für das Beibehalten alter Gepflogenheiten – kann mit größerer subjektiver Sicherheit vorgenommen werden, wenn man Alternativen zuvor probeweise oder sogar ernsthaft erkundet und ausprobiert hat.

Deshalb nochmals zusammenfassend

Es ist in den vergangenen Jahrzehnten wiederholt darüber diskutiert worden, ob die Erfahrung einer ernsthaften psychischen Störung für sich eine reifende Krise darstellt, den vielleicht schwierigen, schmerzhaften und offenen, aber potenziell fruchtbaren Versuch, von einem unreifen Lebensstadium zu einem höheren zu gelangen [206]. Man kann einer solchen Hypothese gegenüber ernste Bedenken äußern, vor allem dann, wenn es sich um schwieriger zu behandelnde oder chronifizierte Störungen wie etwa eine Schizophrenie, eine chronifizierte Depression oder eine tief greifende Persönlichkeitsstörung handelt.

Auch viele Behandlungsmethoden (inadäquate Dosen an Psychopharmaka und das rigide Festhalten an Techniken, aber auch eine vorschnelle Einweisung in eine psychiatrische Klinik) erschweren, verhindern oder unterdrücken auf vielfältige Weise die restlichen Möglichkeiten Betroffener, ihren Erfahrungen einen Sinn, eine Geschichtlichkeit und eine

Perspektive zu geben. Wenn Patienten Menschen sind, die um ihre Existenz kämpfen, wiederholt psychiatrisiert werden, wenn sie aus Immigrantenfamilien stammen, wenn sie alt sind und von der Fürsorge leben oder wenn es sich um ausgeflippte Jugendliche handelt, die alkoholabhängig sind oder Drogen nehmen, dann ist es nicht mit der Anwendung einer Technik getan. Diese Patienten haben nicht nur eine psychische Störung, sondern viele und kompliziert zu lösende Probleme.

Psychisches Leiden ist zumeist integrierender Bestandteil einer umfassenderen Unbehagens- und Leidenssituation. Dieses Leiden ist verwoben mit materiellen Problemen, überschneidet sich mit Unbehagen und Unsicherheiten der familiären und kollektiven Welt des Patienten. Ist das der Fall, dann muss auch das Behandeln, wenn es eine Wirkung erbringen soll, wirklich ein extrem variierendes „Sich-Annehmen" sein, variabel je nach Zeitpunkt und Fall, fähig zur Solidarität mit dem Patienten und zur mutigen Neuorientierung, um eine komplexe Situation nach mehreren Seiten und auf verschiedene Weisen zu ändern. Deshalb nochmals zum Schluss: Hier auf stereotype Weise eine einzige therapeutische Technik oder Medikation zur Anwendung zu bringen, würde zwangsläufig bedeuten, viele wertvolle Eingriffsmöglichkeiten auszuschließen.

Viertes Fallbeispiel

Königin der Nacht

> Wenn es nichts mehr zu sagen gibt,
> sollte man schweigen.
> *Ludwig Wittgenstein*

In den letzten Jahren bin ich häufig als Supervisor unterwegs. Meine Lieblingsklinik liegt im Allgäu in Oberbayern. Dorthin fahre ich gern, jetzt bereits mehr als acht Jahre lang, einmal im Monat. Mein Eindruck ist: Man freut sich dort, wenn ich komme. Außerdem scheint, wenn ich dort bin, fast immer die Sonne. Gemeinsam basteln die psychotherapeutisch arbeitenden Ärzte und Psychologen, die Kunst-, Tanz-, Sport- und Ergo-Therapeuten, das Pflegepersonal und ich daran, dass jeder von uns, sollte jemals einer von uns Helfern eine psychische Störung bekommen, sofort zusagen könnte, in die eigene, nämlich in „unsere Klinik" überwiesen zu werden. Dieses Ziel haben wir wohl erreicht. Immerhin liegen wir, was die Rückmeldungen zur Zufriedenheit der Patienten mit unserer Klinik bei Nachbefragungen der Deutschen Rentenversicherung angeht, inzwischen ganz weit vorn in der Spitzengruppe der Psychosomatischen Kliniken. Darauf sind wir sehr stolz.

Mit nur etwas mehr als einhundert Betten ist es eine recht kleine Klinik, trotzdem gerade so an der Grenze der Überschaubarkeit. Wenn ich dort bin, geht es von morgens bis abends durch die drei Arbeitseinheiten und abschließend zur Supervision in der Chefetage. Von den Mitarbeitern einer Einheit sind dann möglichst alle dabei, die Psychotherapeuten, die Ko-Therapeuten, das Pflegepersonal und – wenn sie und ihre Therapeuten das möchten – auch die Patienten.

Richtig gelesen: Auch die Patienten nehmen gelegentlich und zeitweilig an ihrer Supervision teil. Seitdem wir das so praktizieren, wird in unserer Klinik kaum mehr negativ über Patienten geredet – so jedenfalls kommt es mir vor. Das Modell, Patienten an ihrer Supervision zu beteiligen, hat sich inzwischen bewährt.

Wenn einem das Leben übel mitspielt

Gerade erscheint die E-Mail einer Psychotherapeutin aus „meiner" Klinik auf meinem Bildschirm in Heidelberg.

„Hallo, Herr Fiedler, Sie haben doch ein schlaues Buch über Dissoziative Störungen geschrieben. Wir bringen nächste Woche einen Patienten mit in die Supervision. Er leidet unter einer Dissoziativen Aphonie. Er kann seit einigen Jahren nicht mehr richtig sprechen, nur noch flüstern. Machen Sie sich doch schon mal schlau, was man in einem solchen Fall machen kann. An dieser Aufgabe sind bereits andere Therapeuten gescheitert, bei denen er in den vergangenen Jahren in Behandlung war. Herzlichste Grüße, und: Bringen Sie wieder die Sonne mit!"

Ich schicke sofort eine E-Mail zurück.

„Wenn es Euch nichts ausmacht, dann setzt den Patienten – falls er dazu bereit ist – doch mal an einen Computer und lasst ihn aufschreiben, wie es dazu gekommen ist und wie er sich seine Störung selbst erklärt. Motiviert ihn damit, dass ich mich dann besser auf seinen Fall vorbereiten kann."

Zwei Tage später ist die E-Mail des Patienten da und ein langer Brief von ihm als Attachment.

Sehr geehrter Herr Professor!

Gern schreibe ich Ihnen meine Geschichte auf, auch wenn mir das Schreiben nicht leicht fällt und ich Sie herzlich bitten möchte, eventuelle Rechtschreibfehler nicht zu beachten. Man hat mir gesagt, ich könne mir für diesen Brief die Zeit nehmen, die ich bräuchte, was mich sehr beruhigt hat. Denn unter Druck kann ich nicht gut schreiben. Ich bin nämlich Legastheniker, müssen Sie wissen, aber mit dem Schreiben geht es inzwischen recht gut.

Ich bin in einem Dorf in der Nähe von R. geboren und habe keine Geschwister. Meine Mutter hätte wegen eines angeborenen Herzfehlers eigentlich keine Kinder bekommen dürfen, man hatte ihr von Schwangerschaften abgeraten. Ich kam trotzdem. Die ersten sechs Lebensjahre habe ich mit den Eltern und der Großmutter auf einem Bauernhof gewohnt, dann sind die Eltern nach N. umgezogen.

Meine Mutter war schon immer kränklich und hatte deshalb nur sehr wenig Kraft, sich wirklich um mich zu kümmern. Außerdem hatte sie ein ernstes Alkoholproblem, jedenfalls trank sie wohl täglich, auch wenn sie das zu verheimlichen versuchte. Deshalb wurde meine Großmutter zu meiner eigentlichen Mutter. Der Umzug meiner Eltern hat Großmama dann aus heiterem Himmel getroffen. Meine beiden „Mütter" haben dann einen Kompromiss ausgehandelt. Unter der Woche bin ich danach bei den Eltern geblieben und am Wochenende bin ich immer zur Großmutter gefahren.

Meine beiden „Mütter" haben ab da versucht, mich jede auf ihre Weise zu erziehen. Das war immer ein Hin und Her. Nach dem Umzug der Eltern kam ich auch in der Schule nicht mehr so recht mit. Und ungefähr mit dem

10. Lebensjahr hat man dann die Legasthenie bei mir festgestellt. Die Großmutter konnte meine Schwierigkeiten mit dem Lesen und Schreiben nie akzeptieren. Ab dieser Zeit wurde ihre Erziehung immer strenger. Sie hatte immer große berufliche Pläne mit mir vor. Aus ihrer Sicht hätte ich einen Büroberuf ergreifen sollen, was ich jedoch wegen der Legasthenie abgelehnt habe.

Ich erinnere mich noch gut daran, wie ich an den Wochenenden selbst an den schönsten Sommertagen nicht nach draußen durfte, sondern immer unter ihrer Aufsicht ein Buch lesen musste. Oder Zusammenfassungen schreiben, von Kapiteln aus den Büchern. Wie viel lieber wäre ich doch hinaus in die Natur gelaufen oder zum Spielen mit den Nachbarkindern zusammen gewesen. Großmutter hat aber nichts anderes als immer nur ihre Meinung gelten lassen. Aus mir sollte einmal was Ordentliches werden.

Meine Mutter hingegen hat mir viele Freiheiten gelassen. Das wohl auch, weil sie selbst als Kind von Großmutter sehr streng erzogen wurde und eine Klosterschule besuchen musste. Ich sollte es bei ihr besser haben, hat sie häufig betont. Großmutter ist so christlich gewesen, dass ich an den Wochenenden immer zweimal mit ihr die Kirche besuchen musste. Und ich habe mich bei Kirchenbesuchen immer sehr geschämt, weil ich stets an ihrer Hand gehen musste, selbst noch als ich 16 Jahre alt war.

Großmutter hat meine schulischen Minderleistungen genauso wenig akzeptiert wie meine spätere Berufswahl. Ich bin dann trotzdem in die Konditor-Lehre gegangen. Als ich mich später für vier Jahre bei der Bundeswehr verpflichtet habe, ist sie regelrecht ausgerastet: Mein Großvater war nämlich im Krieg in Russland gefallen und deshalb hatte sie von mir eine Kriegsdienstverweigerung erwartet. Die Zeit als Soldat hat es mir aber möglich gemacht, mich endlich von meiner Großmutter frei zu machen.

Sie wollen ja wissen, wie sich die Stimmstörung bei mir entwickelt hat. Vielleicht beginnt alles mit dem plötzlichen Tod meiner Mutter, als sie 43 Jahre alt war. Ich war damals bei der Bundeswehr im Manöver, und als mein Vater das am Telefon von meinen Vorgesetzten mitbekommen hatte, hat er alles mit der Beerdigung und dem Drumherum selbst arrangiert – aus Rücksichtnahme auf meine Dienstpflichten, wie er mir im Nachhinein sagte. Dass ich nicht bei der Beerdigung dabeisein konnte, um mich von Mutter zu verabschieden, habe ich bis heute nicht verwunden.

Nur kurze Zeit später ist dann auch meine Großmutter gestorben. Nach der Bundeswehrzeit habe ich dann mehrere Jahre zunächst bei McDonald's und später bei Burger King gearbeitet. In dieser Zeit war ich vier Jahre verheiratet. Meine Frau und ich haben bei ihrer Mutter im Haus gelebt. Bereits kurze Zeit nach der Heirat musste ich feststellen, dass ich mir mit meiner Frau und mit meiner Schwiegermutter meine Großmutter im Doppelpack eingehandelt hatte. Die Schwiegermutter kontrollierte und überwachte alles und meine Frau hat ständig versucht, aus mir etwas Besseres als einen Verkäufer von Hamburgern zu machen. Beide waren permanent unzufrieden mit mir, nörgelten andauernd an mir herum. Ständig redeten sie ärgerlich und wütend auf mich ein, dass ich mich endlich zu ändern hätte.

Während dieser Zeit sind meine Stimmstörungen das erste Mal aufgetreten. Wohl wegen der vielen Streits hat es mir nicht nur zu Hause, sondern zunehmend auch auf der Arbeitsstelle die Sprache verschlagen. Da mir Kunden gegenüber plötzlich das Sprechen versagte, fiel ich ein paar Mal unangenehm auf. Ich habe eine regelrechte Angst vor der Arbeit entwickelt, was die Sache nur noch schlimmer machte. Irgendwann habe ich beschlossen, dass es so nicht weiter geht und habe die Ehe von mir aus beendet. Das ist eine reine Vernunftsache gewesen. Trotzdem war ich voller Schuldgefühle, weil ich mir mit der Ehe nicht das erfüllen konnte, was ich mir erhofft hatte.

Nach der Trennung bin ich in eine Depression gerutscht. Mir hat dann der Hausarzt zu einem ersten Aufenthalt in einer Psychosomatischen Klinik verholfen, wo ich mich innerhalb von vier Monaten gut von der Depression erholt habe. Die Stimmstörungen haben sich auch spontan aufgelöst. Das ist in einer Gruppentherapie passiert. Als ich unter Tränen von meinen Schwierigkeiten in der Ehe erzählt habe und die Mitpatienten mir mit großem Verständnis begegnet sind, konnte ich plötzlich wieder normal sprechen.

Nach der Scheidung und kurz vor dem ersten Klinikaufenthalt bin ich zunächst wieder zu meinem Vater gezogen. Als ich aus der Klinik zu ihm zurückkehrte, konnte ich dann feststellen, dass er inzwischen ebenfalls Alkoholiker war. Vermutlich trank er schon länger, aber seit dem Tod der Mutter war er auf richtig harte Sachen umgestiegen. Auch mit ihm kam es jetzt immer häufiger zu Streitereien. Ich habe mir dann, weil die Auseinandersetzungen auch mit ihm immer heftiger wurden, vor eineinhalb Jahren eine eigene Wohnung in R. gesucht. In der Folgezeit hat mich mein Vater mehrfach in trunkenem Zustand um Geld angebettelt, vermutlich um sich Alkohol kaufen zu können. Da er auf meine Ablehnung immer ausfallend und wütend reagierte, habe ich den Kontakt zu ihm abgebrochen. Er hat sich seither auch nicht wieder gemeldet.

Als ich von meinem Vater weg bin, traten auch meine Stimmstörungen erneut auf. Auch auf der Arbeit, und ich habe mich aus Angst häufiger krankschreiben lassen. Daraufhin habe ich einen Brief vom Arbeitgeber erhalten, dass man mein häufiges Wegbleiben als Arbeitsverweigerung ansehen würde, was zur Kündigung führen könne. Daraufhin kam es bei mir es zum vollständigen Stimmverlust. Ich konnte mich mit anderen nur noch schriftlich verständigen, was mir sehr peinlich war.
Erst nach drei Monaten konnte ich mich wieder mit einer Flüstersprache verständlich machen, so wie noch heute. Dieser Zustand mit Flüstern hält jetzt bereits drei Jahre unverändert an. Ich habe jedoch immer noch große Angst vor einem erneuten vollständigen Stimmverlust. Dieser ist seither glücklicherweise nie eingetreten, auch nicht für wenige Stunden, ebenso wenig habe ich meine alte Stimme wieder gefunden. Ich kann, wie gesagt, immer nur flüstern.
Zwischenzeitlich war ich deswegen schon bei einem Psychotherapeuten in Behandlung. Dieser war jedoch der Ansicht, dass es wohl besser wäre, meine Stimmstörung erneut in einer Klinik behandeln zu lassen. Deshalb bin ich jetzt hier bei Euch in der Klinik.
Auf dem Zettel meiner Therapeutin steht, dass ich Ihnen auch noch schreiben soll, worin ich selbst die psychischen Ursachen meiner Krankheit sehe. Ich glaube, ich bin nie von anderen gehört worden, vor allem von meiner Großmutter nicht, von meinem Vater nicht, und auch nicht von meiner zeitweiligen Frau und schon gar nicht von meiner Schwiegermutter. Vielleicht ist es deshalb passiert. Ich bin nie gehört worden in dem, was ich wollte. Wenn mich schon keiner hört, lohnt sich vielleicht das Sprechen nicht. Wenn ich zurückblicke, bin ich wohl nur dreimal oder

viermal in meinem Leben lauter geworden, „kleinlauter"
sollte ich besser schreiben. Eigentlich habe ich, wenn ich
ehrlich bin, nie in meinem Leben meine Stimme erhoben.
Wenn es nichts mehr zu sagen gibt, sollte man schweigen,
geht es mir manchmal durch den Kopf.
Jetzt lebe ich in einer eigenen kleinen Wohnung und habe
vor einigen Monaten bei einem Berufsförderungswerk
eine Umschulung begonnen. Wenn ich aus Ihrer Klinik
entlassen werde, werde ich meine jetzige Ausbildung zum
Ziergärtner fortsetzen. Und da mir die Arbeit als Gärtner
viel Freude bereitet, bin ich mir sicher, dass ich die Umschulung mit Erfolg abschließen werde. Jedenfalls glaube
ich, jetzt endlich den richtigen Beruf gefunden zu haben.
Ich bin ein sehr stiller Mensch. Ich sticke gerne Gobelins
und schaue mir gerne Filme zuhause auf DVD an. Ich liebe meine Zierpflanzen, von denen ich bereits einhundert
selbst besitze. Als ich das vorgestern meine Therapeutin
erzählte, hat sie mich gefragt: ‚Wenn Sie selbst eine Pflanze
wären, welche Pflanze wären Sie dann am liebsten?' Diese
Frage hat mich tief berührt, und sie bewegt mich noch
heute. Komischerweise musste ich gar nicht lange nachdenken, um eine Antwort zu finden. ‚Eine Königin der
Nacht', habe ich ihr geantwortet. ‚Die ist nämlich relativ
unscheinbar, blüht nur einmal im Jahr und dann auch nur
in der Dunkelheit.'

Mit freundlichen Grüßen.

Vom Patienten lernen

Ein beeindruckender Brief, dem man anmerkt, dass er seine Lebensgeschichte schon mehreren Therapeuten erzählen musste. Schon bei der Lektüre fällt auf, dass die Diagnose „Dissoziative Aphonie" vermutlich angemessen ist. Beim Versagen der Sprechfertigkeit handelt es sich um eine Symptomatik, die einen neurologischen Krankheitsfaktor nahe legen könnte. Eine organische Ursache war im vorliegenden Fall jedoch durch ärztliche Untersuchungen bereits ausgeschlossen worden, weshalb die Überweisung in eine Psychosomatische Klinik erfolgte. Im engeren Sinne handelt es sich beim Verlust des Sprechenkönnens um eine Konversionsstörung. Für diese ist es ebenfalls prototypisch, dass extreme Konflikte und Belastungen mit dem Beginn und dem schwankenden Verlauf in Zusammenhang stehen [69]. Wie aktuelleren Forschungsarbeiten zur Konversionsstörung zu entnehmen ist, handelt es sich bei mehr als der Hälfte der betroffenen Patienten um belastende Ereignisse im Sinne eines eingetretenen oder drohenden Verlustes oder einer Trennung von bis dahin wichtigen Bezugspersonen – dies insbesondere dann, wenn es im Umfeld der Geschehnisse vermehrt zu aggressiven Auseinandersetzungen kommt. Auch das ist bei unserem Patienten der Fall.

Außerdem findet sich eine Erklärungshypothese bestätigt, die seit Sigmund Freuds wegweisenden Arbeiten über die Konversion nicht nur die Forscher und Psychotherapeuten, sondern gleichermaßen die Patienten verwundert: Danach überträgt sich (konvertiert) ein innerpsychisch schwer lösbares Problem ins Körperliche, und zwar dergestalt, dass der jeweilige Konflikt eine vorläufige, wenngleich für die Betroffenen sehr hinderliche Lösung erfährt. Interessanterweise hat unser Patient eine solche Erklärung bereits auf sich selbst in

Anwendung bringen können. Nicht nur das: Er hat sich damit, wie es scheint, bereits abgefunden.

Es ist frühmorgens in der Klinik, kurz vor acht Uhr. Auf dem Weg zur Supervisionssitzung kommt mir die Psychotherapeutin unseres Patienten entgegen.

„Hallo, Herr Fiedler, schön, dass Sie da sind. Der Patient mit der dissoziativen Aphonie kommt gleich in die Supervision. Ich muss Ihnen zuvor nur noch schnell Folgendes sagen. Er ist gestern von seiner Gruppe zum Gruppensprecher gewählt worden."

„Wie bitte?" frage ich erstaunt, „Gruppensprecher? Und? Nach wie vor flüsternd?"

„Ja! Nach wie vor flüsternd ..."

Ich kann mir ein Lächeln nicht verkneifen.

In der Supervision lerne ich im Patienten einen höflichen, ruhigen und sachlich argumentierenden Menschen kennen. Er kommt in Begleitung seiner Pfleger und Pflegerinnen, die übrigen Psychotherapeuten und Ko-Therapeuten sitzen bereits im Stuhlkreis, begrüßen ihn freundlich lachend oder mit „Hallo". Da er sie alle bereits kennt, benötigen wir keine Vorstellungsrunde.

„Schön, dass Sie da sind", begrüße ich ihn, stelle mich selbst kurz vor und erkläre ihm, dass wir gemeinsam – wie man ihm sicherlich schon gesagt habe – über die weiteren Behandlungsmöglichkeiten seiner Sprechstörung nachdenken wollen.

„Bin schon sehr gespannt", haucht es flüsternd aus ihm heraus, trotzdem sehr gut für alle verständlich.

„Herzlichen Dank für Ihren sehr informativen Brief", fahre ich fort. „Hilfreich auch, dass Sie mir Ihre Lebensgeschichte aufgeschrieben haben. Das alles hat mich sehr beeindruckt, weshalb ich jetzt auch nicht mehr viel nachfragen muss. Oder möchten Sie noch etwas dazu ergänzen?"

„Das Wichtigste steht alles drin, glaube ich. Es sei denn, Sie möchten noch etwas mehr von mir hören."

Er hat keine Angst vor dem Sprechen, denke ich, keine Spur von Verlegenheit, obwohl ihm alle professionellen Helfer seiner Therapieeinheit und in mir die angekündigte Fachautorität von der Universität gegenübersitzen. Sein Flüstern strengt ihn nicht an, beobachte ich, auch kämpft er in keiner Weise dagegen an. Er scheint mit seiner Behinderung gut zurechtzukommen.

„Sind Sie mit der bisherigen Behandlung zufrieden?" frage ich.

„Ja. Sehr. Hier sind alle sehr freundlich, auch die Mitpatienten auf Station sind sehr rücksichtsvoll. Davor hatte ich zunächst die größte Angst."

„Und die Behandlung?" hake ich erneut nach.

„Am liebsten bin ich bei den Kunsttherapeuten, beim Sport und in der Gruppentherapie. Da brauche ich nicht dauernd etwas sagen. Wollten Sie das hören?"

Ich bin erstaunt, wie ausführlich er – wenngleich flüsternd – auf meine Fragen antwortet. Wegen seiner problematischen Lebensgeschichte und konflikthaltigen Erfahrungen ist ihm zwar die Normalsprache abhanden gekommen, nicht jedoch die Bereitwilligkeit, bei der Suche nach Lösungen für seine Zukunft aktiv mitzuarbeiten. Bei mir stellt sich zunehmend eine Bewunderung für die möglicherweise vorhandene Stärke und seinen versteckt wirksamen Lebenswillen ein. Deshalb steuere ich jetzt, direkter werdend, auf das eigentliche Thema unseres Beisammenseins zu.

„Ich habe gerade gehört, dass Sie Gruppensprecher geworden sind. Herzlichen Glückwunsch!"

„Danke", haucht er lächelnd zurück.

„Flüsternd und Gruppensprecher, wie denn das?" stelle ich fragend in den Raum. Er braucht nicht lange, um zu antworten.

„Die anderen in der Gruppe werden, wenn ich spreche, immer mucksmäuschenstill und hören mir dann sehr genau zu. Deshalb vielleicht?!" antwortet er.

„Erfolgreich als Gruppensprecher, und das trotz Flüstern", stelle ich erneut bewundernd fest. „Und Sie wollen das Flüstern wirklich ernsthaft loswerden?" frage ich mit einem gewissen Zweifel in der Stimme weiter.

Als er mit der Antwort zögert, fahre ich fort: „Das würde ich mir an Ihrer Stelle wirklich gut überlegen. Es könnte ja sein, dass Ihnen die anderen dann nicht mehr so genau zuhören? Wollen Sie das wirklich riskieren?"

Jetzt habe ich ihn noch mehr verblüfft. Ein ähnliches Erstaunen über diese Frage kann man jetzt auch in einigen Gesichtern der anderen Helfer im Raum erkennen. Es entsteht eine längere Pause.

„Meinen Sie Ihre Frage wirklich ernst?" fragt er zurück, jetzt derart leise flüsternd, dass ihn die meisten im Raum wohl kaum verstehen. Ich jedoch sitze direkt neben ihm und antworte in aller Ruhe.

„Ja! Sie war sogar sehr ernst gemeint. In Ihrem Brief stand: Wenn es nichts zu sagen gibt, dann sollte man schweigen! Dem stimme ich voll und ganz zu. Und gerade eben haben Sie, wenn ich Sie richtig verstanden habe, doch auch festgestellt: Wenn ich gehört werden will, dann sollte ich flüstern! Dem kann ich ebenfalls voll und ganz zustimmen. Andererseits: Flüstern ist nicht Schweigen!"

Jetzt tritt in der Tat eine längere Pause ein. Alle drum herum sind mucksmäuschenstill, gerade so, als habe es allen die Sprache verschlagen. Zwischendrin befürchte ich, dass sich auch der Patient nach meiner Intervention erneut und für längere Zeit in ein schwer auflösbares Schweigen hüllen könnte. Konversionsstörungen sind ein eigenwilliges Geschehen. Dabei wollte ich ihn lediglich auf einen, dem Flüstern innewohnenden Konflikt aufmerksam machen, für dessen Auflösung er allein – und zwar wirklich nur er ganz allein – die Verantwortung trägt.

Mir war nämlich Folgendes klar geworden: Nur wenn ich dem Patienten freistelle, aus guten Gründen zu flüstern oder aber aus guten Gründen zu schweigen oder aber auch aus ebenfalls guten Gründen normal zu sprechen, nur dann schaffe ich eine wirklich von jeglicher Reaktanz freie Situation. Nur wenn ich alle Varianten zwischen Sprechen und Schweigen vollständig akzeptiere, ist kein innerer Widerstand mehr möglich.

Egal, was jetzt folgt, denke ich, der Patient trägt ab sofort für jegliche Art der Sprechhandlung die volle Verantwortung, also auch für ein Schweigen, falls es momentan nichts mehr zu sagen gäbe. Worauf ich jedoch fest vertraue, ist, dass sich die Situation heute in der Supervision drastisch von jenen Situationen unterscheidet, in denen seine Psyche bisher auf Schweigen umgestellt hat. Im Unterschied zu früher hören ihm heute nämlich alle Anwesenden sehr genau zu. Hier in der Supervision wird er gehört, und deshalb gibt es keinen Anlass, in ein Schweigen zu konvertieren. Dieser Erwartung entsprechend beginnt der Patient kurz darauf in der Tat erneut zu flüstern.

Unerwartete Folgen der Akzeptanz

„Sie sind vermutlich der erste Mensch, der mein Flüstern akzeptiert", stellt er – jetzt wieder für alle vernehmbar – flüsternd in aller Ruhe fest. In seinem Gesicht erscheint ein verstecktes Lächeln.

„Sie doch auch, oder? In Ihrem Brief jedenfalls haben Sie plausibel und für mich gut akzeptierbare Gründe für Ihr Flüstern angeführt."

„Stimmt nicht ganz", gibt er spontan zurück.

„Wieso? Was spricht gegen Flüstern?"

„Ich hatte Ihnen auch noch geschrieben, dass ich zurzeit eine Umschulung zum Gärtner mache. Ich muss mich in Kürze bewerben. Ich sollte mich eigentlich mit normaler Stimme bewerben können, um die Stelle zu erhalten, oder?"

„Sie sind doch Gruppensprecher geworden. So ganz ohne Appeal kann das Flüstern nicht sein. Und ich vermute mal, dass flüsternde Gärtner gleichermaßen gut mit Zierpflanzen umgehen können wie jene, die normal sprechen oder schweigen. Ihre erworbenen Kenntnisse und Fähigkeiten im Umgang mit Pflanzen sollten der Maßstab für Ihre Einstellung zum Gärtner sein und nicht, ob Sie flüstern. Oder?"

„Normal sprechen könnte aber auch zum Vorteil sein, oder?" fragt er – offensichtlich mutiger werdend – flüsternd zurück. Ich merke, dass wir uns erneut im Konflikt verhaken. Vorsicht, Fiedler! denke ich. Der Patient hat Recht: Alle drei Sprechvarianten sind von Vorteil! Und mutig ist er, geht es mir weiter durch den Kopf, fordert er jetzt auch noch meine Kompetenz als Konversionstherapeut heraus. Bewundernswert!

Nun denn. Ich sehe mich im Kreis der Therapeuten um. Mein Blick bleibt auf jemandem hängen, der uns – wie üblich mit Trainingsanzug bekleidet und im Schneidersitz entspannt auf seinem Stuhl ruhend – die ganze Zeit bereits schmunzelnd zugeschaut hat.

„Pushpo!" spreche ich ihn an. Pushpo Roy ist unser Körpertherapeut aus Nepal. Er kommt uns anderen häufig dann zu Hilfe, wenn wir mit unserer psychotherapeutischen Kompetenz nicht so ganz genau weiterwissen. „Pushpo, bekommen Sie das mit der Stimmfindung hin?"

Pushpo lehnt sich in seinem Stuhl zurück, schließt die Augen und stimmt in der Tiefe seines Brustkorbes ein leises Brummen an, das an die tief tönenden Didgeridoos, jene uralten Blasinstrumente aus Australien erinnert. In seinem Innern scheint bereits eine mögliche Behandlungstechnik an Gestalt zu gewinnen.

Dann jedoch sagt Pushpo kurz und knapp: „Nur, wenn er will!"

„Wollen Sie?" gebe ich die Frage an den Patienten weiter.

„Wir können es ja mal versuchen", antwortet dieser.

„Nein, nicht nur versuchen. Wollen Sie oder wollen Sie nicht?"

„Ich weiß nicht genau", flüstert er. „Ich glaube, ich muss jetzt erst einmal über all das nachdenken, was Sie mir heute erzählt haben."

Ich nicke ihm verständnisvoll zu. „Sollen wir den gemeinsamen Teil der Sitzung mit Ihnen hier beenden?"

Er stimmt zu und erhebt sich: „War interessant, Sie kennen zu lernen", verabschiedet er sich. Ich wünsche ihm alles Gute.

Den Rest der Sitzung verbringen wir mit Überlegungen, wie seine Kompetenz und Fähigkeiten im Umgang mit Situationen verbessert werden könnten, in denen man von anderen zurückgewiesen wird, in denen man berechtigt andere um Hilfe bitten kann und wie man konstruktiv auf aggressives Verhalten anderer Personen reagieren könnte. Ein Training sozialer Kompetenzen wird ins Auge gefasst – alle Übungen möglichst so zu gestalten, dass sie auch flüsternd zu bewältigen sind.

Als ich vier Wochen später zur nächsten Supervision in der Klinik bin, frage ich Pushpo Roy nach dem Erfolg seiner Bemühungen.

„Der Patient wollte sich nicht mehr auf die Übungen einlassen", antwortet Pushpo. „Er hat sich bereits wenige Tage nach der Supervision entschieden, beim Flüstern zu bleiben. Und ich hatte dann nichts mehr mit ihm zu tun."

Auch andere aus der Therapieeinheit, die ich befrage, berichten, dass der Patient seither in der Klinik sein Flüstern selbstbewusst nach außen vertreten habe – als sein Handicap eben und als seine ihm im Moment gegebene Möglichkeit, sich anderen Menschen mitzuteilen.

Lediglich einer unserer Mediziner kann sich beim gemeinsamen Mittagessen eine leichte Kritik nicht verkneifen, laut in den Raum gesprochen, so dass alle ihn hören können: „Herr Fiedler, also bitte: Wissen Sie eigentlich, was Sie möglicherweise langfristig damit angerichtet haben, den Patienten zum Weiterflüstern zu ermuntern? Wissen Sie eigentlich, mit welchen Folgeproblemen unsere HNO-Ärzte zu tun bekommen, wenn Patienten mit Stimmstörungen jahrelang unbehandelt bleiben?"

„In unserer psychotherapeutischen Arbeit entscheiden doch zunächst einmal unsere Patienten, wie sie zukünftig mit ihren Problemen umgehen wollen, oder?", frage ich zurück. „Kann aber auch sein, dass er nochmals unsere Klinik beehrt. Und wenn das der Fall sein sollte, dann wird Pushpo endlich etwas zu tun bekommen – oder wir schicken ihn gern einmal bei Ihnen vorbei."

Lachend und mit einem wechselseitigen Augenzwinkern wenden wir uns unserem Essen zu. Die Klinikküche verwöhnt uns gerade mit einem Spargelgericht, so dass wir für die nächste halbe Stunde unsere Patienten vergessen. Und draußen scheint wieder einmal die Sonne.

Befragung zur Person, die sechste
Über gelegentlichen Frust an der Forschung

> Kollektiver Irrtum ist leichter zu ertragen.
> *Stanislaw Jerzy Lec*

Philipp Hammelstein: *Gegenwärtig ist erneut Kritik am Forschungsparadigma der Verhaltenstherapeuten laut geworden, die sich insbesondere auf die strikte Forderung nach weiterer Standardisierung des therapeutischen Vorgehens in Forschungstherapien bezieht. Wie stehst Du zu dieser Kritik?*

Peter Fiedler: Was im Moment in der Psychotherapieforschung durch einige Hardliner unter den Verhaltenstherapeuten eingefordert wird, das geht auch mir deutlich über sinnvolle Notwendigkeiten hinaus. Es ist ja nichts dagegen einzuwenden, wenn die Psychotherapieforscher ihre Methodik einer empirischen Prüfung unterziehen. Die Erfüllung von Mindestkriterien, um als Empirical Supported Psychotherapy (ESP) zu gelten, werden in Deutschland zu Recht auch vom Wissenschaftlichen Beirat gefordert, wenn dieser darüber befindet, ob ein weiteres Psychotherapieverfahren in den Kanon jener Behandlungsverfahren aufgenommen werden kann, für welches dann die Krankenkassen die Kosten übernimmt.

ESP versus RCT

Und wie sieht im Unterschied dazu der Forschungsansatz aus, der von jenen eingefordert wird, die Du gerade als Hardliner bezeichnet hast?

Inzwischen wird von Wortführern der Verhaltenstherapie-Forscherszene gefordert, die Kriterien für eine empirische Absicherung therapeutischer Ansätze deutlich zu erhöhen. Nach deren Auffassung sollen Therapiekonzepte nur noch dann als akzeptabel gelten, wenn sie in mehreren gleichartigen Studien mit zufälliger Zuweisung von Patienten zu Behandlungs- und Kontrollgruppen überprüft wurden. Im englischsprachigen Raum werden diese Studien in Abgrenzung zu den ESP-Studien als Randomized Clinical Trial (RCT) bezeichnet. Inzwischen scheint dieser Ansatz sogar „Mainstream" zu werden, was daran zu erkennen ist, dass die RCT-Forscher leichter Zugang zu wichtigen Zeitschriften erhalten als ihre Kollegen, die diesen Vorgaben mit Kritik und Ablehnung gegenüberstehen, weil sie Alternativen bevorzugen.

Könntest Du für jene Leser, die nicht so mit diesem Thema vertraut sind, die Unterschiede kurz erläutern?
Die Kritik am RCT-Paradigma ist nicht neu und wird seit Jahren diskutiert [139; 192; 193; 212]. Sie ist jedoch – das sei nochmals betont – keine Kritik an der Notwendigkeit, psychotherapeutisches Handeln einer empirischen Prüfung zu unterziehen. Weiter ist sie keine Kritik an der Entwicklung psychotherapeutischer Manuale, jedenfalls wie ich sie verstehe. Die Kritik betrifft im Wesentlichen das Menschenbild, das versteckt und häufig unreflektiert mit dem RCT-Forschungsansatz verbunden ist.

Wo liegen Deiner Ansicht nach die wesentlichen Probleme des RCT-Paradigmas?
Innerhalb dieses Forschungsansatzes wird nicht nur angenommen, dass Psychotherapien aus einzelnen spezifizierbaren Verfahrensweisen oder Techniken bestehen, die gelehrt, gelernt und angewandt werden. Dagegen wäre zunächst noch nichts

einzuwenden. Es wird jedoch weiter davon ausgegangen, dass sich nur mit einer Untersuchung der Verfahren und Techniken unter kontrollierten Laborbedingungen genau bestimmen lässt, welche Vorgehensweisen zur Behandlung ausgewählter psychischer Störungen unter welchen vorgegebenen Behandlungsbedingungen tatsächlich am wirksamsten sind. Für die Studienakzeptanz wird angenommen, dass die Therapeuten, die diese Verfahren anwenden, sich strikt an die in Manualen festgelegte Umsetzung halten konnten. Diese mittels Video überprüfte Manualtreue gilt als wesentliches Kriterium für eine Akzeptanz. Es wird weiter als selbstverständlich vorausgesetzt, dass die Patienten bereit und in der Lage sind, sich auf die angebotene Behandlung einzulassen – und dass sie natürlich unter der psychischen Störung leiden, für die das Behandlungsmanual entwickelt wurde.

Menschenbild ohne Menschen

Meines Erachtens gibt es genügend Kollegen, die genau das als Vorteil sehen. Was genau ist Dein Kritikpunkt daran?
Letztere Anforderung der Patientenpassung führt dazu, dass es sich bei RCT-Patienten um eine diagnostisch vorselektierte Gruppe mit möglichst monosymptomatischen Störungen handelt. Konsequenterweise werden Patienten mit Mehrfachdiagnosen von einer Teilnahme an den RCT-Studien vorab ausgeschlossen. Im krassen Unterschied dazu bekommen es Psychotherapeuten, die in ihren Psychotherapiepraxen ambulant oder in psychotherapeutischen Kliniken arbeiten, fast ausschließlich mit Patienten zu tun, deren Symptomatik komplexer ist. Monosymptomatische Störungen sind dort eher als seltene Ausnahme zu bezeichnen und Patienten mit Mehrfachdiagnosen die Regel. Kurz: Mit RCT-Studien arbeiten die Forscher ganz offenkundig in einem praxisfernen Gebilde. An

der Praxisrelevanz ihrer Forschungsergebnisse dürften erhebliche Zweifel berechtigt sein [238].

Du hattest gerade von einem kritisierbaren Menschenbild gesprochen, dass versteckt im Hintergrund dieses Ansatzes wuchert. Wie ist das zu verstehen?
Therapeuten werden als steuernde Akteure betrachtet und Patienten als reaktive Objekte, zudem werden sie auf eine diagnostizierbare Störung reduziert. Die RCT-Studien implizieren einen unidirektionalen Prozess, in dem die persönlichen Präferenzen der Patienten und die interindividuellen Unterschiede in der Ausprägung und Geschichte der Symptomatik offensichtlich keine Rolle mehr spielen. Gegenstand und Ziel der Behandlung ist nicht mehr die Person des Patienten und seine nur ihm eigene Geschichte, sondern nur noch die diagnostizierbare psychische Störung, die man technisch beheben kann. Auf diese Weise macht sich ein Irrglaube breit, dass sich die interindividuellen Unterschiede der Personen durch eine zufällige Zuweisung zu Behandlungsgruppen kontrollieren, sprich: nivellieren ließen – gerade so, als bräuchte man sie in einer Psychotherapie der Zukunft letztlich gar nicht mehr.

Und völlig inakzeptabel weiter, dass auch die Therapeutenvariablen offensichtlich keine bedeutsame Rolle mehr spielen sollen. Genau hier jedoch liegt der gravierende Unterschied zur Pharmaforschung, die man unsinnigerweise nachahmen möchte: Auf absurde Weise steht in den RCT-Studien ein spezifischer Satz manualisierter Therapietechniken im Mittelpunkt, an den sich Therapeuten nur noch strikt halten müssten, um erfolgreich zu sein. Etwas überpointiert ausgedrückt: Der Patient als Person, seine Umwelt und seine Leidensgeschichte spielen keine Rolle mehr, ebenso wenig wie die Beziehungsgestaltung durch den Therapeuten. Unsere psychotherapeutischen Methoden werden jedoch von Menschen realisiert. Dosis und Zusammensetzung des „verordneten Menschen" lassen sich aber nicht so kontrollieren, wie eine chemische Substanz. Ich habe mich gefragt, wie viele jener Patienten, die ich als Fallbeispiele in dieses Buch eingestreut habe, in RCT-Studien erfolgreich behandelt worden wären. Mit Sicherheit: keiner!

Auch wenn ich Deine Kritik daran teile, so würden jetzt einige Psychotherapieforscher kontern, dass es nur über solche isolierten „Dismantling"-Ansätze möglich sei, die Wirksamkeit spezifischer Interventionstechniken bei einer bestimmten Symptomatik zu überprüfen.
Ich habe jetzt nicht gesagt, dass die RCT-Forschung zu gar nichts nutze ist. Ich habe lediglich behauptet, dass sie an der Problemwirklichkeit der meisten unserer Patienten weit vorbeigeht. Nicht nur in hintersinniger Ironie habe ich als Fallbeispiele für dieses Buch Patienten mit *monosymptomatischen* Störungen ausgesucht. Genau so jedoch, wie anhand meiner Fälle beschrieben, kann die konkrete Welt unserer Therapien aussehen, an der RCT-Forscher fern jeder Realität vorbei arbeiten. Natürlich kann es auch in der alltäglichen Praxis gelegentlich nützlich sein, symptomorientierte Techniken einzubeziehen. Das gilt ja auch für den Einsatz von Psychopharmaka, die gelegentlich unverzichtbar sind – und hier folgen die RCT-Studien ja auch dem Forschungsparadigma der Pharmaforschung. Will man derartige Studien durchführen, muss man natürlich die Patienten auswählen. Wenn ich mir dazu jedoch eine ironische Anmerkung erlauben darf: Wollte man der Pharma-Forschung wirklich konsequent folgen, bräuchte man – epidemiologisch gut durchdacht – mehrere tausend Studien mit 10 000 bis 15 000 Teilnehmern. Im Vergleich dazu bleibt jede RCT-Untersuchung nichts weiter als eine müde Pilotstudie, deren Ergebnisse nicht unkritisch auf Patienten übertragen werden dürfen.

In der Mehrzahl unserer Behandlungsfälle ist es eindeutig so, dass Behandeln nicht auf eine technische Beeinflussung der Symptomatik reduziert werden kann, sondern dass man sich deren Ursachen annehmen muss. Die meisten unserer Patienten haben nicht nur eine komplexe Symptomatik, sondern auch noch viele andere Probleme. Ihr Leiden ist integrierender und untrennbarer Bestandteil einer viel umfassenderen Unbehagens- und Leidenssituation, verwoben mit materiellen Problemen und verstrickt in familiäre und berufliche Konfliktszenarien. Auf diesen Sachverhalt habe ich in den Kapiteln dieses Buch immer wieder aufmerksam gemacht.

Und wie sieht Deiner Meinung eine sinnvolle auf Evidenz basierte Forschung der Zukunft aus?
Darauf werde ich ausführlicher nochmals im Schlusskapitel dieses Buches zu sprechen kommen. Kurz vorweg jedoch dürfen die Person und Persönlichkeit von Therapeuten und Patienten als Schlüsselfiguren im Geschehen Psychotherapie nicht ausgeklammert bleiben, in dem man sie auf die Ebene der Technikanwendung reduziert.

Psychotherapeuten über die Schulter schauen

Wir benötigen endlich naturalistisch angelegte Projekte, in denen sich Psychotherapeuten bei ihrer alltäglichen Arbeit wiederholte Male über die Schulter schauen lassen. Dabei kommt man dann nicht daran vorbei, auf Kontrollszenarien und übergenaue Therapievorgaben absolut zu verzichten. Wie erste Forschungsarbeiten in diese Richtung zeigen (beispielsweise von Michael Lambert [162]), gibt es erstaunlicherweise nämlich durchgängig erfolgreiche und durchgängig weniger erfolgreiche Therapeuten. Jetzt gilt es, endlich einmal den durchgängig Erfolgreichen genau über die Schulter zu schauen. Vermutlich kann man dabei überraschende Entdeckungen machen, die möglicherweise den Richtlinien der Therapieverfahren deutlich widersprechen.

Auch die wichtigen intersubjektiven oder transaktionalen Vorgänge des Therapiegeschehens lassen sich durch systematische Beobachtungen auf eine empirische Basis stellen – wie ich das ja in eigenen Forschungsarbeiten vorgemacht habe, die im Kapitel über Beziehung und Technik beschrieben wurden. Natürlich sind solche Forschungsansätze verdammt teuer und zu handfesten Ergebnissen kommt man erst nach Jahren. Mit den Vorher-nachher-Untersuchungen der RCT-Studien kann man schneller bekannt werden und Karriere machen – wohl noch ein weiterer Grund, weshalb sie in Mode gekommen sind.

Weiter sollte man sich nicht scheuen, erneut auf qualitative Forschungsansätze zu bauen. Der einzelne Fall mag uns in vielen Fällen mehr erzählen, als die über zahlreiche Therapien hinweg durchschnittsgemittelten Forschungsbefunde. Als ähnlich wenig aussagekräftig gelten in meinen Augen übrigens die gelegentlich trügerisch verallgemeinerten Ergebnisse aus Metaanalysen.

Viele der universitären Kollegen würden das vermutlich als einen Rückschritt betrachten, wenn die qualitative Forschung wieder Eingang in den Wissenschaftsbetrieb fände. Willst Du das Rad der Zeit etwa zurückdrehen?
Nein, überhaupt nicht. Qualitative Verhaltenstherapieforschung, wie sie mir vorschwebt, berücksichtigt vorrangig jene Fälle, die in der Mainstream-Forschung zu Unrecht ausgeklammert bleiben oder zu kurz kommen. Neben Patienten mit komplexen Störungen und komorbiden Diagnosen sind das zum Beispiel jene Patienten, die unzufrieden mit ihrer Behandlung sind oder von sich aus die Behandlung abbrechen. Die offenkundig nicht günstigen Entwicklungen in solchen

Therapien sollten ebenfalls einer genauen Analyse zugeführt werden. Beide Aspekte – komplexe Fälle mit seltenen oder komorbiden Störungen sowie Fehlentwicklungen in der Psychotherapie – lassen sich genau eben nur mittels qualitativer Analysen untersuchen.

Es ist sowieso unverantwortlich, dass die so genannten Drop-out-Patienten in der Ergebnisdarstellung der RCT-Studien immer nur auf die Häufigkeit ihres Vorkommens reduziert werden. Kaum ein RCT-Forscher macht sich die Mühe, Drop-out-Patienten nach den Gründen zu befragen, weshalb sie aus ihren Behandlungen ausgestiegen sind. Das sollte sich ändern. Und die qualitativen Ergebnisse solcher Befragungen sollten ebenfalls zwingend in den Forschungspublikationen dargestellt und diskutiert werden. Es gibt übrigens einige Forscher die sich dieser zusätzlichen Mühe unterworfen haben (vgl. [60]). Deren Ergebnisse werden nach wie vor leider viel zu wenig beachtet.

Wenn Patienten unzufrieden die Therapie beenden

Und? Was weiß man bereits über die Hintergründe, die Patienten dazu bewegen, von sich aus eine Behandlung abzubrechen? Nun, dass lässt sich auf zweierlei Weise untersuchen. Einerseits kann man sich auf die Aufzeichnungen der Therapeuten stützen, die ja in Forschungsprojekten dazu angehalten werden, konkrete Gründe für den Abbruch zu benennen. Diese werden dann gelegentlich auch in Forschungspublikationen mitgeteilt. Dem genau sollte man dann – bitte schön – auch die Aussagen und Gründe der Drop-out-Patienten gegenüberstellen. In dem alle fünf bis zehn Jahre erscheinenden „Handbook of Psychotherapy and Behavior Change" kann man eine Gegenüberstellung beider Seiten zum Beispiel in den Bänden aus den Jahren 1986 und 1994 nachlesen [20; 96].

Und was kommt dabei heraus?
Ich fange mal kurz mit den Gründen an, die von Therapeuten in ihren Akten vermerkt wurden: Psychotherapeuten kommen überzufällig häufig zu dem Schluss, dass die Ursachen für den Abbruch *beim Patienten* liegen, also zum Beispiel in seinen Abwehrhaltungen oder in fehlender Einsicht bzw. mangelnder Motivation. Beides wird in den vergangenen Jahren übrigens zusätzlich begründet mit der Diagnose oder Vermutung einer Persönlichkeitsstörung. Mir drängt sich hier der unangenehme Eindruck auf, als seien Persönlichkeitsstörungen nicht nur Diagnostik und Leitorientierung in der Behandlung. Vielmehr werden sie neuerlich als Erklärungshilfe für schwierige Therapieentwicklungen missbraucht.

Etwa gleich häufig wie Persönlichkeitsstörungen werden auch noch die schwierigen Lebensumstände und gesellschaftlichen Bedingungen, unter denen die Patienten leben, in den Akten als Drop-out-Gründe angeführt – und wo dies vorkam, war es aus Sicht der Behandler so, dass die unterstellten schwierigen gesellschaftlich-sozialen Bedingungen sich offensichtlich nicht ändern ließen. Und zudem wurde in einigen dieser Fälle dann auch noch den Patienten die Schuld für das Scheitern der Therapie in die Schuhe geschoben, weil sie es wegen ihrer bereits konstatierten persönlichkeitsbedingten Uneinsichtigkeit partout nicht hätten einsehen wollen, dass sie unter schwer oder nicht veränderbaren Lebensbedingungen weiterleben müssten.

Und was geben demgegenüber die Patienten in den Nachbefragungen für Gründe an, die sie veranlasst haben, die Therapie abzubrechen?
Die Antworten der Drop-out-Patienten fallen in aller Regel ebenfalls recht eindeutig aus. Nur sehen sie die Ursachen für den Abbruch bei Problemen, die sie mit ihren Psychothera-

peuten hatten. Die meisten geben an, dass sie von Anfang an oder zunehmend Zweifel hinsichtlich der Fachkompetenz ihrer Therapeuten entwickelt hätten, was sie schließlich zum Abbruch bewogen habe. Dies kann man übrigens auch den Aussagen entnehmen, die Ken Howard – ein leider viel zu früh verstorbener und bekannter Psychoanalyseforscher – bekommen hat, als er sich kurz vor seinen Tod in einem Internetchat mit therapieunzufriedenen Patienten unterhalten hat [121].

Beachtenswert sind weiter auch noch folgende Antworten, die von jeweils deutlich mehr als einem Drittel der Drop-out-Patienten gegeben werden. Diese geben an, dass sie auch deshalb die Therapie verlassen hätten, weil sie zunehmend mit versteckten oder sogar offenen Ärgerreaktionen der Therapeuten und mit zum Teil verletzenden Hinweisen auf ihre Unzulänglichkeiten „konfrontiert" worden seien. Zumeist die gleichen Patienten geben an, in der Folge regelrechte Unsicherheiten und Ängste vor der Therapie entwickelt zu haben. In wieder anderen Fällen haben die Therapeuten – obwohl die Patienten bereits ihre Unzufriedenheit mit der Therapie mehr oder weniger deutlich bekundet hatten – offenkundig versucht, die Patienten mit Hinweis auf noch bestehende Unzulänglichkeiten zu überreden, länger in der Therapie zu bleiben.

Teufelskreis einer gescheiterten Beziehung

Therapeuten und Patienten: völlig gegensätzliche Ansichten. Stellt sich doch dringend die Frage: Wer hat denn nun recht?
In der Tat, zumal sich diese Frage ebenfalls gut untersuchen lässt. Insbesondere in Forschungsprojekten, in denen die Therapien auf Video oder Tonband aufgezeichnet werden, kann man gut nachvollziehen, was in den Sitzungen vor dem Therapieabbruch wirklich passiert ist. Leider wird das, wie es bereits oben von mir moniert wurde, viel zu selten untersucht, was

sich zwingend ändern sollte! Einige Forschergruppen haben dies gemacht (vgl. zusammenfassend: [94; 95]). Ergebnis: In den meisten Fällen waren die Patienten im Recht. Und dabei findet sich relativ konstant eine Beobachtung, die man als „Teufelskreis der Beziehungsgestaltung bei drohendem Therapieabbruch" bezeichnen könnte.

Und wie sieht dieser Teufelskreis aus?
Der ließ sich sehr schön mit qualitativen Analysen der Videos der letzten Sitzungen vor Therapieabbruch rekonstruieren. Obwohl die Absicht, aus einer laufenden Therapie vorzeitig auszusteigen, von Patienten mit Unzufriedenheiten über Konzept, Dauer und geringem persönlichen Gewinn begründet wird, beginnen viele der Therapeuten in dieser Situation, mit dem späteren Drop-out-Patienten zunehmend kritisch die psychodynamischen oder sonstigen – aus ihrer Sicht „problematischen" – Hintergründe eines angekündigten Therapieabbruchs auszuleuchten. Sie steigen auf die Beziehungsebene und möchten Patienten zum Weitermachen motivieren, indem sie etwa versuchen, ihnen Einsicht in die vermeintliche Problematik ihrer Abbruchabsichten zu vermitteln. Die Patienten jedoch, die einen Drop-out planen, möchten auf der Sachebene über ihre Therapievorbehalte und nicht über mangelnde Motivation oder über die Psychodynamik ihres Tuns diskutieren.

Patienten, die einen Therapieabbruch planen, lassen sich, wie es offenkundig aus der Sicht der Therapeuten notwendig wäre, eben nicht auf sich selbst zurückweisen. Vielmehr streben sie – zunehmend verunsichert – vorrangig eine sachlich geführte Metadiskussion über Sinn und Zweck der Therapie an. Vermutlich deshalb werden sie später in den Aufzeichnungen der Therapeuten als nicht einsichtig, widerständig bis gelegentlich feindselig beschrieben. Diese Unzufriedenheit der Therapeuten bemerken die Patienten natürlich, fühlen sich erst recht nicht verstanden und widersetzen sich zunehmend den ebenfalls drängender werdenden Behandlungsversuchen – ein Verhalten, mit dem sich die bei Therapeuten zuvor bestehenden Hypothesen etwa der Uneinsichtigkeit oder Persönlichkeitsstörung eines Patienten ganz offenkundig weiter verfestigen [175]. Ich kann nur nochmals eindringlich auf das Kapitel verweisen, in dem beschrieben wird, welche Vorgehensweisen existenziell arbeitende Therapeuten für den Umgang mit therapeutischen Krisen empfehlen.

Sorgsame Analysen seltener und komplexer Behandlungsfälle

Du hast in dieses Buch mehrere Fallberichte eingefügt. Das ist doch auch etwas untypisch für Bücher, die von Verhaltenstherapeuten geschrieben werden, oder?
Das stimmt leider. Falldarstellungen sollten wieder mehr in Mode kommen. Erwähnt habe ich schon die Notwendigkeit, dieses häufiger bei Problemfällen oder komplexen Bildern als Möglichkeit mitzubedenken. Schließlich können aus Falldarstellungen interessante Einsichten gewonnen werden, die weit über das Schuldenken hinausreichen. Das ist etwas, was mir immer schon an den Ausarbeitungen der Psychoanalytiker gefallen hat. Weiter sollte man sich hüten, für die Falldarstellungen in Zeitschriften ein rigides Format vorzuschreiben, wie das bei Forschungsarbeiten der Fall ist. Die Falldarstellungen in diesem Buch jedenfalls sind keinem Einheitsformat unterworfen. Jeder Fall ist ein anderer Fall und die Falldarstellungen sollten der jeweiligen Fallgeschichte entsprechen und nicht einer DIN-Norm.

Andererseits darf man die Entwicklung neuer Perspektiven natürlich nicht auf Erfahrungen aus einzelnen Therapien reduzieren. Neue Ansätze müssen dann immer noch einer empirischen Überprüfung unterzogen werden. Das Fehlen empirischer Überprüfung war übrigens der wesentliche Kritikpunkt, der früher seitens der Verhaltenstherapie gegen die vorrangig über Fallausarbeitungen qualitativ fortgeschriebene Theoriebildung in der Psychoanalyse vorgebracht wurde [196]. Diese Kritik kann heute so nicht mehr aufrechterhalten werden. Sehr wichtige, vielleicht sogar die wichtigeren Forschungsarbeiten zur Psychotherapie wurden in den vergangenen Jahren von Psychoanalytikern vorgelegt, die übrigens bereits seit Jahrzehnten gemeinsam mit Verhaltenstherapeuten in der weltweiten Society for Psychotherapy Research eng zusammenarbeiten. Im erwähnten „Handbook of Psychotherapy and Behavior Change", der Bibel der Psychotherapieforscher, kann man übrigens die Ergebnisse dieser sehr fruchtbaren Kooperation nachlesen (aktuell: [161]).

Quo vadis Verhaltenstherapie?

Mythen, Gegenwart und die Zukunft psychologischer Therapie

> Das wirkliche Leben verliert oft dergestalt seinen Glanz,
> dass man es manchmal mit dem Firniss der Fiktion
> wieder auffrischen muss.
> *Johann Wolfgang von Goethe*

Zum Schluss dieses Buches lohnt sich ein Blick in die Zukunft. Ein Blick in die Zukunft der Verhaltenstherapie. Und ein Blick über die Verhaltenstherapie hinaus in die Zukunft der Psychotherapie allgemein. Nicht nur das. Es lohnt sicherlich auch, einen Blick auf die Barrieren zu werfen, die einer positiven Weiterentwicklung der psychologischen Therapie nach wie vor im Wege stehen.[1]

Zum Omnipotenzanspruch der Therapieschulen

Beim Schreiben meiner Bücher und Übersichtsarbeiten war ich bemüht, die Sicht unterschiedlicher Therapieschulen zu berücksichtigen. Dies erschien mir umso notwendiger, je mehr Psychotherapieansätze vom Markt verdrängt wurden, weil sie nicht unter kontrollierten Bedingungen evaluiert wurden. Heute werden Psychotherapeuten sogar gezwungen, sich

---

1 Dieses Perspektivkapitel fasst zugleich meine aktuelle Position innerhalb zahlreicher, teils heftig geführter Kontroversen zusammen, die ich mit früheren Publikationen unter Verhaltenstherapeuten, Gesprächspsychotherapeuten und Psychoanalytikern ausgelöst habe [55; 60; 64; 204].

zwecks Psychotherapieausbildung vorab auf eine Psychotherapieschule festzulegen – was in Deutschland sogar per Gesetz festgeschrieben wurde. In der Folge sind hierzulande „offiziell" nur vier Therapieschulen übrig geblieben: die Welt der tiefenpsychologisch fundierten Konzepte, diejenigen der verhaltenstherapeutisch inspirierten Vorgehensweisen, die unter dem Label „Systemische Psychotherapie" zusammengefassten und – beschränkt auf die Erwachsenenbehandlung – die der Gesprächspsychotherapie.

Dabei sind sich die Therapieforscher einig, dass sich innerhalb einer Therapieschule niemals alle Patienten gleichermaßen erfolgreich behandeln lassen. Wegen des Festhaltens am Therapieschulendenken jedoch wurde bisher selten die Frage der selektiven Indikation systematisch geprüft: Könnte es nicht sein, dass jene Patienten, denen eine Therapieform nicht weiter hilft, ein anderes Therapieverfahren mit Erfolg absolvieren könnten?

Wer sich Forschungsarbeiten der Therapieschulen vergleichend anschaut, wird häufiger auf Diskrepanzen in den Raten erfolgreicher und weniger erfolgreicher Patienten stoßen. Ähnliches gilt für die Zahl vorzeitiger Therapieabbrüche. In den Forschungsarbeiten werden die Therapieabbrüche als Drop-outs zwar mitgeteilt, ob sich diese Patienten bis zum Therapieabbruch verbessert oder verschlechtert haben oder aus welchen Gründen sie überhaupt abgebrochen haben, wird aber kaum untersucht. Dabei ist gesichert, dass im Fall guter Wirksamkeit eines Verfahrens seltener über vorzeitige Therapieabbrüche berichtet wird.

Führen diese Ergebnisse konsequent dazu, für Patienten mit bestimmten psychischen Störungen zu allererst jenes Verfahren in Anwendung zu bringen, dass in der Forschung die besseren Ergebnisse zeitigt? Mitnichten. Allerorten wird wakker im Saft der eigenen Therapieschule weiter geschmort.

Hochheilige Therapieschule: Nachsitzen ohne Ende und immer die gleichen Lehrer.

Natürlich hat es eine Reihe von Vorteilen, wenn angehende Psychotherapeuten zum Erwerb therapeutischer Grundlagen und Kompetenzen in einer Therapieschule zunächst so etwas wie eine „Heimat" finden. Andererseits führt dies in unverantwortlicher Weise dazu, dass innerhalb der Therapieschulen zwecks Reinhaltung der Lehre eine grundlegende Ablehnung und Ignoranz gegenüber Alternativen vorherrscht, die gelegentlich in bissiger Weise nach außen hin vertreten wird.

Dieser unschöne Umstand lässt sich überhaupt nicht damit entschuldigen, dass diese Distanz bis hin zur Ablehnung von Alternativen wechselseitiger Natur ist. Leider hat sich dieser immer wieder durchbrechende und polarisierende Omnipotenzanspruch im deutschsprachigen Raum nach Klaus Grawes Buch „Psychotherapie im Wandel" [107] und mit Einführung des Psychotherapeutengesetzes nochmals verschärft. Dies ist beispielsweise den Protokollen der Landespsychotherapeuten-Kammern zu entnehmen. Selbst der Wissenschaftliche Beirat, der in Deutschland über die Zulassung von Psychotherapieverfahren befindet, scheint über das Gerangel der Therapieschulen nicht so recht erhaben [157]. Im Ringen um Behalt und Erweiterung von Marktanteilen und unter Vernachlässigung überprüfter Erfolgszahlen wird innerhalb der Therapieschulen munter „an Treu und Glauben" festgehalten – nicht gerade selten in unbedachter Verantwortungslosigkeit den Patienten gegenüber.

Im Verlauf der vergangenen einhundert Jahre jedenfalls wurden von Gegnern jedweder Integration – und zwar in den unterschiedlichen Lagern – argumentativ und mit großem Aufwand viele Urteile und vor allem Vorurteile gegenüber der schulenbedingten Konkurrenz aufgebaut. Dieses wechselseitig gepflegte Konkurrenzgebaren bis hin zur strikten Ablehnung alternativer Sichtweisen findet sich insbesondere in den Verfahren mit der heute größten Verbreitung, nämlich in der Psychoanalyse und in der Verhaltenstherapie.

Kopfgeburten und Mythen

So gibt es eine Vielzahl wechselseitiger Vorurteile, ja sogar Mythen über die Verhaltenstherapie und über die Psychoanalyse – Mythen, die sich bei genauem Hinsehen als schlichte „Kopfgeburten" darstellen. Sie sind häufig so intelligent erdacht, dass auch ich eine solche Mythologie – das gebe ich zu – lange Zeit vertreten habe. Das passiert, wenn man ausschließlich von Lehrern einer Psychotherapieschule indoktriniert wird.

Diese Mythologie besteht aus mehreren Gegensätzlichkeiten, deren eine Seite von ihren Protagonisten jeweils als „Heiligtum" verkauft wird, während man die andere Seite rückständigen Kollegen oder dem Konkurrenzverfahren vorhält, um – im einfachsten Fall – ein schlechtes Gewissen zu provozieren, andererseits sogar, um die vermeintliche Schädlichkeit von Alternativen anzuprangern. Da ich selbst ein streitfreudiger Mensch bin, ist auch meine Meinung in dieser Sache nicht gerade selten ins Kreuzfeuer der Kritik geraten. Nun denn: Streit führt weiter und kann Freundschaften begründen – und, wenn er sachlich und fair genug ausgetragen wird, Brücken über die Kluft zwischen unterschiedlichen Auffassungen bauen. Das jedenfalls war mein Anliegen, wenn ich mich in die Therapieschulen-Streitereien eingemischt habe. Und ich hoffe, dass ich das Gebot der streitfreudigen Fairness bis zum Schluss dieses Buches werde durchhalten können.

Drei dieser mythologischen Polaritäten sollen – obwohl sie in früheren Kapiteln andiskutiert wurden – nachfolgend erneut Thema werden. Und wenn die Leser mit mir einer

Meinung sein sollten, möchte ich darum bitten, zukünftig tatkräftig für eine Abschaffung dieser Mythologie Sorge zu tragen.

Mythos 1: Personzentrierte *versus* störungsorientierte Psychotherapie

Dass dieser Gegensatz sogar in der Verhaltenstherapie seine ungünstige Wirkung entfalten kann, habe ich vor einiger Zeit zu spüren bekommen, als ich öffentlich in einer Diskussion über die von Klaus Grawe zeitweilig propagierte „Allgemeine Psychotherapie" eine Diagnoseorientierung und störungsdifferenzielle Indikationen im Rahmen des von ihm vorgeschlagenen Wirkfaktorenmodells eingefordert hatte [54; 104]. Die Reaktionen waren heftig: Immerhin haben sich 14 namhafte Autoren zu einer kontroversen Diskussion hinreißen lassen [204].

Viele Argumente gegen eine Diagnoseorientierung in der Psychotherapie, die in dieser Kontroverse unerwartet von Verhaltenstherapeuten artikuliert wurden, hätten gleichermaßen gut von Psychoanalytikern und Gesprächspsychotherapeuten stammen können (vgl. meine ähnlich gelagerte Auseinandersetzung mit Psychoanalytikern und Gesprächspsychotherapeuten im Psychotherapeutenjournal [62; 64; 112; 262]). Debatten dieser Art gab es früher schon einmal, nämlich in den 1970er Jahren zwischen Psychoanalytikern und Verhaltenstherapeuten. Eigentlich war ich davon ausgegangen, dass wir dieses Thema hinter uns gelassen hätten. Denkste! Nur wurden jetzt die damaligen Argumente der Psychoanalytiker von Verhaltenstherapeuten gegen einen Verhaltenstherapeuten vorgetragen. Sie lauteten etwa folgendermaßen:

Vorsicht bei der Anwendung störungsspezifischer Standardtherapien! Möglichst wenig Manualorientierung in der Praxis! Übereinstimmende Argumentationslinie der Kritiker:

Komplexe Patientenprobleme lassen sich nicht in eine psychiatrische Diagnose pressen. Vielmehr sei eine *individuelle Therapieplanung* erforderlich, in der eine diagnoseorientierte Fallkonzeption eher *nebensächlich* sei. Wichtiger seien vielmehr übergreifende Behandlungsleitlinien, wie eben jene von Klaus Grawe und Franz Caspar in die Diskussion über den Wandel der Psychotherapie eingebrachten Aspekte der Ressourcenorientierung, Problemaktualisierung, Problemklärung und Problembewältigung sowie schließlich – das war neu – auch noch eine Konfliktperspektive [32; 104; 105].

Die Botschaft lautete: In der Verhaltenstherapie zukünftig bitte vermehrt personzentrierte Konflikt- oder Konsistenzanalysen und nur mehr nachgeordnet eine störungsspezifische Methodenapplikation! Wie dieses Beispiel verdeutlicht, finden plausibel klingende Argumente schnell Akzeptanz (immerhin vertrat etwa ein Drittel der an der Kontroverse teilnehmenden Autoren diese Auffassung) – und können dann zu Mythen fern jeder Realität hochstilisiert werden. Übersehen wurde geflissentlich: Auf das Gros der Verhaltenstherapeuten traf und trifft die Neigung zur unkritischen Methodenapplikation weder früher noch heute zu!

Jeder einzelne Fall ist ein anderer Fall. Früher wie heute wird in jeder Verhaltenstherapie eine individuelle Therapieplanung auf der Grundlage des fast immer komplex zu betrachtenden Falles vorgenommen. Ein Patient darf als solcher nie seiner Einzigartigkeit beraubt werden. Jeder neue Fall ist immer wieder ein anderer Fall. Mir jedenfalls schien dies in der Verhaltenstherapie selbstverständlicher Konsens.

Andererseits – und das schien mir in der Auseinandersetzung mit Grawes konflikt- und konsistenztheoretisch begründeter Psychotherapie an Selbstverständlichkeit zu verlieren: Zur Individualität jedes Patienten gehören immer die im Vordergrund stehenden Symptome, Störungen, Krankheiten oder Behinderungen, derentwegen Menschen um therapeutische Hilfe nachsuchen: Depressionen, Phobien, Alkoholmissbrauch, Neurodermitis, somatoforme Störungen, Essstörungen, Stottern, Posttraumatische Belastungsstörungen, Krebs, Zwangsstörung, Autismus usw.

Natürlich steht außer Zweifel: Mit jeder dieser Bezeichnung verbindet sich ein jeweils völlig einzigartiger Fall mit einer einzigartigen Symptomatik und einer ebenfalls einzigartigen Symptomgeschichte. Weiter ist jedoch richtig: Es gibt ähnliche Symptombilder und Symptomkonstellationen, die sich unter Diagnosebezeichnungen zusammenfassen lassen. Und man ist klug beraten, die aus der Therapieforschung bekannten störungsspezifischen Besonderheiten zu kennen, die sich daraus für die Behandlung neben jeder individuell notwendigen Betrachtung eben auch noch ergeben. Stottern ist prinzipiell anders zu behandeln als eine Agoraphobie und diese wiederum völlig anders als eine Schizophrenie. Oder noch spezifischer: Ein sekundärer Alkoholabusus im Rahmen einer manisch-depressiven Störung ist anders zu behandeln als eine depressive Verstimmung im Rahmen einer Alkoholabhängigkeit.

Selbst eine konflikt- oder konsistenztheoretische Perspektive, die Verhaltenstherapeuten jetzt aufs Auge gedrückt werden sollte, steht nicht für sich allein. Daneben gibt es viele andere Betrachtungsmöglichkeiten der jeweiligen psychischen Gestörtheit, wie sie als sozialpsychologische oder neurobiologische oder als gesprächspsychotherapeutische, psychoanalytische oder sonstige schulgebundene Perspektiven erfolgreich in Psychotherapien eingesetzt werden. Jede für sich beinhaltet ein nur ihr eigenes Störungsverständnis und könnte Wege zu möglichen Behandlungsalternativen eröffnen – jedoch *erfolgreich nur* unter Beachtung von Besonderheiten, die einer psychischen Störungen als nur für sie prototypisch zugrunde liegen.

Ebenfalls völlig unbestritten bleibt: Psychiatrische Diagnosen vereinfachen die Wirklichkeit, sind zunächst nichts weiter als vorläufig nutzbare Schablonen, grobe Zustandsbeschreibungen – oder allenfalls Zustands-Verlaufs-Erfassungen. Genau deshalb gilt für Diagnosen, dass sie nur eine unbefriedigende prognostische Validität für therapeutische Entscheidungen besitzen, da eben jene Validität ja nicht differenzialdiagnostisch abgeklärt wurde. Außerdem gilt für Diagnosen weiter, dass sie dem Zeitgeist unterliegen, weshalb Diagnosesysteme kontinuierlich verändert werden. Das jedoch kann nicht heißen, auf Diagnosen zu verzichten. Psychiatrische Diagnosen dienen nämlich in der Psychotherapieforschung als Orientierung für die Entwicklung und Untersuchung ätiologischer Verstehensperspektiven und – erst mit dem ätiologietheoretischen Modell und nicht mit der Diagnose begründbar – die Entwicklung therapeutischer Strategien.

Über die Ätiologie zur Behandlung. Nicht die Diagnose begründet eine psychotherapeutische Behandlung, sondern die einer Diagnose innewohnende bzw. folgende ätiologietheoretische oder bedingungsanalytische Perspektive. Und weil das störungsspezifische Grundlagenwissen anwächst, werden die störungsspezifischen Behandlungsprognosen Jahr für Jahr besser. Nicht nur das: Bedingungsanalytische Erkenntnis wirkt ihrerseits kontinuierlich auf Veränderungen in den Diagnosesystemen zurück, führt zur Streichung ungeeigneter Kategorien (z. B. Hysterie) und zur Einführung neuer Bezeichnungen (z. B. Posttraumatische Belastungsstörung). Manchmal werden sogar früher bereits gestrichene Diagnosen erneut ans Tageslicht befördert (z. B. Depressive Persönlichkeitsstörung).

Selbst Diagnosen gegenüber gilt es also, kritisch zu bleiben. Dennoch wird man nicht auf sie verzichten, weil sie uns über

Schulgrenzen hinweg ermöglichen, über ähnliche Sachverhalte zu kommunizieren. Schließlich – und so paradox sich das anhört – schafft nur eine objektivierbare Diagnostik und reliable Klassifikation psychischer Störungen die Voraussetzung für Kritik und Veränderung – nicht nur der Diagnosesysteme, sondern auch der störungsspezifischen Behandlungskonzepte.

Insofern gilt trotz störungsspezifischer Groborientierung: Eine ausschließlich die DSM-Diagnose mit Technik verbindende Therapieforschung, wie sie in jüngster Zeit im *Randomized Clinical Trial (RCT)* Format favorisiert wird, wäre für sich genommen ein Irrweg (s. hierzu meine Anmerkungen in der vorausgehenden Befragung zur Person). Anstöße zum medizinischen Fortschritt in den letzten Jahrhunderten bis hin zur psychologischen Therapie ergaben sich nicht durch eine sophistizierte Evaluationsbewegung medizinisch-therapeutischer Praktiken, sondern durch ein immer besseres Verständnis bio-psycho-sozialer Prozesse, die Krankheiten oder Störungen zugrunde liegen.

Die gegenwärtige Konzentration der Therapieforschung auf die Treatment-Evaluation verleitet uns zu der Vorstellung, wie die Medizingeschichte verlaufen wäre, wenn sie sich in den letzten Jahrhunderten darauf konzentriert hätte, bei physischen Gebrechen die Kräuter-, Salben-, Bäder-, Hypnose- und chirurgischen Therapien methodisch so gut als möglich zu evaluieren, bis hin zur Metaanalyse. Da hätte es auch Sieger und Verlierer und viele gleichwertige Methoden gegeben und wir würden heute noch kardiovaskuläre Störungen mit Aderlass behandeln.

Weder in der Psychoanalyse seit Sigmund Freud noch in der Verhaltenstherapie seit Hans-Jürgen Eysenck hat sich etwas daran geändert, störungsspezifische Erklärungen und zugehörige Behandlungsbesonderheiten *immer wieder neu* zu diskutieren. Nur deshalb ist die Psychoanalyse nicht beim

Strukturmodell Freuds stehen geblieben, sondern hat mit ihren Objekt-Beziehungs-Theorien neue Erklärungswelten erschlossen. Und in der Verhaltenstherapie wurde die Black-Box-Mentalität verlassen, konnte der Patient vom Versuchskaninchen zum selbstwirksamen Partner des Therapeuten erwachsen werden. Und die Fortschreibung der Menschenbilder in den Therapieschulen hat ihrerseits erheblich zur Veränderung der Diagnosesysteme beigetragen.

Neueren Datums ist, dass Psychoanalytiker dazu übergehen, wie die Verhaltenstherapeuten störungsspezifische Behandlungsmanuale zu entwickeln und zu evaluieren. Dafür können die „Interpersonelle Psychotherapie" für depressive Patienten der psychoanalytisch orientierten Psychiater Klerman und Weisman [150; 224] sowie Kernbergs „Übertragungsfokussierte Psychotherapie" bei Borderline-Störungen als Beispiele angesehen werden [36; 144]. Ähnliches gilt übrigens für die Gesprächspsychotherapie [172] und die Systemische Psychotherapie [231]. Und das ist gut so, weil die Manualisierung zeitgemäß ist. Nur lässt sich voraussehen, dass Manuale aufgrund zunehmenden Störungswissens weiterentwickelt oder dem jeweiligen Zeitgeist folgend durch neue ersetzt werden.

Diagnoseorientierung: ja, aber kritisch. Eine Diagnoseorientierung und die Besonderheiten jedes einzelnen Falles dürfen nicht gegeneinander ausgespielt werden. Sie ergänzen sich. Diagnosen kennzeichnen den Prototyp einer psychischen Störung. Sie erklären zwar nichts, dienen aber der gemeinsamen Verständigung und helfen bei der Entwicklung und Evaluation von Erklärungs- und Behandlungsmodellen. Und sollte im konkreten Fall die Störungsphänomenologie von einem diagnoseorientierten Modell abweichen, kommen Therapeuten nicht umhin, nach noch völlig anderen Erklärungsmöglichkeiten zu fahnden – und gelegentlich, wenn auch seltener, nach alternativen Diagnosen.

Was die Störungsbild-Erklärung angeht, könnte die konflikt- und konsistenzanalytische Betrachtung der Schematherapie eine dieser Möglichkeiten bereitstellen. Aber auch sie dürfte dem Wandel unterliegen und in wenigen Jahren nicht wiederzuerkennen sein, wie man dies in der „neuen Welle" der Verhaltenstherapie bereits mitverfolgen kann. Im Unterschied dazu – und darauf kommt es mir an – dürften die Phänomenologien der Schizophrenien oder Depressionen, der Zwangsstörungen oder des Stotterns usw. eben *nicht* einem solchen Wandel unterliegen – sondern nur die Bilder, die wir uns von ihnen machen. Deshalb darf man nicht den Fehler begehen, nur einer dieser Erklärungsperspektiven, Menschenbilder oder Denkstrukturen der Therapieschulen blindgläubig zu folgen, sondern man sollte sich auf die Phänomenologie der jeweils zur Diskussion stehenden psychischen Gestörtheit konzentrieren.

Wird von mir im Kollegenkreis eine entsprechende Debatte um die Sinnhaftigkeit der mit der Störungsphänomenologie zwangsläufig zusammenhängenden *Diagnoseorientierung* angezettelt, dann taucht – wie in einem fest miteinander verschlungenen Regelwerk – sehr schnell eine zweite, Mythen generierende Alternative auf.

Mythos 2: Ressourcenorientierung *versus* diagnoseabhängige Defizitorientierung

„Ressourcenorientierung" ist die präzise Bezeichnung für eine Wirksamkeit steigernde Behandlungsperspektive, wie sie sich aus den Ergebnissen der letzten 20 Jahre Therapieforschung herleiten lässt. Darauf hat Klaus Grawe mit seinem Wirkfaktoren-Modell empirisch gut begründet aufmerksam gemacht [104]. Gelegentlich wird jedoch so diskutiert, als sei Grawe der

Erfinder dieser Perspektive und als hätte es sie vor seiner Zeit nicht gegeben.

Blick zurück. Dem ist entschieden zu widersprechen. Wir finden Überlegungen solcher Art beispielsweise bereits 1986 bei Christa Rohde-Dachser mit Blick auf die Behandlung von Borderline-Störungen [209]. Als Empowerment-Konzept wird diese Perspektive bereits Anfang der 1970er Jahre in der Sozialpsychiatrie und Familientherapie diskutiert. Oder noch weiter zurück finden wir sie seit den 1930er Jahren beim Psychoanalytiker Otto Rank, worauf bereits im Biographie-Kapitel hingewiesen wurde. Auch wenn es die Bezeichnung Ressourcenorientierung früher nicht gab, kann man die Intentionen dieses Ansatzes bereits vor Jahrhunderten in der Literatur zur Behandlung psychischer Auffälligkeiten finden.

Unbestritten ist: Therapeuten, die von den vorhandenen Möglichkeiten der Patienten ausgehen und mit ihrer Therapie an diese Ressourcen anschließen, sind erfolgreicher. Und nochmals rückblickend war Ressourcenorientierung spätestens mit Einführung der Selbstkontroll- und Selbstmanagementansätze das zentrale Agens jeder kognitiv orientierten Verhaltenstherapie. Weiter sind Forschungsarbeiten zu dieser Frage – wenn man die Liste der in die Metaanalyse des Werkes „Psychotherapie im Wandel" einbezogenen Publikationen *genau* durchsieht – ausschließlich störungsspezifisch (!) angelegt [107]. Das ist nicht weiter verwunderlich, weil nicht nur Verhaltenstherapeuten, sondern auch die Forscher anderer Richtungen dazu übergegangen sind, ihre Therapiestudien störungsspezifisch zu publizieren.

Und jetzt plötzlich taucht auch in der Diskussion streitbarer Verhaltenstherapeuten dieser gar nicht originär verhaltenstherapeutische, sondern bereits seit den 1970er Jahren in den systemischen und humanistischen Psychotherapieansätzen (gegen die Verhaltenstherapie) vertretene Mythos auf: „Ressourcenaktivierung ist wichtiger als diagnoseabhängige Defizitorientierung". Unter dem tiefen Eindruck, den die Begriffssetzung „Ressourcenorientierung" bei Rezipienten hinterlassen kann, wurde jetzt behauptet, dass jene Psychotherapeuten, die auf eine störungs- und diagnoseorientierte Therapie setzen, „altbacken defizitorientiert" arbeiten würden.

Defizitorientierung *und* Ressourcenorientierung. Meine Position zu dieser Polarisierung ist eindeutig: Defizitorientierung in der Psychotherapie? Natürlich! Weil unverzichtbar! Denn Ressourcennutzung allein reicht für eine Therapieplanung nicht hin. Eine Ressourcenbeurteilung steht immer gleichwertig neben einer Defizitbegutachtung. Erst die beiden Seiten ein und derselben Medaille ergeben Sinn und Perspektive. Insbesondere, wenn Ressourcen nicht vorhanden sind (und das trifft auf die meisten Patienten zu), gilt es zunächst, Defizite auszugleichen, häufig mit dem Ziel, eine Ressourcenaktivierung überhaupt in Gang bringen zu können.

Genau deshalb wurde und wird diese Doppelbetrachtung in Richtung „Defizit und Ressourcen" in jeder Psychotherapieausbildung genau so und nicht anders vermittelt. Auch darin dürften sich Psychoanalytiker und Gesprächspsychotherapeuten nicht von Verhaltenstherapeuten unterscheiden. Um nochmals ein Beispiel zu geben: Bereits vor mehr als 20 Jahren hatte Christa Rohde-Dachser auf die zwingende Notwendigkeit dieser Doppelbetrachtung „Defizit und Ressourcen" in der psychodynamischen Behandlung von Borderline-Persönlichkeitsstörungen hingewiesen – und zwar unter Nutzung des Begriffs „Ressourcen" [209].

Auch Stigmatisierungsgefahren liegen woanders. Weiter sehen einige Kritiker der Defizite betonenden Diagnoseorientierung erneut die Gefahr einer Stigmatisierung oder Etikettierung am Horizont auftauchen [170; 218]. Auch hierzu muss Folgendes erklärt werden: Die vor allem in den 1960er und 1970er Jahren beschworenen „Stigmatisierungsgefahren" liegen ganz woanders – nämlich nicht in der Diagnose begründet, sondern in einer komplexen sozial-gesellschaftlichen „Systemik" voller Vorurteile und Mythen über psychische Störungen, insbesondere über die in der Psychiatrie zu behandelnden, zum Beispiel über Schizophrenie und Persönlichkeitsstörungen. Und diese Systemik wird erheblich angereichert durch eine Intransparenz bis Diagnosefeindlichkeit professioneller Helfer, wenn ihnen Aufklärung und Information über Diagnose, Ätiologie und Behandlung zu wenig „therapeutisch" anmutet (weil „zu einfach" oder „zu etikettierend").

Dabei beruhen die vermeintlichen Gefahren einer Etikettierung auf keinen Fall in einer sachlichen Aufklärung über Schizophrenie und andere psychische Störungen (was man in einer Synopse der Stigmatisierungsforschung bei Fink und Tasman [86] nachlesen kann). Heraus kommt das Gegenteil: Eine sachgerechte Aufklärung der Patienten (wie der Angehörigen oder auch der Öffentlichkeit) über Diagnose, Ätiologie und die Störungsdynamik der Schizophrenien, Depressionen oder anderer Störungen ist die einzig angemessene Antwort, um auf die Systemik sozial-gesellschaftlicher Stigmatisierung, an der Laien wie Professionelle beteiligt sind, angemessen reagieren zu können, um endlich aus dem Gestrüpp der Vorurteile und Mythen über psychische Störungen auszubrechen.

In gleiche Richtung zielen die in dieses Buch eingestreuten Empfehlungen zur sachlichen Aufklärung und Information. Die Betroffenen wollen wissen, weil sie selbst zu entscheiden haben. Zwar vertrauen sie der Sachkunde der Diagnostiker und Therapeuten, aber nicht blind. Eine Behandlung hin zu mehr Selbstwirksamkeit erfordert das sinnvolle Fragen und

Antworten. Eine antike Anekdote erzählt: Aristoteles, während einer Krankheit, bat den Arzt, der ihm eine Therapie vorschrieb: Sage mir die Gründe deines Tuns, dann will ich diesen, wenn ich überzeugt bin, folgen [132].

Mythos 3: Therapeutische Beziehung *versus* therapeutische Technik

Dieser Mythos wurde von außerhalb gegen die Verhaltenstherapie aufgebaut und jahrelang von Psychoanalytikern vertreten, bereits in den 1960er und 1970er Jahren in den USA und in den 1980er Jahren in den deutschsprachigen Ländern. Seine Warnung scheint eindeutig: In einer kühlen technik- und störungsorientierten Verhaltenstherapie wird die Bedeutsamkeit der Therapeut-Patient-Beziehung vernachlässigt, schlimmer noch, die Technikorientierung verführt zu heimlicher Ausübung von Macht, macht den Patienten vom Therapeuten abhängig. Dieser Mythos hat sich bis heute gehalten, weshalb wir diesem Thema ein eigenes Kapitel gewidmet haben.

In der Debatte um Perspektiven einer allgemeinen Psychotherapie wurde dieser Mythos jetzt unerwartet von Verhaltenstherapeuten vertreten [32; 105; 227]. Das war überraschend, weil Verhaltenstherapeuten seit mehr als 20 Jahren Forschungsarbeiten zur Therapiebeziehung vorgelegt haben, und zwar in einer Zahl, die sich kaum überschauen lässt [161] – an einigen waren sogar meine Kritiker beteiligt. Darüber hinaus gibt es vergleichende Prozess-Studien, in denen Verhaltenstherapeuten mit psychodynamisch und gesprächspsychotherapeutisch arbeitenden Kollegen verglichen wurden. Aus den Ergebnissen lassen sich folgende Schlussfolgerungen ziehen – und damit sind wir wieder bei der Verhaltenstherapie, wie sie wirklich ist:

Methoden- und technikorientierte Verhaltenstherapeuten arbeiten in der Regel gleichwertig empathisch, gelegentlich empathischer als Therapeuten, denen die Arbeit im Hier und Jetzt der Übertragungsbeziehung wichtig ist. Dazu gibt es rund ein dutzend Prozess-Studien und wir selbst haben dies in mehreren Forschungsarbeiten unter Beweis stellen können [51; 52; 53; 79]. Aber nicht nur aus unseren, sondern auch aus andernorts durchgeführten Studien lässt sich schlussfolgern: Störungsspezifische und methodenorientierte Verhaltenstherapie stärkt die Autonomieentwicklung von Patienten, bewirkt somit das Gegenteil einer Abhängigkeit vom Therapeuten. Und mit Blick auf eine therapeutisch angestoßene Autonomieentwicklung – das sei rasch hinzugefügt – gibt es keine Unterschiede zu Patienten, die mit anderen Therapieverfahren behandelt werden [161].

Technik *und* Beziehung. Angesichts dieser Befundlage bin ich seit Jahren dafür eingetreten, endlich mit der unsinnigen Polarisierung „Technik *versus* Beziehung" aufzuhören [52; 55; 58]. Technik und Beziehung! Therapie ohne Beziehung ist nicht denkbar, Therapie ohne Technik ebenfalls nicht. Beide Aspekte sind nicht unabhängig voneinander, sie ergänzen sich und gehören immer zusammen. Jedoch – empirisch belegt ist auch: Therapeutische Strategien und Verfahren unterscheiden sich in ihrer interaktionellen Qualität grundlegend voneinander, und zwar nicht nur wegen konzeptioneller Unterschiede, sondern wegen vielfältiger störungsspezifischer Besonderheiten.

Störungsübergreifend *und* störungsspezifisch. Auch das lehrt die Prozessforschung: Zu sehr unterscheiden und verändern sich die Interaktionseigenarten von Patienten in Abhängigkeit von ihrer psychischen Störung, Krankheit oder

Behinderung. Besonders sichtbar wird dies bei den Persönlichkeitsstörungen. Dependenz ist etwas anderes als histrionisch und schizoid völlig anders als Borderline. Jedes dieser Störungsbilder erfordert eine spezifische Beziehungsgestaltung. Selbst innerhalb des Verlaufs einer Störung dürfte es ratsam sein, den Interaktionsstil der jeweils erreichten Entwicklung anzupassen: zum Beispiel innerhalb oder außerhalb psychotischer Phasen oder bei spontan einsetzenden Dissoziationen oder angesichts noch fehlender bzw. vorhandener Änderungsmotivation im Verlauf einer Suchtbehandlung.

Dabei kann man natürlich von einer störungsübergreifend wichtigen Beziehungsgestaltung ausgehen, für die vermutlich in den meisten Therapieschulen ähnliche Basisvariablen für Therapeuten gelten (wie zum Beispiel Empathie, Wertschätzung und Respekt). Andererseits werden diese übergreifenden Aspekte entscheidend durch störungsspezifische Besonderheiten beeinflusst, um die Therapeuten wissen sollten, damit sie entsprechend differenziell handeln. Beide Betrachtungsebenen – störungsspezifische Beziehungstechnik und störungsübergreifende Beziehungsgestaltung – sind keine Alternativen. Sie ergänzen und befruchten sich wechselseitig.

Psychotherapeutische Praxis *und* Forschung. Insbesondere in therapeutischen Krisen darf man sich nicht blind auf strategische oder technische Vorgaben zur Beziehungsgestaltung seiner Therapieschule verlassen. Auch Forschungsergebnisse können uns nur bedingt weiterhelfen. Selbst allgemeine Prinzipien, wie sie im Kapitel über die existenzielle Verhaltenstherapie für die Auflösung therapeutischer Krisen vorgeschlagen wurden, bleiben nur Leitlinien. Im Erkennen der Realität des Störungsgeschehens jedes einzelnen Patienten bedarf es der zusätzlichen Kunstfertigkeit, die aktuellen Entwicklungen unter das Allgemeine zu subsumieren oder davon abzuweichen, um in der laufenden Abfolge von Erscheinungen, Umständen und Möglichkeiten das für die Behandlung jeweils Angemessene zu erkennen.

Ein solches Urteilsvermögen setzt gute Modelle in Ausbildung und Supervision sowie – im fortlaufenden Praxisalltag – selbst erworbene konkrete Erfahrungen voraus. Vor allem krisenhafte Entwicklungen schließen es gelegentlich aus, im Sinne der Vorgaben störungsspezifischer Manuale oder anderer schulspezifischer Techniken voranzuschreiten – Fortschritt in der Therapieforschung hin, Lehrbuchmeinungen zur Beziehungsgestaltung her. In vielen Situationen wird der Psychotherapeut gezwungenermaßen sein eigener Therapieforscher. Vermutlich ist und bleibt er dies sogar andauernd, trotz wissenschaftlichem Fortschritt oder erworbener Routine.

Der Umgang mit dem konkreten Patienten hat immer nur mehr oder weniger mit den Glaubenssätzen einer Therapieschule oder mit Wissen aus der Forschung zu tun. Auch wenn sich unser Handeln auf den erreichten Erkenntnisfortschritt bezieht und beziehen sollte, bedarf es der jeweiligen konkreten Umsetzung. Der psychotherapeutische Effekt ist nur sehr bedingt ein Beweismittel für die Angemessenheit von Forschungsergebnissen, er ist vielmehr ein Hinweis darauf, dass Therapeuten und Patienten zu einem Erfolg versprechenden Konsens unter Nutzung allgemeiner Erkenntnisse gefunden haben. Deshalb bleibt das verstehende und nach Lösungen suchende Gespräch zwischen Therapeut und Patient das wesentliche Agens therapeutischer Wirkungen und nicht eine Technik.

Nochmals ein Blick zurück in die Zukunft

Damit komme ich allmählich zur Ausarbeitung dessen, was mir im Unterschied zur Mythologie der wechselseitigen Ablehnung und Ignoranz als Bild einer Psychotherapie der Zukunft vorschwebt: nämlich eine gemeinsam (!) auszugestaltende lebendige, offene und wohlwollend konstruktive Konkurrenz der Therapieschulen miteinander, damit wir mit einer ernsthaften Suche nach den besten Behandlungsmöglichkeiten für unsere Patienten endlich vorankommen!

Sigmund Freud und seine betrübliche Hinterlassenschaft
Vielleicht hat es Sigmund Freud ja gar nicht gewollt, zumindest wohl nicht vorausgeahnt, wie sich die Welt der Psychotherapie weiterentwickeln würde, als er und seine Getreuen 1911 einen ersten Bannfluch gegen einen Abtrünnigen, gegen Alfred Adler, aussprachen. Vielleicht doch. Spätestens mit Verbannung ihres bis dahin noch amtierenden Präsidenten C. G. Jung aus der Psychoanalytischen Gesellschaft 1914 hätte man es voraussehen können. Die Ausgestoßenen gründeten eigene Glaubensgemeinschaften und in diesen wurde – dem Vorbild des vormaligen Übervaters folgend – ebenfalls nicht gerade zimperlich mit Querdenkern umgesprungen.

Noch bis weit nach dem Zweiten Weltkrieg wurden immer neue tiefenpsychologisch orientierte „Sekten" – wie sie Karl Jaspers [132; 133] kritisch abkanzelte – gegründet. Und die Sektenbildung weitete sich nochmals aus, als die Verhaltenstherapie und nach der Gesprächspsychotherapie weitere sich „humanistisch" und „systemisch" nennende Verfahren auf die Bühne traten. Und alle kämpften gegen andere Sekten oder vereinigten sich wieder, wie politische Parteien, gelegentlich nur unter Kompromissen. In Deutschland sind die Gründung neuer Glaubensgemeinschaften und der Zusammenschluss zu Dachverbänden nochmals so richtig vor Einführung des Psychotherapeutengesetzes in Gang gekommen, wie man dies anhand meiner Auflistung in den Zeittafeln nachvollziehen kann. Jede dieser Splittergruppierungen (auch in der Verhaltenstherapie) wollte präsent sein, sollte der in Aussicht stehende Kuchen mit kassenfinanzierten Praxisplätzen zur Verteilung kommen.

Wegen der Konkurrenz innerhalb und außerhalb der Therapieschulen gibt es heute eine für Patienten unbefriedigende Situation. Fragen diese einen Psychotherapeuten, welche Therapieform für ihre psychischen Störungen empfehlenswert sei und ob diese als Einzel- oder Gruppentherapie durchgeführt werden sollte, oder wann besser mit der Gesamtfamilie oder mit dem Partner, dann werden sie keine klare Antwort bekommen. Vielmehr müssen sie zunächst ihr Glück bei jenem Therapeuten versuchen, den sie als erstes aufgesucht haben. Eigentlich ein Grund zur Empörung.

Dieser unbefriedigende Zustand besteht jetzt mehr als 100 Jahre, seit Hippolyte Bernheim für die psychologische Behandlung den Begriff „Psychotherapie" einführte [22]. Zu seiner Zeit herrschte, wenn man so will, Verfahrensvielfalt. Herausragende Psychiater waren emsig bemüht, die Auswahl konkreter Behandlungsmaßnahmen von der Phänomenologie psychischer Störungen her zu begründen – häufig in enger Zusammenarbeit mit Psychologen: Kraepelin mit Wundt, Charcot mit Janet, Pavlov mit Bechterew und Adolf Meyer mit John Watson. Genau in diese Zeit fällt das Bestreben Sigmund Freuds, aus der damals bestehenden Verfahrensvielfalt eine Glaubensgemeinschaft mit strikten Methodenvorschriften zu formen und keine Alternativen zur eigenen Sichtweise zuzulassen. Und als solche wurde sie unmittelbar zum führenden Denkmodell der Psychosomatik, die sich damals neben der Psychiatrie etablierte. Nachwirkung bis heute: Therapieschulenkonkurrenz – ohne Ende?

Rückbesinnung auf eine Alternative in der Spezialisierung
Völlig anders sieht der Weg aus, den die Medizin außerhalb der Psychosomatik und Psychiatrie genommen hat. Hier finden wir das Phänomen der Spezialisierung. Zwar ist innerhalb

der Medizin viel Kritisches gegen die Einrichtung spezialisierter Fächer vorgebracht worden. Andererseits wurde inzwischen akzeptiert, dass sich dadurch erhebliche Fortschritte erreichen ließen, und zwar zunehmend. Die Spezialisierung wird sich nicht zurücknehmen lassen, obwohl sich die Mediziner erst daran gewöhnen mussten, dass es den führenden Blick eines Arztes, der das Gesamtgebiet überblickt, nicht mehr gibt – auch wenn man dies dem Arzt für Allgemeinmedizin gern zumuten möchte.

Interessanterweise wird an der Spezialisierung heutzutage nur noch dann berechtigte Kritik laut, wenn mit der Steigerung des Könnens die Tendenz verbunden ist, den Spezialisten auf bestimmte Denkweisen zu verpflichten. Wir sehen: Auch in der Beurteilung und Behandlung körperlicher Krankheiten und Gebrechen gibt es Schulenstreit. Jedoch mit einem bezeichnenden Unterschied zur Konkurrenz der Psychotherapieschulen. In der übrigen Medizin nimmt die Streiterei von der Phänomenologie der konkreten Krankheiten und Behinderungen ihren Ausgangspunkt – oder besser: von den Bildern, die sich die Forscher über sie machen. Fakt jedoch ist: Im Mittelpunkt der Diskurse unter den Spezialisten in Chirurgie, Orthopädie, Nephrologie, Neurologie usw. stehen konkrete Krankheiten oder Behinderungen.

Diese Sicht, von Störungs- oder Krankheitsbildern her einen Weg zur Behandlung zu suchen, wurde mit dem Anspruch der Psychoanalyse, über ein ganzheitliches Konzept der Erklärung und Behandlung *aller* psychischen Störungen in den Spezialfächern Psychiatrie und Psychosomatik zu verfügen, geradezu auf den Kopf gestellt. Und mit der Ausgrenzung ebenfalls ganzheitlich Andersdenkender bildeten sich weitere Therapieschulen, allesamt davon überzeugt, mit ihren Erklärungsmodellen den jeweils besten Weg zur Behandlung psychischer Störungen im Gepäck zu haben. Kurz:

Nicht die psychischen Störungen sind seither Ausgangspunkt für Überlegungen, wie ihnen am besten beizukommen ist, sondern das Festhalten an „Treu und Glauben" innerhalb eines für allgemeingültig erklärten Erklärungsrahmens oder Menschenbildes mit einem zugehörigen Satz therapeutischer Prinzipien und Verfahren.

Wenn die Geschichte in den Spezialisierungsbereichen Psychiatrie und Psychosomatik sowie die ihres jeweiligen Kooperationspartners Klinische Psychologie angemessen fortgeschrieben worden wäre, dann hätte es darum gehen müssen, in Ausbildung und Forschung auf ein Spezialistentum im Umgang mit psychischen, psychiatrischen und psychosomatischen Störungen hinzuwirken und nicht auf die Zugehörigkeit zu einer Therapieschule. Nur weil genau das nicht zielstrebig vorangebracht wurde, haben wir die unschöne Situation, dass die meisten Psychiater und Psychosomatiker aus Abrechnungsgründen gezwungen werden, sich in die Obhut der Psychoanalyse begeben und die meisten Klinischen Psychologen in die der Verhaltenstherapie. Dabei benötigen wir dringend Spezialisten für die differenzielle Behandlung psychischer Störungen und nicht so sehr Spezialisten in der Anwendung nur einer Therapieform mit nur minimaler Kenntnis und Kompetenz in der Anwendung von Behandlungsalternativen.

Das Forschungsprogramm „Phänomenologie psychischer Störungen"
Glücklicherweise haben wir es in der Psychiatrie, Psychosomatik und Klinischen Psychologie nicht nur mit schulengläubigen Vertretern zu tun. Moderne Abweichler, zu denen auch ich mit Forschungsarbeiten zum Stottern, zur Schizophrenie, Depression und zu dissoziativen und Persönlichkeitsstörungen gehöre, fühlen sich durchaus dem Denken einer Therapieschule nahe, haben darüber hinaus jedoch eines gemeinsam: Sie in-

teressieren sich zuvorderst für die Ursachen und Hintergründe psychischer Störungen – und erst nachgeordnet für die Fortentwicklung therapeutischer Verfahren.

Auch auf diesem Weg sind wir inzwischen weit vorangekommen und der erreichte Stand lässt folgende Feststellung zu: Wenn sich im ersten Jahrhundert offizieller Psychotherapieforschung tragfähige Fortschritte finden ließen, so ergaben sich diese nicht aus der Fortentwicklung und Evaluation psychotherapeutischer Strategien und Techniken, sondern aus einem zunehmend besseren Verständnis biologischer, psychischer und sozialer Prozesse, mit denen sich die Entstehung, Aufrechterhaltung und Beeinflussung psychischer Störungen erklären lassen. Ähnliches haben wir weiter oben als typisch für die Entwicklung der Medizin insgesamt über die letzten Jahrhunderte hinweg angedeutet.

Nun lässt sich kaum behaupten, dass innerhalb der Therapieschulen nicht von den Phänomenen psychischer Störungen ausgehend gedacht und gehandelt würde. Nur wurden sie dort immer nur einseitig mit dem jeweils vorherrschenden Menschbild in Augenschein genommen und die Möglichkeit alternativer Sichtweisen mehr oder weniger radikal ausgeschlossen. In den vergangenen Jahren ist dennoch eine wachsende Offenheit gegenüber Alternativen beobachtbar, wenngleich diese nur zögerlich erfolgt. Die Gründe für eine Störungsorientierung liegen auf der Hand: Viele frühere Sichtweisen haben sich angesichts zunehmender Störungskenntnis nicht nur als falsch, sondern auch als schädlich für die Behandlung erwiesen.

So wurden zahlreiche psychosomatische Erkrankungen – Bronchialasthma, Colitis ulcerosa, Migräne, Hypertonie, Magengeschwüre usw. – der zunächst beanspruchten ausschließlichen Zuständigkeit der Psychotherapeuten wieder entzogen. Die in fast jeder Krankenakte schizophrener Patienten seit den 1950er Jahre auffindbare „schizophrenogene Mutter" wurde mit zunehmender Kenntnis erst in den 1970er Jahren von ihrer Mitschuld freigesprochen. Ähnlich lange dauerte das Martyrium vieler Eltern autistischer Kinder, die – mangels neurologischer Kenntnisse über den Autismus – durch psychoanalysegläubige Therapeuten von ihren Kindern zwangssepariert wurden und der Empfehlung Folge leisten mussten, sich in psychotherapeutische Behandlung zu begeben. Dabei gab es zu jener Zeit bereits empirisch gesicherte Alternativen erfolgreicher Frühbehandlung der Verhaltenstherapie, wenngleich auch diese heutzutage nochmals anders aussehen und sich wegen zunehmender Kenntnisse über den Autismus ständig weiter verändern.

Angesichts der störungsspezifischen Forschung jedenfalls kann nicht mehr behauptet werden, dass es nur einen, nämlich den selig machenden Weg der eigenen Therapieschule zur erfolgreichen Behandlung psychischer Störungen gäbe. Es gibt immer unterschiedliche Wege, nur kennen wir wegen des Schulengerangels jene kaum, die besser als andere sind. Überhaupt wissen wir immer noch viel zu wenig. Und selbst das ernsthaft zur Kenntnis zu nehmen, wird uns durch die Brillen orthodoxer Therapieschulengläubigkeit erschwert.

Es mag ja so sein, dass störungsspezifische Forschung – was die Therapieschulen angeht – vor allem in der Verhaltenstherapie von Anbeginn an Pflichtübung war. Das jedoch gilt nicht mehr. Störungsspezifische Forschungsaktivität lässt sich inzwischen bei Forschern beobachten, die von ihrer Herkunft her zwar der Psychoanalyse, Gesprächspsychotherapie, Gestalttherapie, Systemischen Psychotherapie und oder anderen Behandlungskonzepten nahe stehen, sich aber andererseits alternativen Sichtweisen nicht mehr verschließen (hierzu z. B. in der Übersicht: [19; 46; 93; 231; 257]).

Ich selbst habe es mehrfach als möglichen „Stein der Weisen" herausgestellt, dass es eine *schulübergreifende und schulunabhängige* Phänomen- und Störungsorientierung der Psychotherapie ermöglichen könnte, endlich das „omnipotente Denken in Therapieschulen" über Bord zu werfen [52; 54; 55; 60; 62]. In den Mittelpunkt rückte zuvorderst die Phänomenologie einer konkreten psychischen Störung, Krankheit und Behinderung und erst nachgeordnet sollten eine oder mehrere – mit dem Zeitgeist fortzuentwickelnde – Erklärungsperspektiven die Grundlagenforschung in Bewegung setzen. Die Erklärungen sollten sich auf die Phänomenologie oder Anteile der Phänomenologie der jeweiligen Störung beziehen und erst nachgeordnet auf das enge Störungsverständnis einer Therapieschule, wenngleich sie diesem durchaus entsprechen könnten. Der besondere Vorteil, der sich dadurch eröffnete, liegt in der Unterschiedlichkeit ätiologietheoretischer Modelle und in der möglich werdenden vergleichenden Erforschung unterschiedlicher therapeutischer Maßnahmen. Langfristiges Ziel wäre die Entwicklung und empirische Fundierung von Kriterien für eine selektive und differenzielle Indikation.

Psychotherapie im Wandel

Historisch ist es verständlich, dass zu Anfangszeiten der Psychotherapie in den psychoanalytischen und andersgearteten tiefenpsychologischen Ansätzen ein hermeneutisch und phänomenologisch begründetes Vorgehen in den Vordergrund gerückt wurde. Auch in der später dazu kommenden Verhaltenstherapie kam es bis in die 1970er Jahre hinein, trotz formaler Vorgaben der frühen Problem- und Verhaltensanalysen, mangels hinreichender empirischer Begründung letztlich doch vorrangig auf die phänomenologische und hermeneutische Flexibilität und Kreativität der praktisch arbeitenden Psychotherapeuten an. Jedenfalls ließen sich die frühen verhaltenstherapeutischen Prinzipien eher selten zwanglos auf den Einzelfall übertragen. Vielleicht wurde deshalb, sogar noch bis in die 1980er Jahre – und zwar völlig zu Recht – vermutet, dass es *einen Vorlauf der Praxis* vor der Psychotherapieforschung gebe, und vorgeschlagen, dass es sich für die Psychotherapieforscher lohnen könnte, den Praktikern bei ihrer therapeutischen Tätigkeit über die Schulter zu schauen [27; 28].

Sicherlich lohnten sich solche naturalistischen praxisnahen Forschungsansätze auch heute noch. Dennoch sind wir inzwischen gut 30 Jahre weiter. Jedenfalls lässt sich heute nicht mehr apodiktisch behaupten, die Psychotherapieforschung hinke der Psychotherapiepraxis hinterher. Die Psychotherapieforschung hat glücklicherweise aufgeholt [161]. Und wenn man Forschungsergebnissen trauen darf, dann ist es in den vergangenen Jahrzehnten zu erheblichen Fortschritten dahingehend gekommen, die Anzahl erfolgreicher Psychotherapien zu steigern – zumindest, was ihre unmittelbaren Wirkungen angeht, denn die Rückfallzahlen stagnieren. Dennoch sind Fortschritte unverkennbar; und sie sind vorrangig auf ein besseres Störungswissen und erst in der Folge auf die Entwicklung differenzierter werdender Behandlungskonzepte zurückzuführen. Letzteres gilt insbesondere für die Behandlung so genannter „schwerer" Störungen, wie Schizophrenie, Depression, Zwangsstörungen oder Borderline-Persönlichkeitsstörungen.

Und – wie angedeutet – ist es so, dass sich diese Fortschritte nicht nur die Verhaltenstherapieforscher auf ihre Fahnen schreiben dürfen, sondern an dieser Entwicklung sind die Forscher anderer Therapieschulen maßgeblich beteiligt, wie man anhand der Publikationen in der interdisziplinären Zeitschrift

Psychotherapy Research mitverfolgen kann (natürlich nicht nur dort). Und dabei fällt Folgendes auf: An den wichtigen Forschungsinstitutionen werden heute *kaum noch* störungsübergreifende Therapiestudien durchgeführt. Das war vor 20, 30 Jahren noch üblich. Heute ist dies schlicht unsinnig geworden. Deshalb lautet mein Vorschlag, zukünftig ausdrücklich an die bisherigen Erfolge einer phänomen- und störungsspezifischen Psychotherapie anzuschließen, um diese weiter voranzubringen.

Phänomen- und störungsspezifische Psychotherapie in der Forschung
Auf dem Weg in die Zukunft könnte uns als eine Möglichkeit ein bereits in einem früheren Kapitel dieses Buches vorgestelltes Schema als allgemeine Orientierungshilfe dienen (Abb. 8). Damit wird hier jetzt nicht der Suche nach neuen Wegen das verhaltenstherapeutische Forschungsprogramm übergestülpt. In allen etablierten Schulen wird der Rekurs auf allgemeine Wissensbestände der Humanwissenschaften zu den psychischen Störungen mehr oder weniger lebendig gepflegt. Wir sollten nur endlich einmal ernsthaft damit beginnen, die wechselseitige Distanz bis Abneigung zu den Akten zu legen.

Störungsspezifische Erklärungsmodelle als Voraussetzung.
Wie angedeutet, brauchen wir ein besseres Verständnis der an psychischen Störungen beteiligten Prozesse und Mechanismen und ein Wissen über deren allgemeines oder individuelles Gewicht für die Aufrechterhaltung persönlicher und zwischenmenschlicher Probleme und von dort ausgehend über die Wirksamkeit spezieller Treatments zur Beeinflussung dieser Prozesse. Das läuft – als Voraussetzung – auf eine komplexe Erforschung der dysfunktionalen Prozesse der verschiedenen Störungstypologien einschließlich der inzwischen

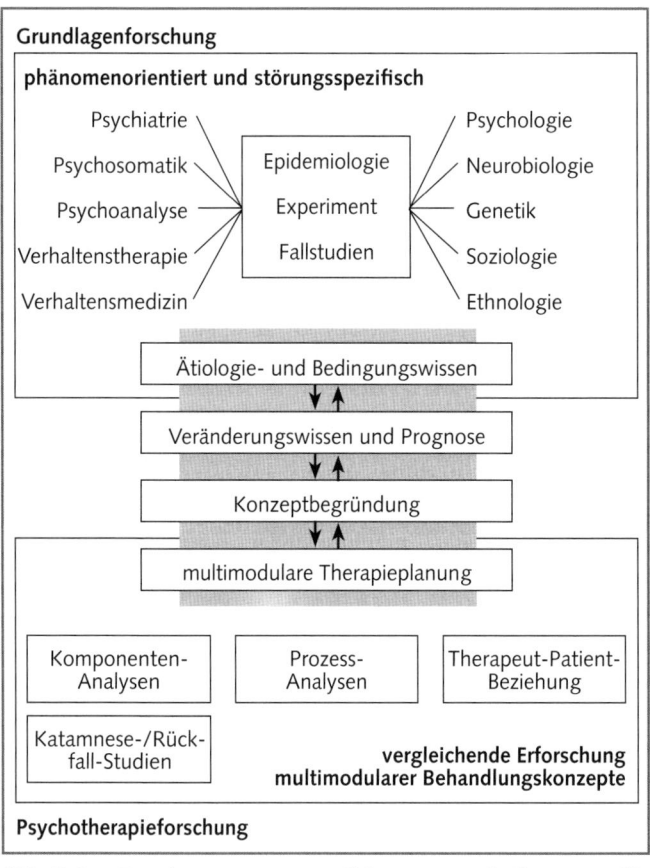

```
┌─────────────────────────────────────────────────────────┐
│ Grundlagenforschung                                     │
│ ┌─────────────────────────────────────────────────────┐ │
│ │ phänomenorientiert und störungsspezifisch           │ │
│ │   Psychiatrie  \           / Psychologie            │ │
│ │   Psychosomatik \ Epidemiologie / Neurobiologie     │ │
│ │   Psychoanalyse → Experiment ← Genetik              │ │
│ │   Verhaltenstherapie / Fallstudien \ Soziologie     │ │
│ │   Verhaltensmedizin /              \ Ethnologie     │ │
│ │                                                     │ │
│ │      Ätiologie- und Bedingungswissen                │ │
│ │                     ↕                               │ │
│ │      Veränderungswissen und Prognose                │ │
│ │                     ↕                               │ │
│ │      Konzeptbegründung                              │ │
│ │                     ↕                               │ │
│ │      multimodulare Therapieplanung                  │ │
│ │                                                     │ │
│ │   Komponenten-   Prozess-     Therapeut-Patient-    │ │
│ │   Analysen       Analysen     Beziehung             │ │
│ │                                                     │ │
│ │   Katamnese-/Rück-    vergleichende Erforschung     │ │
│ │   fall-Studien        multimodularer Behandlungskonzepte │
│ │ Psychotherapieforschung                             │ │
│ └─────────────────────────────────────────────────────┘ │
└─────────────────────────────────────────────────────────┘
```

Abb. 8 Das Forschungsprogramm „Phänomen- und störungsspezifische Psychotherapie".

bekannten Komorbiditätsbeziehungen hinaus und weiter auf die Entwicklung von Assessment-Methodologien, diese Prozesse am Einzelfall identifizieren zu können.

Dass wir auf diesem Weg bereits sehr weit vorangekommen sind, kann man den gegenwärtig zahlreicher werdenden

Publikationen über Diagnose, Ätiologie und Behandlung psychischer Störungen entnehmen, die von Verlagen inzwischen als Buchreihen herausgegeben werden. *Keines* der inzwischen vorliegenden phänomen- und störungsspezifischen Behandlungskonzepte ist aus einem Vakuum heraus entwickelt worden. Vorausgegangen ist – auch wenn man das gern übersieht – jahrhundertelange ätiologische Theorie- und Forschungsarbeit zur Entstehung, zu den aufrechterhaltenden Faktoren sowie zu den Verlaufsgestalten spezifischer psychischer Störungen. Das heißt, für die störungsspezifischen Behandlungskonzepte sind empirisch gesicherte Entstehungs- und Verlaufsbedingungen *maßgeblicher Begründungskontext* und nicht die einfache Diagnose!

Positiver Akzent der gegenwärtigen Entwicklung ist, dass die klinisch-psychologischen Forscher bemüht sind, für die Ätiologie- und Verlaufsforschung das empirische und theoretische Wissen aus *der gesamten Psychologie und ihren Nachbarwissenschaften* (Genetik, Biologie, Physiologie, Psychiatrie, Soziologie usw.) einzusetzen. Deshalb repräsentieren Erklärungsmodelle immer nur den jeweiligen Stand des wissenschaftlichen Erkenntnisfortschrittes, der zumeist nicht nur dem Zeitgeist, sondern aktuell immer auch den gerade in Mode gekommenen Trendsettern entspricht – wie dies im Kapitel über die „Neue Welle in der Verhaltenstherapie" kritisch angedeutet wurde. Und entsprechend werden sie (selbstkritisch gewendet) *immer nur als vorläufige Heuristik* zur Ableitung therapeutischer Strategien herhalten können.

Komparative Kasuistik. Natürlich kommt es in der Psychotherapie(-Forschung) nicht nur darauf an, vom Allgemeinen auf das Differenzielle oder Individuelle zu schließen. Der Weg einer aufsteigenden verallgemeinernden Erkenntnisgewinnung, der von einzelnen Fällen seinen Ausgang nimmt, darf nicht außer Betracht bleiben. Dies wurde in Abbildung 8 durch Rückpfeile von der Behandlungswelt in Richtung Grundlagenforschung angedeutet. Dieser Weg stellt zugleich ein Gegengewicht zur allgemein üblichen Behandlungsforschung dar, in der durch eine Zusammenstellung größerer Vergleichsgruppen die interindividuelle Variabilität ausgeschlossen bleibt. Im Unterschied dazu liegt der Vorteil der so bezeichneten komparativen Kasuistik darin, dass wiederholt Einzelfälle detailliert (d. h. qualitativ) erforscht werden, um dann – aufsteigend – zu überindividuellen Erkenntnissen vorzudringen [136; 137].

Der Ansatz der komparativen Kasuistik impliziert zugleich, dass jeder Einzelfall als Variationsform der jeweiligen psychischen Störungen aufgefasst werden kann und ein Wissen, dass sich direkt auf derartige Variationsformen bezieht, in der Praxis eine individuelle Zupassung ermöglicht, welches in der störungsspezifischen Manualforschung üblicherweise ausgeklammert bleibt. An dieser Stelle wird deutlich, warum es sogar angemessen wäre, die komparative Kasuistik nicht nur als eine phänomenspezifische, sondern als eine sowohl phänomen- als auch individuumsspezifische Untersuchungsmethode zu bezeichnen.

Auch wenn sich mit diesem Ansatz prägnante Entstehungstheorien für überindividuelle Phänomen nur schwer werden finden lassen, so lassen sich mit seiner Hilfe therapeutische Entscheidungen überprüfen, die in der alltäglichen psychotherapeutischen Arbeit, im Unterschied zum Ansatz der Methodenüberprüfung an größeren Patientengruppen, im Mittelpunkt stehen – und damit stellt sich genau an dieser Stelle ein besonderer Vorteil ein, der mir in diesem Schlusskapitel vorrangig am Herzen liegt.

Selektive und differenzielle Indikation. Eine phänomen- und störungsorientierte Suche nach Erklärungs- und Behandlungsmodellen eröffnet völlig neue Möglichkeiten der selektiven Indikation und differentiellen Planung psychotherapeutischer Maßnahmen. *Selektive Indikation* sowie *differenzielle Psychotherapie* sind gemeint – und *nicht* Psychotherapie-Integration! Erst die Konzeptualisierung differenzieller Therapiestrategien erlaubt eine vorurteilsfreie Diskussion und Untersuchung der Frage, welches psychotherapeutische Vorgehen bei welchen Teilaspekten psychischer Störungen weshalb die besseren Voraussetzungen erfüllt. Bei den heute hauptsächlich praktizierten, weil wissenschaftlich legitimierten psychotherapeutischen Verfahren handelt es sich nämlich um genuin unterschiedliche Therapiestrategien, die sich meines Erachtens nicht integrieren lassen! Deshalb sollte auch die prinzipielle Unterschiedlichkeit therapeutischer Handlungskonzepte (als deren Vorteile!) nicht vorschnell verwischt werden – egal unter welchem Label auch immer.

Bleibt weiter zu beachten: Keines der bisher als „allgemeine" oder „integrative" oder gelegentlich gar als „eklektische" Psychotherapie ausgearbeiteten Konzepte verfügt über hinreichende empirische Evidenz. Eine differenzielle und vergleichende, phänomen- und störungsspezifische Therapieforschung sollte schon deshalb in positiver Konkurrenz der Schulen *miteinander* erfolgen und nicht mehr so sehr oder nur mehr nachgeordnet innerhalb des Begründungs- und Forschungskontextes nur eines einzelnen therapeutischen Verfahrens. Gespräche zwischen Psychoanalytikern und Verhaltenstherapeuten dazu haben in den vergangenen Jahren immer wieder einmal stattgefunden, auch im deutschsprachigen Raum, zum Beispiel in den Kommissionen zur Leitlinienentwicklung störungsspezifischer Behandlungskonzepte. Und sie zeigen bereits jetzt, wie schwierig diese Auseinandersetzung ist und auch, dass sie schwierig bleiben wird, geht sie doch an die Substanz tradierter Omnipotenzphantasien, die nach wie vor in den Therapieschulen vertreten werden.

Und das ist gut so! Konstruktiver Streit ist unverzichtbar! Denn langfristig geht kein Weg daran vorbei, die bisher sträflich vernachlässigte Frage des Geltungsanspruches wie die Frage nach der Realgeltung der jeweiligen Konzeption endlich in den Mittelpunkt zu rücken. Diese eine Bereitschaft zur Selbstkritik voraussetzende Diskussion kann übrigens nicht gegeneinander, sondern sinnvoll nur miteinander geführt werden. Vielleicht gelingt sie zukünftig in phänomen- und störungsspezifischer Orientierung.

Phänomen- und störungsspezifische Psychotherapie in der Praxis

Doch um sogleich einem weiteren Missverständnis entgegenzutreten: Eine phänomen- und störungsorientierte Psychotherapie darf nicht mit standardisierter Psychotherapie gleichgesetzt werden! Störungsspezifische Therapie kann zwar eine Standardisierung ermöglichen (zu deren Ökonomisierung und für die Forschung). Im Unterschied zur standardisierten Psychotherapie ist das wesentliche und weiter greifende Merkmal phänomen- und störungsorientierter Therapie jedoch die ätiologietheoretische oder bedingungsanalytische Begründung des individuellen therapeutischen Vorgehens jeder anstehenden Psychotherapie.

Dieses Vorgehen bleibt in der Herleitung konkreter therapeutischer Strategien immer ein behutsam mit dem Patienten abzustimmender Prozess, der vorrangig auf Plausibilitätserwägungen basiert, wenngleich er sich auf ein immer besseres theoretisches und empirisch gestütztes Bedingungswissen stützen kann. Trotz zunehmendem Grundlagenwissen über Ätiologie, Verlauf und Veränderbarkeit psychischer Störungen, körperlicher Erkrankungen und Behinderungen begründet ein induktiv oder hermeneutisch zu gestaltender Prozess die Entscheidung für spezifische therapeutische Strategien. Und dieser nimmt erst dann konkrete Gestalt an, wenn sich mit dem Patienten ein Konsens herstellen lässt.

Diese Argumentation spricht überhaupt nicht gegen manualisierte Therapieprogramme, sofern sie modular anwendbar sind und die einzelnen Komponenten den jeweiligen Patienten und ihren Störungsbildern sinnvoll angepasst werden können. Dennoch dürften integrale Behandlungspakete in vielen Fällen nicht das optimale Therapieangebot darstellen, da viele komplexe Störungen nicht nur einen differenziellen Mitteleinsatz erfordern (wie z. B. in der Verhaltenstherapie sexueller Funktionsstörungen die Methoden „Sensate Focus", kognitive Beeinflussung der aufrechterhaltenden Versagensängste, Verbesserung der Kommunikation betroffener Paare usw.), sondern oft auch idiosynkratische Bedingungen zu berücksichtigen sind, die sich nicht bei jedem Patienten trotz gleichartiger Diagnose finden lassen (bei sexuellen Störungen etwa Ekelgefühle als Nachwirkungen eines früher erlebten sexuellen Missbrauchs).

Andererseits stellen manualisierte Therapieprogramme eine unverzichtbare Quelle für Ansatzpunkte selbst in einer komplexen Behandlung dar, als sie bewährtes ätiologisches und therapeutisches Wissen didaktisch aufbereiten und Arbeitshilfen und -materialien zur Verfügung stellen. Wiederum andererseits dürfen manualisierte Therapieprogramme nicht darüber hinwegtäuschen, dass sie versteckt ein Haltbarkeitsdatum in sich tragen, weil sich das vorhandene Störungs- und Behandlungswissen weiterentwickelt, dass sie in ihrer modularen Struktur als therapeutische Handlungsoptionen und nicht als zwingende Vorschriften zu verstehen sind, dass sie deshalb mit Blick auf den Einzelfall immer einer differenziellen Ausgestaltung bedürfen.

Fazit

Der große Trugschluss bisherigen Therapieschulendenkens lag in der Illusion, den psychisch gestörten Menschen in seiner Ganzheitlichkeit erfassen zu wollen. Spätestens mit dem Auftauchen konkurrierender Therapieschulen hätte sich die Einsicht durchsetzen können, dass kein Mensch, ja nicht einmal seine spezifische psychische Gestörtheit als Ganzes durchschaut und damit objektiviert werden kann. Alle Ganzheitsbegriffe, sofern man sie auf etwas Konkretes in Anwendung bringen kann, erweisen sich als Begriffe von etwas Partikularem.

Mit den vorhandenen Erklärungsmodellen, selbst den besser evaluierten, lassen sich immer nur Anteile psychischer Phänomene und Störungen aufklären. Mir jedenfalls ist keine Forschungsarbeit bekannt, deren Ergebnisse sich auf 100% generalisieren lassen. Signifikanzen unterscheiden immer nur Untergruppen von Auffälligkeiten und geben Auskunft über mögliche Sichtweisen.

Deshalb wandert jede Psychotherapie trotz vorhandener Erkenntnis und Entwicklung von Sitzung zu Sitzung von einem Versuchstadium ins nächste. Jede Behandlung geht von der Beobachtung am neuen Einzelfall aus, auch wenn sich Therapeuten von vorhandener wissenschaftlicher Kenntnis leiten lassen. So manches Mal kann natürlich eine Entwicklung vorausgesagt und erwartet werden. Um näher oder ferner liegende Ziele jedoch zu erreichen, erfordert die Therapie, genau im Auge zu behalten, was geschieht und gegebenenfalls den Weg zu ändern. Mir selbst ist es mehr als einmal passiert, dass ich mir eine glückliche Wendung in die erhoffte Richtung überhaupt nicht erklären konnte. Das waren Sternstunden, die meinen Forschergeist auch unabhängig von der gerade laufenden Behandlung beflügelt haben.

Auch wenn therapeutische Techniken wissenschaftlich begründeten Prinzipien folgen, in ihrer Anwendung stoßen sie häufig an Grenzen. Gelegentlich erweist sich ihre Anwendung am Einzelfall als Kunst, weil sie eben nur durchschnittlich passen. Glücklicherweise lassen sich Techniken abwandeln. War es überhaupt die Technik, die günstige Änderungen bewirkte? Der Rückschluss *post hoc ergo propter hoc* könnte sich auch als Fehlschluss erweisen. Zahlreiche Techniken, die der Psycho-Markt bereithält, basieren auf Beobachtungen am einzelnen Fall, die dann zum allgemeinen Gebrauch weiterempfohlen werden. Vorsicht! Selbst den Richtlinien evaluierter Therapietechniken sollte man nur mit kritischem Blick vertrauen.

Psychotherapeutisches Handeln begründet sich nicht in den Mitteln, die uns die Forschung bereitstellt, sondern erst in der Art und Weise, wie sie vom Psychotherapeuten in die Beziehung zum Patienten eingebracht werden, nur im vollem Einverständnis mit ihm und unter seiner Mitwirkung. Und nach wie vor gilt es, zu akzeptieren, dass die psychotherapeutische Kunst ihre Grenzen hat und dass es möglicherweise Alternativen gibt, die wir selbst nicht kennen. Vielleicht befinden wir uns nach einhundertjähriger offizieller Geschichtsschreibung der Psychotherapie noch im Mittelalter und benötigen noch Jahrhunderte, um den Ballast schultherapeutischen Denkens über Bord zu werfen. Vielleicht gelingt uns dies in Rückbesinnung auf eine phänomenologische und störungsspezifische Orientierung – auf der Suche nach einem zukunftweisenden Weg so ziemlich in der Mitte …

… zwischen den eingangs dieses Schlusskapitels dargestellten Mythen, die wir wegen ihrer unglücklichen Spaltwirkung als erstes über Bord werfen sollten.

Literatur

1 Adler, A. (1912). Über den nervösen Charakter. Grundzüge einer vergleichenden Individualpsychologie und Psychotherapie. Wiesbaden: Bergmann [seit 1972: Frankfurt/M.: Fischer TB].
2 Alexander, F. & French, T.M. (1946). Psychoanalytic Therapy. Principles and Application. New York: Ronald Press.
3 Allen, J.G. & Fonagy, P. (2002). The development of mentalizing and its role in psychopathology and psychotherapy (Technical Report No. 02-0048). Topeka, KS: The Menninger Clinic, Research Department.
4 Amann, G. & Wipplinger, R. (Hrsg.). (1998). Gesundheitsförderung. Ein multidimensionales Tätigkeitsfeld. Tübingen: dgvt-Verlag.
5 Ansermet, F. & Magistretti, P. (2005). Die Individualität des Gehirns. Neurobiologie und Psychoanalyse. Frankfurt/M.: Suhrkamp.
6 Backenstraß, M., Fiedler, P., Kronmüller, K.T. & Mundt, Ch. (1998). Zur Frage der Depressionsspezifität von partnerschaftlichem Interaktionsverhalten: Eine SASB-Studie ehelicher Beziehungsmuster. Zeitschrift für Klinische Psychologie, 27, 271–280.
7 Backenstrass, M., Fiedler, P., Kronmüller, K.T., Reck, C., Hahlweg, K. & Mundt, Ch. (2007). Marital interaction in depression: A comparison of Structural Analysis of Social Behavior and the Kategoriensystem für Partnerschaftliche Interaktion. Psychopathology, 40, 303–311.
8 Backenstrass, M., Frank, A., Joest, K., Hingmann, S., Mundt, Ch. & Kronmüller, K.-T. (2006). A comparative study of non-specific depressive symptoms and minor depression regarding functional impairment and associated characteristics in primary care. Comprehensive Psychiatry, 47, 35–41.
9 Backenstraß, M., Hingmann, S., Fiedler, P., Kronmüller, K.T., Keller, A. & Mundt, Ch. (2004). Gruppenerleben im Verlauf eines kognitiv-verhaltenstherapeutischen Behandlungsprogramms für depressive Patienten. Gruppenpsychotherapie und Gruppendynamik, 40, 179–192.
10 Backenstrass, M., Schwarz, Th., Fiedler, P., Joest, K., Reck, C., Mundt, Ch. & Kronmueller, K.T. (2006). Negative mood regulation expectancies, self-efficacy beliefs, and locus of control orientation: moderators or mediators of change in the treatment of depression? Psychotherapy Research, 16 (2), 250–258.
11 Bacon, F. (1627). Sylva Sylvarum, or a Natural History in Ten Centuries. London: Lee Williams.

12 Bartling, G., Echelmeyer, L., Engberding, M. & Krause, R. (1980). Problemanalyse im therapeutischen Prozess. Stuttgart: Kohlhammer.
13 Bastine, R. (1984). Klinische Psychologie (Bd. 1). Stuttgart: Kohlhammer.
14 Bechterew, V.M. (1913). Objektive Psychologie oder Psychoreflexologie. Die Lehre von den Assoziationsreflexen. Leipzig: Barth.
15 Beck, A.T., Rush, A.J., Shaw, B.F. & Emery, G. (1979). Cognitive Therapy of Depression. New York: Guilford. [dt. (1981). Kognitive Therapie der Depression. München: Urban & Schwarzenberg. Spätere Auflagen: Weinheim: Beltz-PVU].
16 Benjamin, L.S. (1974). Structural analysis of social behavior. Psychological Review, 81, 392-425.
17 Benjamin, L.S. (1995). Interpersonal Diagnosis and Treatment of Personality Disorders (2nd ed.). New York: Guilford.
18 Berbalk, H.H. & Young, J.E. (2008). Schematherapie. In: Margraf, J. & Schneider, S. (Hrsg.). Lehrbuch der Verhaltenstherapie (3. Aufl.). Heidelberg: Springer; 646–668.
19 Berger, M. (Hrsg.). (2009). Psychische Erkrankungen. Klinik und Therapie (3. Aufl.). München: Urban & Fischer.
20 Bergin, A.E. & Garfield, S.L. (eds.). (1994). Handbook of Psychotherapy and Behavior Change (4th ed.). New York: Wiley.
21 Berne, E. (1967). Spiele der Erwachsenen. Reinbek: Rowohlt.
22 Bernheim, H. (1891). Hypnotisme, suggestion, psychothérapie. Etudes nouvelles. Paris: Doin.
23 Binswanger, L. (1942). Grundformen und Erkenntnis des menschlichen Daseins. Zürich: Niehans.
24 Blöschl, L. (1969). Grundlagen und Methoden der Verhaltenstherapie. Bern: Huber.
25 Brengelmann, J.C. & Tunner, W. (Hrsg.). (1973). Behaviour Therapy – Verhaltenstherapie. München: Urban & Schwarzenberg.
26 Bohus, M. (2002). Borderline-Persönlichkeitsstörung (Reihe Fortschritte der Psychotherapie). Göttingen: Hogrefe.
27 Breuer, F. (1979). Psychologische Beratung und Therapie in der Praxis. Heidelberg: Quelle & Meyer.
28 Bromme, R. (1978). Wissen als Grundlage und Gegenstand therapeutischen Handelns. In: Keupp, H. & Zaumseil, M. (Hrsg.). Die gesellschaftliche Organisierung psychischen Leidens. Frankfurt/M.: Suhrkamp; 469–498.

29 Buchkremer, G. & Fiedler, P. (1982). Angehörigentherapie bei schizophrenen Patienten. In: Helmchen, H., Rüger, U. & Linden M. (Hrsg.). Psychotherapie in der Psychiatrie. Berlin: Springer; 141–144.

30 Cameron, D.E. (1950). General Psychotherapy: Dynamics and Procedures. New York: Grune & Stratton.

31 Camus, A. (1953). Der Mensch in der Revolte. Hamburg: Rowohlt.

32 Caspar, F. (1997). Ist die „alte" Problemanalyse wirklich so hinterwäldlerisch? In: Reinecker, H. & Fiedler, P. (Hrsg.). Therapieplanung in der modernen Verhaltenstherapie. Eine Kontroverse. Lengerich: Pabst-Verlag; 28–50.

33 Caspar, F. (2009). Plananalyse und Schemaanalyse. Verhaltenstherapie & Verhaltensmedizin, 30, 24–34.

34 Charcot, J.M. (1886). Neue Vorlesungen über die Krankheiten des Nervensystems insbesondere über Hysterie (Übers.: S. Freud). Leipzig: Toeplitz & Deuticke.

35 Claas, P. & Röhrle, B. (2006). Prozess- und Erfahrungsorientierte Psychotherapie: Theorie und Praxis. Verhaltenstherapie und psychosoziale Praxis, 38, 95–120.

36 Clarkin, J.F., Yeomans, F.E. & Kernberg, O.F. (1999). Psychotherapy for Borderline personality. New York: Wiley. [dt. (2001). Psychotherapie der Borderline-Persönlichkeit: Manual zur Transference-Focused Psychotherapy (TFP). Stuttgart: Schattauer.]

37 Comstock, A. (1841). System of elocution, with special reference to gestures to the treatment of stammering and defective articulation. Philadelphia: Butler & Co.

38 de Jonghe, F., Kool, S., van Alst, G., Dekker, J. & Peen, J. (2001). Combining psychotherapy and antidepressants in the treatment of depression. Journal of Affective Disorders, 64, 217–229.

39 Dollard, J. & Miller, N.E. (1950). Personality and Psychotherapy. New York: McGraw-Hill.

40 Dunlap, K. (1942). The technique of negative practice. American Journal of Psychology, 55, 270–273.

41 Ellis, A. (1962). Die rational-emotive Therapie. München: Pfeiffer.

42 Ellis, A. (1992). My current views on rational-emotive therapy (RET) and religiousness. Journal of Rational Emotive and Cognitive Therapy, 10, 37–40.

43 Eysenck, H.J. (1952). The effects of psychotherapy: an evaluation. Journal of Consulting Psychology, 16, 319–324.

44 Eysenck, H.J. (1960). Behaviour Therapy and the Neuroses. Reading in Modern Methods of Treatment Derived from Learning Theory. Oxford: Pergamon Press.
45 Eysenck, H.J. & Rachman, S. (1965) The Causes and Cures of Neuroses. London: Routledge. [dt. (1967). Neurosen – Ursachen und Heilmethoden. Berlin: Deutscher Verlag der Wissenschaften.]
46 Fegert, J.M., Streeck-Fischer, A. & Freyberger, H.J. (2009). Adoleszenzpsychiatrie. Psychiatrie und Psychotherapie der Adoleszenz und des jungen Erwachsenenalters. Stuttgart: Schattauer.
47 Ferenczi, S. (1985). Journal clinique. Paris: Payot. [dt. (1988). Ohne Sympathie keine Heilung. Das klinische Tagebuch von 1932. Frankfurt/M.: Fischer.]
48 Fiedler, P. (1976). Gesprächsführung bei verhaltenstherapeutischen Explorationen. In: Schulte, D. (Hrsg.). Diagnostik in der Verhaltenstherapie (2. Aufl.). München: Urban & Schwarzenberg; 128–151.
49 Fiedler, P. (1977). Probleme methodenabhängiger Zieldeterminanten in teilstandardisierter und verhaltensanalytischer Gruppentherapie. In: Tack, W.H. (Hrsg.). Bericht über den 30. Kongress der DGfPs in Regensburg. Göttingen: Hogrefe; 161–163.
50 Fiedler, P. (Hrsg.). (1981). Psychotherapieziel Selbstbehandlung. Grundlagen kooperativer Psychotherapie. Weinheim: edition psychologie im VCH-Verlag.
51 Fiedler, P. (1991). Affektive Störungen und Kognitive Therapie: ein Widerspruch? Verhaltensmodifikation und Verhaltensmedizin, 12, 88–105.
52 Fiedler, P. (1994). Störungsspezifische und differentielle Indikation: Gemeinsame Herausforderung der Psychotherapieschulen. Oder: Wann ist endlich Schluss mit dem Unsinn der Konkurrenz? Psychotherapie Forum, 2, 20–29.
53 Fiedler, P. (1996). Was wirkt in einer Verhaltenstherapie phobischer Patienten: Technik oder Beziehung? TW Neurologie Psychiatrie, 10, 839–840.
54 Fiedler, P. (1997a). Therapieplanung in der modernen Verhaltenstherapie. Von der allgemeinen zur phänomen- und störungsspezifischen Behandlung. In: Reinecker, H. & Fiedler, P. (Hrsg.). Therapieplanung in der modernen Verhaltenstherapie. Eine Kontroverse. Lengerich: Pabst-Verlag; 1–27.
55 Fiedler, P. (1997b). Die Zukunft der Verhaltenstherapie lag schon immer so ziemlich genau in der Mitte … zwischen Phänomen- und

Störungsorientierung. In: Reinecker, H. & Fiedler, P. (Hrsg.). Therapieplanung in der modernen Verhaltenstherapie. Eine Kontroverse. Lengerich: Pabst-Verlag; 131–159.
56 Fiedler, P. (1998). Biographie in der Verhaltenstherapie. In: Jüttemann, G. & Thomae, H. (Hrsg.). Biographische Methoden in den Humanwissenschaften. Weinheim: Psychologie Verlags Union; 367–382.
57 Fiedler, P. (2000). Klinische Psychologie und Psychotherapie 2000: Ein Blick zurück in die Zukunft. Warum eigentlich keine professionelle Beratung und Supervision von Patienten? Verhaltenstherapie und psychosoziale Praxis, 32, 223–229.
58 Fiedler, P. (2001). Psychotherapie. In: Silbereisen, R.K. & Frey, D. (Hrsg.). Perspektiven der Psychologie. Weinheim: Beltz-TB; 234–261.
59 Fiedler, P. (2003a). Integrative Psychotherapie bei Persönlichkeitsstörungen (2. Aufl.). Göttingen: Hogrefe.
60 Fiedler, P. (2003b). Kritik (nicht nur) der Verhaltenstherapie aus der Sicht eines Verhaltenstherapeuten. Psychotherapie in Psychiatrie, Psychotherapeutischer Medizin und Klinischer Psychologie, 7, 258–271.
61 Fiedler, P. (2004a). Die Bedeutung innerpsychischer Konflikte für die Entstehung und Aufrechterhaltung psychischer Störungen. In: Pfetsch, F. (Hrsg.). Konflikt (Heidelberger Jahrbücher Bd. 48). Heidelberg: Springer-Verlag; 201–212.
62 Fiedler, P. (2004b). Ressourcenorientierte Psychotherapie bei Persönlichkeitsstörungen. Psychotherapeutenjournal, 3 (1), 4–12.
63 Fiedler, P. (2004c). Sexuelle Orientierung und sexuelle Abweichung. Heterosexualität, Homosexualität, Transgenderismus und Paraphilien, sexueller Missbrauch, sexuelle Gewalt. Weinheim: Beltz-PVU.
64 Fiedler, P. (2004d). Über die Tücken eines monolithischen Denkens in Therapieschulen. Psychotherapeutenjournal, 3 (2), 147–150.
65 Fiedler, P. (2005). Verhaltenstherapie in Gruppen. Psychologische Psychotherapie in der Praxis (2. Aufl.). Weinheim: Beltz-PVU.
66 Fiedler, P. (2006a). Stalking – Opfer, Täter, Prävention, Behandlung. Weinheim: Beltz-PVU.
67 Fiedler, P. (Hrsg.). (2006b). Trauma, Dissoziation, Persönlichkeit. Pierre Janets Beiträge zur modernen Psychiatrie, Psychologie und Psychotherapie. Lengerich: Pabst-Verlag.
68 Fiedler, P. (2007). Persönlichkeitsstörungen (6. Aufl.). Weinheim: Beltz-PVU.
69 Fiedler, P. (2008a). Dissoziative Störungen und Konversion. Trauma und Traumabehandlung (3. Aufl.). Weinheim: Beltz-PVU.

70 Fiedler, P. (2008b). Verhaltenstherapeutische Beratung. In: Margraf, J. & Schneider, S. (Hrsg.). Lehrbuch der Verhaltenstherapie (Bd. 1: Grundlagen). Heidelberg: Springer; 743–754.
71 Fiedler, P. (2008c). Über Nutzen und Grenzen der Neurobiologie für die Psychotherapie. In: Wollschläger, M. (Hrsg.). Hirn-Herz-Seele-Schmerz. Psychotherapie zwischen Neurowissenschaften und Geisteswissenschaften. Tübingen: dgvt-Verlag; 147–164.
72 Fiedler, P. (2009a). Stottern. In: Schneider, S. & Margraf, J. (Hrsg.). Lehrbuch der Verhaltenstherapie (Bd. 3: Störungen des Kindes- und Jugendalters). Heidelberg: Springer; 743–754.
73 Fiedler, P. (2009b). Psychotherapie in und mit Gruppen. In: Hautzinger, M. & Pauli, P. (Hrsg.). Psychotherapeutische Methoden (Enzyklopädie der Psychologie; Themenbereich B: Methodologie und Methoden; Serie III: Psychologische Interventionsmethoden; Bd. 2). Göttingen. Hogrefe; 725–780.
74 Fiedler, P. (2010). Sexualität. Stuttgart: Reclam Universal-Bibliothek.
75 Fiedler, P. & Buchkremer, G. (1982). Psychotherapie bei Patienten mit schizophrenen Störungen. Indikation und Kombination verhaltens- und sozialtherapeutischer Ansätze. In: Fiedler, P., Franke, A., Howe, J., Kury, H. & Möller, H.J. (Hrsg.). Herausforderungen und Grenzen der Klinischen Psychologie. Tübingen: dgvt-Verlag; 32–37.
76 Fiedler, P. & Hörmann, G. (Hrsg.). (1976). Therapeutische Sozialarbeit. Diskussionsbeiträge zu Grundlagen, zur Methodenintegration und zu Ausbildungsfragen am Beispiel der Verhaltenstherapie. Tübingen: dgvt-Verlag.
77 Fiedler, P. & Hörmann, G. (Hrsg.). (1978). Aktionsforschung in Psychologie und Pädagogik. Darmstadt: Steinkopff.
78 Fiedler, P. & Renneberg, B. (2007). Ressourcenorientierte Psychotherapie der Borderline-Persönlichkeitsstörung. In: Dammann, G. & Janssen, P.L. (Hrsg.). Psychotherapie der Borderline-Störungen. Stuttgart: Thieme; 155–163.
79 Fiedler, P. & Rogge, K.E. (1990). Veränderung durch Beziehung? Studien über Empathie und Lenkung in der Kognitiven Psychotherapie. In: Tschuschke, V. & Czogalik, D. (Hrsg.). Psychotherapie – Welche Effekte verändern? Zur Frage der Wirkmechanismen therapeutischer Prozesse. Heidelberg: Springer; 134–154.
80 Fiedler, P. & Sachsse, U. (2005). Traumaexposition: kontrovers? In: Fiedler, P. & Sachsse, U. (Hrsg.). Traumatherapie kontrovers . Per-

sönlichkeitsstörungen – Theorie und Therapie, 9 (Heft 1). Stuttgart: Schattauer; 60–64.
81 Fiedler, P. & Standop, R. (1994). Stottern. Ätiologie, Diagnose, Behandlung (4. Aufl.). Weinheim: Beltz-PVU.
82 Fiedler, P., Albrecht, M., Rogge, K.E. & Schulte, D. (1996). Untersuchungen zur Aufmerksamkeitsfluktuation bei Phobien. Eine Prozeßanalyse der verhaltenstherapeutischen Angstbehandlung. Zeitschrift für Klinische Psychologie, 25, 221–233.
83 Fiedler, P., Backenstraß, M., Kronmüller, Th. & Mundt, Ch. (1998). Eheliche Interaktion und das Rückfallrisiko depressiver Patienten – Eine Strukturanalyse ehelicher Beziehungsmuster mittels SASB. Verhaltenstherapie, 8, 4–13.
84 Fiedler, P., Niedermeier, Th. & Mundt, Ch. (1986). Gruppenarbeit mit Angehörigen schizophrener Patienten. (Materialien für die therapeutische Arbeit mit Angehörigen und Familien). Weinheim: Psychologie Verlags Union.
85 Fiedler, P., Vogt, L., Rogge, K.E. & Schulte, D. (1994). Die prognostische Relevanz der Autonomie-Entwicklung von Patienten in der verhaltenstherapeutischen Phobienbehandlung: eine Prozeßanalyse mittels SASB. Zeitschrift für Klinische Psychologie, 23, 202–212.
86 Fink, P.J. & Tasman, A. (eds.). (1992). Stigma and Mental Illness. Washington, DC: American Psychiatric Press.
87 Fonagy, P. & Bateman, A.W. (2005). Attachment theory and mentalization-oriented model of Borderline Personality Disorder. In: Oldham, J.M., Skodol, A.E. & Bender, D.S. (eds.), Textbook of Personality Disorders. Washington, DC: American Psychiatric Publishing, Inc; 187–208.
88 Fonagy, P. & Roth, A. (2004). Ein Überblick über die Ergebnisforschung anhand nosologischer Indikationen. Psychotherapeutenjournal, 3 (3), 205–219 / 3 (4), 301–315.
89 Frankl, V. (1998). Logotherapie und Existenzanalyse (3. Aufl.). Weinheim: Beltz-PVU.
90 Freud, S. (1905). Drei Abhandlungen zur Sexualtheorie. Wien: Deuticke. [(1960), Gesammelte Werke (Bd. 5). Frankfurt/M.: Fischer; 29–145.]
91 Freud, S. (1927). Die Zukunft einer Illusion. In: Freud, S. (1982). Studienausgabe, Bd. 9. Frankfurt/M.: Fischer; 135–189.
92 Fuchs, Th. (2008). Das Gehirn – ein Beziehungsorgan. Eine phänomenologisch-ökologische Konzeption. Stuttgart: Kohlhammer.

93 Gabbard, G.O. (2005). Treatments of Psychiatric Disorders (Vol. 1 and 2). Washington, DC: American Psychiatric Press.
94 Garfield, S.L. (1986). Research on client variables in psychotherapy. In: Garfield, S.L. & Bergin, A.E. (eds.). Handbook of Psychotherapy and Behavior Change (3rd ed.). New York: Wiley; 213–256.
95 Garfield, S.L. (1994). Research on client variables in psychotherapy. In: Bergin, A.E. & Garfield, S.L. (eds.). Handbook of Psychotherapy and Behavior Change (4th ed.). New York: Wiley; 190–228.
96 Garfield, S.L. & Bergin, A.E. (eds.). (1986). Handbook of Psychotherapy and Behavior Change (3rd ed.). New York: Wiley.
97 Gay, P. (1987). Freud: A Life for our Time. New York: Norton. [dt. (1989). Eine Biographie für unsere Zeit. Frankfurt/M.: Fischer.]
98 Giesen-Bloo, J., van Dyck, R., Spinhoven, P., van Tilburg, W., Dirksen, C., van Asselt, T., Kremers, I., Nadort, M. & Arntz, A. (2006). Outpatient psychotherapy for borderline personality disorder: A randomized trial for schema-focused-therapy versus transference focused psychotherapy. Archives of General Psychiatry, 63, 649–658.
99 Goffman, E. (1961). Asylums. Essays on the Social Situation of Mental Patients and Other Inmates. New York: Anchor. [dt. (1972). Asyle. Über die soziale Situation psychiatrischer Patienten und anderer Insassen. Frankfurt/M.: Suhrkamp.]
100 Gottwald, P. (1984). Verhaltenstherapie hat eine Vergangenheit – hat sie Zukunft? Verhaltenstherapie und psychosoziale Praxis, 16, 185–201.
101 Gottwald, P. (1989). In der Vorschule einer Freien Psychologie. Forschungsbericht eines Hochschullehrers und Zenschülers. Oldenburg: Schriftenreihe der Universität Oldenburg.
102 Goulding, M.M. & Goulding, R.L. (1979). Changing Lives through Redecision Therapy. New York: Brunner/Mazel. [dt. (1981). Neuentscheidung. Ein Modell der Psychotherapie. Stuttgart: Klett-Cotta.]
103 Grawe, K. (Hrsg.). (1980). Verhaltenstherapie in Gruppen. München: Urban & Schwarzenberg.
104 Grawe, K. (1995). Grundriss einer Allgemeinen Psychotherapie. Psychotherapeut, 40, 130–145.
105 Grawe, K. (1997). „Moderne" Verhaltenstherapie oder allgemeine Psychotherapie? In: Reinecker, H. & Fiedler, P. (Hrsg.). Therapieplanung in der modernen Verhaltenstherapie. Eine Kontroverse. Lengerich: Pabst-Verlag; 28–50.
106 Grawe, K. (2004). Neuropsychotherapie. Göttingen: Hogrefe.

107 Grawe, K., Donati, R. & Bernauer, F. (1994). Psychotherapie im Wandel. Von der Konfession zur Profession. Göttingen: Hogrefe.
108 Greenberg, L.S. (2006). Emotionsfokussierte Psychotherapie. Tübingen: dgvt-Verlag.
109 Hammelstein, Ph. (2003). Lebensthemen und deren affektive Regulation in der Biographiekonstruktion depressiver Patienten. Berlin: Logos Verlag.
110 Hammelstein, Ph. & Fiedler, P. (2002). Biographische Narrative und Lebensthemen. Relevanz für die Klinische Psychologie und Psychotherapie. Verhaltenstherapie und Verhaltensmedizin, 23, 307–328.
111 Hand, I. (2008). Strategisch-systemische Aspekte der Verhaltenstherapie. Eine praxisbezogene Systematik in ihren historisch-autobiographischen Bezügen. Wien: Springer.
112 Hardt, J. & Hebenbrand, M. (2004). Gedanken von entschiedenen Vertretern psychotherapeutischer Schulen. (Stellungnahme zu Fiedler, P. in Psychotherapeutenjournal 1/2004, S. 4–12.) Psychotherapeutenjournal, 3 (2), S. 144–146.
113 Hautzinger, M. (2003). Kognitive Verhaltenstherapie bei Depressionen (6. Aufl.). Weinheim: Beltz-PVU.
114 Hayes, S., Folette, V.M. & Linehan, M.M. (eds.). (2004). Mindfulness and Acceptance. Expanding the Cognitive-behavioral Tradition. New York: Guilford Press.
115 Hayes, S.C., Strosahl, K.D. & Wilson, K.G. (2003). Acceptance and Commitment Therapy. An Experiental Approach to Behavior Change. New York: Guilford Press.
116 Heidenreich, T. & Michalak, J. (2003). Achtsamkeit („Mindfulness") als Therapieprinzip in der Verhaltenstherapie und Verhaltensmedizin. Verhaltenstherapie, 13, 264–274.
117 Heidenreich, T. & Michalak, J. (2005). Achtsamkeit und Akzeptanz. Tübingen: dgvt-Verlag.
118 Hellpach, W. (1946). Klinische Psychologie. Stuttgart: Thieme.
119 Henseler, H. (2000). Narzisstische Krisen. Zur Psychodynamik des Selbstmords (4. Aufl.). Wiesbaden: Westdeutscher Verlag.
120 Hinsch, R. & Pfingsten, U. (2002). Gruppentraining sozialer Kompetenz GSK (4. Aufl.). Weinheim: Beltz-PVU.
121 Hoffmann, S.O. (2002). Schädliche und Nebenwirkungen von Psychotherapie – Ist das Risiko bei störungsspezifischen Ansätzen geringer? In: Mattke, D., Hertel, G., Büsing, S. & Schreiber-Willnow, K. (Hrsg.).

Störungsspezifische Konzepte und Behandlung in der Psychosomatik. Frankfurt/M.: Verlag für Akademische Schriften; 59–71.
122 Holland, J.G. & Skinner, B.F. (1961). The Analysis of Behavior. New York: McGraw-Hill. [dt. (1971). Analyse des Verhaltens. München: Urban & Schwarzenberg.]
123 Holzkamp, K. (1968). Wissenschaft als Handlung. Versuch einer neuen Grundlegung der Wissenschaftslehre. Berlin: de Gruyter.
124 Holzkamp, K. (1972). Kritische Psychologie. Frankfurt/M.: Fischer.
125 Hoyer, J. & Becker, E. (2005). Generalisierte Angststörung (Reihe: Fortschritte der Psychotherapie). Göttingen: Hogrefe.
126 Hörmann, G. & Nestmann, F. (Hrsg.). (1986). Handbuch der psychosozialen Intervention. Opladen: Westdeutscher Verlag.
127 Huppmann, G. & Wilker, F.W. (Hrsg.). (1988). Medizinische Psychologie – Medizinische Soziologie. München: Urban & Schwarzenberg.
128 Jacobson, E. (1938). Progressive Relaxation. Chicago: University of Chicago Press.
129 Jaeggi, E. (1989). Die Vorrangigkeit des Weges vor dem Ziel – oder: Beziehung und Deutung im Vergleich von Verhaltenstherapie und Tiefenpsychologie. In: Reinelt, T. & Datler, W. (Hrsg.). Beziehung und Deutung im psychotherapeutischen Prozess. Aus der Sicht verschiedener therapeutischer Schulen. Berlin: Springer; 161–179.
130 Janet, P. (1894). L'état mental des hystériques. Les stigmates mentaux. Paris: Rueff [dt. (1894). Der Geisteszustand der Hysterischen. Die psychischen Stigmata. Leipzig: Deuticke.]
131 Jaspers, K. (1913). Allgemeine Psychopathologie. Berlin: Springer.
132 Jaspers, K. (1967). Der Arzt im technischen Zeitalter. In: Philosophische Aufsätze. Frankfurt/M.: Fischer TB; 121–137.
133 Jaspers, K. (1983). Wahrheit und Bewährung. Philosophieren für die Praxis. München: Piper.
134 Jervis, G. (1975). Manuale critico di psichiatria. Milano: Giangicomo Feltrinelli. [dt. (1978). Kritisches Handbuch der Psychiatrie (2. Aufl.). Frankfurt/M.: Syndikat.]
135 Jung, C.G. (1932/1991). Psychologie und Religion. München: dtv-TB.
136 Jüttemann, G. (1997). Komparative Kasuistik als Forschungsstrategie. In: Reinecker, H. & Fiedler, P. (Hrsg.). Therapieplanung in der modernen Verhaltenstherapie. Eine Kontroverse. Lengerich: Pabst-Verlag; 117–130.
137 Jüttemann, G. (2009). Komparative Kasuistik als adäquate Strategie einer klinisch-psychologischen Erforschung störungsspezifischer

Phänomene. In: Jüttemann G. (Hrsg.). Komparative Kasuistik. Die psychologische Analyse spezifischer Entwicklungsphänomene. Lengerich: Pabst-Verlag; 115–120.

138 Kabat-Zinn, J. (2005). Full Catastrophe Living. Using the Wisdom of your Body and Mind to Face Stress, Pain, and Illness. New York: Delta.

139 Kächele, H. (2008). Eine Kapuzinerpredigt. Kommentar zu D. Orlinsky (2008). Die nächsten 10 Jahre Psychotherapieforschung. Psychotherapie, Psychosomatik, Medizinische Psychologie, 58, 355–356.

140 Kanfer, F.H. & Goldstein, A.P. (Hrsg.). (1979). Möglichkeiten der Verhaltensänderung. München: Urban & Schwarzenberg.

141 Kanfer, F.H., Reinecker, H. & Schmelzer, D. (1990). Selbstmanagement-Therapie. Berlin: Springer.

142 Kelly, A.E. & Yuan, K.-H. (2009). Clients' secret keeping and the working alliance in adult outpatient therapy. Psychotherapy: Theory, Research, Practice, Training, 46 (2), 193–202.

143 Kemmler, L. (1965). Die Anamnese in der Erziehungsberatung. Bern: Huber.

144 Kernberg, O.F., Dulz, B. & Sachsse, U. (2000). Handbuch der Borderline-Störungen. Stuttgart: Schattauer.

145 Keupp, H. (Hrsg.). (1972). Der Krankheitsmythos in der Psychopathologie. München: Urban & Schwarzenberg.

146 Keupp, H. (2000). Identitäten im gesellschaftlichen Umbruch. Psychotherapeuten-Forum: Praxis und Wissenschaft, 7 (1), 5–12.

147 Keupp, H. & Zaumseil, M. (Hrsg.). (1978). Die gesellschaftliche Organisierung psychischen Leidens. Zum Arbeitsfeld klinischer Psychologen. Frankfurt/M.: Suhrkamp-TB.

148 Kierkegaard, S. (1984). Der Begriff Angst. Frankfurt/M.: Syndikat.

149 Klencke, H. (1862). Die Heilung des Stotterns. Leipzig: Kollmann.

150 Klerman, G.L., Weissman, M.M., Rounsaville, B.J. & Chevron, E.S. (1984). Interpersonal Psychotherapy of Depression. New York: Basic Books.

151 Klüpfel, J. & Graumann, C.F. (1986). Ein Institut entsteht. Zur Geschichte der Institutionalisierung der Psychologie an der Universität Heidelberg. Bericht aus dem Archiv für Geschichte der Psychologie. Historische Reihe Nr. 13. Heidelberg: Psychologisches Institut.

152 Kocherscheidt, K., Fiedler, P., Kronmüller, K.T., Backenstraß, M. & Mundt, Ch. (2002). Zur empirischen Unterscheidung von Scham und Schuld. Beschreibung und Evaluierung der deutschen Version des

TOSCA. Zeitschrift für Differentielle und Diagnostische Psychologie, 23, 217–224.
153 Kommer, D. & Wittmann, L. (2002). Auf dem Weg zu einer Bundespsychotherapeutenkammer. Historische Ausgangspunkte und Perspektiven für eine Bundesvertretung der Psychologischen Psychotherapeuten und der Kinder- und Jugendlichenpsychotherapeuten. Psychotherapeutenjournal, Heft 0, 22–35.
154 Körner, W. & Hörmann, G. (Hrsg.). (1998/2000). Handbuch der Erziehungsberatung (Bd. 1 und 2). Göttingen: Hogrefe.
155 Kraepelin, E. (1899/1915). Psychiatrie. Ein Lehrbuch für Studierende und Lehrende. Leipzig: Barth.
156 Kraiker, Ch. (1982). Psychoanalyse, Behaviorismus, Handlungstheorie. München: Kindler.
157 Kriz, J. (2009). Wissenschaftliche Regeln, Redlichkeit und Diskursbereitschaft. Ein Blick hinter die Kulissen der politischen Bühne des „Wissenschaftlichen Beirats Psychotherapie". Interview mit Jürgen Kriz. Psychotherapie Forum, 17, 90–95.
158 Kronmüller, K.T., Backenstraß, M., Reck, C., Kraus, A., Fiedler, P. & Mundt, Ch. (2002). Einfluss von Persönlichkeitsfaktoren und -strukturen auf den Verlauf der Major Depression. Nervenarzt, 73, 255–261.
159 Kuhl, J. & Kaschel, R. (2004). Entfremdung als Krankheitsursache: Selbstregulation und integrative Kompetenz. Psychologische Rundschau, 55, 61–71.
160 Kuiper, P.C. (1991). Seelenfinsternis. Die Depression eines Psychiaters. Frankfurt/M.: Fischer.
161 Lambert, M.J. (ed.). (2004). Bergin and Garfield's Handbook of Psychotherapy and Behaviour Change (5th ed.). New York: Wiley.
162 Lambert, M.J. (2008). Searching for supershrink: What are the differences between therapists whose patients have outstanding outcomes and those that do not? Vortrag; Kongress der Österreichischen Gesellschaft für Verhaltenstherapie, 1. bis 3. Mai 2008, Bad Aussee.
163 Laux, L. (1995). Die Integration idiographischer und nomothetischer Persönlichkeitspsychologie. In: Kruse, A. & Schmitz-Scherzer, R. (Hrsg.). Psychologie der Lebensalter. Darmstadt: Steinkopff; 15–23.
164 Lazarus, A.A. (1958). New methods in psychotherapy. South African Medical Journal, 32, 660–664.
165 Lazarus, A.A. (1961). Group therapy of phobic disorders by systematic desensitization. Journal of Abnormal and Social Psychology, 63, 505–510.

166 Lazarus, A.A. (1971). Behavior Therapy and Beyond. New York: McGraw-Hill [dt. (1978). Verhaltenstherapie im Übergang. München: Reinhardt.]

167 Lazarus, A.A. (1976). Multimodal Behavior Therapy. New York: Springer [dt. (1978). Multimodale Verhaltenstherapie. Frankfurt: Fachbuchhandlung für Psychologie.]

168 Lebrun, Y. & Bayle, M. (1973). Surgery in the treatment of stuttering. In: Lebrun, Y. & Hoops, R. (eds.). Neurolinguistic Approaches to Stuttering. The Hague: Mouton; 82–89.

169 LeDoux, J. (1996). The Emotional Brain. The Mysterious Underpinnings of Emotional Life. New York: Simon and Schuster. [dt. (1998). Das Netz der Gefühle. Wie Emotionen entstehen. München: Hanser.]

170 Lieb, H. (2009). So hab ich das noch nie gesehen. Systemische Therapie für Verhaltenstherapeuten. Heidelberg: Carl Auer Verlag.

171 Lieberman, E.J. (1993). Acts of Will: The Life and Work of Otto Rank. Amherst: University of Massachusetts Press. [dt. (1997). Otto Rank: Leben und Werk. Gießen: Psychosozial-Verlag.]

172 Lietaer, G., Rombauts, J. & Balen, R.v. (eds.). (1990). Client-centered and Experiential Psychotherapy in the Nineties. Louvain/Leuven: Leuven University Press.

173 Linehan, M. (1993a). Cognitive Behavioral Treatment of Borderline Personality Disorder. New York: Guilford.

174 Linehan, M. (1993b). Skills Training Manual for Treating Borderline Personality Disorder. New York: Guilford. [dt. (1996). Dialektisch-Behaviorale Therapie der Borderline-Persönlichkeitsstörung. München: CIP-Medien.]

175 Lothstein, L.M. (1978). The group psychotherapy dropout phenomenon revisited. American Journal of Psychiatry, 135, 1492–1495.

176 Lorenzer, A. (1973). Über den Gegenstand der Psychoanalyse oder: Sprache und Interaktion. Frankfurt/M.: Suhrkamp.

177 Lovell, K., Marks, I. M., Noshirvani, H., & O'Sullivan, G. (1994). Should treatment distinguish anxiogenic from anxiolytic obsessive-compulsive ruminations? Results of a pilot controlled study and of a clinical audit. Psychotherapy and Psychosomatics, 61 (3/4), 150–155.

178 Ma, S.H. & Teasdale, J.D. (2004). Mindfulness-based cognitive therapy for depression: Replication and exploration of differential relapse prevention effects. Journal of Consulting and Clinical Psychology, 72, 31–40.

179 Mahoney, M.J. (1974). Cognition and Behaviour Modification. Cambridge. [dt. (1977). Kognitive Verhaltenstherapie. München: Pfeiffer.
180 Markela-Lerenc, J., Ille, N., Kaiser, S., Fiedler, P., Mundt, Ch. & Weisbrod, M. (2004). Prefrontal cingulate activation during executive control: Which comes first? Cognitive Brain Research, 18, 278–287.
181 Markela-Lerenc, J., Kaiser, S., Fiedler, P. & Weisbrod, M. (2006). Stroop performance in depressive patients. Journal of Affective Disorders, 94, 261–267.
182 Masson, J.M. (1991). Die Abschaffung der Psychotherapie. Ein Plädoyer. München: Bertelsmann.
183 May, R. (1982). Antwort auf die Angst. Leben mit einer verdrängten Dimension. Stuttgart: Deutsche Verlagsanstalt.
184 McCullough, J.P. (2006). Treating Chronic Depression with Disciplined Personal Involvement: Cognitive Behavioral Analysis System of Psychotherapy (CBASP). New York: Springer. [dt. (2006). Psychotherapie der chronischen Depression. München: Elsevier.]
185 Meyer, A. (1912). The value of psychology in psychiatry. Journal of the American Medical Association, 158, 911–914.
186 Miller, S.D., Duncan, B.L. & Hubble, M.A. (1997). Escape from Babel. Toward a Unifying Language for Psychotherapy Practice. New York: Norton & Company. [dt. (2000). Jenseits von Babel. Wege zu einer gemeinsamen Sprache in der Psychotherapie. Stuttgart: Klett-Cotta.]
187 Mundt, Ch., Kick, H. & Fiedler, P. (Hrsg.). (1993). Angehörigenarbeit und psychosoziale Intervention in der Psychiatrie. Methodische Grundlagen, Therapie, Rehabilitation. Regensburg: Roderer.
188 Mundt, Ch., Goldstein, M., Hahlweg, K. & Fiedler, P. (eds.). (1996). Interpersonal factors in origin and course of affective disorders. London: Gaskell – Royal College of Psychiatrists.
189 Mundt, Ch., Reck, C., Backenstrass, M., Kronmüller, K. & Fiedler, P. (2000). Reconfirming the role of life events for the timing of depressive episodes. A two-year prospective follow-up study. Journal of Affective Disorders, 59, 23–30.
190 Nestmann, F. (Hrsg.). (1997). Beratung. Bausteine für eine interdisziplinäre Wissenschaft und Praxis. Tübingen: dgvt-Verlag.
191 Noyon, A. & Heidenreich, T. (2007). Die existenzielle Perspektive in der Verhaltenstherapie. Verhaltenstherapie, 17, 122–188.
192 Orlinsky, D. (2006). Comments on the state of psychotherapy research (as I see it). Psychotherapy Bulletin, 41, 37–41.

193 Orlinsky, D. (2008). Die nächsten 10 Jahre Psychotherapieforschung. Eine Kritik des herrschenden Forschungsparadigmas mit Korrekturvorschlägen. Psychotherapie, Psychosomatik, Medizinische Psychologie, 58, 345–354.

194 Orlinsky, D., Ambühl, H., Ronnestad, M.H. et al. (1999). Development of psychotherapists: Concepts, questions, and methods of a collaborative international study. Psychotherapy Research, 9, 127–153.

195 Pavlov, I.P. (1972). Die bedingten Reflexe. München: Kindler.

196 Perrez, M (1979). Ist die Psychoanalyse eine Wissenschaft? (2. Aufl.). Bern: Huber.

197 Perrez, M. & Baumann, U. (2005). Psychotherapie: Systematik und methodenübergreifende Faktoren. In: Perrez, M. & Baumann, U. (Hrsg.). Klinische Psychologie – Psychotherapie (3. Aufl. Bern: Huber; 430–455.

198 Petzold, H. (Hrsg.). (1988). Widerstand. Ein strittiges Konzept in der Psychotherapie (2. Aufl.). Paderborn: Junfermann.

199 Plänkers, T. (1986): Anmerkungen zu Integrationsversuchen von Psychoanalyse und Verhaltenstherapie. Verhaltenstherapie und Psychosoziale Praxis, 18. 199–208.

200 Pohlen, M. & Wittmann, L (1983): Die Modernisierung der Verhaltenstherapie – Der Fortschritt der Kognitiven Wende als Rückschritt zur Ichpsychologie? Psyche, 37, 961–987.

201 Prahl, H.W. (2000). Umbrüche in heutigen Gesellschaften. Psychotherapeuten-Forum: Praxis und Wissenschaft, 7, Heft 1, 12–20.

202 Rank, O. (2005). Technik der Psychoanalyse (3 Bände; 1926–1931). Gießen: Psychosozial-Verlag.

203 Reck, C., Backenstraß, M., Kronmüller, Th., Sommer, G., Fiedler, P. & Mundt, Ch. (1999). Kritische Lebensereignisse im 2-Jahresverlauf der „Major Depression". Eine prospektive Studie mit stationär behandelten Patienten. Nervenarzt, 70, 637–644.

204 Reinecker, H. & Fiedler, P. (Hrsg.). (1997). Therapieplanung in der modernen Verhaltenstherapie. Eine Kontroverse. Lengerich: Pabst-Verlag.

205 Renneberg, B. & Hammelstein, Ph. (Hrsg.). (2006). Gesundheitspsychologie. Heidelberg: Springer.

206 Riegel, K.F. (1988). Psychologie mon amour. Ein Gegentext. Weinheim: Beltz-PVU.

207 Roediger, E. (2009). Praxis der Schematherapie. Stuttgart: Schattauer.

208 Rogers, C.R. (1972). Die nicht-direktive Beratung (1942). München: Kindler.
209 Rohde-Dachser, Ch. (1986). Borderlinestörungen. In: Kisker, K.P., Lauter, H., Meier, J.E., Müller, C. & Strömgren, E. (Hrsg.). Psychiatrie der Gegenwart. Bd. 1: Neurosen, Psychosomatische Erkrankungen, Psychotherapie (3. Aufl.). Berlin: Springer; 125–150.
210 Rohde-Dachser, Ch. (2004). Das Borderline-Syndrom. Bern: Huber
211 Rosenhan, D.L. (1973). On being sane in insane places. Science, 179, 250–258.
212 Rudolf, G. (2008). RCTs und die Realität des praktischen Therapierens. Kommentar zu D. Orlinsky (2008). Die nächsten 10 Jahre Psychotherapieforschung. Psychotherapie, Psychosomatik, Medizinische Psychologie, 58, 357–358.
213 Sachse, R. (1983). Das Ein-Personen-Rollenspiel. Ein integratives Therapieverfahren. Partnerberatung, 4, 187–200.
214 Salkovskis, P.M., Ertle, A. & Kirk, J. (2008). Zwangsstörung. In: Margraf, J. & Schneider, S. (Hrsg.). Lehrbuch der Verhaltenstherapie (3. Aufl.; Bd. 2). Heidelberg: Springer; 65–86.
215 Salter, A. (1952). Conditioned Reflex Therapy. New York: Capricorn Books.
216 Sartre, J.P. (1999). Das Sein und das Nichts. Reinbek: Rowohlt.
217 Schacter, D.L. (1996). Searching for Memory. The Brain, the Mind, and the Past. New York: Basic Books. [dt. (1999). Wir sind Erinnerung. Gedächtnis und Persönlichkeit. Reinbek: Rowohlt.]
218 Schmelzer, D. (1997). Umweltrelevanz und therapeutische Arbeitsbeziehung in der Verhaltenstherapie. In: Reinecker, H. & Fiedler, P. (Hrsg.). Therapieplanung in der modernen Verhaltenstherapie. Eine Kontroverse. Lengerich: Pabst-Verlag; 80–87.
219 Schmidt, G. (2005). Das neue Der Die Das. Über die Modernisierung des Sexuellen. Gießen: Psychosozial Verlag.
220 Schmidt, L.R. & Dlugosch, G. (1992). Psychologische Grundlagen der Patientenschulung und Patientenberatung. In: Petermann, F. & Lecheler, J. (Hrsg.). Patientenschulung. Grundlagen. München-Deisenhofen: Dustri-Verlag; 15–40.
221 Schmidtke, A. (2005). Selbstverletzungen, Persönlichkeitsstörung und Komorbidität Jugendlicher: Was muss wie behandelt werden? Vortrag auf dem Symposium: Selbstverletzung und Persönlichkeitsstörungen im Jugendalter. Frankfurt/M.: Klinik für Psychiatrie und Psychotherapie des Kindes- und Jugendalters.

222 Schorr, A. (1984). Die Verhaltenstherapie. Ihre Geschichte von den Anfängen bis zur Gegenwart. Weinheim: Beltz-Verlag.
223 Schowalter, M. & Murken, S. (2003). Religion und psychische Gesundheit – empirische Zusammenhänge komplexer Konstrukte. In: Henning, C., Murken, S. & Nestler, E. (Hrsg.). Einführung in die Religionspsychologie. Paderborn: Ferdinand Schöningh; 138–162.
224 Schramm, E. (2010). Interpersonelle Psychotherapie bei Depressionen und anderen psychischen Störungen (3. Aufl.). Stuttgart: Schattauer.
225 Schulte, D. (Hrsg.). (1974). Diagnostik in der Verhaltenstherapie. München: Urban & Schwarzenberg.
226 Schulte, D. (1976). Ein Schema für Diagnose und Therapieplanung in der Verhaltenstherapie. In: Schulte, D. (Hrsg.). Diagnostik in der Verhaltenstherapie (2. Aufl.. München: Urban & Schwarzenberg.
227 Schulte, D. (1997). Störungsbezogene Therapieplanung. In: Reinecker, H. & Fiedler, P. (Hrsg.). Therapieplanung in der modernen Verhaltenstherapie. Eine Kontroverse. Lengerich: Pabst-Verlag; 60–62.
228 Schulte, D. (1998). Therapieplanung (2. Aufl.). Göttingen: Hogrefe.
229 Schulte, D., Eller, F., Meermann, R. & Windhueser, J. (1972). Einführung in die Grundlagen der Verhaltenstherapie. Münster: Psychologisches Institut, Abteilung für Klinische Psychologie.
230 Segal, Z.V., Williams, J.M.G. & Teasdale, J.D. (2002). Mindfulness-based Cognitive Therapy for Depression. A New Approach to Preventing Relapse. New York: Guilford. [dt. (2008). Die achtsamkeitsbasierte Kognitive Therapie der Depression. Tübingen: dgvt-Verlag.]
231 Senf, W. & Broda, M. (2005). Praxis der Psychotherapie. Ein integratives Lehrbuch (3. Aufl.). Stuttgart: Thieme.
232 Sheehan, J.G. (1953). Theory and treatment of stuttering as an approach-avoidance conflict. Journal of Psychology, 36, 27–49.
233 Sheehan, J.G. (1970). Role-conflict theory. In: Sheehan, J.G. (ed.). Stuttering. Research and Therapy. New York: Harper & Row; 2–35.
234 Sigusch. V. (2005). Neosexualitäten. Über den kulturellen Wandel von Liebe und Perversion. Frankfurt/M.: Campus Verlag.
235 Skinner, B.F. (1948). Walden Two. New York: Knopf. [dt. (1970). Futurum Zwei. Reinbek: Rowohlt. Neu übersetzt (2002). Futurum Zwei. Die Vision einer besseren Gesellschaftsform. München: FiFa-Verlag.]
236 Skinner, B.F. (1953). Science and Human Behavior. New York: Macmillan. [dt. (1973). Wissenschaft und menschliches Verhalten. München: Kindler.]

237 Solms, M. & Turnbull, O. (2002). The brain and the inner world. An introduction to neuroscience of subjective experience. London: Karnac/Other Press [dt.: Solms, M. (2004). Das Gehirn und die innere Welt. Neurowissenschaft und Psychoanalyse. Düsseldorf: Parmos/Walter Verlag].
238 Sommer, G., Nolte-Dierk, I., Martin, C. & Dierk, J.M. (2003). Patient selection in psychotherapy studies. Verhaltenstherapie & Verhaltensmedizin, 24, 414–445.
239 Stangier, U., Heidenreich, Th. & Peitz, M. (2003). Soziale Phobien. Ein kognitiv-verhaltenstherapeutisches Behandlungsmanual. Weinheim: Beltz-PVU.
240 Starkwaether, C.W. (1987). Fluency & Stuttering. Englewood Cliffs, NJ: Prentice-Hall.
241 Steinberg, H. (Hrsg.). (2002). Der Briefwechsel zwischen Wilhelm Wundt und Emil Kraepelin. Bern: Huber.
242 Stoppel, C., Bielau, H., Bogerts, B. & Northoff, G. (2006). Neurobiologische Grundlagen depressiver Syndrome. Fortschritte der Neurologie – Psychiatrie, 74, 696–705.
243 Sullivan, H.S. (1953). The Interpersonal Theory of Psychiatry. New York: Norton. [dt. (1980). Die interpersonelle Theorie der Psychiatrie. Frankfurt/M.: Fischer.]
244 Szasz, T.S. (1961). The Myth of Mental Illness. New York: Harper & Row. [dt. (1972). Geisteskrankheit – ein moderner Mythos? Freiburg: Walter-Verlag.]
245 Tausch, R. (1968). Gesprächspsychotherapie. Göttingen: Hogrefe.
246 Teasdale, J.D., Segal, Z.V., Williams, J.M.G., Ridgeway, V.A., Soulsby, J.M. & Lau, M.A. (2000). Prevention of relapse/recurrence in major depression by mindfulness-based cognitive therapy. Journal of Consulting and Clinical Psychology, 68, 615–623.
247 Thomä, H. & Kächele, H. (1996). Lehrbuch der psychoanalytischen Therapie. Grundlagen (2. Aufl.). Heidelberg: Springer.
248 Turkat, I.D. (1990). The Personality Disorders. A Psychological Approach to Clinical Management. New York: Pergamon Press. [dt. (1996). Die Persönlichkeitsstörungen. Ein Leitfaden für die klinische Praxis. Bern: Huber.]
249 Ullrich de Muynck, R. & Ullrich, R. (1976). Assertiveness Training Programm ATP: Einübung von Selbstvertrauen und sozialer Kompetenz. Teil 1 bis 3. München: Pfeiffer.

250 Ullrich de Muynck, R., Ullrich, R., Grawe, K. & Zimmer, D. (Hrsg.). (1978/1980). Soziale Kompetenz. Experimentelle Ergebnisse zum Assertiveness Training Programm ATP: Klinische Effektivität und Wirkfaktoren (2 Bände). München: Pfeiffer.
251 Van Riper, C. (1973). The Treatment of Stuttering. Englewood-Cliffs, NJ: Prentice-Hall [dt. (1986). Die Behandlung des Stotterns. Solingen: Bundesvereinigung Stotterer-Selbsthilfe.]
252 Victor, D., Backenstraß, M., Herdtle, B., Fiedler, P., Mundt, Ch. & Kronmüller, K.T. (2006a). Zur Erfassung der depressiven Persönlichkeitsstörung. Validierung einer deutschen Version des „Depressive-Persönlichkeitsstörungs-Inventars" (DIPS). Psychotherapie, Psychosomatik, Medizinische Psychologie, 56, 56–62.
253 Victor, D., Backenstraß, M., Herdtle, B., Fiedler, P., Mundt, Ch. & Kronmüller, K.T. (2006b). Zur Erfassung der depressiven Persönlichkeitsstörung. Validierung einer deutschen Version des Diagnostischen Interviews für die Depressive Persönlichkeit (DID). Zeitschrift für Psychiatrie, medizinische Psychologie,Psychotherapie, 54, 199–207.
254 Wachtel, P. (1977). Psychoanalysis and Behavior Therapy. New York: Basic Books [dt. (1981). Psychoanalyse und Verhaltenstherapie. Ein Plädoyer für ihre Integration. Stuttgart: Klett-Cotta.]
255 Watson, J.B. (1913). Psychology as the behaviorist views it. Psychological Review, 20, 158–177.
256 Watson, J.B. (1930). Der Behaviorismus. Stuttgart: Deutsche Verlagsanstalt.
257 Wittchen, H.J. & Hoyer, J. (2006). Klinische Psychologie und Psychotherapie. Heidelberg: Springer.
258 Wolpe, J. (1958). Psychotherapy by Reciprocal Inhibition. Palo Alto, CA: Stanford University Press.
259 Wundt, W. (1873/1903). Grundzüge der Physiologischen Psychologie. Leipzig: Engelmann.
260 Young, J. (2006). Schema Therapy: A Practitioner's Guide. New York: Guilford. [dt. (2008). Schematherapie. Ein praxisorientiertes Handbuch. Paderborn: Junfermann.]
261 Yalom, I.D. (1980). Existential Psychotherapy. New York: Basic Books. [dt. (2000). Existentielle Psychotherapie (3. Aufl.). Köln: Edition Humanistische Psychologie.]
262 Zurhorst, G. (2004). Stellungnahme zu Fiedler, P.: Ressourcenorientierte Psychotherapie bei Persönlichkeitsstörungen. (In: Psychotherapeutenjournal 1/2004, S. 4–12.) Psychotherapeutenjournal 3 (2), 142–143.